住房和城乡建设部"十四五"规划教材

高等学校土木工程专业融媒体新业态系列教材

盾构与盾构施工技术

（第二版）

张照煌　主编

中国建筑工业出版社

图书在版编目（CIP）数据

盾构与盾构施工技术/张照煌主编. —2 版. —北京：中国建筑工业出版社，2023.10
住房和城乡建设部"十四五"规划教材 高等学校土木工程专业融媒体新业态系列教材
ISBN 978-7-112-29117-5

Ⅰ. ①盾… Ⅱ. ①张… Ⅲ. ①隧道施工-盾构法-高等学校-教材 Ⅳ. ①U455.43

中国国家版本馆 CIP 数据核字（2023）第 167740 号

本书是一部介绍盾构及其施工技术基础知识的教材，内容包括盾构及盾构施工概述、盾构构造与选型、盾构施工、盾构常见故障及施工问题、盾构的维修与保养、盾构施工管理与经济效益；为完整呈现地下全断面施工设备及技术，书中还对岩石质地层或以岩石地层为主全断面施工用全断面岩石掘进机进行了简述；最后介绍了典型工程施工案例。

该书可作为城市地下空间工程、土木工程和机械工程等专业高校师生的教材或主要参考书，也可作为隧道施工等专业的工程技术人员参考用书。

为了更好地支持教学，我社向采用本书作为教材的教师提供课件，有需要者可与出版社联系，索取方式如下：建工书院 https://edu.cabplink.com，邮箱 jckj@cabp.com.cn，电话（010）58337285。

* * *

责任编辑：仕　帅　吉万旺
责任校对：刘梦然
校对整理：张辰双

住房和城乡建设部"十四五"规划教材
高等学校土木工程专业融媒体新业态系列教材
盾构与盾构施工技术（第二版）
张照煌　主编
*
中国建筑工业出版社出版、发行（北京海淀三里河路 9 号）
各地新华书店、建筑书店经销
霸州市顺浩图文科技发展有限公司制版
廊坊市海涛印刷有限公司印刷
*
开本：787 毫米×1092 毫米　1/16　印张：20¼　字数：504 千字
2023 年 11 月第二版　　2023 年 11 月第一次印刷
定价：**48.00** 元（赠教师课件及配套数字资源）
ISBN 978-7-112-29117-5
（41849）

出 版 说 明

党和国家高度重视教材建设。2016年，中办国办印发了《关于加强和改进新形势下大中小学教材建设的意见》，提出要健全国家教材制度。2019年12月，教育部牵头制定了《普通高等学校教材管理办法》和《职业院校教材管理办法》，旨在全面加强党的领导，切实提高教材建设的科学化水平，打造精品教材。住房和城乡建设部历来重视土建类学科专业教材建设，从"九五"开始组织部级规划教材立项工作，经过近30年的不断建设，规划教材提升了住房和城乡建设行业教材质量和认可度，出版了一系列精品教材，有效促进了行业部门引导专业教育，推动了行业高质量发展。

为进一步加强高等教育、职业教育住房和城乡建设领域学科专业教材建设工作，提高住房和城乡建设行业人才培养质量，2020年12月，住房和城乡建设部办公厅印发《关于申报高等教育职业教育住房和城乡建设领域学科专业"十四五"规划教材的通知》（建办人函〔2020〕656号），开展了住房和城乡建设部"十四五"规划教材选题的申报工作。经过专家评审和部人事司审核，512项选题列入住房和城乡建设领域学科专业"十四五"规划教材（简称规划教材）。2021年9月，住房和城乡建设部印发了《高等教育职业教育住房和城乡建设领域学科专业"十四五"规划教材选题的通知》（建人函〔2021〕36号）。为做好"十四五"规划教材的编写、审核、出版等工作，《通知》要求：（1）规划教材的编著者应依据《住房和城乡建设领域学科专业"十四五"规划教材申请书》（简称《申请书》）中的立项目标、申报依据、工作安排及进度，按时编写出高质量的教材；（2）规划教材编著者所在单位应履行《申请书》中的学校保证计划实施的主要条件，支持编著者按计划完成书稿编写工作；（3）高等学校土建类专业课程教材与教学资源专家委员会、全国住房和城乡建设职业教育教学指导委员会、住房和城乡建设部中等职业教育专业指导委员会应做好规划教材的指导、协调和审稿等工作，保证编写质量；（4）规划教材出版单位应积极配合，做好编辑、出版、发行等工作；（5）规划教材封面和书脊应标注"住房和城乡建设部'十四五'规划教材"字样和统一标识；（6）规划教材应在"十四五"期间完成出版，逾期不能完成的，不再作为《住房和城乡建设领域学科专业"十四五"规划教材》。

住房和城乡建设领域学科专业"十四五"规划教材的特点：一是重点以修订教育部、住房和城乡建设部"十二五""十三五"规划教材为主；二是严格按照专业标准规范要求编写，体现新发展理念；三是系列教材具有明显特点，满足不同层次和类型的学校专业教学要求；四是配备了数字资源，适应现代化教学的要求。规划教材的出版凝聚了作者、主审及编辑的心血，得到了有关院校、出版单位的大力支持，教材建设管理过程有严格保障。希望广大院校及各专业师生在选用、使用过程中，对规划教材的编写、出版质量进行反馈，以促进规划教材建设质量不断提高。

住房和城乡建设部"十四五"规划教材办公室

2021年11月

第二版前言

根据实际应用，此版对第一版内容进行了微调。

对调了第七章内容与第八章内容。第一版第八章的内容是全断面岩石掘进机简介，第七章的内容是工程案例。此版对调第七章内容与第八章内容，充实了第八章工程案例内容，如引入了复合盾构方面的内容，并将英吉利海峡隧道工程案例专门列入第八章第七节，作为非典型轴线复合地质地层隧道施工案例进行介绍等。此版第八章内容基本涵盖了各种类典型地质地层全断面隧道掘进机施工案例。

对全断面岩石掘进机简介内容进行了微调，如增加了选型内容，并将丹麦大海峡隧道工程案例移出，列入土压平衡盾构的相应内容中，新增了国内典型工程案例。

对工程案例中的"土压平衡盾构施工案例"进行了微调，如将第一版"英吉利海峡隧道工程"替换为"丹麦大海峡铁路隧道工程"等。

增加了一些工程案例，如全断面岩石掘进机施工案例、复合盾构施工案例等。

此版内容，尽管是在第一版内容基础上的完善和丰富，仍难免有不妥甚或错误之处，敬请读者多多批评指正！

编者
2023 年 5 月

第一版前言

自从 Brunel 在 1818 年首创土质地层全断面施工的盾构法并获专利以来，经过工程技术人员和学者前赴后继的努力，至 20 世纪末，盾构在国外已经历了机械式、气压式、网格式、土压盾构、泥土加压盾构、泥水盾构等发展阶段。早在 20 世纪 50 年代初，盾构技术及应用就已引起我国政府的重视，但盾构及其应用技术并没有发展起来。改革开放后，尤其是 20 世纪末至今，我国经济的快速发展极大地加快了城市化进程。城市规模化发展，给城市居民出行、交通等带来了前所未有的挑战，从而促进了城市地下交通——地铁隧道的发展，这就是我国盾构及其应用技术发展的时代背景。为缩短与国外在土质地层或以土质地层地质为主条件下全断面开挖技术的差距，加快我国城市地铁、铁路公路隧道及其他地下土质或以土质为主地质条件下的工程建设，如引输水隧洞（道）等，通过引进、消化吸收、创新发展等阶段，目前我国盾构及其应用技术已跻身世界前列。

盾构施工是集开挖土体、出渣、衬砌等为一体的隧洞（道）"工厂化施工"方法。所以，作为施工主体的盾构，构造复杂，是机械、液压、电气和自动化等技术的集大成者。盾构施工在地下进行，作业环境复杂多变，如地层的不均匀、突泥、涌水、孤石、古树根等的出现都会严重影响甚至威胁盾构正常施工；尤其盾构施工又多在城市地下进行，对地表沉降和隆起要求严格。因此，掌握盾构施工技术，不仅要熟悉盾构自身构造、系统以及部组件的组成和功能，还要熟悉并了解地质状况及盾构与地质地层环境的适应关系；除此之外，盾构施工的工厂化也对盾构施工班组配置提出了相应要求。我国城市地下工程的发展，如城市地铁、公共管廊、海绵城市等对盾构技术都提出了更高要求；"一带一路"的不断推进，为我国盾构及其施工技术的国际化发展提供了前所未有的机遇和广阔前景。另外，岩石质或以岩石质地层为主条件下全断面施工的全断面岩石掘进机在铁路公路隧道、引输水隧洞、矿藏巷道等山岭隧道（洞）施工中已成为主力施工设备。在这样的发展趋势下，对地下工程、城市建设和机械工程等专业的本科生开设"盾构与盾构施工技术"专业课程，扩大此领域的生力军就显得非常必要。基于这种思考，我们组织编写了这部教材，供相关专业师生选用。

本书由华北电力大学张照煌教授主编；由广州市盾建地下工程有限公司总工程师张厚美教授级高工、山西省水利建筑工程局赵第厚副总工程师审订，并提出了许多宝贵修改意见和完善建议，在此深表谢意！

由于编者水平有限，书中缺点甚或错误之处在所难免，恳请读者多多批评指正！

编者

2019 年 5 月

目　录

第一章　盾构及盾构施工概述 ……………………………………………… 1
第一节　盾构发展史 …………………………………………………………… 2
第二节　盾构作业原理与盾构分类 …………………………………………… 7
第三节　盾构应用简介 ……………………………………………………… 17
第四节　盾构及其施工技术发展与趋势 …………………………………… 20
思考题 ………………………………………………………………………… 25

第二章　盾构构造与选型 …………………………………………………… 26
第一节　盾构构造 …………………………………………………………… 27
第二节　盾构主要参数及确定 ……………………………………………… 49
第三节　盾构工法简介 ……………………………………………………… 55
第四节　盾构选型 …………………………………………………………… 57
思考题 ………………………………………………………………………… 64

第三章　盾构施工 …………………………………………………………… 65
第一节　施工准备 …………………………………………………………… 66
第二节　施工现场的组装与调试 …………………………………………… 68
第三节　盾构掘进 …………………………………………………………… 75
第四节　泥水的输送与处理 ………………………………………………… 78
第五节　渣土改良 …………………………………………………………… 82
第六节　管片拼装 …………………………………………………………… 84
第七节　管片壁后注浆 ……………………………………………………… 88
第八节　盾构换刀技术 ……………………………………………………… 90
第九节　盾构拆卸 …………………………………………………………… 99
思考题 ………………………………………………………………………… 101

第四章　盾构常见故障及施工问题 ………………………………………… 102
第一节　常见机械故障及分析 ……………………………………………… 103
第二节　常见液压系统故障及分析 ………………………………………… 109
第三节　电气系统故障与分析 ……………………………………………… 119
第四节　常见灾害与防治 …………………………………………………… 122
思考题 ………………………………………………………………………… 127

第五章　盾构的维修与保养 ………………………………………………… 128
第一节　总则 ………………………………………………………………… 129
第二节　盾构的维修与保养 ………………………………………………… 130
第三节　常见故障维修处理案例 …………………………………………… 144
思考题 ………………………………………………………………………… 147

第六章　盾构施工管理与经济效益 ………………………………………… 148
第一节　盾构施工组织与管理 ……………………………………………… 149

第二节　盾构施工各阶段的组织与管理 ················· 156

第三节　盾构法施工成本与经济效益 ··················· 165

第四节　案例及分析 ···································· 169

思考题 ·· 174

第七章　全断面岩石掘进机简介 ···················· 175

第一节　TBM 概述 ···································· 176

第二节　TBM 构造与选型 ····························· 185

第三节　TBM 应用案例 ······························· 197

思考题 ·· 224

第八章　工程案例 ································· 225

第一节　概述 ·· 226

第二节　泥水平衡盾构工程案例 ······················· 227

第三节　土压平衡盾构施工案例 ······················· 250

第四节　简单复合地层盾构施工案例 ··················· 262

第五节　全断面岩石掘进机施工案例 ··················· 275

第六节　复杂复合地层复合盾构施工案例 ··············· 290

第七节　轴线复合地层施工案例 ······················· 301

思考题 ·· 309

参考文献 ·· 310

第 一 章

盾构及盾构施工概述

【本章要点】

盾构发展史；盾构构造和分类；盾构的简单应用；盾构技术现状和发展趋势。

【学习目的】

通过了解盾构发展史、盾构构造和分类，掌握盾构的整体结构并熟悉盾构的基本应用。

【本章导读】

地下土质地层隧道（洞）全断面掘进的专用地下工程施工机械装备称为盾构机，又简称盾构（Shield）。另一种应用于岩石质地层全断面掘进的机械装备一般称为全断面岩石掘进机（Full Face Rock Tunnel Boring Machine），简称TBM；英文亦有"Hard Rock Tunnel Boring Machine"，直译为硬岩隧道掘进机。既可用于土质地层、又可用于岩土互层全断面开挖的隧道掘进机一般称为复合式盾构。盾构和全断面岩石掘进机统称为全断面隧道掘进机。现代盾构掘进机是集机、电、液、光、传感、信息技术于一体，且具有开挖切削土体、输送渣土、拼装隧道衬砌（如管片）、测量、导向、纠偏等多功能的高科技复杂地下施工装备。盾构具有自动化程度高、占用人力少、施工速度快、一次性成洞、气候影响小、地面沉降可控制、对地面建筑影响较小等优点，因此在隧洞（道）洞线较长、埋深较大，尤其是在对地面沉降和隆起有要求的情况下，用盾构施工已成为优先选项。

第一节　盾构发展史

盾构的问世距今已有约 200 年的历史。在这约 200 年间，盾构工法不断完善并得到了极大的推广和普及，取得了如应用领域不断扩大、技术不断进步、直径越来越大、速度越来越快、施工越来越稳定等一系列成就，为地下工程、水利水电工程等领域的发展做出了极大贡献。

一、国外盾构发展史

盾构起源于英国，在日本、德国、美国等国家得到了快速发展，盾构的发展历史大致可以分为以下四个阶段。

（一）第一代盾构（19 世纪初～19 世纪 80 年代末）

1818 年，Brunel 从蛆虫腐蚀船底成洞获得启发，首创盾构工法并获得专利。Brunel 的盾构专利图可见图 1-1，它是敞开式手掘盾构的原型。1823 年，Brunel 将他的设想变成了现实——研制出世界上第一台方形铸铁框盾构，应用在穿越泰晤士河隧道的施工。该隧道长 458m，断面尺寸为 11.4m×6.8m；工程于 1825 年开工，施工过程中遇到了塌方和水淹，被迫停工，之后，Brunel 等人对盾构进行了 7 年的改进，于 1834 年再次动工，又经历了 7 年的精心施工，最终于 1841 年贯通隧道，完成了世界上第一条盾构隧道，并于 1843 年投入使用。因此，Brunel 不仅发明了盾构，而且开创了隧道施工的盾构工法，从而受到广泛认可。Brunel 设计的应用在穿越泰晤士河隧道施工的盾构如图 1-2 所示，是一种外形为方形的手掘式盾构。自从 Brunel 发明了方形盾构，隧道施工的盾构技术就一直在不断改进。1869 年，首次采用圆形断面，应用在穿越泰晤士河的第二条隧道的施工。该工程由 Burlow 和 Great 负责建造，Great 采用新开发的圆形盾构，扇形铸铁管片，工程进展顺利。1887 年，Great 在南伦敦铁路隧道施工中使用了盾构和压气组合工法并获得成功，为现在的盾构工法奠定了基础。这一时期的盾构以 Brunel 盾构为代表，被普遍认为是盾构技术发展的第一阶段或盾构产品的第一代。

（二）第二代盾构（19 世纪 90 年代～20 世纪 50 年代末）

19 世纪 90 年代到 20 世纪 50 年代末，盾构工法相继传入美国、法国、德国、日本、苏联及我国，并得到不同程度的发展。美国于 1892 年最先开发了封闭式盾构，同年法国使用混凝土管片建造了下水道隧道；德国于 1896～1899 年使用钢管片建造了柏林隧道，于 1913 年建造了易北河隧道；日本在 1917 年用盾构工法建造国铁羽越线上的隧道，后因地质条件而停止使用；苏联在 1931 年使用英制盾构建造了莫斯科地铁隧道，施工中使用了化学注浆和冻结工法；日本在 1939 年采用手掘圆形盾构建造了直径 7m 的关门隧道；苏联在 1948 年建造了列宁格勒地铁隧道；美国在 1952 年生产出第一台用于硬岩隧道掘进的掘进机；日本在 1957 年采用封闭式盾构建造东京地铁隧道；我国曾于 1953 年辽宁阜新煤矿、1957 年北京下水道等工程使用简易盾构施工。在这 60 多年间，盾构工法虽然取得了一定的进步，但这一时期的特点主要表现为盾构在世界各国得到普及和推广。该时期的盾构特征是机械式、气压式和网格式，被普遍认为是盾构技术发展的第二阶段或盾构产品的第二代。

（三）第三代盾构（20 世纪 60 年代～20 世纪 80 年代末）

20 世纪 60 年代至 20 世纪 80 年代末，盾构掘进工法继续发展。英国伦敦在 1960 年

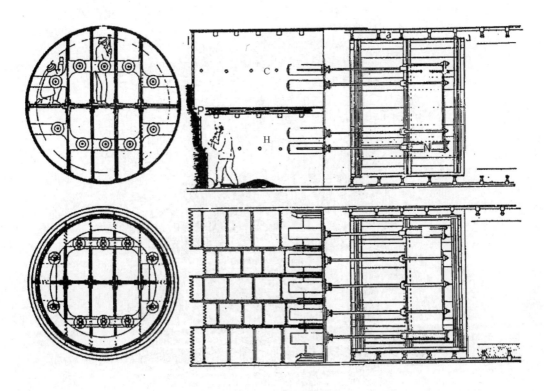

图 1-1 Brunel 的盾构专利图

开始使用滚筒式挖掘机，同年美国纽约最先使用油压千斤顶盾构；日本在 1964 年最先将泥水盾构应用于隧道施工；1969 年起，在英国、日本和西欧各国开始发展一种微型盾构工法，盾构直径最小的只有 1m 左右，适用于城市给水排水管道、煤气管道、电力和通信电缆等管道的施工。日本于 1969 年在东京首次使用泥水加压盾构施工，并且随后取得一系列突破：在 1972 年成功开发土压盾构，在 1975 年推出泥土加压盾构，在 1978 年成功开发高浓度泥水盾构，在 1981 年成功开发气泡盾构，在 1982 年成功开发 ECL（Extruded Concrete Lining 的缩写，意思是"加压灌注混凝土衬砌"）工法，在 1988 年成功开发泥水式双圆塔接盾构工法，在 1989 年成功开发 HV 工法、注浆盾构工法等。这一时期的特点是完善圆形断面的各种平衡式工法，如气压盾构、挤压盾构、土压盾构、泥土加压盾构、泥水盾构等，还出现了闭胸式盾构。这一时期以泥水盾构和土压盾构工法为主，被认为是盾构技术发展的第三阶段或盾构产品的第三代。

（四）第四代盾构（20 世纪 90 年代至今）

20 世纪 90 年代至今是盾构产品的第四代发展阶段，该时期的盾构发展速度极快，向着大断面、大深度、长距离、高速化、自动化、多样化发展。日本在 1992 年研制出第一台三圆泥水加压盾构；1994 年，球体盾构在日本神奈河掘进成功，并且矩形盾构在东京问世；1996 年，直角分岔盾构工法在日本问世；1997 年，日本成功开发出洞径扩挖盾构，同年 10 月，德国使用直径达 14.2m 的盾构在易北河开挖第四条隧道；2000 年 12 月，法国巴黎 A86 双层隧道盾构始发推进，使用双模式直径 11.6m 的盾构；2001 年 11 月，由

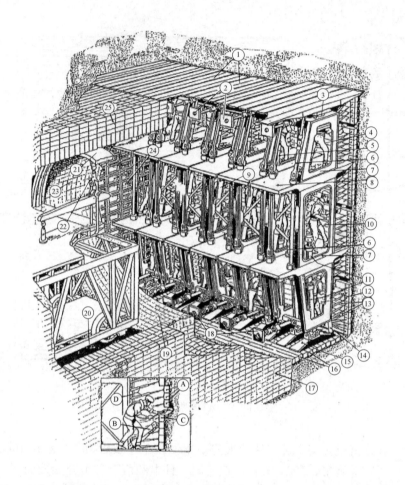

图 1-2　Brunel 为泰晤士河的水底隧道设计的盾构

①—盾构顶挡板；②—顶部连接螺钉；③—盾构首部；④—架顶框；⑤—机尾起重器；⑥—锻铁构件；⑦—铁边架构件；
⑧—框架上部；⑨—吊索；⑩—框架中部；⑪—支柱；⑫—框架底部；⑬—支撑板；⑭—起重器下地板；
⑮—制动器；⑯—砖巷地板；⑰—分隔壁砖；⑱—底部连接螺钉；⑲—砖巷；⑳—移动式脚手架；㉑—顶部校准；
㉒—顶部校准起重器；㉓—西壁；㉔—盾构侧挡板；㉕—顶部砌砖

Ⓐ—支撑板前移；Ⓑ—拆除支撑板前挖；Ⓒ—支撑板待拆除；Ⓓ—支撑螺杆

法荷联营体中标的当时全球最大的隧道"绿心隧道"开始掘进；2003 年，日本完成了双模式盾构的开发及实用化。2012 年，日本日立造船公司制造了直径 17.5m、长 110m、总重量为 7000t、速度达 3.6m/h 的土压平衡盾构掘进机——Bertha（贝莎），外观如图 1-3所示；并历时 4 年，于 2017 年 4 月完成了美国西雅图高速公路下 SR99 大型立体隧道的施工。德国海瑞克生产制造的直径 17.6m 泥水加压平衡盾构，如图 1-4 所示，2015 年用于香港屯门至赤蜡角海底双向 4 车道公路隧道工程。

二、国内盾构发展史

由于历史原因，国内盾构研制起步晚，发展速度慢。改革开放后，国内工程所用盾构大多是从欧洲或日本引进，经过引进、消化、吸收、创新等发展阶段，国内盾构的发展历史大致可分为如下三个阶段。

（一）黎明期（1953～2001 年）

1953～2001 年，是中国盾构技术发展的黎明期。中国盾构经历了从无到有的发展过程并致力于"造中国人自己的盾构"。1953 年，辽宁阜新煤矿用直径 2.6m 的手掘式盾构及小混凝土预制块修建疏水巷道，这是我国首次用盾构掘进机施工的隧道。1957 年，北京市下水道工程分别采用了直径 2.0m 和 2.6m 的盾构进行施工；20 世纪 60 年代，北京地铁进行了盾构掘进实验，图 1-5 为当时实验用盾构。

图 1-3 土压平衡盾构掘进机 Bertha

图 1-4 德国制造的泥水加压平衡盾构

1962 年，普通敞胸盾构在上海唐桥地区开始施工试验，该盾构直径 4.16m。工程应用表明了上海唐桥地区的饱和含水软土地层使用盾构工法、钢筋混凝土管片建造隧道的可行性。1966 年，上海打浦路隧道应用了网格式盾构，这是国内闭胸式盾构首次成功实践，为我国软土盾构发展奠定了实际工程基础。1980 年，上海隧道工程股份有限公司研制出一台直径 6.41m 的刀盘式盾构掘进机用于地铁 1 号线试验段施工，后改为网格式挤压型盾构掘进机，在淤泥质黏土地层中掘进隧道 1230m。1985 年，上海延安东路越江隧

图 1-5 20 世纪 60 年代北京地铁实验用盾构

道长 1476m，其主隧道为圆形，隧道施工采用上海隧道股份设计、江南造船厂制造的直径为 11.3m 的网格式水力机械出土盾构掘进机。1987 年，上海隧道工程股份有限公司成功研制出我国第一台直径为 4.35m 的加泥式土压平衡盾构掘进机，用于上海市南站过江（黄浦江）电缆隧道工程，施工地质地层为粉砂，掘进长度 583m，技术成果达到 20 世纪 80 年代国际先进水平，并获得 1990 年度国家科技进步一等奖。为建设上海地铁 1 号线，由法国 FBC 公司、上海隧道工程股份有限公司、上海市隧道工程设计院以及上海沪东造

船厂等组成的联合体于 1991 年制造了 7 台直径为 6.34m 的土压平衡盾构。1993 年，从日本川崎重工和住友重工分别引进 2 台和 1 台盾构，进行广州地铁 1 号线复合地层施工，这是我国首次在复合地层中使用引进盾构施工，为以后同类或相似地质地层工程施工的盾构工法提供了参考，也开创了我国首次在复合地层使用盾构的先河。1994 年，上海延安东路隧道施工从日本三菱重工引进了一台直径为 11.22m 的大型泥水平衡盾构，该工程是泥水平衡盾构工法在国内的首次应用，并且开创了我国超大直径、超长距离越江公路隧道建设的先河。1999 年 5 月，上海隧道工程股份有限公司成功研制国内第 1 台 3.8m×3.8m 矩形组合刀盘式土压平衡顶管机，在浦东陆家嘴地铁车站掘进 120m，建成 2 条人行过街地下通道。2001 年以来，广州地铁 2 号线、南京地铁 2 号线、深圳地铁 1 号线、北京地铁 5 号线、天津地铁 1 号线先后从德国、日本引进 14 台直径范围在 6.14m 至 6.34m 之间的土压平衡盾构和复合式土压平衡盾构，掘进地铁隧道 50km，盾构工法已经成为我国城市地铁隧道建设的主要施工方法。

图 1-6 双圆搭接形盾构外观

（二）创新期（2002～2008 年）

2002～2008 年，是中国盾构技术发展的创新期，国家科技部将盾构技术研究列入国家高技术研究发展计划（"863"计划），致力于"造中国最好的盾构"，实现了中国盾构从有到优的发展。2003 年，上海轨道交通 8 号线首次运用双圆搭接形盾构，其外观如图 1-6 所示，这使我国成为世界上继日本之后的第二个掌握此项技术的国家；2004 年，上海隧道工程股份有限公司成功研制土压平衡盾构"先行号"；2007 年，中铁隧道集团成功研制复合盾构"中铁 1 号"；2008 年，上海隧道工程股份有限公司成功研制泥水平衡盾构"进越号"。

（三）跨越发展期（2009 年至今）

2009 年至今，是中国盾构技术发展的跨越期，中国致力于"造世界最好的盾构"，实现中国盾构技术从优秀到卓越的发展，并走向国际。2011 年，长沙地铁湘江隧道使用了铁建重工（中国铁建重工集团有限公司）的复合式土压平衡盾构；2013 年 12 月，郑州中州大道下穿工程使用了中国中铁装备公司的土压平衡矩形顶管机，为当时世界上最大矩形断面顶管机，断面尺寸为 10.12m×7.47m；2014 年，深圳北环线电缆隧道工程使用了中铁制造的复合地层小直径盾构，开挖直径 4.88m，标志着我国用于复合地层的小直径盾构技术取得突破；2015 年 4 月，重庆轨道交通环线工程采用了中铁制造的双模式盾构，这是中国首台应用于城市地铁施工的双模式盾构。

2015 年 12 月，天津地铁 11 号线地下过街通道工程采用了中铁制造的土压平衡矩形顶管机，断面尺寸为 10.42m×7.55m，这是继郑州中州大道超大矩形顶管机之后新的世界纪录；2016 年 7 月，蒙华铁路白城隧道工程采用了中铁制造的马蹄形盾构，从而推动了铁路隧道建设的新变革，该马蹄形盾构外观如图 1-7 所示；2016 年 10 月，太原铁路枢纽西南环线工程采用了中国自主设计制造的最大直径土压平衡盾构，直径为 12.14m。

图 1-7 马蹄形盾构

第二节 盾构作业原理与盾构分类

一、盾构作业原理

盾构是由主机和后配套组成的并可在钢壳体保护下完成隧道掘进、管片拼装、注灌浆等作业的机电一体化设备。其基本原理是一个外形为圆柱形的钢组件沿隧洞（道）轴线，边向前推进边对土体进行切削、出渣，同时对隧道进行衬砌，该圆柱体组件的壳体叫盾壳，其与具有挖掘、出渣和衬砌等功能的组件合称为主机，为实现挖掘、出渣和衬砌等功能而提供服务的组成称为后配套。盾壳对挖掘出、还未衬砌的隧洞（道）段起着临时支撑作用，承受周围土层的压力，有时还承受地下水压以及将地下水挡在外面，挖掘、出渣、衬砌等作业在盾壳的保护下进行，图 1-8 所示为土压平衡盾构作业概貌。

虽然盾构种类繁多，样式各异，但是它们的基本组成都是相似的，其主机主要包括盾

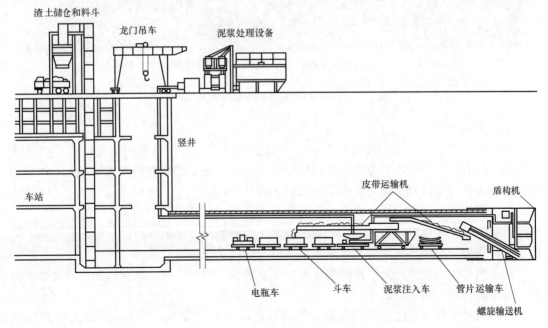

图 1-8 土压平衡盾构作业概貌图

壳、推进机构、刀盘旋转驱动机构、出渣机构（或出渣系统）、拼装机构和后配套等；除此之外，在土压平衡盾构刀盘后面一般还设置泥土室（或泥土仓），而在泥水平衡盾构刀盘后面则设置泥水室（或压缩仓），其功能是与掌子面（开挖面）和出渣机构（或出渣系统）形成一个封闭空间，以便通过控制该封闭空间内的进出渣量建立一定压力施加于掌子面（开挖面）以保持掌子面稳定，进而控制地表的沉降或隆起。推进机构的主要部件是盾构千斤顶，一般设置在盾构主机的尾部，借助衬砌好的管片产生推压力，为盾构推进提供动力；刀盘旋转驱动机构位于盾壳内，一般由液压马达（或电动机）、减速机、齿轮副等组成，其中齿轮副中的大齿圈固联在刀盘上并带动刀盘旋转；出渣机构对于泥浆型（或泥水加压或泥水平衡）盾构来说，其作用是将渣土泥浆化，尔后，再由泥浆泵通过管路输出洞外；对于泥土型（或土压平衡）盾构，出渣机构的主要部件就是螺旋输送机，其功能是将渣土传递到皮带机再装入矿车运到始发竖井，由提升设备将渣土运到地面；拼装机构位于盾壳后部，由旋转可升降的伸臂、可伸缩的钩爪等组成，用来抓取并拼装预制的装配式衬砌管片。严格讲，盾构属步进式作业机械。首先，盾构千斤顶以已衬砌的管片为基础，千斤顶活塞杆伸出将安装在活塞杆上的撑靴撑紧在已衬砌的管片上并推动盾构向前，同时盾构刀盘在驱动机构作用下旋转并挖掘土体，出渣机构出土；当推进机构推进一个千斤顶行程，千斤顶收缩，拼装机构工作——安装管片，同时进行注浆作业；尔后进入下一个循环，如此循环往复，整条隧道就完成贯通。我国西气东输城陵矶长江穿越隧道工程引进德国海瑞克公司设计制造的 AVN2440DS 泥水盾构，其主机结构如图 1-9 所示。

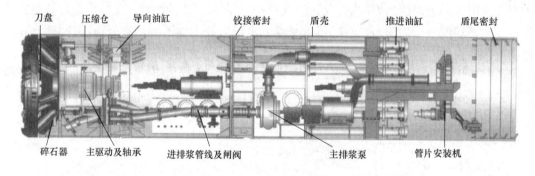

图 1-9　AVN2440DS 泥水盾构的主机结构图

二、盾构分类

盾构的分类方法较多，可按照盾构切削断面的形状、盾构自身的构造特征、尺寸大小、功能特点、挖掘土体的方式、掘削面的挡土形式、稳定掘削面的方式、施工方法、适用土质等多种方法进行分类。盾构常用的分类方法有：

按施工地质地层可以分为：软土盾构和岩土互层盾构。

按盾构施工断面形状可分为：半圆形盾构、圆形盾构、椭圆形盾构、马蹄形盾构、双圆塔接形盾构、三圆塔接形盾构、四圆塔接形盾构以及矩形盾构等。

按盾构直径大小可分为：超小型盾构、小型盾构、中型盾构、大型盾构、超大型盾构和特大型盾构等，见表 1-1。

按盾构开挖面与作业室之间隔板的构造，可以分为全敞开式、半敞开式及闭胸式三种，如图 1-10 所示。

按盾构直径分类　　　表 1-1

盾构类型	盾构直径
超小型盾构	$\phi<1m$
小型盾构	$1m\leqslant\phi<3.5m$
中型盾构	$3.5m\leqslant\phi<6m$
大型盾构	$6m\leqslant\phi<14m$
超大型盾构	$14m\leqslant\phi<18m$
特大型盾构	$\phi\geqslant18m$

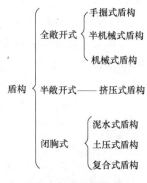

图 1-10　盾构分类

（一）手掘式盾构

手掘式盾构是盾构的基本形式。目前，世界上仍有工程采用手掘式盾构。施工时，在盾壳的保护下人工开挖土体，没有复杂的开挖和出土设备。根据地质条件的不同，开挖面可全部敞开人工开挖，也可用全部或部分的正面支撑，或根据开挖面土体自立性适当分层开挖，边挖掘边支撑。开挖土量为隧道全部排土量。这种盾构的特点是便于观察地层和清除障碍，易于纠偏，简易廉价，但是劳动强度大，效率低，如遇到塌方，易危及工作人员安全。在含水地层需辅以降水或土体加固。图 1-11 是手掘式盾构作业简图，图 1-12 是手掘式盾构的外观与结构。

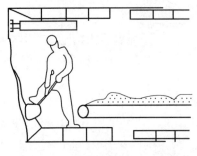

图 1-11　手掘式盾构作业简图

手掘式盾构有各种各样的开挖面支撑方法，从砂性土到黏性土地层均能适用，因此较适用于复杂地层，亦即对地层的适应性强；迄今为止施工实例也最多，该形式的盾构在开挖面出现障碍物时，由于正面是敞开的，所以也比较容易排除。由于这种盾构造价低廉，发生故障少，因此也是最为经济的盾构。在开挖面自立性差的时候，它可以与气压、降水、化学注浆等稳固地层的辅助施工法同时使用。

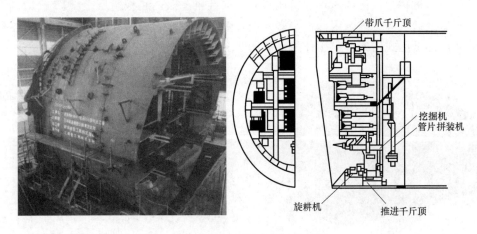

图 1-12　手掘式盾构的外观与结构

（二）半机械式盾构

半机械式盾构是在手掘式盾构基础上发展起来的。在这样盾构的正面设置有机械挖掘装置，出土部分也可安装相应装置完成出土作业。根据地层条件，可以安装反铲挖土机或螺旋切削机，分别如图 1-13（反铲挖掘盾构）和图 1-14（悬臂掘进盾构）所示；土体较硬时，还可安装软岩掘进机。机械挖土装置上下、前后、左右均能活动。它的顶部与手掘式盾构相同，装有活动前檐、正面支撑千斤顶等。

图 1-13 反铲挖掘盾构

图 1-14 悬臂掘进盾构

半机械式盾构的适用范围基本上和手掘式盾构一样，并且与手掘式盾构相比，适用于良好的地层。其优点除可减轻工人劳动强度、提高工作效率外，其余均与手掘式盾构相似。

（三）机械式盾构

机械式盾构是在盾构前面的刃口处，装上和盾构直径相应的切削刀盘，以实现全断面切削开挖。如果地层能够自立，或采取辅助措施后能够自立，则可采用开胸的机械式盾构，如图 1-15 所示。如地层较差，又不能采取辅助措施时，则需采用闭胸机械式盾构。机械式盾构已经具有现代盾构的基本外形，它的优点是开挖的隧道断面精确，掘进过程中隧道断面轮廓保持不变。

（四）挤压式盾构

在盾构的前端用胸板封闭以挡住土体，不致发生地层坍塌和水土涌入盾构内部的危险，这种盾构被称为挤压式盾构。挤压式盾构向前推进时，胸板挤压土层，土体从胸板上的局部开口处挤入盾构内，因此可不必开挖，劳动条件改善；这种盾构又可称为半挤压式盾构，或局部挤压式盾构，其工作原理如图 1-16 所示。

图 1-15 机械式盾构

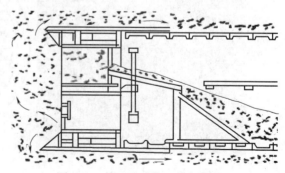

图 1-16 挤压式盾构工作原理简图

在特殊条件下，可将胸板全部封闭而不开口排土，构成全挤压式盾构。在挤压式盾构的基础上加以改进，可形成一种胸板为网格的网格式盾构，其构造是在盾构切口环的前端设置网格梁，与隔板组成许多小格子的胸板；借助土的凝聚力，用网格胸板支撑开挖面土体。当盾构推进时，土体克服网格阻力从网格内挤入，把土体切成许多条状土块，在网格的后面设有提土转盘，将土块提升到盾构中心的刮板运输机上并运出盾构，然后装箱外运。网格式盾构的外观如图 1-17 所示。

挤压式盾构和网格式盾构仅适用于软塑地层，其他较硬地层无法适用，因此，适用范围较小，在挤压推进时对地层土体扰动较大，并对地面产生较大影响。由于适用地质范围较窄，目前采用这种盾构施工的工程较少。

（五）泥水式盾构

泥水式盾构，又称泥水平衡盾构。其掌子面平衡原理是：盾构泥水室中的加压泥水通过刀盘进入掌子面，加压泥水中的砂土颗粒渗入开挖面的土体孔隙中形成渗透系数非常小的泥膜，该泥膜能抵抗开挖面的土压力和水压力以保持开挖面的稳定，并控制开挖面变形和地面沉降。盾构推进时开挖下来的渣土进入盾构前部的泥水室，经搅拌装置进行搅拌，搅拌后的高浓度泥水用泥水泵送到地面，泥水在地面进行分离，泥以"渣"的形式排出，水可继续供给地下盾构的泥水室重复使用。

图 1-18 为日本东京湾海底隧道工程所使用的泥水平衡盾构外形图。

在泥水平衡理论中，泥膜的形成是非常重要的。当泥水压力大于地下水压力时，泥水渗入土体，形成与土体间隙成一定比例的悬浮颗粒，被捕获并集聚于泥水与掌子面的接触表面，泥膜就此形成。随着时间的推移，泥膜的厚度不断增加，渗透抵抗力不断加强。当泥膜的抵抗力与正面土压力相平衡时，便产生泥水平衡效果。因泥水压力使切削面稳定平衡，故得名泥水平衡盾构，简称泥水式盾构。

图 1-17　网格式盾构

图 1-18　泥水平衡盾构

泥水式盾构附加设备较多，并且在其内部不能直接观察到开挖面，因此要求盾构从推进、排泥到泥水处理都要按照系统流程化作业；通过泥水压力、泥水浓度等测定，计算出开挖量，全部作业过程均由中央控制台综合管理。图 1-19 为泥水平衡盾构工作原理简图。

泥水式盾构主要由刀盘、泥水室、隔板、泥水输送系统、管片拼装机构等组成，其主机基本结构如图 1-20 所示。

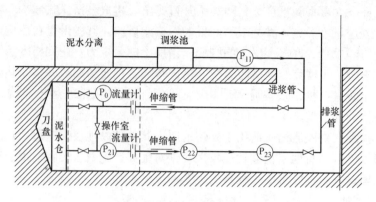

图 1-19　泥水平衡盾构工作原理简图

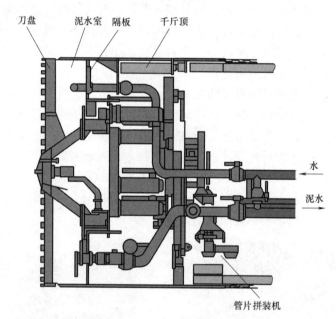

图 1-20　泥水平衡盾构的基本结构

　　泥水式盾构适合于渗水砂土和砂砾（少量砂砾）地质，有的配备有碎石箱和石头排出装置以便移走泥浆中的卵石。泥水平衡盾构具有以下特点：

　　1. 适应土质的范围较广，含水量高的黏土层及高水压砾石层，泥水式盾构均适用；

　　2. 泥水压力传递速度快而均匀，开挖面平衡土压力的控制精度高，对开挖面周边土体的干扰少，地面沉降量的控制精度高；

　　3. 由于采用了水力机械输送泥浆，管道占用空间小，故井下作业环境好，作业人员安全性高；

　　4. 由于泥水的作用，刀具、刀盘的摩擦磨损小，盾构易于长距离隧道施工，且刀盘所受扭矩小，更适应大直径隧道施工；

　　5. 需要较大规模的泥水处理设备及设备安置场地。

　　泥水平衡盾构根据泥水仓（室）构造形式和对泥水压力的控制方式的不同，泥水平衡盾构可分为：直接控制型和间接控制型，如图 1-21、图 1-22 所示。其不同点如表 1-2 所示。

直接控制型和间接控制型的不同点　　　　　　　　　　　　　　　　　表 1-2

名称	构造形式	压力控制方式
直接控制型	通过一道密封隔板与开挖面形成泥水仓，泥水系统由泥浆单回路构成	通过调节泵转速或调节控制阀的开度来实现
间接控制型	密封隔板与开挖面插装一道半隔板，泥水系统由泥浆和空气双重回路组成	通过调节半隔板与密封隔板间的空气压力，确定和保持在开挖面相应的泥浆支护压力

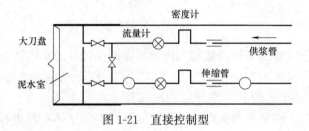

图 1-21　直接控制型

采用泥水平衡盾构施工的部分过江工程实例如表 1-3 所示。

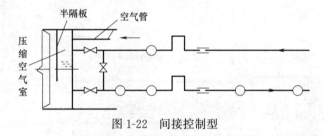

图 1-22　间接控制型

工程实例　　　　　　　　　　　　　　　　　　　　　　　　表 1-3

工程名称	地层	直径(m)	掘进长度(m)	用途
重庆主城越江隧道	砂岩、泥岩互层	6.7	908.2	排水
城陵矶西气东输越江隧道	黏土、粉土与细砂互层，泥质板岩	3.20	2011.4	铺设输气管
上海上中路越江隧道	淤泥质土、粉土、黏土	14.87	1250	公路交通
武汉长江公路隧道	粉细砂、中粗砂、泥质粉砂岩夹砂岩、页岩	11.38	2538	公路交通
上海崇明越江隧道	淤泥质黏土、黏土、粉土、液化土层	15.1	7500	公路交通
钱塘江越江隧道	黏土、粉土、粉砂土、卵砾石层	11.4	3102	轨道交通

（六）土压平衡盾构

土压平衡盾构主要由刀盘、泥土室（或泥土仓）、千斤顶、螺旋输送机和管片拼装机等零部件组成，如图 1-23 所示。

土压平衡盾构的工作原理：作业时，千斤顶推进，刀盘旋转，刀盘上的刀具切削土体，开挖下来的渣土在泥土室聚集并形成具有一定压力的介质，具有压力的介质通过刀盘缝隙传递给掌子面并使掌子面建立起压力的动态平衡，以保持掌子面稳定。采用螺旋输送机精确控制开挖下来的渣土的排出速度，使其与盾构切削土体的速度成比例，这样保持支

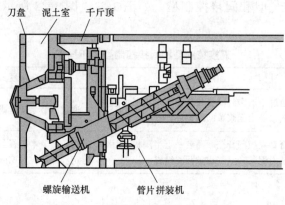

图 1-23 土压平衡盾构的基本构造

护掌子面的压力等于或略高于周围地层的压力，亦即保持掌子面上压力的动态平衡。为保持开挖面的稳定，可根据地质地层状况向土体中或开挖下来的渣土中注入适当的外加剂（如：水、膨润土、黏土、CMC、聚合物和泡沫等）进行土体改良。当切削较硬土体时，可采用"泥浆注入"方法来改善流动性，或根据地质地层土体需要进行注入塑化剂等，如图 1-24 所示。

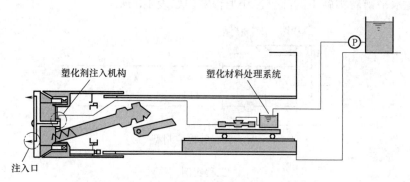

图 1-24 土压平衡盾构施工中的土体改良

针对不同地质地层的渣土改良，土压平衡盾构应设置相应的渣土改良系统，如塑化剂注入系统（图 1-24）、造泥材料注入系统（图 1-25）等，其功能是向泥土加压平衡盾构泥

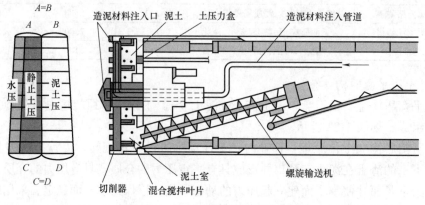

图 1-25 泥土压平衡盾构作业简图

土室（或泥土仓）中的渣土注入添加剂。螺旋输送机穿过密封隔板至泥土室，进土口设在泥土室内的中心或底部。泥土室内一般还设置相应搅拌机构，以促使渣土的塑性流动，便于在螺旋输送机内形成具有密封效果的"柱塞"。通过盾构千斤顶的推进力和密封柱塞对泥土室内搅拌后的泥土加压再通过刀盘上的缝隙将该泥土压力传递并作用于整个开挖面，控制螺旋输送机的排土量，就可使开挖面上的压力始终处于动态平衡而保持开挖面稳定，从而控制地表沉降量。图 1-26 为 1995 年南京夹江隧道施工用土压平衡盾构。土压平衡盾构具有以下特点：

1. 施工中基本不使用土体加固等辅助施工措施，节省技术措施费，并对环境无污染；

2. 根据土压变化调整出土和盾构推进速度，易达到工作面的稳定，减少了地表变形；

3. 对掘进土量能形成自动控制管理，机械自动化程度高、施工速度快；

4. 土压平衡顶管掘进机可适用于淤泥土到砂砾土等不同土质，但对于地下水的变化适应性较差；

5. 对刀盘扭矩和动力需要大。

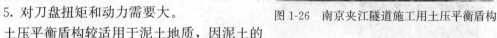

图 1-26　南京夹江隧道施工用土压平衡盾构

土压平衡盾构较适用于泥土地质，因泥土的黏合性容易在螺旋输送机内形成土塞，方便控制出渣速度；还由于泥土的摩擦力小，刀具磨损量小，因此有利于长距离掘进。

土压平衡盾构与泥水平衡盾构是现代隧道工程最常用的两种盾构，它们各方面特点对比见表 1-4。

土压平衡盾构与泥水平衡盾构特点对比表　　　　　　　　　　表 1-4

项目	土压平衡盾构	泥水平衡盾构
稳定开挖面	保持土仓压力，维持开挖面土体稳定	有压泥水保持开挖面稳定
地质条件适应性	在砂性土等透水性地层中要有土体改良的特殊措施	无需特殊土体改良措施，有循环的泥水（浆）即能适应各种地质条件
抵抗水土压力	靠泥土的不透水性在螺旋输送机内形成土塞效应抵抗水土压力	靠泥水在开挖面形成的泥膜抵抗水土压力，更能适应高水压地层
控制地表沉降	保持土仓压力，控制推进速度，维持切削量与出土量相平衡	控制泥浆质量、压力及推进速度，保持送排泥量的动态平衡
隧洞内的出渣	用机车牵引渣车进行运输，由门吊提升出渣，效率低	使用泥浆泵这种流体形式出渣，效率高
渣土处理	直接外运	需要泥水处理系统进行分离处理
盾构推力	土层对盾壳的阻力大，盾构推进力比泥水平衡盾构大	由于泥浆的作用，土层对盾壳的阻力小，盾构推进力比土压平衡盾构小
刀盘、刀具寿命及刀盘转矩	刀盘与开挖面的摩擦力大，土仓中渣土与添加材料搅拌阻力也大，故其刀盘、刀具的寿命比泥水平衡盾构要短，刀盘驱动转矩比泥水平衡盾构大	切削面及土仓中充满泥水，对刀盘、刀具起到润滑冷却作用，摩擦阻力与土压平衡盾构相比要小，泥浆搅拌阻力小，相对土压平衡盾构而言，其刀盘、刀具的寿命要长，刀盘驱动转矩小

续表

项目	土压平衡盾构	泥水平衡盾构
推进效率	开挖土的输送随着掘进距离的增加,其施工效率也降低,辅助工作多	掘削下来的渣土转换成泥水通过管道输送,并且施工性能良好,辅助工作少,故效率比土压平衡盾构高
隧道内环境	需矿车运送渣土,渣土有可能撒落,相对而言,环境较差	采用流体输送方式出渣,不需要矿车,隧洞内施工环境良好
施工场地	渣土呈泥状,无需进行任何处理即可运送,所以占地面积较小	在施工地面需配置必要的泥水处理设备,占地面积较大
经济性	只需要出渣矿车和配套的门吊,整套设备购置费用低	需要泥水处理系统,整套设备购置费用高

图 1-27 矩形盾构

（七）其他盾构

其他学科的发展与进步,为盾构技术的进步和发展提供了理论和技术基础。根据工程横断面的实际需要,人们已开发出矩形盾构（图 1-27）、双圆搭接形盾构（图 1-6）、三圆搭接形盾构、椭圆断面盾构、分叉盾构、马蹄形盾构（图 1-7）等非圆断面盾构。为提高盾构对地质地层的适应性,还开发出了有限范围气压盾构、气泡式盾构（图 1-28）、采用气垫技术的盾构、复合盾构（图 1-29）等专用或新型盾构。这些盾构大多是上文几种基本类型的盾构的变形或组合,由于篇幅原因本书不再详细叙述,有兴趣的读者可以查阅相关资料。

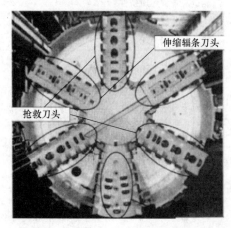

图 1-28 气泡式盾构

图 1-29 复合盾构

第三节　盾构应用简介

　　目前，隧洞（道）掘进主要有钻爆法（又称矿山法）和盾构工法两种。钻爆法即通过钻孔、装药、起爆的方式将岩土爆破下来开挖隧洞，我国著名的鲁布革水电站就是一种全机械化钻爆法施工的典型案例，月平均进尺为 $200\sim250m$。盾构是以机械能破碎岩土，使隧洞全断面一次性成形的开挖方法。盾构开挖是目前世界上土质或以土质为主地层隧洞施工的最有效手段，与钻爆法相比，具有快速、优质、经济、安全等优点。

　　目前，盾构施工多为城市地铁隧道，也就是土质或以土质为主的站间地层段的施工，这种隧道施工的盾构工法原理如图 1-30 所示。

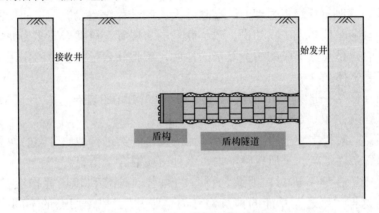

图 1-30　盾构工法施工原理简图

　　根据国家相关标准，土质可以分为八类，见表 1-5。

土质分级表　　　　　　　　　　　　　　　　　　　　　表 1-5

土质级别	土 质 名 称
一类土（松软土）	略有黏性的砂土、粉土、腐殖土及疏松的种植土，泥炭（淤泥）
二类土（普通土）	潮湿的黏性土和黄土，软的盐土和碱土，含有建筑材料碎屑、碎石、卵石的堆积土和种植土
三类土（坚土）	中等密实的黏性土或黄土，含有碎石、卵石或建筑材料碎屑的潮湿的黏性土或黄土
四类土（砂砾坚土）	坚硬密实的黏性土或黄土，含有碎石、砾石的中等密实黏性土或黄土，硬化的重盐土，软泥灰岩
五类土（软石）	硬的石炭纪黏土，胶结不紧的砾岩，软的、节理多的石灰岩及贝壳石灰岩，坚实的白垩，中等坚实的页岩、泥灰岩
六类土（次坚石）	坚硬的泥质页岩，坚实的泥灰岩，角砾状花岗岩，泥灰质石灰岩，黏土质砂岩，云母页岩及砂质页岩，风化的花岗岩、片麻岩及正长岩，滑石质的蛇纹岩，密实的石灰岩，硅质胶结的砾岩，砂岩，砂质石灰质页岩
七类土（坚石）	白云岩，大理石，坚实的石灰岩，石灰质及石英质的砂岩，坚硬的砂质页岩，蛇纹岩，粗粒正长岩，有风化痕迹的安山岩及玄武岩，片麻岩，粗面岩，中粗花岗岩，坚实的片麻岩，辉绿岩，玢岩，中粗正长岩
八类土（特坚石）	坚实的细粒花岗岩，花岗片麻岩，闪长岩，坚实的玢岩、角闪岩、辉长岩、石英岩、安山岩、玄武岩，最坚实的辉绿岩、石灰岩及闪长岩，橄榄岩质玄武岩，特别坚实的辉长岩、石英岩及玢岩

实际工程中的地质基本上都不是单一土质，而是多种土质类型的混合体，根据盾构施工特点，一般按照土质强度，大致将土质分为软土地质、软岩地质、硬岩地质、复合地质等类别。

软土地质：一般是指天然含水量大、压缩性高、承载力低和抗剪强度很低的呈软塑—流塑状态的黏性土。软土是一类土的总称，并非指某一种特定的土，工程上常将软土细分为软黏性土、淤泥质土、淤泥、泥炭质土和泥炭等。这类土除具有天然含水量大、压缩性高、承载力低和抗剪强度低外，还具有天然孔隙比大、固结系数小、固结时间长、灵敏度高、扰动性大、透水性差、土层层状分布复杂、各层之间物理力学性质相差较大等特点。

软岩地质：软岩一般是指单轴抗压强度小于 30MPa 的岩石，又可分为地质软岩和工程软岩两大类别。地质软岩指强度低、孔隙度大、胶结程度差、受构造面切割及风化影响显著或含有大量膨胀性黏土矿物的松、散、软、弱岩层等。该类岩石多为泥岩、页岩、粉砂岩和泥质矿岩，是天然形成的构造复杂的地质；工程软岩是指在力的作用下能产生显著塑性变形的工程岩体。

硬岩地质：硬岩一般是指单轴抗压强度大于 30MPa 的岩石，大于 60MPa 为坚硬岩石，单轴抗压强度在 30~60MPa 之间的为较硬岩石。

复合地质：一般指多种土质的复合体，无法按某一类进行地质分类的地质可以称为复合地质，如水文条件复杂、土质软硬不均、多种土质混合交错等。

由于盾构施工在地下进行，因此，设备的组装、检修和转场等作业都需要与地面"联通"，具有这样"联通"功能的构筑物称为"竖井"。根据用途的不同，竖井一般分为四种：始发井、中间井、接收井和方向变换井。其中，始发井和接收井如图 1-30 所示。始发井就是盾构开始掘进的竖井，亦即是盾构始发的基地——盾构部组件的运入、组装场地；也是衬砌材料、机械器具等的运入口、渣土的运出口及作业人员等的出入口。接收井一般设置在隧道的终点，是盾构解体及运出的场所。中间井一般是为隧道的使用或检查盾构等操作而在盾构掘进路线的中间设置的构筑物；方向变换井一般在隧道急弯或 1 台盾构掘进 2 条隧道而难以变换盾构推进方向处设置的盾构作业场所。在隧道建成后，这些竖井一般用作车站、维修人员出入口或通风口等正式构筑物被保留下来。

竖井的位置、形状、尺寸等应以满足相应功能、友好环境等为设计条件，采取安全、经济且可行的工法进行施工。始发井施工完成后，就可进行盾构组装基座的施工和安装，尔后在组装好的盾构基座上组装盾构、设置反力架并使盾构轴线与隧道轴线一致。开始推进时，应时刻注意盾构轴线与隧道设计的一致性，并注意尽量不给挡土结构背面、上覆土层路面及地表构筑物、地下埋设物等以不良影响。因此，盾构始发时，一般根据施工地质、盾构形式、地下水情况、施工环境和上覆土厚度等条件在盾构入口处设置密封圈并对入口一定范围内的土体施以化学加固、冻结或切削临时墙等方法或各种方法的组合确保盾构始发顺利。

盾构始发成功后便进入正常推进阶段。盾构在正常推进过程中，既要确保开挖面和围岩的稳定、衬砌管片和后方构筑物等的安全，更应确保推进所需推力及掘进线路在规定的偏差范围内，这就要求盾构操作人员正确使用推进千斤顶，亦即，正确使用作业千斤顶组合（或编组）及其配置。盾构推进的目标位置是接收井，应事先考虑接收井地层状况及施作加固的方法和密封圈设置、盾构位置测量方法和隧道内外的联络方法、接收井临时支护措施及相应对策、盾构到达部分附近的壁后注浆方法；当盾构接近接收井时，应根据地质状况并结合已有经验，确定采用微速推进盾构的位置或泥水盾构泥水减压的开始位置；盾构到达接收井时，确定防止渣土流入或涌入的措施及盾构进入接收井盾构承台等临时设施的构筑及相应方法。

图 1-31 是日本应用盾构施工的部分历史。

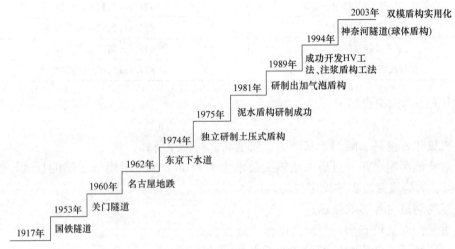

图 1-31　日本应用盾构施工的部分历史

我国应用盾构较多或较早的地区是上海、北京及广州，可以说这三个城市分别代表了我国三大区域的地质特征，上海是软土地质区域，北京是以砂卵石地质为特点的区域，广州是软硬不均区域。不同的地质会影响盾构的选型，关于盾构选型将在第二章详细论述。以上海为例，图 1-32 是上海市应用盾构的部分历史。

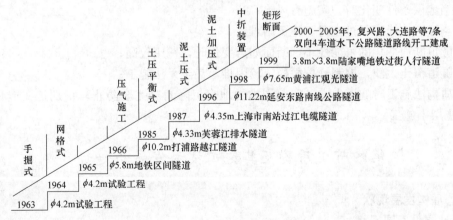

图 1-32　上海应用盾构的部分历史

因穿江过河隧道地质地层的特殊性，大多使用泥水式盾构进行挖掘。国内部分穿江过河隧道工程如表 1-6 所示。

国内部分水底隧道　　　　　　　　　　　　　　　表 1-6

隧道名称	所用隧道掘进机
黄河河底引水隧道(南水北调工程中线)	ϕ9.0m 的泥水式盾构
重庆主城越江排水隧道	ϕ6.7m 的泥水式盾构
城陵矶西气东输越江隧道	ϕ3.185m 的泥水式盾构
三江口西气东输越江隧道	ϕ4.3m 的泥水式盾构
上海上中路越江隧道	ϕ14.87m 的泥水式盾构
武汉长江公路隧道(长江第一隧道)	ϕ11.4m 的泥水式盾构
上海崇明越江隧道	ϕ15.1m 的泥水式盾构
南京长江越江隧道	ϕ15.1m 的泥水式盾构
杭州钱塘江越江隧道	ϕ11.4m 的泥水式盾构

盾构工法的优缺点如下：

优点：

1. 机械化程度高、隧洞形状准确、质量高、衬砌经济；

2. 对地面影响小，并且盾构法施工技术大大减少了施工时周围土层的扰动，使得作用在衬砌上的荷载变得更加稳定与均匀；

3. 穿越河道时不影响航运；

4. 对工作人员较安全，劳动强度低，进度快；

5. 对环境无不良影响，可保持地下水位；

6. 隧道的施工费用不受覆土量影响，适宜建造覆土较深的隧道，在土质差、水位高的地方建设埋深较大的隧道有较好的技术经济优越性。

缺点：

1. 盾构的规划、设计、制造和组装时间长；

2. 准备困难且费用高，只有长距离掘进时才较经济；

3. 当地层条件变化时，实施有风险；

4. 当隧道曲线半径过小时，施工困难；

5. 隧道断面变化的可能性小，断面如需变化时，费用较高；

6. 隧道覆土太浅，控制开挖面稳定较困难，甚至无法施工；

7. 盾构法施工时隧道上方一定范围内的地表沉降尚难完全防止，特别是在饱和含水松软的土层中施工。

第四节　盾构及其施工技术发展与趋势

一、盾构发展现状

(一)国外发展现状

欧洲是盾构技术的发源地，在研发大直径、大埋深、长距离等的隧道施工方面走在世界前列，国外有名的盾构公司主要在德国和日本。当今盾构基本都是基于泥水平衡和土压平衡两种模式，或这两种模式的组合，形成复合型盾构以适应地层条件多变的隧道施工要求。由于泥水平衡盾构需要大规模泥水分离处理系统，占地面积大，对环境影响大，施工成本高，应用于城市内的施工隧道这个模式并不是很理想。由于土压平衡模式的排土处理简单，可靠性较高，而得到广泛应用。虽然现代盾构在驱动方式、测控导向、部件结构、自动控制等方面有很大的改进，但是掌子面的压力平衡原理和方法仍沿用至今。

盾构的发展一直与基础工业的发展和地下工程实际需要密切相关，不同时期的盾构关键技术都是由这个时期工业发达的少数几个国家所掌握，如19世纪的英国、德国和20世纪的德、日、美、法等国。如今，德国和日本的盾构技术可以说站在了世界的前列。现在的盾构技术是一项众多技术领域的高度集合体，包括液压技术、计算机技术、测控技术、机电控制技术、通信技术、材料技术等各类技术。近200年来，盾构技术随着各类相关技术的不断发展而逐步地完善、改进和提高，使得盾构的自动化程度越来越高，进而提高了盾构施工的安全性，改善了工人的劳动环境和劳动强度，并在土层变形控制、地表沉降控制、测控导向、管片衬砌自动化、掘进速度控制等方面也得到了改善发展。

盾构自发明至今其施工方法和机器的革新和改造研究基本都是针对以下3个方面：（1）地表沉降量控制和施工地质地层改良；（2）施工自动化程度和掘进速度的提高；（3）隧道衬砌的可靠性。为满足施工单位越来越高的需求，目前厂家所生产的产品正朝着超大化和微小化的方向发展。例如：由德国一家公司推出的RVS系列设备，就有RVS80、RVS160、RVS250-RVS1200等型号；加拿大的一家公司紧随其后，推出了不超过1.4m的设备，如MS40PJS型，其断面直径仅为1m，另有2m的产品；而美国一家公司研发了直径为1.8m、2.1m、2.4m的盾构设备，其中直径为1.8m的产品挖掘隧道长度长达125m；而德国的海瑞克公司也研发出直径为0.21～0.7m等系列设备；而日本的一家企业先后推出了一系列产品，其直径范围从0.15m到2.95m，目前，全球最小的盾构就是日本公司研制的直径为0.15m的产品。

（二）国内发展现状

随着我国经济和社会的不断发展，盾构工法得到越来越多的青睐，也越来越重视对盾构的研究投入。随着科研人员的不断努力和探索，国内盾构行业不断地进步，我国现有30多家盾构机制造企业，并取得了很多研究成果，逐渐摆脱盾构技术被国外垄断的局面。进入21世纪以来，我国盾构技术不断向前发展，边引进边消化吸收并自主研发，而且在2001年，我国将盾构技术列入"863"计划，决定实现盾构技术的国产化。2012年，盾构及掘进技术国家重点实验室在河南郑州建立并通过验收，2013年，国内企业成功收购德国维尔特公司，并在2015年，自主研制的矩形盾构首次出口新加坡，开创了国产矩形盾构走出国门的先河。有些企业已经可以单独承接工程项目，具有自主开发设计制造成套盾构及施工的水平和能力，正在逐步走向自主化、本土化、产业化和市场化的道路，并有部分盾构出口海外。但是，我国还有很多采用盾构法施工的隧道掘进机仍然依赖于进口，其中德国和日本多家盾构制造企业在我国市场仍有很大的占有率。

由于地下铁路的修建往往通过人口密集区，所以无法进行大面积明挖法施工，在这种环境条件下，采用暗挖法的盾构施工就成为必要。

目前，国内盾构行业具有以下特点：

1. 产业集中度高；

2. 企业开拓国际市场积极性高，出口形势好；

3. 产品和技术水平提高很快;

4. 行业社会关注度高。

国内盾构行业发展存在的问题是:关键配套件的国产化问题未解决,如主轴承、主减速机、主液压件等几乎全部进口,设备所用润滑油液几乎全是进口品牌的产品。

目前我国盾构掘进技术不断提高,与发达工业国家的差距逐渐缩小,但是在一些方面仍存在差距,如适应性设计、系统集成技术、关键配件的制造等。只要正视这种差距,取彼之长补己之短,一定能在产品、技术、服务上实现新的突破,从而真正实现从中国制造到中国创造的转型升级。

二、盾构施工技术现状

(一)进出洞施工技术

1. 洞口土体稳定性技术

为确保洞口稳定,需要采取有效的稳定措施,在这之前需要对洞口状况进行勘察,包括工作井状况、水文地质、埋深和洞口直径、附近地面环境、设备性能等。目前常用的土体稳定技术有以下几种方法:

降水法:通过降低地下水,减少土体含水量,疏干土体,增加土体凝聚力,提高土体抗剪切强度,改良土体的工程性质,一般适合于渗透系数较高的土体。

化学注浆法:利用泥水浆液、黏土浆液或其他化学浆液,通过气压液压或电化学原理,采用灌注压入、高压喷射和深层搅拌,使浆液与土颗粒胶结在一起,以增加土体的强度、自立性和防水性。

冻结法:该技术在煤矿建井施工中已广泛应用,国内外隧道施工已有许多应用,包括水平冻结法和垂直冻结法,借助液氮或液氨的流动挥发性,达到局部土体温度急剧降低从而使土体中的空隙水、毛细水结冰,将松散土体冻结成具有一定强度的坚硬土块。由于冻结法的费用较高,一般只用于局部土体的临时加固。

高压旋喷桩:以高压旋转的喷嘴将水泥浆喷入土层与土体混合,形成连续搭接的水泥加固体;主要是在始发端头的主体结构完成并具有一定的强度后,进行高压旋喷桩作业,使洞门围护的后壁形成隔水区。

三轴搅拌桩:一般用于地下连续墙工法使用,是软基处理的一种有效方法,利用搅拌桩机将水泥喷入土体并充分搅拌使水泥和土发生一系列的物理化学反应,使软土硬化,从而提高地基强度,可起到基坑围护止水的作用。

2. 洞口建筑空隙的密封技术

盾构通过洞口及整条隧道施工过程中,洞壁与盾构之间、洞壁与隧道结构之间总是存在圆环空隙,如果不进行密封处理,洞口处的土体和水就会沿着空隙进入工作井内,造成土体流失、地层沉降变形等后果,因而洞口建筑空隙的密封也是盾构进出洞施工中的一项关键技术。

出洞时的间隙密封:较为理想的密封方式就是采用单向铰链板加"套袜"技术,依靠"套袜"的固紧及单向铰链板的保护实现密封。对于泥水平衡盾构,若无法阻止泥水的渗漏,还可采取多道气囊密封。

进洞时的间隙密封:采用可径向调节的"眉毛"板,用电焊固定在洞口环板与衬砌洞口环外弧面的预埋钢板间。当洞口在渗漏条件下难以封堵时,还可采用气囊环及洞圈填料盒进行密封。

盾构及其施工技术重在"因地制宜"，盾构进出洞口密封技术亦然。如我国工程技术人员总结出盾构进洞洞口的密封装置有压板式和折叶式两种，其中折叶式越来越被人们所认可，见图1-33。洞口折叶式密封装置的施工首先是在盾构井主体结构上联结好始发洞门预埋件，并在盾构正式始发前，清理干净洞口渣土，再进行洞口密封的安装。安装洞口密封前，需对帘布橡胶的整体性、抗拉强度等进行测试，对折叶压板进行抗压强度的检查。将螺栓孔加工好并清理干净，按照帘布橡胶板、折叶压板、垫片的顺序进行安装。始发时为防止盾构进入洞口刀盘损坏帘布橡胶，需经常向密封处涂抹油脂，随着盾构前进需对洞口扇形压板进行调整，以保证密封效果。

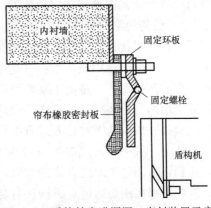

图1-33 盾构始发进洞洞口密封装置示意

（二）盾构的脱困技术

当盾构穿越较差围岩或是断层破碎带、疏松带时，围岩变形大且快，容易导致塌方使刀盘或盾壳被卡死，目前比较常用的脱困技术如下：

1. 侧壁导坑法：在盾壳一侧或两侧开孔，人工进入护盾开挖岩体并做支护，减小岩体作用在盾壳上的压力。该法适用于无水或少量渗水的小型断层破裂带。

2. 超前化学灌浆法：利用灌浆泵压力将化学灌浆材料灌注到岩体裂隙中，使松散或破碎的围岩形成整体，提高围岩整体性，有利于盾构顺利通过，适用范围较为广泛。

3. 辅助坑道法：辅助坑道的纵断面可以是水平、倾斜甚至垂直的，分别称为横洞、平行导坑、斜井及竖井，适用于规模较大的断层破碎带，但无法适用于高埋深、高地应力的软弱围岩。

（三）孤石爆破施工技术

探测孤石等障碍物可采用软土声波探测和隧道三维地震波法超前探测，通过不同地质形成的反差界面来判断地质变化。需要采用地质钻探方法进一步探明孤石的位置，确定需要地面处理的范围。对已经探明的孤石，可采用地面钻垂直孔，装炸药爆破位于施工隧道范围内的孤石，使孤石变成单边长度小于30cm的碎块，确保盾构顺利出渣并通过孤石区段。

（四）盾构法与矿山法联合施工技术

当地铁隧道遇到复杂地层环境时，该技术方法得到了很好的应用，如硬岩、孤石群和软岩等不均匀地层及建筑物桩基基础等障碍物地段。其可有效缩短隧道施工工期，降低工程项目成本，有很好的技术经济效益。

（五）冷冻刀盘技术

将冷冻工法与盾构设备融为一体，在刀盘周围形成冻结区，可充分隔绝地下水，加强土体强度和稳定性，用于换刀作业可提高安全可靠性，也可有效解决下穿建筑物、铁路、管线、江河湖海等特殊地段沉降控制的难题。

（六）盾构永磁同步驱动技术

目前盾构刀盘驱动的主要形式是液压驱动或电机驱动。永磁同步电机由于其转速低、

23

输出扭矩大、控制简单、功率因数高、效率高等特点，被广泛应用于航天和军事领域的各行业中；与异步电机相比，可以简化减速机构，体积小，进而驱动系统占用空间变小；与液压驱动相比，尽管其结构复杂，但元器件较少，发热量小，维护更便捷。因而，永磁同步电机已成为新的刀盘旋转驱动技术。

（七）盾构地下对接技术

盾构地下对接技术就是两台盾构在地下相向掘进至结合地点进行正面对接的技术。一般会在三种情况下运用该技术：一是单条隧道施工长度大，为缩短工期，在隧道两端分别采用一台盾构掘进；二是由于某些原因，盾构无法到达中间竖井或不便设置竖井的情况，也可能采用两台盾构相向掘进或一台盾构依次从两端掘进；三是隧道大埋深区段长，设置竖井成本高。盾构地下对接方式有两种，分别是土木式对接法（或辅助施工对接法）和机械式对接法，其中土木式对接法较为常用。土木式对接法是在对接地点将地层做加固处理，达到止水和防止地层失稳的效果，两台盾构成功对接后，完成盾构拆卸并施作隧道衬砌；机械式对接法是通过对盾构进行特殊设计，使盾构直接进行对接的方法，包括 MSD（贯入环式）和 CID（刀盘后退式）两种工法，并且施工的两台盾构需要一台为接收盾构，另一台为贯入盾构。

三、盾构发展趋势

随着人类社会的不断发展和相应技术的进步，盾构的发展也正在朝着极限化、多样化、自动化等趋势发展。

极限化：①大型化，亦即盾构大断面化方面。随着火车行车速度越来越高，为了减小占地空间，单洞双线大断面隧道成为发展方向；对于公路隧道，由于高速公路越来越多，公路等级要求也越来越高，车流量越来越大，导致公路车道的增多，修建公路隧道时其断面也就趋于极大化。目前，超大型盾构施工案例已经有约 30 例，德国海瑞克生产制造的直径 17.6m 泥水平衡盾构，2015 年用于香港屯门至赤蜡角海底双向 4 车道公路隧道工程。②隧道地下深度化。现在很多大城市地下结构较为复杂，市政隧道众多，如给水隧道、排污隧道、管路隧道、线路隧道等，这些构筑物都处于浅覆土地层，若交通隧道覆土太浅则会对这些构筑物产生影响，因而隧道线路选择也就具有埋深越来越大的趋势。③盾构掘进高速化，亦即长距离、高速掘进方面。随着穿江越海隧道不断增多，水下隧道施工对盾构的密封性和抗压性要求极高，由于水底隧道不利于竖井的修建，盾构的维修换刀有很大难度，并且很多江河与海峡的跨度极大，水下施工的一般原则就是需要快速通过，因而盾构具有一次性掘进距离长、掘进速度高、寿命长等趋势。

多样化：为适应不同工程的需要，盾构的种类也越来越多，已经出现了很多种类型的盾构掘进机，如椭圆形断面盾构、多圆盾构（MF、DOT、H&V）、球体盾构、矩形盾构、马蹄形盾构、子母盾构、超大型断面盾构等。例如，在高楼林立、房屋密集的城市进行作业时，厂家则推出了小口径的设备以供使用。而为了加快我国城市化进程，厂家又研发出了异形截面的盾构，以适应不同断面形状隧道的需要，故盾构多样化也成为行业发展趋势之一。

自动化：随着科学技术的发展与进步，很多先进技术被应用于盾构，如计算机控制技术、激光超导技术、传感器技术、遥感技术等，为提高盾构施工质量、减少隧道内作业人员、提高施工的安全性等发挥着重要作用。

盾构作为地下土质及以土质为主地层的全断面开挖先进施工装备,不仅在城市地铁建设中发挥着主力军作用,而且在城市的综合管廊、储蓄水设施(海绵城市)等的建设中也发挥着重要的作用。

思 考 题

1-1　根据文中描述的盾构发展史,世界范围内的盾构经过了几代发展?每代盾构的特点是什么?

1-2　国内盾构发展经过了哪几个时期?每个时期的特点是什么?

1-3　书中列举的几种盾构的不同点主要表现在哪里?

1-4　盾构主要应用在哪几个领域?并简述相关案例。

1-5　盾构行业的发展趋势是什么?国内外著名的盾构制造公司有哪些?

1-6　为什么说国内的盾构市场具有很大的前景?国内盾构行业的特点是什么?

1-7　关于国内盾构未来发展的情况,你有何看法?简单陈述并说明原因。

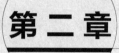

第二章

盾构构造与选型

【本章要点】

盾构构造，尤其是刀盘及刀具在刀盘上的布置、动力传递、管片拼装系统、铰接结构及密封；盾构参数，尤其是盾构扭矩和推力的估算；盾构工法和盾构选型。

【学习目的】

熟悉盾构构造及盾构工法，了解盾构主要参数，进而掌握盾构选型及盾构与地质地层间的适应关系。

【本章导读】

盾构施工对地质地层非常敏感，因此，领域内有"盾构属量体裁衣研制"的说法。实际工程就是根据施工地质特点，对盾构进行选型。盾构选型合适与否，直接决定着盾构施工成败。2008年某隧道施工时，由于盾构刀盘刀具选择不当而磨损严重，致使停工6个月更换刀盘刀具。1825年英国伦敦泰晤士河下建造的世界上第一条水底隧道在修建过程中遇到很大的困难，两次被河水淹没，直至1835年使用了改良后的盾构，才于1843年完工。因此，重视盾构选型是盾构施工能否顺利进行的基础。

第二章

第一节　盾构构造

隧道的断面形状往往决定着施工所用盾构的刀盘形状，盾构刀盘的形状决定着盾构的外形，因此，所谓盾构的形状也就是指其外形，亦即其刀盘的形状。

尽管盾构的种类繁多，但就其功能而言，其基本构造一般由壳体、切削系统、刀盘驱动系统、推进系统、集中润滑系统、管片拼装系统、渣土输送系统、注浆系统、盾构密封、渣土改良系统、后配套系统等组成，如图 2-1 所示。

图 2-1　盾构基本构造示意图

一、壳体

壳体用于保护人和设备在地下安全掘进，承受土体压力和掘进过程中千斤顶的推力，由切口环、支撑环、隔板和尾盾组成。

（一）切口环（前盾）

切口环位于盾构前端，设有刃口，施工时可以切入砂土层中，在它的保护下，可在开挖面实施安全开挖。切口环的长度主要决定于支撑、开挖方法、挖土机具和操作人员工作的方便。在稳定地层中切口环上下宽度可以相等。在淤泥、流砂地层中切口环的顶部比底部长，犹如帽檐，既能掩护工作空间，又减小了盾构底部长度。某些盾构设备有千斤顶操纵的活动前檐，以增加掩护长度。机械化盾构的切口环中需容纳各种专门挖土设备。在局部气压式、泥水平衡和土压平衡盾构中，因切口环部分的压力高于隧道内的常压，因此，在切口环和支承环之间用密闭隔板封住，保证压力不外溢。

（二）支撑环（中盾）

支撑环是盾构承受一切荷载的核心部分，亦即承受盾构支撑环周围的全部荷载，是刚性较好的圆环骨架结构。其前紧接切口环，后部是尾盾，所以支承环位于盾构中部。沿支撑环内周安置盾构推进千斤顶，支撑环内布置拼装机及相应液压设备、动力设备和控制室。局部气压盾构在支撑环内一般还设置人员通行加压与减压闸等。

（三）隔板

大型盾构由于空间较大，一般在其盾壳内设置水平隔板和竖直隔板以增加盾构壳体的刚度。水平隔板起系杆作用承受拉力，竖直隔板承受压力。为了便于工作面开挖，可将水平隔板设置为可伸缩的工作平面和相应的千斤顶驱动，还可在水平隔板上安设所有液压动力设备（如油箱、油泵、液压马达等）、操纵控制台、衬砌拼装机等。隔板数量和分隔情况视盾构直径大小和工作方便确定，水平隔板之间净距应不小于 180～200cm。

（四）尾盾

尾盾的基本形状是圆筒形薄壳体，作用是掩护管片拼装作业、设置注浆、注脂管道和盾体尾部密封。从施工考虑，尾盾厚度应尽可能薄以减小地层与衬砌管片间的空隙，减小注浆量及对地表扰动；但考虑盾构转弯、调姿等的施工要求，盾壳受力复杂，尤其是尾盾发生大变形，将直接影响管片拼装作业，严重时可能造成尾盾被管片卡住，盾构不能正常推进，这就要求尾盾不仅应有一定的强度，还应有足够的刚度。尾盾密封是防止水、泥及注浆材料等从空隙间进入盾构。密封装置一般是在尾盾设置 2～3 道钢丝刷，通过在空隙中注入特殊油脂实现密封。

二、切削系统

切削系统由刀盘、刀具等组成。

（一）刀盘

盾构刀盘是钢结构焊接件，图 2-2 所示为盾构刀盘的典型结构。所谓"典型"是指盾构作业对象一般是土质地层，在土质地层施工的盾构刀盘一般是辐条式结构，在辐条两边安装可切削土体的切削刀具，刀盘中心安装鱼尾形（或类似）刀具，如果地质条件需要，还可在辐条中部沿半径方向设置多把先行（超前）刀。因盾构需要正反转，所以辐条两边的切削刀具背靠背安装。因为切削刀具切削下来的渣土要通过刀盘开口进入泥土室（或泥土仓），为衡量开口大小，定义盾构刀盘开口率为盾构刀盘开口面积占刀盘总面积的百分比。开口率是盾构刀盘的主要参数之一，其大小关系着盾构刀盘适应地质地层的能力。一般条件下，软土地层，均匀性比较好，如砂层、黏土层等地质条件配置大开口率刀盘，开口率可取为 40%～75%；复合地层，亦即岩土互层地质条件，或者施工地质地层需要布置较密刀具的盾构刀盘，刀盘开口率需要配置得小些，可取为 10%～35%。如果盾构在施工过程中，需要带压换刀，刀盘开口率还需要适当减小。所谓复合地层，亦即除土质地质条件外，还具有岩石质的地层，在刀盘上除设置切削土体的切削刀具外，还应设置专门破碎岩石的刀具——盘形滚刀，其刀盘结构如图 2-3 所示，刀具设置如图 2-4 所示，这种刀盘一般称为辐板式结构。如果施工地质全是岩石，则应采用全断面岩石掘进机施工，刀盘不设开口，刀盘上设置破碎岩石的盘形滚刀，这种刀盘称为面板式结构。破碎的岩渣落至洞底，由刀盘上设置的刮渣铲斗铲起运转至刀盘上部，再由刀盘上设置的溜渣槽滑落到皮带输送机运出，如图 2-5 所示。

（二）刀具

盾构刀具的几何形状和尺寸参数应与施工地质特点相适应，再考虑盾构刀具在切削断面不同位置与切削土体的作用及要求均不同，并且又要求盾构刀盘上全部刀具应能协调作业，因此盾构刀具设计应充分考虑上述因素。

图 2-2 盾构刀盘典型结构示意图

图 2-3 复合地层（或岩土互层）
地质施工盾构刀盘结构

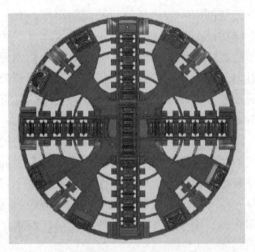

图 2-4 复合地层（或岩土互层）地
质施工盾构刀盘结构及刀具设置

图 2-5 全断面岩石掘进机（TBM）
刀盘结构及刀具设置

　　盾构刀具类型主要分为滚动破岩类刀具和切削类刀具两大类。滚动破岩类刀具主要是
盘形滚刀，而切削类刀具又可分为：切削刀、
先行刀（超前刀）、鱼尾刀、仿形刀、边刮刀
等多种类型。

　　1. 切削刀

　　切削刀是盾构切削开挖面土体的主刀具，
切削刀及其切削作业示意图如图 2-6 所示，
安装形式如图 2-7 所示。一般将对着切削面
的刀刃面称为后刀面，后刀面与切削面间的
夹角称为后角，用 α 表示，见图 2-6；对着渣
土或渣土流经的刀刃面称为前刀面，前刀面

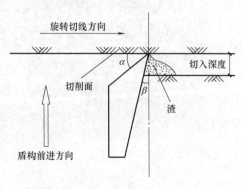

图 2-6 切削刀及其切削作业示意图

与垂直于刀刃中点旋转切线方向的平面之间的夹角称为前角,用 β 表示,见图 2-6。切削刀的前角和后角随切削地质地层特性的不同而变化,变化范围一般为 $5°\sim20°$,其中,黏土地层取值宜稍大些,砂卵石地层取值宜稍小些。

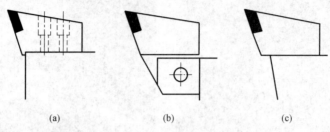

图 2-7 切削刀安装形式

(a) 栓接式;(b) 销接式;(c) 焊接式

2. 先行刀(超前刀)

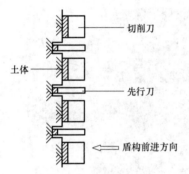

图 2-8 先行刀与切削刀的位置关系示意

先行刀切削刃一般比切削刀的切削刃窄,其功能是将土体切割分块,增加切削土体的流动性,为切削刀创造良好的切削条件,从而有效降低切削刀的切削阻力,减少切削刀的摩擦损耗,提高切削刀具的切削效率,如图 2-8 所示。从切削土体的过程可以看出,先行刀超前于切削刀到达切削土体的一定深度,因此,先行刀又称为超前刀,两种类型的先行刀如图 2-9 所示。先行刀的设计及在刀盘上的设置主要考虑与切削刀协同切削作业。对一些土质地层采用先行刀,如:松散体地层,尤其是砂卵石地层使用效果十分明显。其中,盘圈贝形刀(图 2-9a)用于盾构穿越砂卵石地层,特别是大粒径砂卵石地层时,功效尤其显著。

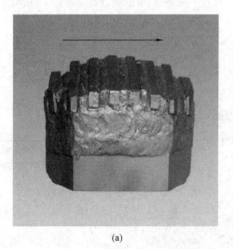

(a) (b)

图 2-9 先行刀外形图

(a) 盘圈贝形刀;(b) 贝形刀

另外，先行刀也包括贝壳刀，贝壳刀的基本形状如图 2-10 所示，贝壳刀更换方法如图 2-11 所示。

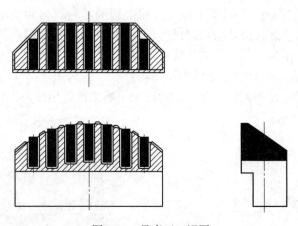

图 2-10　贝壳刀三视图

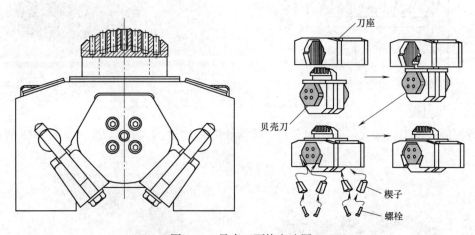

图 2-11　贝壳刀更换方法图

3. 鱼尾刀

盾构刀盘不同位置（安装半径）的切削刀，尽管刀盘转一圈都随刀盘转过 360°，在刀盘轴线上衡量走了一个螺距（刀具切深），但不同安装半径的切削刀走过的轨迹长度却是不等的，从刀盘外周至刀盘旋转中心，切削刀具走过的周向轨迹长度逐渐减小，至刀盘旋转中心点理论上可视为其周向轨迹长度等于零。亦即，越靠近刀盘旋转中心，切削土体受刀具的扰动越小，相应土体的流动状态越来越差。而且，受刀盘结构和强度的制约，

图 2-12　鱼尾刀示意图

刀盘中心支撑部位（直径约 1.5m）一般不布置切削刀，因此，为改善刀盘中心部位对土体的切削效果，一般设计一把尺寸较大的鱼尾刀（图 2-12）安装在刀盘旋转中心部位，鱼尾刀根部设计成锥体，其刀刃超前其他切削刀具刀刃 600mm 左右。实际应用发现：这样既解决了盾构刀盘中心部分土体的切削，又从整体上提高了盾构的掘进效果。

4. 仿形刀（超挖刀）

盾构一般在辐条两端设置仿形刀，借助其沿辐条径向的伸出和缩回（径向伸出最大值一般在 80～130mm 之间），对洞壁土体进行超挖切削，为盾构曲线段推进、转弯或纠偏创造所需空间。从这个意义讲，仿形刀又可称为"超挖刀"，亦即当伸出的超挖刀随刀盘转动的同时实现推进挖掘，其开挖的轨迹就可以确定下来，此即"仿形"的意义。仿形刀示意图如图 2-13 所示。仿形挖掘使盾构在超挖量少、对周边土体干扰小的条件下，实现了曲线推进和顺利转弯及纠偏，因此，在盾构上一般都设置仿形刀。伸缩机构与仿形刀整体示意图如图 2-14 所示。

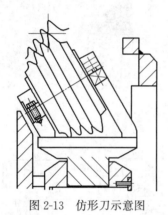

图 2-13 仿形刀示意图

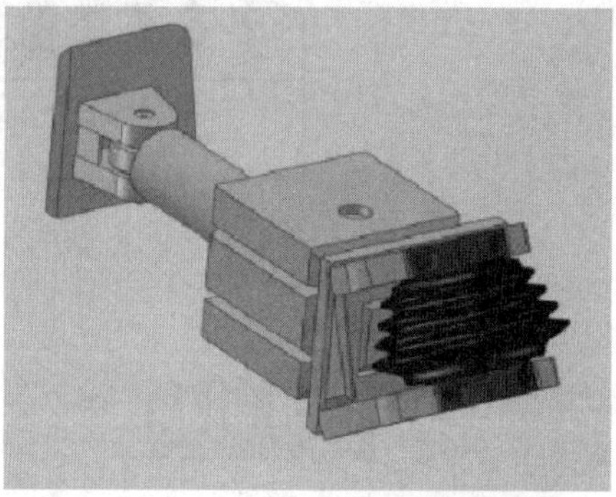

图 2-14 伸缩机构与仿形刀整体示意图

5. 边刮刀

盾构的边刮刀一般设置在刀盘外缘，实际上是盾构上的"边切刀"，如图 2-15 所示。

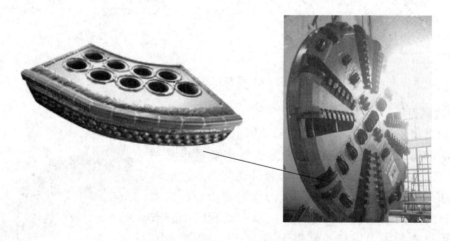

图 2-15 盾构边刮刀及在刀盘上的布置

6. 盘形滚刀

盘形滚刀是破岩刀具，主要用于岩土互层地质或含有岩石质地质地层施工的盾构刀盘上，其基本结构如图 2-16 所示。盘形滚刀在盾构刀盘上的布置如图 2-4 和图 2-15 所示。盘形滚刀在全断面岩石掘进机上的布置，根据在刀盘上分布的位置和作用的不同，一般划分为中心滚刀、正滚刀、过渡滚刀和边滚刀，如图 2-17 所示。盘形滚刀按刀刃的多少，可分为单刃盘形滚刀、双刃盘形滚刀和三刃盘形滚刀，如图 2-18 所示；单刃和双刃盘形滚刀局部剖面图如图 2-19 所示；它的具体构件包括刀圈、刀体、刀轴和心轴等。其中，刀圈是可拆的，磨损后可更换。盘形滚刀刃上还可以镶嵌硬质合金，称为球齿盘形滚刀，如图 2-20 所示；盘形滚刀刃还可以做成齿状，称为楔齿盘形滚刀，如图 2-21 所示。

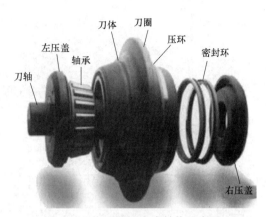

图 2-16　盘形滚刀基本结构示意图

　　在推力作用下，安装在刀盘上的盘形滚刀紧压岩面，随着刀盘的旋转，盘形滚刀绕刀盘中心轴公转的同时绕自身轴线自转，在刀盘强大的推力、扭矩作用下，滚刀在掌子面固定的同心圆轨迹上滚动，当推力超过岩石的抗压强度时，盘形滚刀下的岩石直接破碎，盘形滚刀贯入岩石，掌子面被盘形滚刀挤压碎裂而形成多道同心圆沟槽，随着沟槽深度的增加，岩体表面裂纹加深扩大，当超过岩石的抗剪切和抗挤压强度时，相邻同心圆沟槽间的岩石成片剥落。刀具破岩原理示意见图 2-22。

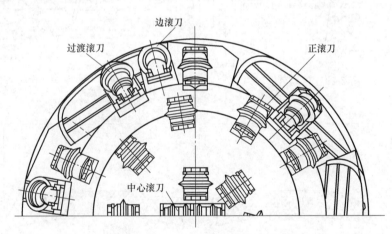

图 2-17　滚刀在刀盘上的布置

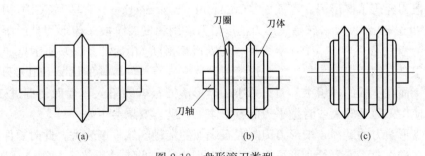

图 2-18　盘形滚刀类型

（a）单刃盘形滚刀；（b）双刃盘形滚刀；（c）三刃盘形滚刀

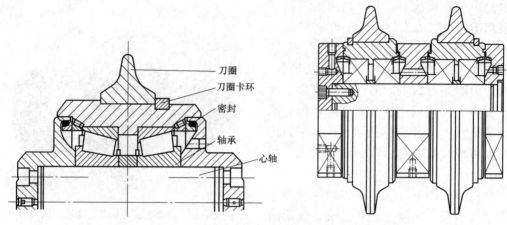

图 2-19 单刃和双刃盘形滚刀局部剖面图

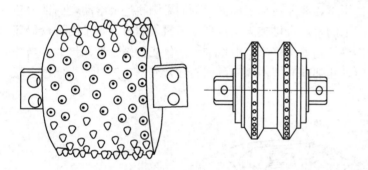

图 2-20 球齿盘形滚刀

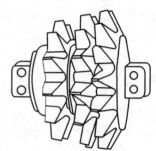

图 2-21 楔齿盘形滚刀

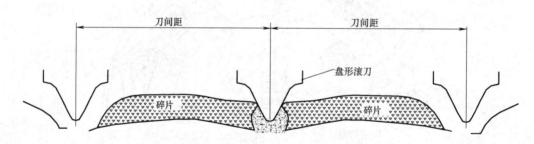

图 2-22 刀具破岩原理示意图

盘形滚刀经历了楔形刃和等截面（Constant Cross Section，简写为 CCS）刃两个发展阶段。20 世纪 80 年代及以前是楔形刃盘形滚刀应用和发展阶段。楔形刃盘形滚刀刀刃角一般设计为 60°、75°、90°、120°等多种，刀圈截面形状如图 2-23（a）所示。如果作业的岩石硬度很高，则用刀刃角较大的盘形滚刀，反之岩石条件较软的情况下用刀刃角较小的盘形滚刀。而在更软的岩层中，刀刃角小的盘形滚刀很容易陷入里面而使掘进效率降低，此时如果使用刀刃角较大或者做平刃的盘形滚刀，破岩效果会更好。

随着盘形滚刀的磨损，楔形刃刃与岩石表面的接触区域逐渐变大，此时要保持原来的切深进行掘进作业，需要给盘形滚刀施加更大推力。如果维持原推力继续进行掘进作业，则会因为滚刀达不到设定的切深而降低掘进机工作的稳定性。这种情况是 20 世纪末才认

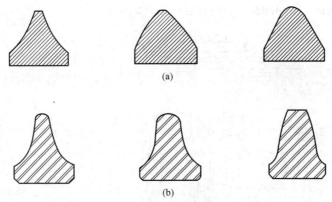

图 2-23 盘形滚刀刀圈断面形状
（a）楔形刃；（b）等截面刃

识到的，并因此开启了等截面刃（或平刃，见图 2-23b）盘形滚刀的应用和发展阶段。等截面盘形滚刀磨损前后与岩石的接触面积没什么太大变化，所以等截面盘形滚刀在工程中得到了更好的推广使用。不同半径的盘形滚刀能够承受的额定推力是不一样的，常见的 17in（英寸）盘形滚刀额定推力为 200kN，19in（英寸）的则为 260kN。

盘形滚刀直径不同，其承载能力也不相同，盘形滚刀直径与其承载能力间的关系如表 2-1 所示。

滚刀直径及承载能力 表 2-1

直径	in(英寸)	11	12	13	14	$15\frac{1}{2}$	$16\frac{3}{8}$	17	19	21
	mm	279	305	330	356	394	416	432	483	534
额定推力(kN)		—	100	100	150	200	200	200	260	300
最大推力(kN)		—	—	130	190	250	250	250	310	—

三、刀盘驱动系统

盾构的掘进施工是由刀盘的旋转和推进同时进行来实现的，刀盘驱动系统是实现刀盘旋转功能的系统。刀盘驱动系统主要由固联在刀盘上的大齿圈、与大齿圈啮合的小齿轮、减速器和刀盘动力装置等部组件组成，如图 2-24 所示，其中刀盘动力装置为液压马达的称为液压驱动，为电动机的称为电机驱动，电机驱动又可分为变频电机驱动和定速电机驱动。液压驱动和电机驱动是目前盾构刀盘驱动的两种主要形式。虽然盾构刀盘工作转速低，但由于地质构造复杂、刀盘作业直径较大，因此，要求刀盘驱动系统需具备大功率、大转矩输出、抗冲击、转速双向连续可调；在满足使用要求的前提下尽可能减小装机功率、实现节能降耗等工况特点；此外，还要求刀盘驱动系统必须具有高可靠性和良好的操作性能。刀盘驱动形式比较如表 2-2 所示。

1. 液压驱动

刀盘液压驱动主要由液压泵站、阀组、管路、驱动液压马达、减速器、大小齿轮副、三滚子轴向径向主轴承及密封等组成。其中，三滚子轴向径向主轴承基本结构如图 2-25 所示，D_c 为刀盘轴承上下压圈连接螺栓分布圆直径，D_0 为滚子滚道直径，H 为轴承厚（高）度。主轴承上压圈和其下压圈组成主轴承外圈并与盾构推进装置（或主驱动箱体）

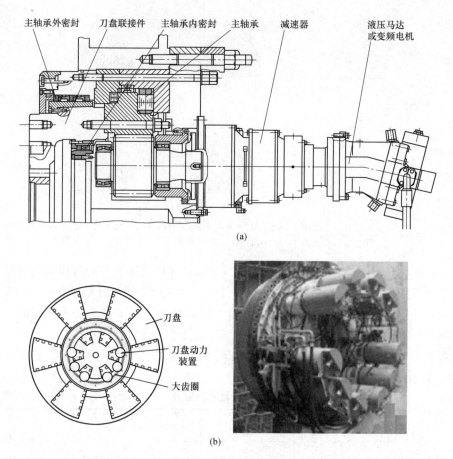

图 2-24 刀盘驱动示意图

(a) 盾构主驱动传动链示意；(b) 刀盘驱动布置及图片

连接，带内齿轮的主轴承内圈（亦即大齿圈）通过螺栓与刀盘连接，大齿圈与减速机输出端的小齿轮啮合从而驱动刀盘旋转。刀盘转速可通过液压控制系统（液压驱动）或电气控制系统（电机驱动）调节，其中液压驱动系统便于刀盘调速及过载保护。

刀盘驱动形式比较　　　　表 2-2

	变频电机驱动	定速电机驱动	液压驱动
外形尺寸	中	大	小
后续设备	少	少	较多
效率	0.95	0.9	0.65
启动力矩	大	较小	较大
启动冲击	小	大	较小
转速微调控制	好	不能无级调速	好
噪声	小	小	大
盾构温度	低	较低	较高
维护保养	易	易	较复杂

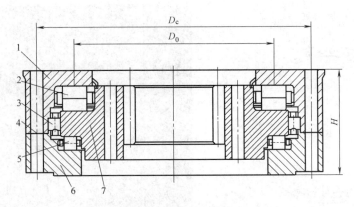

图 2-25 三滚子轴向径向主轴承结构图

1—上压圈；2—主推力滚柱；3—径向滚柱；4—调整垫片；5—反推力滚柱；6—下压圈；7—内圈

2. 电机驱动

刀盘变频电机驱动系统主要由变频电机、减速器、大小齿轮、三滚子轴向径向主轴承及密封等组成。变频电机驱动刀盘旋转，刀盘速度可调，有较大扭矩储备，传动效率高。

变频驱动设备费用高，但是具有较高的传动效率，较低的能源消耗，可节省电力费用；液压驱动具有良好的抗冲击能力和过载保护性能，维修保养相对简单，可靠性高。因此两种驱动方式在盾构上都得到了广泛应用。

盾构不同驱动方式及其特点如表 2-3 所示。

盾构不同驱动方式及其特点　　　　表 2-3

驱动方式	特点	
电驱动、带摩擦式离合器	成本低。当最优先考虑投资成本时选用	
电驱动、变频控制、无级变速	启动电流小、效率高，价格高，对环境要求高，特别对潮湿较为敏感	特别适用于开挖直径大、岩性变化大的地质地层
液压驱动、无级变速	效率低，维修难度大，价格高	

四、推进系统

盾构推进系统一般都采用液压系统，由推进液压缸、液压泵、液压阀件及液压管路等组成。某盾构推进液压缸分布截面及照片示意如图 2-26 所示。推进系统是推动盾构向前运动的系统。一般还要求盾构能够实现曲线行进、纠偏以及姿态控制等相关复杂任务（功能）。为实现这样功能，一般对推进液压缸编号、分组并通过各类液压阀的控制实现相应功能。推进液压缸安装在密封仓隔板后部，沿盾体周向基本均匀分布，是推进系统的执行机构，由设在盾构后部的液压泵提供高压油。推进作业时，液压缸以衬砌好的管片为底座，活塞杆不断伸出；当活塞杆伸出一个行程时，即完成一次推进作业；活塞杆缩回，管片衬砌，从而完成一次推进循环。亦即，盾构推进作业就是由推进液压缸活塞杆的伸出和缩回不断交替循环完成的。

推进液压缸在选型和配置时须满足下列要求：

1. 推进系统不仅要满足盾构在掘进中推力的需求，还要根据管片拼装要求进行布置。
2. 推进液压缸的推力和数量须根据盾构外径、总推力、管片结构和隧道路线等因素确定。

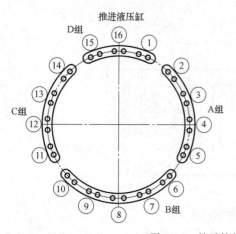

图 2-26　某盾构推进液压缸分布截面图及照片

3. 推进液压缸要尽量选用质量小、耐久性好、结构紧凑的油缸，通常选用高压油缸；一般情况下推进液压缸等间距配置在盾构壳体内侧附近，位置的确定要兼顾管片的强度。

4. 配置推进液压缸时，要使推进油缸轴线平行于盾构轴线。

五、集中润滑系统

盾构切口环与刀盘间的滑动副、刀盘大轴承、刀盘超挖系统油缸活动部件、螺旋输送机的螺杆支撑轴承和刀盘回转中心回转节等处滑动、滚动或转动等相对运动部位的灵活性需要良好的润滑，以保证相对运动部件的正常工作和盾构的正常施工作业，因此，在盾构上设置有集中润滑系统。

盾构集中润滑一般采用双线式消耗型润滑系统，如图 2-27 所示。双线式消耗型集中润滑系统主要包括贮油器、润滑泵（油泵）、换向阀、双线分配器、控制装置、两条主油管道、压差传感器等。

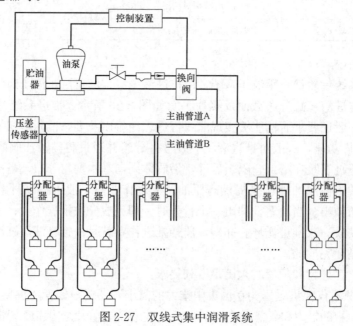

图 2-27　双线式集中润滑系统

贮油器、润滑泵和换向阀通常安置在盾构后配套台车上，润滑泵输出润滑剂，经换向阀交替由两条供油管道输送到双线分配器，再通过双线分配器定量分配到各润滑点。众多分配器呈并联连接于主管道上。由于管路上的压力存在沿程损失，所以，润滑泵到供油点的管道越短，分配器就会先开始动作，因此，压差传感器安装于油泵到供油点的管道最长的分配器后面。当所有的分配器向润滑点供油完成后，压差传感器将动作信号一并发送至控制装置，控制装置调节换向阀变向，使润滑泵为另一条管道供油。

双线分配器工作原理如图 2-28 所示。图 2-28（b）所示为通过换向阀切换至供油管道 3b 时的供油情况，经供油管道 3a 输送至双线分配器中的控制活塞 4a 上腔并对其进行加压，此时控制活塞 4a 下腔与供油管道 3b 连通卸荷（双线分配器有两个油口，分别与两条供油管道连接，当其中一条供油时，另一条则向贮油器开放）。图 2-28（a）所示由润滑泵输送来的润滑剂，随着控制活塞 4a 下移，工作活塞 4b 上腔与控制活塞 4a 上腔连通，工作活塞 4b 下腔与下出油口 6 连通，其下腔的润滑剂经下出油管 6 压送到润滑点，完成第一周期的给油动作。分配器活塞按相同的顺序反向进行前述动作，润滑剂从上出油管 5 压送到另一润滑点。

分配器每口给油量由工作活塞 4b 的直径和行程确定，通过调节调整螺钉 1 来改变工作活塞 4b 的行程，就可实现规定油量范围内的油量大小调节。

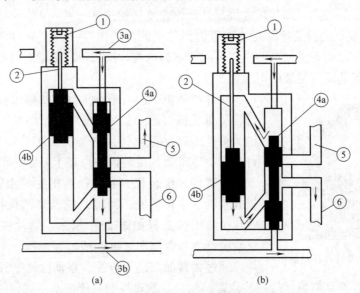

图 2-28　双向出油结构的双线分配器

①—调整螺钉；②—指示杆；③a/③b—供油管道；④a—控制活塞；④b—工作活塞；⑤—上出油管；⑥—下出油管

盾构集中润滑系统是保障盾构顺利掘进施工的重要装置。若集中润滑系统发生故障，输送不到或输送不够充分润滑脂的运动副将很快磨损，从而加快该部位失效。如刀盘与切口环滑动部位的唇口密封，主要靠集中润滑系统起密封和润滑作用，若润滑脂不充分，将加速唇口密封的磨损；特别是当唇口密封油脂压力不足时，外部泥沙还容易进入刀盘大轴承，严重威胁盾构施工。

六、管片拼装系统

作为盾构重要组成部分的管片拼装机一般安装在盾构主机的中盾和尾盾之间。在掘进一环距离后，管片拼装机在隧洞壁上安装预制好的管片，形成永久性支护。管片拼装的速度和质量直接影响整个隧洞施工工程的效率和质量，提高管片拼装机的工作效率和可靠性，有助于缩短施工周期，节约成本，提高工程施工过程的安全性。

管片拼装系统具有的特点如下：（1）六自由度，动作灵活、精度高；（2）框架式回转机身，整体刚性好；（3）扣头螺钉为优质合金锻件精加工而成，承载能力强；（4）伸缩内筒、外筒为热轧方钢管整体机加而成，强度高；（5）齿圈模数大，承载力强，耐磨损；（6）电液比例控制，精度高、反应快；（7）液压驱动，回转扭矩大。

在工程作业中，管片拼装机作为低速、重载工程机械，应满足以下要求：

1. 管片拼装机作业时抓取管片质量大且频繁启停，其粗调机构的定位精度应满足预设要求；在粗调定位完成后，微调机构做微调应能使管片螺纹孔对合，定位精度要达到毫米级。

2. 管片拼装机的静负载由所夹管片的重量决定。直径为 6m 左右的隧道，其一片管片的重量在 3.5～5t；而直径大于 10m 的隧道，其一片管片的重量将达到 9～12t。可见管片拼装机工作时负载很大，故要求其整机机构有很大的刚度和承载能力。

3. 管片拼装机工作空间狭窄，因此，其作业机构在满足相应功能要求的同时，结构应尽可能紧凑。为提高拼装效率，管片拼装机须在满足拼装精度的前提下，具有动作灵活、响应速度快等特点，即尽可能提高其动作速度和加速度。

4. 管片拼装机的拼装速度要能与盾构掘进机的前进速度一致，故对拼装效率有一定的要求，然而随之而来的复杂的动载荷问题不容忽视，所以不仅要求管片拼装机具有较高的稳定性，而且还要有足够的可靠性。

图 2-29　单举重臂管片拼装机

管片拼装机一般有单举重臂和双举重臂两类，单举重臂管片拼装机（图 2-29），通常用于小型盾构上，目前盾构大多是用双举重臂管片拼装机（图 2-30）。因为单举重臂和双举重臂管片拼装机在原理上基本相似，这里只介绍双举重臂管片拼装机。管片拼装机主要由管片夹持机构、提升系统、平移系统、回转系统及真圆保持装置等构成。管片拼装工艺流程如图 2-31 所示，管片夹持机构从管片供给由真空吸盘（图 2-30）或吊环螺栓（图 2-32）抓取管片，通过大臂油缸适当收缩、移动盘体平移、旋转盘体旋转等，将待安装管片定位到待安装位置；尔后，通过控制系统将基本就位的管片进行适当俯仰、横摇和回转等操作工序将基本就位的管片精确定位到安装位置；最后用配套的螺栓、螺母拧紧，一片管片的安装就基本完成了。

（一）管片夹持机构

管片夹持机构分为真空吸盘抓取式和机械抓取式两种。真空吸盘抓取式就是用真空将管片吸起。真空吸盘总成安装在提升架上（图 2-30），管片衬砌时，提升架和真空吸盘首先运动到待安装管片位置，大臂油缸活塞杆伸出驱动提升架上的真空吸盘贴紧在钢筋混凝土管片内弧面相应位置；尔后启动真空泵，通过设置由单向阀的控制管路将真空吸盘真空腔内的空气抽空并保持真空腔的真空度不低于 80%，以便将管片吸住并按管片拼装工艺流程运行。

管片机械抓取装置采用螺栓连接。首先在预制管片的中心设置螺纹孔，拼装管片时将管片夹持机构的吊环螺栓拧入管片中心设置的螺纹孔内；吊环螺栓上端是方头并带有销孔，将连接好管片的吊环螺栓的方头插入由拼装机连接板形成的并与之相对应的倒 U 形槽里；拼装机连接板上设置有销孔并与吊环螺栓上端方头的销孔对应，两销孔对正后用连接销连接，从而完成一片管片的夹取作业，管片拼装机械抓取装置如图 2-32 所示。

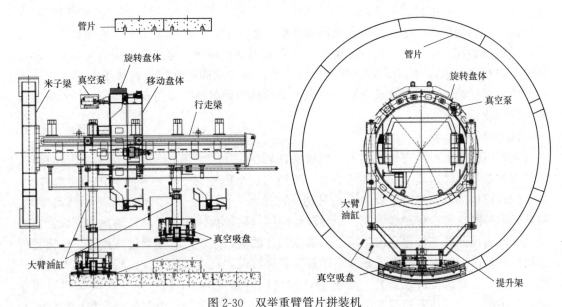

图 2-30　双举重臂管片拼装机

图 2-31　管片拼装工艺流程图

（二）提升机构

管片拼装机提升机构就是将提升架、真空吸盘总成（集合体）或机械抓取装置及已抓取的管片提升或上推至适当高度的机械装置（图 2-30）。管片拼装机提升机构主要由两个大臂油缸和两个导杆组成（图中未画出），两大臂油缸的活塞杆端分别与提升架两端铰接，两大臂油缸的功能是实现对管片的提升和上推，两个导杆则用来对提升和上推过程中的管片进行导向。提升机构安装在旋转盘体上，对称布置的两大臂油缸和导杆在工作时互不干涉，既可实现同步运动也可实现差动，即在管片基本定位后，可

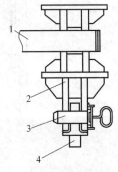

图 2-32　管片拼装机械抓取装置
1—平移液压缸；2—连接板；
3—连接销；4—吊环螺栓

以通过改变两升降油缸的行程差，使管片具有摆动角度小于±3°。在完成提升或上推运动后，提升液压缸制动锁死。提升臂自抓取管片位置随拼装机旋转90°时为悬臂结构，因此达到最大伸出行程时应考虑提升臂的抗弯性能。

（三）平移机构

管片拼装机的平移机构实际上是行走梁与其上的移动盘体组成的运动副，亦即，平移机构的主要部件是由相对于隧道（洞）轴线左右对称布置的行走梁、带滚轮的移动盘体、平移油缸和盾构机体等组成。行走梁固定在盾构机体上，并在行走梁上设置导轨槽；平移油缸沿隧道轴线水平布置在两行走梁中间（当采用双平移油缸时，两平移油缸相对于隧道轴线左右对称布置），其一端固定在盾构机体上，另一端固定在移动盘体上；移动盘体上的滚轮在平移油缸牵引力驱动下沿行走梁上的导轨前后滚动，从而实现并完成管片拼装机的平移功能。

（四）回转机构

回转机构是由回转支撑（轴承）组成的回转副，主要由液压马达、减速器、小齿轮、回转支撑等零部件组成，其中液压马达、减速器、小齿轮固定在平移机构的移动部件上。整个回转机构的动力传递过程为液压马达—减速器—传动轴—传动小齿轮—回转盘体等。回转轴承外圈安装在移动盘体上，回转轴承内圈与回转盘体固定，回转轴承内圈设置内齿轮或固联内齿圈并与传递小齿轮啮合。液压马达的输出扭矩与转速通过减速器、小齿轮传递给回转轴承内圈设置的内齿圈并驱动旋转盘体旋转，进而带动连接在旋转盘体上的提升机构、管片夹持部件以及管片一起旋转，圆周回转角度为±200°。管片拼装机实际作业时，其中的一个马达安装有光电码盘传感装置，用来周向定位，以便将管片精确旋转到预定位置。图2-33为一管片拼装机驱动机构示意图，三个小齿轮与回转盘体上的内齿轮相互啮合，从而将驱动力矩和转速传递给回转机构。

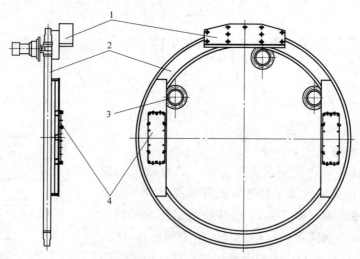

图2-33　管片拼装机驱动机构示意图
1—配重块；2—内齿圈；3—驱动小齿轮；4—支座板

（五）微调机构

管片拼装机微调机构的作用是在完成管片粗调定位后，对管片进行细微的局部调整，以便精确定位管片拼装。管片微调机构是由设置在管片夹持机构与提升机构之间的俯仰油缸和偏转油缸组成的（图 2-34），通过管片微调操作系统实现拼装管片位置的微调。

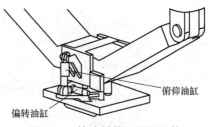

俯仰油缸

偏转油缸

图 2-34 管片拼装机微调机构

（六）真圆保持装置

刚拼装完成的管片环是盾构向前推进的基础，亦即管片刚拼装成环就受沿管片环轴向的顶推力，再考虑管片自重和土压的共同作用，管片就可能被从尾盾挤出或产生变形。当变形量达到一定程度，将严重影响其后拼装管片的纵向螺栓的安装。为避免此种现象的发生，就需要对刚拼装完成的管片环进行真圆保持，也就是让刚拼装好的管片环在盾构推进中保持真圆度，具有此功能的装置称为真圆保持装置，其示意图如图 2-35 所示。真圆度保持装置实际上就是一台千斤顶，在千斤顶的上下两端安装有与管片环内表面圆曲率相同的外圆弧面撑靴，该装置可以沿动力车架的伸缩梁滑动。一环管片拼装完成后，真圆保持装置就移到该管片环内，千斤顶使支撑靴顶紧在管片环的内圆表面，盾构再向前推进，推进一个行程后，推进油缸活塞杆缩回，管片衬砌，这样依次进行整条隧道的管片拼装。

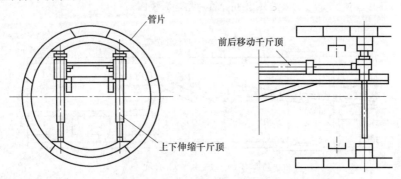

管片

前后移动千斤顶

上下伸缩千斤顶

图 2-35 真圆保持装置示意图

（七）管片吊运机构

管片吊运机构的功能是从管片车上将管片吊运到管片运输小车上。管片吊机的轨道为双梁布置，从一号拖车到设备桥的前方。吊运机构包括两个捯链和驱动装置。管片吊机设置一个行走挡，快速/慢速两个提升挡。管片吊运系统如图 2-36 所示。该机构的特点是：

1. 双轨梁式，链轮链条传动，运动平稳，制动可靠；
2. 连续式轨道，管片可直接吊运至管片拼装机抓取区域，方便进行管片运输和拼装；
3. 无需喂片机，可减少喷涌时清渣时间。

七、渣土输送系统

盾构渣土输送系统有土压平衡盾构的渣土输送系统和泥水平衡盾构的泥水输送系统两类。

土压平衡盾构的渣土输送系统通常采用由螺旋输送机、皮带输送机、渣土输送矿车等组成的渣土输送系统，如图 2-37 和图 1-8 所示；也可采用连续皮带机出渣，即通过皮带

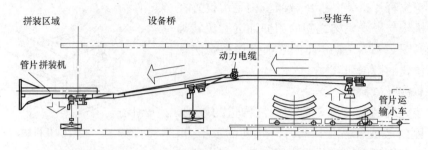

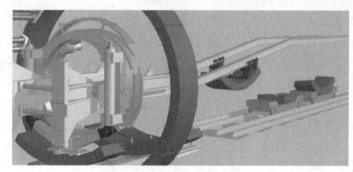

图 2-36　管片吊运系统图

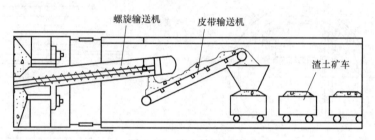

图 2-37　渣土输送系统

机直接将渣土输送到地面，这种情形往往需要较长的倾斜隧道布置皮带机，所以受到一定局限。

　　土压平衡盾构渣土输送系统中的螺旋输送机的转速及形成的土塞的密封性对控制土仓压力、掌子面稳定性及地表沉降和隆起等起着至关重要的作用，因此，在螺旋输送机出渣量与盾构推进速度间存在着密切关系。螺旋输送机的出土过程，实际上是螺旋输送机内的渣土与螺旋输送机壳体的摩擦、与螺旋输送机旋转轴及叶片的摩擦以及渣土之间的摩擦过程，亦即能量消耗过程，也就是土仓压力沿螺旋输送机衰减的过程。若在螺旋输送机的出口处或尚未到达出口处的渣土压力衰减为零，说明螺旋输送机内形成的土塞密封性能好，土仓压力可完全由螺旋输送机转速控制或者说只要控制好螺旋输送机转速，就能控制土仓压力、掌子面稳定性及地表的沉降和隆起。否则，若渣土在螺旋输送机的压力衰减不够，螺旋输送机的出口处渣土压力大于零，就会在螺旋输送机的出口处发生喷水、喷砂、喷泥的现象，工程界称为喷涌。"喷涌"现象的发生可能造成正在开挖的隧道掌子面失稳，从而造成施工隧道上方地面的下陷，地面建筑物损坏或倒塌等，从而造成重大的工程事故。所以土压平衡盾构渣土输送系统中的螺旋输送机是保证隧道掌子面是否失稳，隧道可否顺利开挖的关键系统之一。

八、注浆系统

盾构施工隧道，为保证隧道的稳定性和安全性，一般要对隧道进行管片衬砌，因而在衬砌管片与隧道洞壁间形成空隙。为了能够在极短的时间内将该空隙填充密实，使新开挖的洞壁获得及时支撑，有效防止土体坍塌和地表沉降，需要在盾构推进、隧道衬砌过程及时在衬砌管片与隧道洞壁空隙间施行注浆作业。盾构施工注浆分为同步注浆和二次注浆两种。同步注浆作业与盾构的推进作业同步进行，通过设置在尾盾的注浆孔将浆液充填到衬砌管片与隧道洞壁间的空隙，如图2-38所示。

由于同步注浆浆液凝固过程收缩、流动阻力产生的浆液难以完全填满衬砌管片与隧道洞壁间的缝隙，及浆液渗入地质地层等造成的衬砌管片与隧道洞壁间的空隙不可能经过同步注浆完全弥合，因此，对裂缝管片、接缝渗漏水及地表沉降量要求较小的地段或对地面建筑、管线影响较大的地段，一般还要进行二次注浆。所谓二次注浆就是利用管片上预留的二次注浆孔，一般情况下，每隔4～5环进行第二次注浆一次的操作工艺。

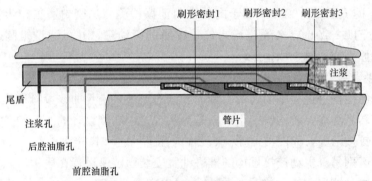

图2-38 盾构的同步注浆示意图

九、盾构密封

盾构主机的密封主要是主驱动密封、铰接密封和尾盾密封三大密封，以防止外界泥水进入盾构。主驱动密封主要防护主驱动轴承；铰接密封主要用于隔绝盾构调向和转向时，外界泥水进入盾构；尾盾密封主要用于阻止浆液从盾构尾部进入盾构内。密封失效将给盾构的安全施工带来隐患甚至严重威胁盾构的正常施工。

（一）主驱动密封

盾构主驱动的内、外密封均设置三道唇形密封，相邻唇形密封间设置隔离环，如图2-39所示。其中，FK1-4和CA1-6分别是主驱动内、外密封油脂（HBW）注入主轴承的通道。亦即，密封油脂（HBW）分别通过FK1-4和CA1-6通道注入构成盾构主驱动的第一道保护屏障，以阻止土仓内渣土颗粒及污水的侵入；主轴承的第二道防护屏障由强制润滑方式形成，具体是：通过注入口ZB1-4和ZC1-4分别注入润滑油对主驱动主动小齿轮和小齿轮轴承采用齿轮油强制润滑，通过注入口OR1-7和OA1-7注入的润滑油对主轴承滚道实施强制润滑，通过FI1-4和FA1-4连续注入内、外唇形密封空腔及其相对旋转支承表面的EP2油脂起润滑和密封作用，此即由强制润滑形成的进一步防止异物进入主轴承滚道的第二道防护屏障。

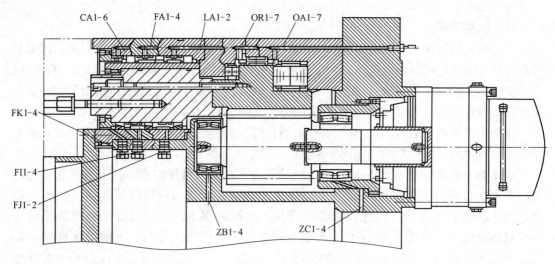

图 2-39 盾构主驱动密封结构示意图

图 2-39 中的 FJ1-2 和 LA1-2 用于内外密封泄漏检测。当密封磨损产生泄漏时，渗漏的齿轮油通过 FJ1-2 或 LA1-2 通道流入位于中盾的废油箱，并可通过检测废油箱中的齿轮油查明磨损原因或及时采取措施。

（二）铰接密封

为了实现盾构掘进过程中的转弯、调向和姿态调整，满足曲线段隧道施工，盾构设计上需要考虑其转弯功能，盾构铰接系统就是为实现这一功能设计的。盾构铰接一般分为主动铰接和被动铰接两种，如图 2-40 所示，盾构推进油缸和铰接油缸分布如图 2-41 所示。结构上的主要区别是：主动铰接盾构的推进油缸安装固定座设置在盾构后盾，故又称为后盾铰接型；而被动铰接盾构的推进油缸安装固定座设置在盾构前盾，故又称为前盾铰接型。动作上的主要区别是：主动铰接盾构推进油缸的后端伸出，推进油缸推压管片，推力传递到后盾，再通过铰接油缸传递到前盾，在铰接油缸产生行程差后，前盾和后盾间发生弯折，从而实现盾构的转弯或调向，亦即，主动铰接盾构的转弯或调向是通过铰接油缸的主动伸缩实现的；被动铰接盾构推进油缸伸出时推压管片，推力直接作用在前盾，当推进油缸产生行程差时，前盾和后盾间发生弯折，从而实现盾构的转弯或调向，亦即，被动铰

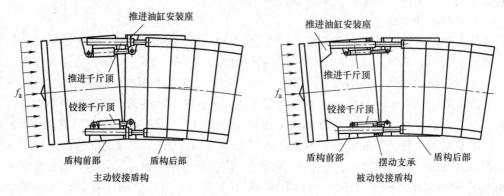

图 2-40 盾构主动铰接和被动铰接示意图

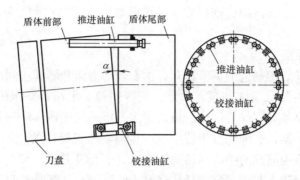

图 2-41　盾构推进油缸和铰接油缸分布示意图

接盾构转弯或调向过程铰接油缸处于随动状态。

盾构铰接处实际上相当于"伸缩节"，亦即，盾构（盾体）前部与盾构（盾体）后部（尾部）有一段重叠，其主要功能是在盾构转弯、调向和姿态调整过程中发生相对滑动，因此，在结构设计上不仅要考虑润滑，还必须考虑密封，如图 2-42 所示。盾构铰接密封包括密封调整环、尾盾密封圈、尼龙密封块、紧急密封气囊和调整螺栓等组件。

紧急密封气囊在盾构正常掘进条件下处于无气状态，只有在密封圈失效时才对其充气，起临时密封作用。盾构在直线段掘进且姿态良好时，铰接油缸的伸长量基本相等；当盾构在曲线段掘进或需要纠偏时，就要调整铰接油缸的伸长量以实现盾构所需求的掘进姿态。显然，对盾构掘进姿态调整时，位于不同区域铰接油缸的伸长量不相同，从而导致铰接处不同区域密封圈的压紧度也不相同。如盾构向右偏转，右边密封压紧量就大而左边密封压紧量则小。因此，为保证铰接密封压紧均匀，可适当松动调整螺栓以减小密封圈的压紧量，或适当拧紧调整螺栓增加其对密封圈的压紧量，这样，不仅增加了铰接密封的可靠性，而且还延长了其使用寿命。

在盾构施工中，需定期维护铰接密封，密封注脂口，每日油脂注入量应不低于100mL；每日往密封外注脂口注入油脂应不低于一次，每次每点注入油脂时间应不低于5min，进一步提高铰接密封的防水能力。

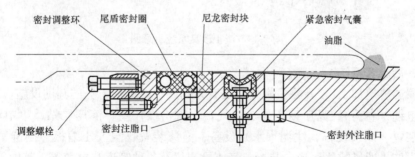

图 2-42　盾构铰接段密封示意图

（三）尾盾密封

目前盾构尾盾密封通常采用尾刷＋充填油脂的形式，如图 2-38 所示。尾刷就是 3 道钢丝刷，密封装置是集弹簧钢、钢丝刷及不锈钢金属网于一体的结构，具有良好的弹性与防锈功能。尾盾油脂泵向每道钢丝刷密封之间供应油脂，使得 3 道钢丝刷与盾体、管片一起形成2道油脂密封腔，该油脂密封腔就是充填油脂注入的空腔，从而将盾体内外隔绝，以提高密封性能。

十、渣土改良系统

渣土改良系统是盾构掘进的调节媒介，主要包括泡沫和膨润土两个装置，安放在后方台车上。泡沫装置主要由泡沫剂泵、水泵、泡沫剂箱、水箱、空压机（提供压缩空气）、泡沫发生器、管路及各类阀件等组成。该装置按一定的比例将泡沫剂和水分别由泡沫剂泵和水泵泵入泡沫发生器，在泡沫发生器中进一步与空压机提供的压缩空气混合生成泡沫，一部分由管路经过盾构前部的中心回转机构输送到土仓及刀盘，其余部分则经过管路被输送到螺旋输送机。膨润土装置主要包括注浆泵、储浆箱、管路及各类阀件等组成，膨润土由注浆泵泵出经过膨润土接口分别输送到土仓和螺旋输送机，进行渣土改良。采用该系统，对于不同的地质条件，通过添加塑流化改性材料，改善盾构土仓内切削土体的流塑性，既可实现平衡开挖面水土压力，又能向外顺畅排土，拓宽了土压平衡盾构的适应范围，如图2-43所示。

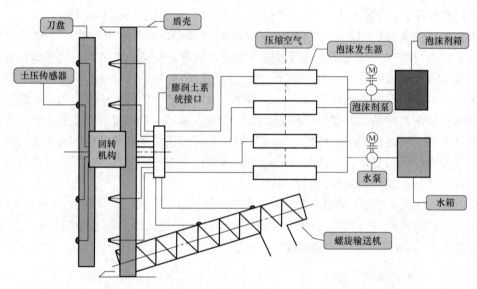

图2-43 渣土改良系统示意图

十一、后配套系统

盾构属"隧道加工厂"，除主机外，还有为完成"隧道加工"的辅助设施——后配套，如：高压电缆（卷筒）、高压变压器、电气柜、盾构操作室、液压泵站、集中润滑装置、尾盾密封装置、注浆设备、注泥（水）设备、泡沫装置、空气压缩机、捯链、皮带运输机、消防设施、通风装置、导向装置、气体检测仪及各种管道和电缆等，其中，有些长距离掘进的盾构，还设置机修间、工作人员休息室、厕所等及安放上述设施的台车（由盾构主机牵引），统称为"后配套系统"。根据需安放设备的大小和台数，台车一般在4～6节之间，少的只有3节，多的也可达7～8节。单节台车的长度，多在6～8m之间，有做成等长的，也有不等长的。台车限界一般比隧道内壁小150mm左右。

台车的结构形式主要有框形门式和Ⅱ形门式两种。框形门式结构的台车两侧为框架，中间用杆件连接，用钢量较少，重量较轻。Ⅱ形门式结构则为刚架，用钢量大，重量较重，但Ⅱ形门式结构的两侧台车上部敞开，在车间组装或拆检时可用起重机直装就位或起吊都较为方便。

第二节 盾构主要参数及确定

盾构是多功能多系统集大成者，既有表示其形状和尺寸的几何参数，又有表示其推力和扭矩等的性能参数，这里仅简单介绍盾构的主要参数及其确定。

一、盾构长度

长度是盾构最基本的几何参数之一，一般应根据施工地质条件、盾构形式、转弯半径、管片宽度、管片拼装形式等因素确定（图 2-44），可按式（2-1）计算：

$$L = L_c + t + L_m \tag{2-1}$$

其中：

$$L_m = L_h + L_g + L_t \tag{2-2}$$

式中 L——盾构机体长度（m）；

L_c——刀盘厚度（m）；

t——刀盘与切口环间隙（m）；

L_m——盾构盾体长度（m）；

L_h——切口环长度（m）；

L_g——支撑环长度（m）；

L_t——尾盾长度（m）。

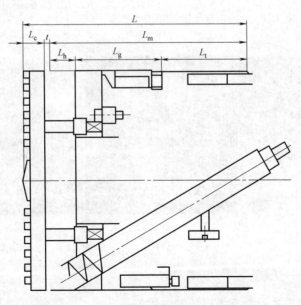

图 2-44 盾构分段尺寸及相互间的关系

盾构盾体长度在满足要求的情况下，考虑到曲线施工及灵活性，应尽可能短些。现有盾构中，标称直径 D（详见本节"二"）与盾构盾体长度 L_m 的关系如表 2-4 所示。

盾构盾体长度L_m与其标称直径D间的关系 表2-4

D (mm)	2000	4000	6000	8000	10000～14000
$\dfrac{L_m}{D}$	2～3	1～2	1～1.5	0.8～1.5	0.2～0.6

二、标称直径

标称直径即盾构切口环外径。除特殊情况外，切口环外径与尾盾外径相同。须根据管片环外径、尾盾空隙、尾盾壳板厚度而定，如图2-45所示，可按公式（2-3）计算。

$$D = D_1 + 2(x+t) \tag{2-3}$$

式中　D——标称直径（mm）；

　　　D_1——管片环外径（mm）；

　　　x——尾盾操作空隙（mm）；

　　　t——尾盾壳板厚度（mm）。

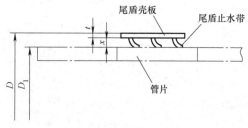

图2-45　尾盾示意图

环境情况等综合考虑评估后选定。

尾盾操作空隙是指尾盾壳板内表面与管片外表面之间的空隙，一般为20～40mm。

三、刀盘结构形式

盾构刀盘结构形式一般分为三种，如图2-46所示，分别是辐板式（图2-46a）、辐条式（图2-46b）和辐板与辐条综合为特征的辐板辐条综合式（图2-46c）。盾构采用哪种结构形式的刀盘需根据施工地质条件、周围

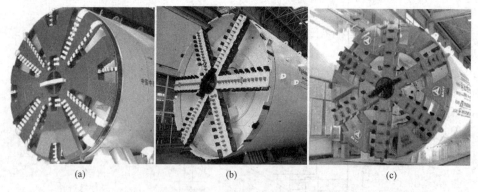

(a)　　　　　　　　　　(b)　　　　　　　　　　(c)

图2-46　盾构刀盘结构形式
（a）辐板式；（b）辐条式；（c）辐板辐条综合式

四、刀盘支承方式及刀盘与切口环的位置关系

支承方式与盾构直径、土质地层、螺旋输送机土体黏附状况等因素有关。刀盘的支承方式有三种：（1）中心支承式；（2）中间支承式；（3）周边支承式；分别如图2-47所示。中心支承式适用于中小型直径盾构；中间支承式适用于中大型直径盾构；周边支承式适用

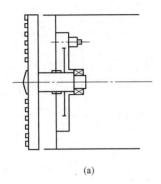 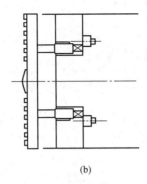 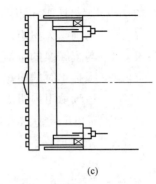

（a）　　　　　　　　　　（b）　　　　　　　　　　（c）

图 2-47　刀盘的支承方式

（a）中心支承式；（b）中间支承式；（c）周边支承式

于小型直径盾构。

　　刀盘与切口环的位置关系有三种形式：（1）刀盘位于切口环内，主要适用于软弱地层；（2）刀盘与切口环对齐，适用的范围居中；（3）刀盘外沿凸出切口环，适用的土质范围较广。三种形式分别如图 2-48 所示。

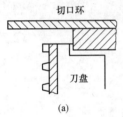 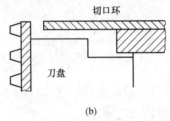 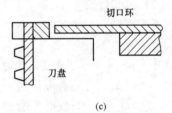

（a）　　　　　　　　　　（b）　　　　　　　　　　（c）

图 2-48　刀盘与切口环的位置关系

（a）刀盘位于切口环内；（b）刀盘与切口环对齐；（c）刀盘外沿凸出切口环

五、刀盘开口率

　　开口率是指刀盘上的进渣口投影到刀盘开挖面上的面积占刀盘开挖面面积的百分比，可用式（2-4）计算。

$$k=\frac{A_p}{A_h}\times100\%$$　　　　　　（2-4）

式中　k——刀盘开口率；

　　　A_p——刀盘进渣口投影在刀盘开挖面上的面积；

　　　A_h——刀盘开挖面面积。

　　刀盘开口率的大小直接影响到土体进入土仓的流动性、出渣粒径和刀盘的磨损速度。对于土压平衡盾构，辐条式刀盘的开口率为 60%～80%，辐板式刀盘的开口率为 30%～40%；对于泥水平衡盾构，开口率大多为 10%～30%。

　　刀盘开口的形状和尺寸须根据施工土质条件、开挖面稳定性和挖掘效率等综合考虑确定。

六、刀盘装备扭矩

　　刀盘装备扭矩需考虑施工地质条件、挖掘效率、盾构直径等。一般工况下刀盘所需扭矩可表示为式（2-5）。

$$T_n=T_1+T_2+T_3+T_4$$　　　　　　（2-5）

式中 T_n——刀盘所需扭矩；

T_1——切削阻力扭矩；

T_2——与土摩擦的摩擦阻力扭矩；

T_3——搅拌土时的扭矩；

T_4——主轴承阻力扭矩。

相对于所需扭矩，刀盘装备扭矩需要有一定的富余量。根据实际使用情况，装备扭矩可用式（2-6）进行估算。

$$T = \alpha \cdot D^3 \tag{2-6}$$

式中 T——装备扭矩；

α——扭矩系数；

D——标称直径。

扭矩系数因土质、标称直径等因素而异，一般情况下，泥水平衡盾构为 $\alpha = 8 \sim 20$，土压平衡盾构为 $\alpha = 10 \sim 25$。

七、刀盘转速

刀盘转速受刀盘最外圈刀具（切刀）的最大线速度制约，刀盘最大转速可根据式（2-7）进行计算。

$$n_{max} = \frac{V}{\pi \cdot D_m} \tag{2-7}$$

式中 n_{max}——刀盘最大转速（r/min）；

V——刀盘最外圈刀具（切刀）的最大允许速度（m/min）；

D_m——刀盘最外圈刀具的安装直径（m）。

一般工程中，刀盘转速与最外圈刀具的安装直径存在如表2-5所示关系。

刀盘转速与最外圈刀具安装直径间的关系　　　表 2-5

安装直径(m)	刀盘转速(r/min)
4～5	<1.5
5～8	<0.8
8～12	<0.6

八、刀具布置

盾构施工过程中，刀盘在受到油缸推力和马达驱动力矩（油缸推力和马达驱动力矩统称为驱动力）的同时，还受到来自切削刀具的抗力，显然，刀盘上刀具的布置对刀盘受力有重大影响。当驱动力与抗力不能平衡时，就需要刀盘大轴承（支撑）承受，从而使刀盘大轴承偏载、产生振动等严重威胁这一重要部件的正常作业，因此，刀盘上刀具的布置应考虑的基本原则是：（1）各切削刀具的凿削力在刀盘径向的合力应尽可能小；（2）各切削刀具的凿削抗力对刀盘产生的倾覆力矩应尽可能小；（3）刀盘上所有刀具的质心尽可能接近刀盘回转中心，避免产生附加力矩；（4）尽可能保证刀盘和刀具的受力均匀，使作用在大轴承上的径向载荷尽量减少到最低；（5）切刀应布置在主梁的两侧，使整个掌子面都在切刀的切削范围内，保证刀盘不论是正转还是反转都能全断面切削土体。目前，盾构刀盘上刀具的布置主要是米字形或星形，如图2-46所示。

刀盘上刀具布置形式确定后，还应根据施工地质情况、不同刀位刀具功能等选用刀具。一般情况下，不同地质条件、刀盘上不同刀位上的刀具配置如表 2-6 所示。

不同地质条件、刀盘不同刀位上的刀具配置　　　　　　　　表 2-6

地质情况	刀具配置
软弱土地层	切刀、周边刮刀、中心刀、先行刀、超挖刀
砂土层、砂卵石地层	切刀（宽幅）、周边刮刀、先行刀（重型撕裂刀）、中心刀

九、刀具磨损量和耗刀量预测

刀具损坏的主要形式是正常磨损和异常损坏，其中，在全断面均质地层以刀具的正常磨损为主，在复合地层则以刀具异常损坏形式居多。因此，预测刀具磨损量，从而预估刀具消耗量为工程成本所必须。刀具磨损与地质条件、刀具材质、刀具形状、刀具安装位置及其掘进速度等因素有关。以在刀盘上安装半径为 r 的刀具为例，在盾构掘进 L 千米的累积磨损量 δ_r 可按式（2-8）计算。

$$\delta_r = \frac{2\pi r \cdot K_r \cdot n \cdot L}{\upsilon} \tag{2-8}$$

式中　δ_r——刀盘上安装半径为 r 的刀具累计磨损量（mm）；

　　　K_r——刀盘上安装半径为 r 的刀具的磨损系数（mm/km）；

　　　n——盾构刀盘转速（r/min）；

　　　r——刀具安装半径（m）；

　　　L——盾构掘进距离（km）；

　　　υ——盾构掘进速度（m/min）。

根据式（2-8）的计算值，就可基本估计盾构掘进 L 千米，该刀位上刀具的消耗量 N_r。例如，若该刀位刀具允许的最大磨损量为 Δ_r，则：

$$N_r = \frac{\delta_r}{\Delta_r} \tag{2-9}$$

由此，就可基本估计盾构掘进 L 千米总的刀具消耗量 N，即：

$$N = \sum_r N_r \tag{2-10}$$

十、推力

盾构推进力为匀速掘进时平衡于各种阻力所需要的施加在刀盘上的总动力。随着盾构的推进，盾构千斤顶必须克服盾壳与周围地层的摩阻力、盾构机推进时的正面推进阻力、管片与尾盾间的摩阻力以及后接台车的牵引阻力。此外，在切口环凸出于刀盘和盾构曲线施工时还应考虑切口环的贯入阻力和盾构变向阻力。由此可得到盾构机设计推进力（简称推力）的构成：

$$F_d = \sum_{i=1}^{6} F_i = F_1 + F_2 + F_3 + F_4 + F_5 + F_6 \tag{2-11}$$

式中　F_d——设计推力（kN）；

　　　F_1——盾构外壳与周围地层的摩阻力（kN）；

　　　F_2——盾构机推进时的正面推进阻力（kN）；

F_3——管片与尾盾间的摩阻力（kN）；

F_4——盾构机切口环的贯入阻力（kN）；

F_5——变向推力（kN）；

F_6——后接台车的牵引力（kN）。

$$F_1 = \begin{cases} \dfrac{1}{4}\pi DL(2p_e + q_{e1} + q_{e2})\mu_{ms} + \mu_{ms}W & \text{砂质土} \\ \pi \cdot D \cdot L \cdot c_{ms} & \text{黏性土} \end{cases} \tag{2-12}$$

式中　D——盾构外径（m）；

L——盾壳的长度（m）；

p_e——垂直土压力（kN/m²）；

q_{e1}——盾构顶部水平压力（kN/m²）；

q_{e2}——盾构底部水平压力（kN/m²）；

μ_{ms}——地层与外壳的摩擦因数，由于盾壳较光滑可取 $\mu_{ms} = \dfrac{1}{2}\tan\varphi$；

φ——土体内摩擦角（°）；

W——盾构机的重力（kN）；

c_{ms}——渣土的黏聚力（kN/m²）。

$$F_2 = \frac{\pi}{4}D_e^2 \cdot \frac{q_{e1} + q_{w1} + q_{e2} + q_{w2}}{2} \tag{2-13}$$

式中　D_e——盾构外径（m）；

q_{e1}——上部水平土压力（kN/m²）；

q_{w1}——上部水压力（kN/m²）；

q_{e2}——下部水平土压力（kN/m²）；

q_{w2}——下部水压力（kN/m²）。

$$F_3 = n_1 W_s \mu_2 + \pi \cdot D_0 \cdot b \cdot p_T \cdot n_2 \cdot \mu_2 \tag{2-14}$$

式中　n_1——尾盾内的管环数；

W_s——一节管环的自重（kN）；

D_0——管片外径（m）；

b——尾盾密封刷与管环的接触长度（m）；

p_T——尾盾密封刷的压强（kN/m²）；

n_2——尾盾密封刷的层数；

μ_2——尾盾密封刷与管环的摩擦因数（0.3～0.5）。

$$F_4 = \begin{cases} \pi(D_e^2 - D_i^2)q_4 + \pi D_e \cdot Z \cdot K_p \cdot P_V & \text{砂土地层} \\ \pi(D_e^2 - D_i^2)q_4 + \pi D_e \cdot Z \cdot c & \text{黏土地层} \end{cases} \tag{2-15}$$

式中　q_4——切口环插入处的地层的反压强度（kN/m²）；

Z——切口环插入地层的深度（m）；

K_p——被动土压系数；

P_V——作用在切口环外侧的平均压力（kN/m²）；

c——黏土地层中土体的黏聚力（kN/m²）。

$$F_5 = \frac{\pi}{12l_J} D \cdot L^2 k \frac{B_{gp}}{R_C} \cdot L \tag{2-16}$$

式中 k——地基反力系数；

$\quad B_{gp}$——管片幅宽（m）；

$\quad R_C$——曲线施工半径（m）。

$$F_6 = W_6 \mu_6 \tag{2-17}$$

式中 W_6——后接台车的自重（kN）；

$\quad \mu_6$——后接台车与其运行轨道的摩擦系数。

第三节 盾构工法简介

盾构种类较多，如图 1-10 所示。所谓盾构工法是指以盾构为主要施工设备的一整套完整的建造隧道的施工方法，其主要施工过程是：始发井建造→盾构设备零部件的吊入并组装调试→盾构始发并向前掘进（包括管片拼装等衬砌作业）→接收井（预先建造）。整条隧道贯通后，盾构在最后一个接收井拆解并吊出。盾构工法的关键就是掘削面（习惯称"掌子面"）的稳定，不同种类的盾构施工过程中，其掘削面的稳定机构也各不相同，详见图 2-49。

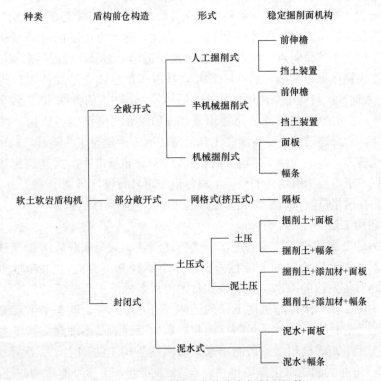

图 2-49 不同盾构种类的稳定掘削面机构

一、全敞开盾构工法

全敞开盾构工法的特点是掘削面敞露，出土效率高。根据掘削土体的方式或机械化程度可将其分为：人工式、半机械式和机械式三种。全敞开式盾构工法主要用于掘削面自稳性好的土层，如：洪积层压实砂、砂砾、固结粉砂及黏土等。对自稳定性差的土层，如：冲击层中的砂层、粉砂层及黏土层等，则应辅之以压气、降水、注浆加固等措施，以便确保掘削面稳定。全敞开盾构工法既具有明挖法的优点，也具有盾构工法的优点，即：对周围地层及构造物的移位、下沉等影响小；振动、噪声小，对周围居民影响小；对地表交通影响小；挖土可以原地回填，故运土费用少，成本低。所以，此工法适用于城市构筑物较多、场地狭窄等环境下的地下工程的施工。全敞开盾构工法工序简单、安全、工期短；地层变位可以从地表直接观测；全敞开盾构工法广泛应用于浅层地下管道埋设工程，如日本市川市排水管道工程、熊本共同沟工程、宫城县雨水干线构筑工程等的施工就属全敞开盾构工法。

二、部分敞开盾构工法

部分敞开盾构工法是指盾构掘削面部分敞露的施工方法。当在冲积淤泥土、软黏性土等较差土质条件下掘进时，由于土体的流塑性大，采用全敞开盾构施工，掘削面土体会发生流入盾构内仓的现象，即所谓的掘削面坍塌，从而导致挖掘无法正常进行。为避免或极大减缓此种现象的发生，在全敞开盾构内靠近掘削面的地方设置一道隔板，该隔板上设有多个面积大小不等的可调砂土排出口，从正面看去好似多个小窗格，此即部分敞开盾构。部分敞开盾构施工时，根据施工土体情况，可将部分窗格封死，部分窗格上设置开度可调的闸门——格闸，还由于窗格的支护作用，从而可有效避免掘削面的坍塌。部分敞开盾构工法的优点是盾构构造简单、造价低。由于实施该工法要将盾构挤入土层，因此盾构通过时其上面的地层可能会隆起，通过后直到被扰动的地层恢复稳态的过程，其上方的地层均呈现沉降现象。该工法与土压式盾构工法、泥水式盾构工法相比，其上方土层的沉降量和隆起量均较大。这是该工法的一个致命弱点，加之该工法的地层适用范围窄，故近年来该工法的施工实例较少。其施工实例多见于早期，如：1965 年，日本东京地铁 9 号线使用挤压盾构和上海地铁 60 工程 2 条地铁区间隧道采用网格挤压型盾构等，其中上海地铁 60 工程掘进总长度达 1200m。1967 年，上海打浦路越江公路隧道采用 ϕ10.2m 网格挤压型盾构，掘进总长度为 1324m。1983 年，上海建设第 2 条黄浦江越江公路隧道——延安东路隧道，1476m 长的圆形主隧道采用盾构施工，其中 500m 穿越黄浦江底，500m 穿越市中心区建筑密集群。为提高掘进速度和确保隧道沿线构筑物的安全，上海隧道公司自行设计研制了 ϕ11.3m 网格型水力出土盾构，这是在网格挤压型盾构基础上发展起来的新型隧道掘进机。

三、封闭盾构工法

随着生产力的发展和相应技术的进步，人们逐渐认识到全敞开盾构和部分敞开盾构的局限性，亦即对施工地质地层的适应性差、应用范围较窄。因此，自 20 世纪 70 年代以来，工业技术相对较发达的国家，如英国和日本等从事地下工程施工的技术人员首先考虑到应将待掘削土体、掘削土体与掘削下来的土体（渣）形成一个动态平衡系统，即在掘削的同时保持掘削面的稳定，这就是封闭（闭胸）盾构设计的基本理念，基于这一理念，泥水平衡盾构和土压平衡盾构相继被研制出来，从而使盾构工法产生了一次革命性的飞跃。1975 年，日本隧道业兴起泥水平衡盾构热；自 1978 年起，土压平衡盾构广泛应用。

（一）泥水式盾构工法

泥水式盾构工法的基本思想是泥水平衡盾构的泥水室、泥水系统与其掘削面组成一个封闭的动态平衡系统，所谓平衡是指泥水平衡盾构的泥水室通过刀盘上的开口与其掘削面联通，从而使泥水系统的压力作用到掘削面上并使其保持稳定（平衡）；所谓"动态"是指在泥水式盾构施工过程中，上述"平衡"始终保持。泥水式盾构工法一般根据施工地质情况，按一定要求配制膨润土浆或黏土浆，通过泥浆泵和输浆管以一定的压力输入泥水室上部，有压泥浆可以发挥固壁作用，当地下水位较高时还可以平衡水压力，使开挖面保持稳定。泥水式盾构工作时，刀盘旋转，切刀切削土体，切削下来的土体通过刀盘上的开口进入泥水室，并与输入泥水室的膨润土浆或黏土浆相混合，经搅拌形成密度比较大的泥浆后由封闭的泥水室在维持一定压力的条件下输送到地面泥水处理厂进行泥水的分离，分离出的水和膨润土可重复使用，分离出的泥则运至弃渣场。在盾壳后部沿圆周均匀布置的液压千斤顶推进，当推进一个行程时，通过管片拼装机沿隧洞圆周衬砌管片（一般按从下而上的顺序拼装）。随着衬砌环的形成，盾构立即在尾盾部位灌浆（目前多采用同步注浆技术），沿尾盾外周的灌浆管压出水泥砂浆，尾盾末端沿圆周内侧设有 2～3 道尾盾刷，与已成型的管片衬砌压紧以防止漏浆，并保持灌浆压力与质量。若切刀切削下来的渣土中有砾石和固结的砂土，则由破碎机破碎后随同泥水一同输送到地面的泥水处理厂。

泥水式盾构工法的优点主要有：对地层的扰动小、沉降小；适于高地下水压、江底、河底、海底隧道等的施工；适于大直径化发展、高速化施工；对施工地质的适应性强；掘进中盾构机体的摆动小。该工法的缺点有：成本高，排土效率低；泥水处理（分离）占用地表面积大；不太适于在硬黏土层和松散卵石层等地质条件下施工。

（二）土压式盾构工法

土压式盾构工法的基本思想是通过土压平衡盾构刀盘上的开口联通掘削面，并与土压平衡盾构的泥土室（又称泥土仓或开挖室）、螺旋输送机组成一个封闭的动态平衡系统。土压盾构掘削工作时，推进力通过开挖下来的并充满泥土室的土体（渣土）、刀盘开口将压力传到掘削面，通过螺旋输送机（与泥土室联通）精确控制开挖渣土的排出速度，使其与盾构掘进的速度成比例，以保持支护掌子面的压力等于或略高于周围地层的压力。亦即，开挖下来的渣土作为加压介质，保持掌子面的稳定（平衡）。为保持开挖面的稳定，可根据地质地层状况向土体中或开挖的渣土中注入适当的外加剂（如：水、膨润土、黏土、CMC、聚合物和泡沫等）进行土体改良。当切削较硬土体时可采用"注入泥浆"方法来改善流动性，或根据地质地层土体需要注入塑化剂等。一般情况下，在土压平衡盾构施工的土体中采取土体改良技术，大多是为了增加土体的塑性、降低土体稠度、减小土体的内摩擦力并缩小其渗透率。当在土压平衡盾构施工的土体中加入泥浆时，则称为加泥式土压平衡盾构，简称泥土加压平衡盾构。

土压式盾构工法的优点主要有：成本低、出土效率高，适用地层范围宽，可广泛适用于冲积黏土、洪积黏土、砂质土、砂、砂砾、卵石等地质的施工，不需分离装置，占用地面面积小，施工时的覆土层可相对较浅。其缺点为：由于掘削摩擦阻力大，造成盾构扭矩大、功耗大；与泥水式盾构相比，土压式盾构对周围地层扰动大，地层沉降较大，亦即，对地面的沉降和隆起控制要求较高。

第四节　盾构选型

盾构是土质和岩土互层地质等条件下全断面开挖的大型复杂机械装备。由于施工地质地层的复杂性和难以预测性及盾构自身的局限性，目前尚没有适用于所有地质地层施工的通用型盾构，也就是所谓"万能型盾构"。还由于是在地下施工，盾构灵活性差，一旦出现地质灾害，轻则严重影响整个工程的施工，重则导致整个工程施工的失败。因此，根据具体地质条件，对盾构进行针对性设计或"量体裁衣"式设计，也就是进行"盾构选型"就显得非常重要。

盾构选型就是针对具体地质条件并综合考虑工程特点、所处环境及工程水文地质、隧道设计、施工配套设施、工程及其施工所涉及的规范、标准等因素，借鉴国内外先进技术经验，根据经济实用、安全可靠及技术先进等目标的具体要求，合理选择盾构构造、动力配置、性能参数及其后配套等的过程。

一、断面形状和地质因素对盾构选型的影响

（一）断面形状对盾构选型的影响

根据隧道（洞）功能，其断面形状可以是半圆形、圆形、双圆搭接形、三圆搭接形、马蹄形、矩形、椭圆形等多种形状；按用途，其又可分为铁路隧道、公路隧道、城市地铁隧道及共同沟隧道等类型。

大多数隧道（洞）的断面是圆形的。这既是因为圆形断面衬砌管片制作简单、拼装方便，并且作用在管环上的外压力小，管环受损小、寿命长、安全性高；还由于掘削圆形断面的原理简单，对应的掘削系统制造容易、成本低。而城市地铁、铁路和公路等隧道实际利用的空间为矩形，与圆形断面隧道相比，矩形断面隧道土体掘削量可以减少 30% 左右，亦即，矩形断面地下占位小，空间利用率高。其缺点是隧道管环上作用的外压力大，管片的设计、施工复杂；相应的施工盾构制造难度大、成本高。

目前广泛使用的盾构多为圆形刀盘盾构，但城市地铁隧道的发展，马蹄形断面盾构、椭圆形断面盾构、用于往返复线情形的双圆盾构和用于地铁车站设计的三圆搭接断面盾构等都可在公开资料中看到，皆因其研制难度大、成本高，对应的衬砌管片设计、组装、施工复杂，所以，很少在实际工程中看到。

（二）施工地质对盾构选型的影响

通常一条隧道沿线的土质条件完全绝对相同是不可能的，一般多选择适应施工标段内大多数地层条件的盾构机型。

1. 冲积黏土

如果冲积黏土的自然含水率接近或超过液限，掘削面不能自稳，则应选择封闭型的盾构。当整个掘削面和施工沿线均是贯入度 N 值为 $0\sim5$ 的软弱粉砂及黏土地层时，宜采用窗闸式（网格挤压式）盾构施工法。但该工法在施工过程中要挤压盾构周围的地层，不可避免地会引起一定程度的沉降，且沉降量大。由于其适用土质范围极窄，故应用时必须对土质调查结果进行充分的研究。就超出挤压盾构工法适用范围的冲积黏土层（含砂量大、有硬软交错层、液限指数过大并含有砾石等）而言，宜采用封闭式的泥土加压平衡盾构。如存在超软弱的腐殖质土层，有必要对其范围、层厚和特性等进行充分的调查。掘削腐殖质土层应选择高止水性盾构法施工，同时还应采取地层加固措施，防止沉降。

2. 洪积黏土

洪积黏土一般贯入度 N 值大，含水率低、掘削面能够自立。此外，因抗剪力大，变形小，故无需挡土隔板。如果全线均为洪积黏土，可采用全敞开盾构。

一般全线掘削面都是洪积黏土的情况非常少，很多的情况是夹层中夹有含水砂层，这时宜选用封闭式盾构。使用加泥盾构时，由于含水低的固结黏土吸水后黏附力增加，所以对周边支撑式或中间式刀盘来说，易产生刀盘、土仓四周黏附压实固结黏土现象。因此多采用中心轴支撑方式、轮辐刀盘掘削且搅拌效果好的加泥盾构或气泡盾构。

3. 砂质土

就砂质土而言，一般情况下泥水式盾构和土压式盾构均可选用。泥水式盾构通过排泥将掘削土砂从泥水仓内输送到地面，安全性好，适于高水压下掘进，且对周围地层变形影响小。但当含水砂层渗透系数大于 10^{-2} cm/s、74μm 以下的微细颗粒含量低于 10%、匀粒系数小于 10，采用泥水式盾构时，掘削面易坍塌，很难确保掘削面稳定。这种情况下不宜再选用泥水式盾构。泥土式盾构在黏土含量少的砂质地层中掘进时，向土仓内投入泥材，然后通过机械强制搅拌，使掘削土砂泥浆化，即增加其塑性、流动性和不透水性。千斤顶推力对这些泥浆加压，能够抵抗掘削面的坍塌力，使掘削面稳定。因此，即使在坍塌性砂层，掘削面也是稳定的。此外，通过调节添加泥材的浓度和数量可以适应砂土和黏土交错层掘削的土质变化，所以，泥土式盾构是最适用的。

4. 砂砾及巨砾层

因这种地层的渗水系数大，故必须选择封闭式盾构。掘削这种地层与前面介绍过的几种地层不同，因其砾石粒径大，若不预先采取粉碎措施直接通过排土（或排泥）设备排出易发生排土系统堵塞和磨耗过大的两个新问题。采用泥水式盾构，注入普通泥水的盾构工法对砾石层是失效的。注入泥水必须改用 PAA 泥水（普通泥水＋增黏剂＋聚丙烯酰胺）才能彻底防止溢泥和喷水，才能确保掘削面稳定，使盾构顺利掘进。泥水式盾构连续输送的砾石的直径应小于排泥管直径的三分之一。通常排泥管直径为 100～200mm，所以被排的砾石的直径极限为 50～70mm。在泥水仓内不能排出的砾石要采用下列方法处理：用旋转式分级器分级；用水下破碎机破碎。配备这些装置的盾构直径受到限制，且黏土黏附引起的堵塞会使处理砾石的能力降低。采用泥土加压平衡盾构，在砂砾层中含水率大、地下水压高的情况下，或（和）当地层中的粒径大于 2mm 的砾石含有率大于 50%、小于 70% 时，泥土加压平衡盾构工法中的加泥材中应添加砂粒成分，注入泥浆相对密度应提高到 1.5 左右。若地层中粒径大于 2mm 的砾石含有率大于 70% 时，由于出现砾石与泥水分离，砾石无流动性，无法出土，随即发生泥水喷出现象，加泥盾构（泥土加压平衡盾构）失效。此时可采用向渣土中注入树脂、注浆栓或硅溶胶等方法施工。

5. 泥岩

泥岩是指洪积堆积的粉砂、黏土，经压实、脱水固结而成的土层。根据粒径的差异可分为粉砂岩、黏土岩两种。泥岩的无侧限抗压强度在 0.5～1.0 MPa 以上，掘削面自稳。如果掘削面是不用考虑涌水的地层，选用开放（敞开）式盾构工法较为经济。在有承压地下水的泥岩层，或在含水砂层、砂砾层的交错层中掘削时，由于存在含水砂层的喷水问题，可以选择泥水式盾构或泥土加压平衡盾构工法。在泥水式盾构中，泥水处理设备的能力在很大程度上控制着施工进度，要有足够的设备。

二、盾构选型的基本过程

盾构施工在地下进行，影响其作业环境的随机因素较多且复杂，亦即风险较大。盾构选型考虑因素是否全面、充分，往往决定着盾构施工工程的效益甚至成败。因此，采用盾构施工的工程承包商对盾构选型都非常重视。将盾构施工工程所处环境、周围条件、穿越地质状况和障碍物等列为调查项目；将环境保护、开挖面稳定、地基变形及其他可能影响盾构施工的因素作为论证项目；最后综合考虑施工的安全性、经济性和工程工期等因素并对施工可能采用的工法进行比选，详细流程见图 2-50。

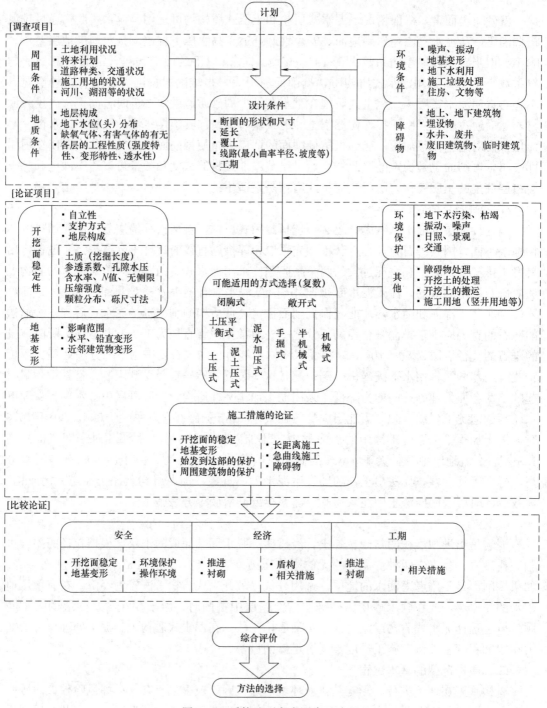

图 2-50　盾构选型考虑因素及流程

三、盾构选型的基本依据

盾构选型的主要依据是其施工的地质条件，见图 2-51。除考虑一般地质因素外，还应对地质条件进行较详细勘察，综合比较各型盾构的构造特点和适应性，选择出适应性好、符合施工要求的盾构类型，见表 2-7。表 2-7 给出了一般土质条件下各盾构的适应性及应留意点。如在冲积黏土中的贯入度 $N=0\sim5$ 的砂质粉土中施工，土压平衡盾构和泥水平衡盾构都能适应，但若采用手掘式盾构施工，其适应性就应专门研究并留意施工过程中的地基变形；其中的半机械式盾构和机械式盾构则均不宜在此种地质条件下采用。

在探讨盾构机机型时，必须考虑的事项有：（1）开挖面的稳定性（自立性）；（2）具有一定掘进能力（施工性）；（3）机械装置的耐久性；（4）在坑内作业的安全性；（5）机械设备的构成和设置环境；（6）经济性等。

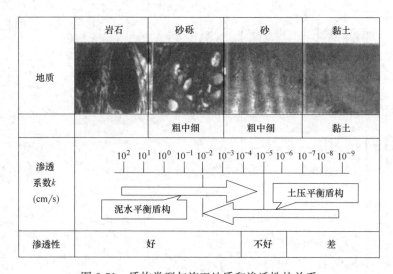

图 2-51　盾构类型与施工地质和渗透性的关系

四、盾构的机型确定

目前隧道施工选用的盾构主要是从泥水平衡盾构和土压平衡盾构两者中确定合适的机型，这两种机型的确定主要考虑地层渗透系数、地下水的分布和工程环境等因素来进行选取。

1. 渗透系数

地层渗透系数是盾构机型确定的一个重要影响因素，不同的渗透系数范围内宜选用不同的盾构机型。

（1）地层渗透系数大于 10^{-4} m/s 时，适宜选用泥水平衡盾构。

（2）地层渗透系数在 $10^{-7}\sim10^{-4}$ m/s 之间时，泥水平衡盾构和土压平衡盾构都可适用。

（3）地层渗透系数小于 10^{-7} m/s 时，适宜选用土压平衡盾构。

2. 地下水

对于无地下水或能通过降水将地下水位降到隧道以下的情况，可采用敞开式盾构。

土压平衡盾构一般在地下水位较浅时采用，水压较高时，如因地制宜原因需要采用土压平衡盾构，需要增大螺旋输送机的长度，采用二级螺旋输送机或采用保压泵。泥水平衡盾构适应最大水压比土压平衡盾构要高，比较适用于河底、海底等高水压条件的施工，其

盾构选型考虑因素及依据

表 2-7

地层 分类	土质	贯入度 N 值	闭胸式—土压平衡式—土压式 适合性①	土压式 留意点	泥土压式 适合性	泥土压式 留意点	泥水加压式 适合性	泥水加压式 留意点	敞开式—手掘式 适合性	手掘式 留意点	半机械式 适合性	半机械式 留意点	机械式 适合性	机械式 留意点
冲积 黏土	腐殖土	0	×	—	△	地基变形	△	地基变形	×	—	×	—	×	—
	粉土、黏土	0~2	○	—	○	—	○	—	△	地基变形	×	地基变形	×	—
	砂质粉土、砂质黏土	0~5	○	—	○	—	○	—	△	地基变形	×	地基变形	×	—
	砂质黏土	5~10	△	细粒组分含有率	○	—	○	地基变形	△	地基变形	△	地基变形	△	地基变形
洪积 黏土	粉质黏土、黏土	10~20	×	—	○	—	○	—	△	地基变形	△	地基变形	△	切削土砂引起堵塞
	粉砂质黏土、砂质黏土	15~25	×	—	○	—	○	—	△	施工效率	○	—	×	
	砂质黏土	25 以上	×	—	○	—	○	—	△	施工效率	○	—	×	—
	泥岩②	50 以上	×	—	○	—	○	—	×	施工效率 地下水压	△	地下水压 超挖量	△	地下水压
砂质土	混砂粉质黏土	10~15	×	—	○	—	○	—	×	—	×	—	×	—
	松砂	10~30	×	—	○	—	○	—	×	—	×	地下水压	×	—
	紧砂	30 以上	×	—	○	—	○	—	×	—	×	—	×	—
砂砾、卵石	松砂砾	10~40	×	—	○	—	○	—	×	—	×	—	×	—
	固结砂砾	40 以上	×	—	○	—	○	—	×	—	×	—	×	—
	混卵石砂砾③	—	×	—	△	—	△	闭塞 逸泥措施	×	—	×	—	×	—
岩石	巨砾、卵石③ （砾径 75~300mm）	—	×	—	△	刀头规格	△	砾的破碎 逸泥措施	△	地下水压	△	地下水压	×	—
	岩体	—	×	—	△	刀头规格	△	刀头规格	×	—	△	施工效率	△	刀头规格 地下水压

注：① 适合性记号的含义：×—原则上不适合土质条件；○—原则上适合土质条件；△—其适应性需要研究。
② 关于泥岩，对象为硬黏土层之类的强度低的土体。
③ 粗砾（砾径 75~300mm）和巨石（砾径 300mm 以上）的名称。

适应的最大水压力主要受主轴承密封性能的控制，适应水头高度一般不超过100m。

3. 工程地域环境

机型确定除了需要考虑工程地质条件，还需要考虑盾构的外径、覆土厚度、线形（曲线施工时的曲线半径等）、掘进距离、工程工期、竖井用地、隧道附近的重要构筑物、障碍物等工程地域环境因素，再综合考虑安全性和经济成本要求，确定合适的盾构。

泥水平衡盾构需要较大泥水分离场地，由于城市中心区段受场地大小、环境污染等周边环境条件的制约，多采用土压平衡盾构。在路线周边有重要建筑物、地下管线时，为减少施工影响，一般采用闭胸式盾构。

4. 机型选择实例

盾构机型选择实例如表2-8所示。

盾构机型选择实例 表2-8

工程名称	工程地点	地层分布	水文地质	特殊环境	施工条件	盾构类型
苏州地铁一号线苏州乐园站—塔园路站	苏州市	粉砂层、粉质黏土	粉砂层存在微承压水含水层	穿越京杭大运河	良好	土压平衡
苏州地铁2号线三医院站—石路站区间	苏州市	粉质黏土、粉砂层、粉质黏土	粉砂层存在微承压水含水层	穿越楼房群	良好	土压平衡
成都地铁1号线土建2标	成都市	高富水砂卵石地层	黏性土、粉土层之上填土层存在上层滞水	闹市区	土压平衡盾构首次应用	土压平衡
昆明市轨道交通首期工程土建工程世纪城站～巫家坝站项目(标段6)	昆明市	黏土、粉土、粉质黏土、粉砂、泥炭质土	无地表径流，水位4～5m	下穿大量城中村危房和巫家坝机场	周边环境复杂，地面沉降控制要求高，施工难度大	土压平衡
成都地铁7号线土建6标	成都市	高富水砂卵层、泥岩复合地层	第四系黏性土、粉土、砂土、卵石土层的孔隙潜水	闹市区，穿越机场高速桥、成绵乐铁路等建（构）筑物	外部条件复杂，地面沉降控制要求高，施工难度大	土压平衡
成都地铁10号线土建6标	成都市	高富水砂卵石地层	黏性土、粉土层之上填土层存在上层滞水	泥岩地层盾构姿态、管片质量不易控制	外部条件复杂，地面沉降控制要求高，施工难度大	土压平衡
成都地铁4号线东延线土建6标	成都市	泥岩地层	基岩裂隙水（基岩溶孔溶隙裂隙潜水）	泥岩地层盾构姿态、管片质量不易控制	外部条件复杂，管片质量控制难度大，施工难度大	土压平衡

续表

工程名称	工程地点	地层分布	水文地质	特殊环境	施工条件	盾构类型
杭州市博奥隧道	杭州市	淤泥质粉质黏土、粉质黏土、粉细砂、圆砾、砂质粉土、粉砂夹粉土、粉质黏土、含砂粉质黏土	圆砾、细砂层为本隧道段主要含水层,内含承压水,透水性良好,最大透水率为5.12×10⁻²m/s	大面积填土、抛石、暗塘、浅层沼气等	良好	泥水平衡
清华园隧道	北京市	粉质黏土、粉土、圆砾及卵石土	上层滞水和承压水,多赋存于平原区第四系砂砾卵石层和山区及平原隐伏碳岩地层中	下穿道路多为城市主路,车流量大,市政管线错综复杂,与北四环某处污水管道净距仅6.63m;与多条地铁线路不同程度并行下穿或交叉穿越	外部条件复杂,地面沉降控制要求高,施工难度大	泥水平衡

思 考 题

2-1 盾构的基本组成是什么?简述各组成部分的作用。

2-2 盾构刀盘的工作原理是什么?

2-3 盾构刀具有哪些种类?各种刀具的特征是什么?

2-4 盾构驱动系统的基本组成是什么?驱动方式有哪些?简述各种驱动方式的特点。

2-5 盾构推进系统的基本组成是什么?推进系统是如何工作的?

2-6 盾构为何要进行润滑?如何进行润滑?

2-7 管片拼装系统由哪些机构组成?是如何工作的?

2-8 盾构施工的相关参数有哪些?如何选定?

2-9 什么是盾构工法?盾构工法有哪几类?每种盾构工法的特点是什么?

2-10 盾构如何进行选型工作?选型的依据有哪些?

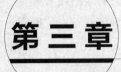

第 三 章

盾 构 施 工

【本章要点】

盾构施工前的准备、盾构组装、盾构掘进、泥浆的输送与处理、渣土改良、管片衬砌与注浆、刀具更换。

【学习目的】

通过了解盾构施工前的准备和盾构组装及熟悉盾构施工、泥浆的输送与处理、管片衬砌与注浆及刀具更换等知识，全面掌握盾构施工工序和相应技术。

【本章导读】

近年来，盾构施工技术有了飞速发展，与盾构相关的一系列技术难题如同步注浆、尾盾密封和盾构始发及接收等，在科研和工程技术人员的不懈努力下逐步得以解决，使得盾构施工技术日趋完善，已成为目前地下土质地层全断面开挖的主流施工设备。本章主要介绍盾构施工的基本过程，内容包括：施工准备、盾构现场组装与调试、盾构掘进和盾构换刀等技术。

第三章

第一节 施 工 准 备

施工准备最重要的任务是为盾构施工的正式开展和顺利进行创造必要条件。盾构的各项施工准备工作应围绕施工的实施和顺利进行而组织、设计并展开。本节着重说明施工准备过程中的关键技术和难点、不良地段施工支护、配套资源供给和施工总平面图布置等关键环节；施工组织设计、安全、合同等文件的逐层交底。通过科学合理的统筹布置，确保盾构施工的顺利进行。

一、前期勘察

由于盾构施工属暗挖施工，其施工上方一般覆盖着具有一定厚度的土层，因此前期的勘察工作非常重要。盾构施工需要对施工线路的地质条件、地上建筑物以及埋地管线等状况进行认真、详细地勘察。

（一）地质勘察

地质勘察决定盾构的选型和设计。如果勘察资料不够详实、涵盖内容不全面，将会直接导致对工程施工及施工规划的误判，也会给盾构选型、盾构设计及其施工埋下隐患。某些工程正是由此导致盾构始发时或是掘进过程中必须做相应的调整，这直接导致了工程进度延缓，成本增加。

地质勘察阶段，应适当扩大地勘范围，根据相关标准合理选择探孔间距，切实做到地勘资料全面、完整、准确。

（二）建筑物和管线勘察

盾构法施工对地下管线和周围建筑物影响较大，在城市中利用盾构法施工不可避免地要穿越已有的管线，这些管线分布比较复杂并且关系重大。施工期间应进行详细地勘察并与当地燃气、石化、水务、电力及通信等部门多沟通协调，详细了解管线埋设情况，并对盾构法施工可能影响到的管线采取相应措施，做出详尽的施工方案和应急预案。盾构施工作为地下暗挖工法，对环境影响相对较小，但对隧道上方地面沉降及对地下管线的影响必须给以足够重视，充分保证地面建筑和地下管线的安全。

二、施工资源准备

施工资源是指施工过程中所需要的人力、物力等的统称，如：施工作业人员（包括施工人员、技术人员和管理人员等）、机械设备、施工所需材料等。

（一）施工作业人员

技术力量的配置与施工作业人员培训是资源准备阶段的重要工作之一，技术方案也是施工前的准备工作，且一定要尽可能完善，比如，开挖、加固及应急预案等相应技术的提前准备及相应实施方案等。

对参加施工作业的人员进行培训是最主要的基础工作。培训应包括技术培训和安全培训。技术培训的目的是确保作业人员适合其岗位对技能的要求，并确保施工相关人员取得相应技术职称或执业资格，尤其是特种作业人员必须持证上岗且证件必须在有效期内；对管理人员、技术人员及施工人员进行施工方案的详细交底；要求作业人员应具备相关经验，熟悉设备结构原理、掌握设备性能、能正确操作设备；保证相关作业人员间能高效沟通和协作；落实岗位责任制，明确岗位责任，严格执行施工和管理的各项规章制度。安全培训的目的是提高并增强职工队伍的安全意识；提高广大职工对安全生产重要性的认识，增强安全生产的责任感；提高广大职工遵守规章制度和劳动纪律的自觉性，增强安全生产的法治观念；提高广大职工的安全技术知识水平，熟练掌握安全操作设备和预防、处理事故的能力，以便将盾构施工的效率和效益优势高效发挥出来。

（二）材料的准备

材料包括工程材料和施工材料，同时又有原材料、半成品、成品、配件和周转材料等多种形式。各类材料是工程施工的基本物质条件，直接影响施工质量和工程进度。盾构施工中应首先保证注浆材料及管片等材料的供应。材料分类存放，建立台账，限额领料、定额发料，保证材料处于受控状态。

（三）机械设备及辅助系统的准备

盾构施工过程中，不仅要对人员用心组织、全面规划，还要对所需配套设备及辅助系统准备充分、合理计划。盾构施工作为流水线式作业，配套设备准备不充分，或者某个环节出现问题，都将会对整个工程造成重大影响。

始发井应设置与工程相适应的起重吊装设备，以完成盾构就位和施工材料吊运。保证盾构的顺利掘进是盾构施工的关键。因此，应加强对盾构的日常维护和保养工作，一旦发生故障应能及时抢修。为确保隧道内工程材料及渣土的可靠运输，运输轨道一般采用38kg以上钢轨。为保障盾构正常施工，盾构冷却系统、供电系统、照明系统、通风系统、排水系统、注浆系统、充电系统、通信系统及控制系统等都应规划到位、运行可靠。

（四）盾构选型和刀具

依据勘察设计提供的材料，综合工程地质、水文地质、地貌、地面建筑物及地下管线和构筑物等因素，合理选择盾构及刀具。对于黏土地质，应选择足够的开口率以保证黏土地质条件下的出土要求。复杂地质条件下，刀盘结构的强度、刚性要好，既能适应掘进过程中的大扭矩工况，又能适应坚硬岩石地层和受力不均复合地层的大推力工况。

总之，盾构选型和刀具的选择是盾构施工过程中至关重要的环节，要根据工程招标文件、岩土工程勘察报告、隧道直径、始发井长度、工程施工程序、劳动力情况、工程施工环境、施工引起的对环境的影响程度等多方面因素综合考虑，多方面、多层次论证，选择适合工程地质状况、经济可靠的机型和相应刀具。

三、施工现场的准备工作

施工现场准备工作主要有盾构始发井和吊出井的修建、盾构基础的安装、盾构进出洞的设置、后盾管片的拼接及拆除等环节。作为地下暗挖工程，在盾构隧道初始位置和终点位置应分别设置盾构的始发井和吊出井。如果起重机额定起吊重量大于小型盾构重量，盾构的拼装拆卸可在地面完成，若盾构隧道较长，可以在合适位置设置盾构检修工作井。盾构始发井和吊出井的尺寸可根据盾构安装、拆卸及施工要求确定。始发井和吊出井的宽度应比盾构直径宽1.6～2.0m，以满足盾构安装和拆卸工作的空间要求；在盾构下部保证留有1m左右的高度。始发井的长度应能满足盾构前面可以拆除洞门封板，盾构后面可以布置后座，洞门封板和后座之间应能设置一定数量的后盾管片以及井内垂直运输所需要的工作空间。此外，还要考虑洞门与衬砌间空隙的充填、封板工作及临时后座衬砌环与轨道的填实工作等。当然，盾构始发井要综合使用时，其尺寸还应满足建筑上及运营上的要求，如车站等。在始发井的底部需设置盾构基座，盾构基座一般可以采用钢筋混凝土或钢结构，其与盾构接触面应与盾构外壳相适应。盾构基座按设计轴线准确放样，安装时按照测量放样的基线吊入井下就位，基座上的盾构轴线必须对准洞门中心且与隧道设计轴线反向延长线基本一致，并在基座四周加设支撑保证整体稳定，以便拼装、搁置盾构。同时，通过基座上的导轨使盾构获得正确的初始导向。基座除承受盾构自重外，还要考虑始发时承受横纵两向的推力、约束盾构旋转的扭矩和纠偏时产生的荷载。当盾构拼装就位，所有掘进准备工作就绪后，即可开始掘进（始发）。常见的方法是在始发井壁上预留洞及设置临时封门，故只要拆除临时封门，逐步推进盾构进入地层，最终使盾构脱离基座。基座示意图如图 3-1 所示。

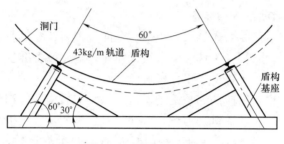

图 3-1　盾构基座示意图

第二节　施工现场的组装与调试

在盾构施工中，盾构的组装技术是盾构施工的基本条件和保障，对隧道工程建设的进度和质量起着关键作用。同时，其组装效果的优劣对盾构的工作性能有着直接的影响，而通过对盾构的各个相关部件调试，可以更好地评估和改善其工作性能。由于盾构造价昂贵，如果盾构的组装和调试出现了质量问题，不但会影响后续的施工进度，而且还会降低盾构相关机械部件的使用寿命并直接增加盾构施工成本。因此，施工现场的组装和调试对盾构施工来说必不可少。

一、盾构的现场组装

盾构组装一般在始发井中进行。组件吊装组织规划依据工程概况和盾构自身特点。针对场地复杂、重量大的盾构组装，一般采用流动式起重机作为吊装设备。由于施工场地限制，在实际施工中往往需要边运输、边吊装、边组装。因此，盾构吊装顺序是由组装流程决定。此外还必须综合考虑各种制约因素，集合设计和制造厂商的意见，确定合理的吊装及组装流程。

（一）组装流程

以土压平衡盾构机组装为例，其各部件下井之前，需在井下铺设盾构始发基座，并在基座与地铁车站内铺设拖车和电瓶车行走轨道以备盾构的拖车、设备桥、螺旋输送机等设备的安装。

1. 电瓶车、管片运输车和拖车下井

在井下轨道铺好后，先将电瓶车吊下井，并行进至车站内。4 节拖车在下井之前，需在地面完成风筒和皮带架的安装；4 节拖车按照 4 号拖车至 1 号拖车的顺序下井，每节拖车下井后用电瓶车牵引其进入车站内指定位置，保证拖车之间的距离符合拖车之间连接杆的安装距离，且车站内还应预留设备桥长度的距离。设备桥下井之前需吊1辆管片运输车下井并放在井口轨道上以备运输设备桥进车站。设备桥下井之后，在吊车的配合下先完成与1号拖车的连接，待设备桥成水平姿势时，再用电焊焊住。之后用电瓶车牵引1号拖车向车站内移动，设备桥也随之进入车站；在设备桥完全进入车站内后，测量设备桥左右两侧双轨梁滑道与轨枕之间的垂直距离，用200H型钢做支架将双轨梁固定在轨枕上（该支架必须做斜撑），再将焊在管片运输车上的支撑架割下。至此，设备桥和4节拖车已全部进入车站，将井口的位置腾出用于螺旋输送机和盾体下井。

　　拖车和设备桥下井必须注意以下三点：（1）盾构始发中心线到车站结构墙的距离是否大于设备桥及拖车宽度二分之一的距离，如果距离不够，需在地面完成设备桥和拖车的改装工作，才能将其吊下井；（2）设备桥、拖车的长度是否大于井口长度，如果井口的长度小，那么设备桥和拖车下井时必须使用两台吊车完成吊装工作；（3）拖车和设备桥在吊装过程中必须系缆风绳。

　　2. 螺旋输送机和管片运输车下井

　　螺旋输送机本身没有支撑架，需要在螺旋输送机上焊2个支架以备吊装使用，2个支架必须满足螺旋输送机整体保持水平及受力平衡。先将管片运输车吊下井，放在井口轨道上，与井下另外1辆管片运输车保持一定的距离；分别在2辆管片运输车上并排放2根轨枕，以方便螺旋输送机的安放并将螺旋输送机垫高；螺旋输送机下井过程中，必须使用缆风绳，防止与结构墙发生碰撞；螺旋输送机下井后，螺旋输送机上2个支撑架分别放在两辆管片运输车的轨枕上，保证螺旋输送机和盾构始发中心线在一条线上及2辆管片运输车受力均匀；再用电焊将支撑架与轨枕焊接固定，防止螺旋输送机向拖车内移动时出现晃动；之后，通过电瓶车或人力把螺旋输送机送进车站内，并将管片运输车的刹车锁住（图3-2）。

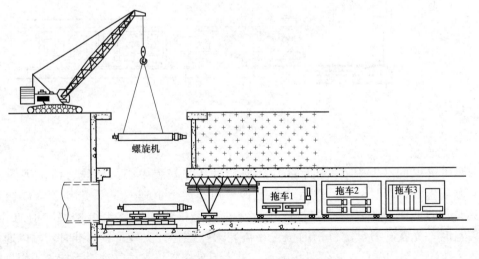

图3-2　螺旋输送机下井后放在管片车上

　　3. 盾体下井前的准备

　　将盾构始发基座上的轨枕和轨道全部拆除，并在基座轨道上涂满黄油；准备12块、

30mm 厚、250mm×300mm 的钢板作滑块；准备 6 块、250mm 长的 200H 型钢作支撑；准备 6 个插在基座上的反力件（为盾体在基座上滑动提供反作用力）；液压泵站 1 台，可提供至少 10 MPa 压力。

先将前盾的翻身吊耳拆下，分别清洗中盾、前盾上的中前体连接法兰面，最后装中前体密封（不包括人闸密封）。

4. 中、前盾下井组装

先将中盾下井（图 3-3），中盾和基座轨道之间垫 4 个滑块，中盾放在轨道上时，保证中盾中心线与基座中心线重合；再将 250mm 长的 200H 型钢焊在中盾上作支撑，在基座上插上反力件，用液压油缸将中盾往车站方向推，为前盾下井预留足够的空间；在中盾人闸上，装人闸密封。前盾下井（图 3-4）也需要在前盾与轨道之间垫 4 个滑块，并保证前盾中心线与基座中心线重合（前盾位置固定之后，吊车也不能松钢丝绳）。中、前盾体连接时，前盾位置保持不动，通过液压油缸推动中盾向前盾靠拢，通过吊车与液压油缸的配合，先将中、前盾体连接定位销装好，再安装中、前盾体连接螺栓；中、前盾体连接螺栓先用气动扳手拧紧，再根据中、前盾体螺栓的直径和强度等级，用液压扳手复紧。中、前盾体连接完毕（特别注意，人闸内中、前盾体螺栓必须装密封圈）后，用液压油缸推前盾，将中、前盾体一起往车站方向推，为刀盘下井做好准备。

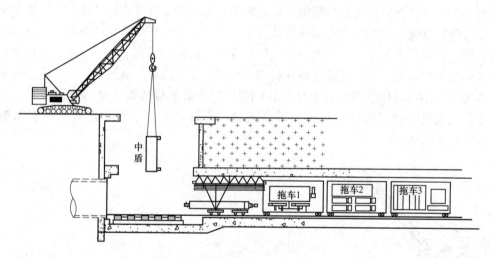

图 3-3 中盾下井

5. 刀盘安装

刀盘下井（图 3-5）前，须拆除刀盘翻身吊耳并安装中心回转体、清洗刀盘法兰面，在前盾上安装刀盘密封，刀盘两个吊耳分别挂 2 个 100kN 的手拉葫芦，以便安装刀盘调整位置使用。在刀盘吊装过程中，注意避免中心回转体与结构墙、前盾相碰。安装刀盘时，先找准刀盘定位销的位置，再装刀盘螺栓。安装位置不准时，可以通过吊耳上的手拉葫芦来调整；安装位置找准后，拧入刀盘螺栓，先用气动扳手拧紧，根据螺栓的直径和强度，再用液压拉伸扳手调整至合适的压力值，拧紧螺栓。刀盘安装好之后，借助液压油缸将中、前盾体和刀盘向洞门方向推进，尽可能为拼装机和尾盾安装预留足够空间。

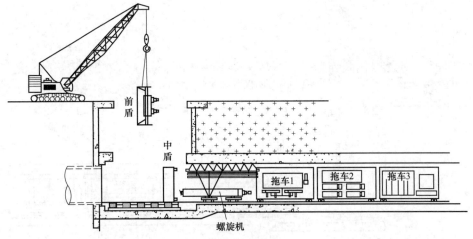

图 3-4 前盾下井

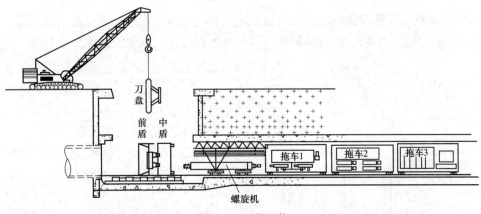

图 3-5 刀盘下井

6. 管片拼装机安装

管片拼装机（简称"拼装机"）的 2 个吊耳在吊装过程中挂 2 个 50kN 手拉葫芦用来调整安装位置，拼装机连接法兰面在拼装机下井（图 3-6）安装之前也要清理干净。安装拼装机的过程中，通过调整 2 个 50kN 手拉葫芦配合完成拼装机的安装，拼装机螺栓先用气动扳手拧紧，再结合螺栓直径和强度用液压扳手复紧。

7. 尾盾安装

尾盾下井（图 3-7）前，尾盾刷和止浆板必须安装好，铰接密封和紧急密封表面需涂满黄油，铰接密封压板用螺栓压紧，防止铰接密封在吊装过程中滑落。尾盾安装一般在 2 台吊车的配合作业下完成。吊装过程中应注意避免尾盾与拼装机发生碰撞。在尾盾完全套进拼装机之后，准备 4 个滑块垫在基座轨道与尾盾之间，并在尾盾上焊接 250mm 长的 200H 型钢做支撑，在盾构安装座上设置反力件。用液压油缸推动尾盾靠向中盾，在铰接密封进入中盾时，须仔细观察相应钟表 12 时、3 时和 9 时的位置点的铰接密封是否能顺利进入。如果尾盾有一点不能进入中盾，须在该位置点挂一个 50kN 手拉葫芦向内拉，直至该点进入中盾为止。随着尾盾慢慢进入中盾，观察尾盾定位销能否进入销槽，如果不能

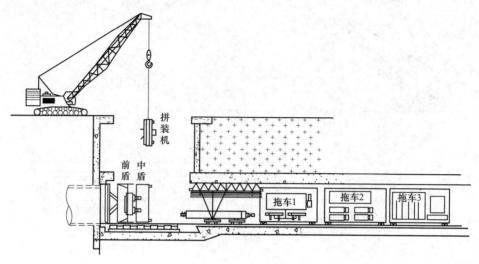

图 3-6　拼装机下井

进入，须用螺旋千斤顶调整尾盾位置，直至能顺利进入。在定位销完全进入销槽后，用液压油缸推动尾盾进入中盾。进入中盾的尾盾部分不宜过长，以免铰接油缸不好装。

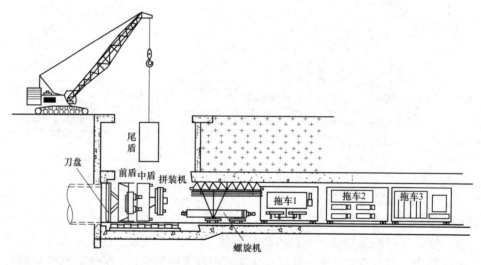

图 3-7　尾盾下井

8. 安装铰接油缸、完成设备桥与拼装机的连接

铰接油缸的销子要打磨光洁，油缸的关节轴承能 360°转动，并准备撬杠、锤子等工具完成铰接油缸的安装；在铰接油缸安装好后，完成设备桥和拼装机的连接。

9. 螺旋输送机安装

螺旋输送机安装（图 3-8）是整个盾构组装的难点，需要吊车和手拉葫芦默契配合，才可以更有效地完成组装。首先，在尾盾安装好后，管片运输车行驶轨道需铺设到尾盾内拼装机的下方；在人闸正下方焊一个吊耳并挂 100kN 手拉葫芦，在拼装机行走梁内侧焊 2 个吊耳，分别挂一个 50kN 手拉葫芦；拆拼装机 V 形梁，装螺旋密封。其次，松开管片运输车刹车，慢慢推动管片运输车向拼装机靠近，注意螺旋输送机法兰面与拼装机间的间隙。当螺旋输送机前法兰面穿过拼装机后，用 2 个 50kN 手拉葫芦和合适尺寸的钢丝绳拉住螺旋输送机前端，用吊车的吊钩和钢丝绳锁住螺旋输送机后端。在螺旋输送机整体被吊住后，用气割割掉螺旋输送机的两个支撑架。然后，在 2 个 50kN 手拉葫芦和吊车的配合下将螺旋输送机基本就位，当螺旋输送机叶片到刀盘驱动电机的位置时，用 100kN 手拉葫芦挂住螺旋输送机叶片。最后，在 3 个手拉葫芦和吊车的配合下安装螺旋输送机。在螺旋输送机法兰面完全贴合后，先安装螺旋输送机与中盾连接板的销子，再安装螺旋输送机螺栓。螺旋输送机螺栓用敲击扳手拧紧即可。之后安装皮带从动轮、拖车之间的连接板、割盾体吊耳等。

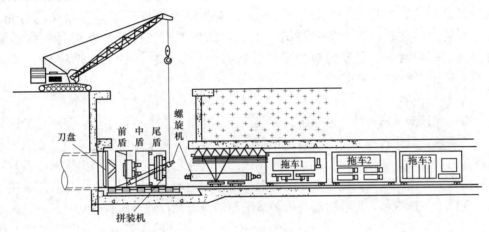

图 3-8　螺旋输送机安装

10. 后配套设备组装

后配套设备相对主机的组装而言比较简单，这里不再赘述。

11. 盾构管线连接

其主要包括配电管线、液压管线、水路冷却循环管线、润滑管路、注浆管线、通风管线、供电线路等管线的连接安装，要根据相应的具体技术指导说明书进行安装连接。

以上所述是土压平衡盾构主机的一般安装流程。需要强调的是，具体型号的土压平衡盾构的安装和使用应按照相应的技术说明书和相应规范施行。关于泥水平衡盾构的组装，总体来说组装步骤流程与土压平衡盾构大致相同，但是由于工作原理和排土方式有很大的差异，进而致使其现场组装也有些不同。泥水平衡盾构的排土方式是以流体的方式进行运送渣土，故而不需要螺旋输送机、输送带、运土车等的安装，但需要安装送、排泥浆的钢管、软管、各类泥浆泵、管路延伸装置等。

（二）组装注意事项

1. 安装管线和电气线路时一定要确保其准确性，以免连接错误；

2. 在连接各种零件和部件时，所用的连接螺栓一定要满足其所需要的强度等级，禁止用普通的螺栓替代，且用规定的扳手拧紧；

3. 当安装通往刀盘的压力仓门时，一定要准确定位，否则后果很严重；

4. 一些构件和各种管线在安装时，要确保安装位置准确，布置要合理；

5. 一定要保证始发件的安装精度和洞门密封的可靠性，确保盾构始发顺利。

二、盾构现场调试

盾构组装完毕，将管线连接好，然后就要进行盾构调试。盾构调试的主要目的是检验盾构各系统是否运转正常和工作可靠，检查各密封处和管线在盾构试运行阶段的负载能力，为组装质量和准确性提供依据。现场调试还能够使盾构的操作系统与辅助系统处于最佳工作状态。

盾构调试包括空载调试与负载调试。盾构组装和管线连接完毕并经检验合格后即可进行空载调试。空载调试的目的主要是检查设备是否能正常运转。空载调试内容有：配电系统、液压系统、润滑系统、冷却系统、控制系统、注浆系统、管片安装系统、刀盘系统、推进系统、吊装系统以及各种仪表的校正等。空载调试合格后，还要进行盾构的负载调试。负载调试的主要目的是检查各种管线及密封设备的负载能力，对空载调试不能完成的检验项目进行检验，以使盾构的工作系统和辅助系统均达到满足施工要求的状态。

（一）调试内容

盾构的调试涉及盾构的供油系统、接线检查、连接检查、通电系统、驱动刀盘的马达旋转方向确认、盾构各压力设定和各类设备的安装等。各系统均需要满足相关要求才可以进行盾构的试运行。盾构试运行在始发阶段进行，主要目标是实现盾构出土速度须与掘进速度相协调。若出土速度低则土仓压力增大，土体扰动增大，推力也增大；若出土速度太高则土仓压力迅速减小，土仓内渣土平衡掌子面的压力被打破，从而可能引起地层塌陷等事故。因此，出土速度与掘进速度的调试是非常重要的。盾构其他部分主要调试工作如表 3-1 所示。

盾构其他部分主要调试工作 表 3-1

部　件	调　试　内　容
刀盘	正反转是否正常，转速值与显示值是否一致
连接线路	是否存在接触不良或短路现象，数据传输是否顺畅
液压软管	软管连接处是否有漏油，其他地方是否有破裂
液压缸	各液压缸动作是否到位，实际行程与显示值是否一致
传感器	各传感器是否都在正常工作
管片拼装系统	检查动作是否到位，操作系统是否灵活等
PLC	硬件控制和软件控制是否配套，显示和运转是否到位等

（二）调试注意事项

1. 调试现场的工作人员都要穿统一规定的工作服；

2. 一定要戴安全帽和手套，严禁穿拖鞋；

3. 一定要确保在调试现场禁止吸烟；

4. 保持良好秩序，不得大声喧哗；

5. 按照调试步骤和方法调试，听从专家安排，切勿自作主张，我行我素；

6. 调试设定值应严格遵守技术标准，不得随便改动；

7. 调试结果显示的参数偏差要在规定的取值范围之内，否则视为机器不合格。

第三节 盾构掘进

一、掘进方向的控制

作为地下暗挖施工的盾构工法，其掘进过程中的导向、姿态控制等的正确性对盾构施工质量有着至关重要的作用。为确保盾构施工隧道严格符合设计要求，尤其是不同隧道段对接的准确性、同一直段隧道施工的直线度等，就需要在掘进过程中严格控制盾构施工轨迹的精确度。盾构掘进过程中的导向测量是盾构施工中的一项重要辅助工作，其作用是实时测量盾构掘进的方向、姿态，计算出盾构与隧道设计轴线的偏差，为盾构纠偏提供依据。导向测量不仅要做到准确、科学，而且要做到不间断测量。随着科学技术的发展，特别是计算机技术、软件工程、自动控制技术等的发展，自动导向测量系统已成为当前应用较多的方式。表 3-2 列举了常用导向测量方法及其优缺点。

常用导向测量方法及其优缺点   表 3-2

名 称	测 量 原 理	优 缺 点
陀螺仪法导向系统	利用陀螺仪实时检测盾构的水平方位，利用伺服倾角仪测量盾构俯仰角和滚角	优点：系统配置简单迅速，陀螺仪上通电运行 5h 即可开始测量； 缺点：由于影响陀螺仪测量精度的因素很多，另外盾构的位置根据掘进量与盾构姿态做积分得到，会导致盾构位置的累积误差
三棱镜法导向系统	利用全站仪分别测量固定安装在盾构内的三个控制棱镜的坐标，根据三点决定一个平面的原理，通过三个棱镜与盾构的相对位置关系计算得到盾构的三个姿态角，进而得到盾构切口中心和尾盾中心的坐标	优点：三棱镜法配置简单，测量精度较高； 缺点：一是要求盾构尾部要有较大的通视空间；二是一般只在盾构推进速度较慢或盾构停止掘进时的姿态校核中使用
两棱镜法导向系统	利用双轴倾角仪测量盾构的滚角和俯仰角，利用全站仪测量固定安装在盾构内的两个棱镜的坐标，根据两个棱镜的轴线和盾构轴线的夹角计算得到盾构水平角	优点：与三棱镜法相比，全站仪只需测量两个棱镜，降低了对尾盾通视空间的要求，响应时间小于 1s； 缺点：棱镜位置变化较快时全站仪仍可能丢失目标棱镜而导致测量失败，同时当盾构转弯时棱镜很容易被挡住，需要频繁移站
标靶法导向系统	一般采用激光束与标靶内置的双轴倾角仪配合，测量盾构的俯仰角和滚角	优点：响应时间短； 缺点：测量距离较远、激光较弱时测量精度会受到影响而降低；结构较为复杂

在实际施工中，由于地质突变等原因，盾构推进方向可能会偏离设计轴线并达到管理警戒值；在稳定地层中掘进，因地层提供的滚动阻力小，可能会产生盾体滚动偏差；在线路变坡段或急弯段掘进，有可能产生较大的偏差。因此应及时调整盾构姿态、纠正偏差。具体纠偏方法见表 3-3。

姿态偏离及纠偏方法
表 3-3

	滚动纠偏	竖直方向纠偏	水平方向纠偏
现象	当滚动超限时，盾构会自动报警	出现下俯、上仰	左偏、右偏
纠偏方法	此时应采用盾构刀盘反转的方法纠正滚动偏差。允许滚动偏差不大于 1.5°，当超过 1.5°时，盾构报警，提示操纵者必须切换刀盘旋转方向，进行反转纠偏	控制盾构方向的主要因素是千斤顶的单侧推力，当盾构机出现下俯时，可加大下侧千斤顶的推力，当盾构机出现上仰时，可加大上侧千斤顶的推力来进行纠偏	与竖直方向纠偏的原理一样，左偏时应加大左侧千斤顶的推进压力，右偏时则应加大右侧千斤顶的推进压力

二、始发、到达的掘进及参数控制

（一）始发段

盾构在始发段掘进时，主要控制盾构的推进油缸行程和限制盾构每一环的推进量。同时，检查盾构是否与始发台、洞门发生干涉或是否有其他异常事件或事故的发生，确保盾构安全地向前推进。严格控制掘进参数：总推力、刀盘转速、掘进速度、注浆压力、轴线偏离距离、推进油缸的行程差等。

盾构在始发台上向前推进时，一般通过控制推进油缸行程使盾构机基本沿始发台向前推进。当盾构出现较大的偏差时，可以通过适当的调整推进油缸行程进行合理的纠偏。开始推进时，要密切关注洞门扇形压板与盾壳之间的间隙，防止冒浆。盾构位于始发台上时尽量不要进行姿态调整。

（二）到达段

在距洞门距离大于 10m 时，泥土仓压力可保持与区间隧道掘进时一致的压力，而在距洞门 5～10m 时需适当减小压力，在距洞门 2～5m 时应将土压转换为相应的气压。在距洞门仅 2m 时应减小泥土仓压力，小于 1m 时应尽量排出泥土仓中的渣土，以使洞门岩面的渣土顺利进入泥土仓。

盾构进入到达段后，首先减小推力、降低推进速度和刀盘转速，控制泥浆系统的流量和压力，并时刻监视气压室的压力值，避免较大的地表隆陷。

盾构刀盘距离贯通里程小于 10m 时，进一步降低推力、刀盘转速以及推进速度，避免由于刀盘前部土体太薄，造成刀盘前部形成坍塌。

三、盾构掘进工序流程

在掘进操作前需要对设备进行机械、电、气和液压等系统的检查，确保各系统无故障或者无故障隐患时方可进行掘进操作。在盾构机掘进一环的时间内，需要完成的工作包括：砂浆的制拌、运输、转运和泵送到尾盾间隙；管片的下井、运输、转运和安装；辅助材料像钢轨、轨枕、人行踏板、水管、螺栓等的下井、运输、转运和安装等。盾构掘进作业工序流程参见图 3-9。

四、掘进注意事项

盾构掘进过程中的注意事项：

1. 掘进中，机器有时会突然侧滚。人员进入掘进机内时，请充分注意因突然侧滚造成的跌倒、滚落。特别是在高处时，必须要用安全带。

2. 因传送带或砂土压送泵运转中的振动，造成后续台车的翻倒，伤及作业者的危险性是存在的，请切实装好防翻部件，并认真确认。

3. 电机散热装置周围闭塞时，就不能散热，有损伤内部、发生火灾的可能，因此，请保持电机散热装置的正常运转。

4. 推进油缸撑靴和管片间有夹住手脚的危险。注意不要把手脚置于其间。

5. 器具的异响、异常往往可能产生零部件的破损而飞出，并有因部件飞出而造成人员受伤事故的发生。因此，机器发生异响、异常时，请立即中止掘进，进行点检、维修。

6. 在切换刀盘转动方向时，应保留适当的时间间隔，推进油缸油压的调整不宜过快、过大，切换速度过快可能造成管片受力状态突变，而使管片损坏。

7. 根据掌子面地层情况应及时调整掘进参数，调整掘进方向时应设置警戒值与限制值。达到警戒值时就应该实行纠偏程序。

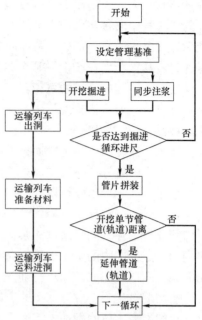

图 3-9 盾构掘进作业工序流程

8. 蛇行的修正应以长距离慢慢修正为原则，如修正得过急，蛇行反而更加明显。在直线推进的情况下，应选取盾构当前所在位置点与设计线上远方的一点作一直线，然后再以这条线为新的基准进行线形管理。在曲线推进的情况下，应使盾构当前所在位置点与远方点的连线同设计曲线相切。

9. 严格控制纠偏力度，防止盾构机发生卡壳现象。

10. 盾构始发到达时方向控制极其重要，应按照始发、到达掘进的有关技术要求，做好测量定位工作。

五、掘进原理（土压平衡盾构与泥水平衡盾构）

尽管盾构种类很多，但从目前盾构使用数量及范围来说，基本上以土压平衡盾构及泥水平衡盾构为主。其中泥水平衡盾构主要由盾壳、开挖机构、推进机构、排泥浆机构、管片拼装机构及附属装置组成，是目前各种盾构中最复杂、最昂贵的一种。其适用范围较大，多用于含水率较高的软弱土质中，是一种低沉降、较安全的地下施工机械设备，其工作效率一般高于土压平衡盾构。

土压平衡盾构是在泥水平衡盾构的基础上开发的一种新型盾构，广泛用于冲积黏土、洪积黏土、砂质土、砂、砂砾、卵石等地质的施工，不需要泥水分离装置，所以，占地面积较泥水平衡盾构少。

泥水平衡盾构掘进过程中是通过注入适当压力的泥浆在掌子面形成弱透水性泥膜，保持泥水压力有效作用于开挖面，亦即，以泥水压力来抵抗掌子面的土压力和水压力保持开挖面稳定，同时控制掌子面变形和地基沉降。泥水对压力波动敏感，对压力变化响应快且均匀，故平衡掌子面压力的控制精度要求较高。在掌子面，随着加压后的泥水不断渗入土体，泥水中的砂土颗粒填入土体孔隙中，可形成渗透系数非常小的泥膜。泥膜会减小掌子面的压力损失，泥水压力可有效地作用于掌子面，从而防止掌子面的变形和崩塌，确保其在施工过程中的稳定。泥水平衡盾构处于正常掘进状态时，刀盘切削其正前方的泥膜，切削后在刀盘正前方又形成新的泥膜。泥水平衡盾构的切削面和泥水室中充满的泥水，还可以为刀具和刀盘作业产生一定冷却润滑效果，从而提高刀具和刀盘的使用寿命，减小刀盘驱动转矩。切削的渣土通过刀具和刀盘等的搅拌混入泥水中，通过封闭管道输送到地面上。与土压平衡盾构施工相比，泥水平衡盾构不需要螺旋输送机、传送带等输送设备，无渣土散落，施工环境好。

土压平衡盾构的掘进是通过刀盘旋转和刀具对前方土体的挤压和切削的综合作用实现开挖并推进的过程。掘进中，刀盘转矩由液压马达或电动机提供；盾构受到的地层阻力由千斤顶提供，千斤顶以尾盾处已拼装好的管片衬砌结构为基础产生推进力。盾构向前每掘进一定距离——千斤顶行程（管片幅宽＋拼装空间），即停止掘进，盾构推进千斤顶缩回，拼装管片衬砌环（同时通过注浆孔及时向管片环外侧建筑空隙内注入足够量砂浆，防止隧道周边一定范围内的土体发生朝向空隙处的移动）；管片衬砌环拼装完成，推进千斤顶伸出并顶住刚拼装完成的管片衬砌环进行下一个掘进循环。因此，盾构属步进式作业机械。

盾构掘进是一个边开挖土体边向前推进的动态过程，盾构向前推进的动力来源于千斤顶群组的推力，盾构掘进中需要克服地层和机械本身带来的全部阻力，这些阻力包括：盾构刀盘的正面阻力、盾构机与周围土体间的摩擦阻力、尾盾脱环时与盾体间的摩擦阻力、掘进过程中盾构姿态调整变向阻力、后接台车的牵引阻力、切口环贯入地层时的阻力等。顶推力大小与盾构施工速度、刀盘掘削扭矩大小密切相关，对地层移动具有直接影响。顶推力过大，引起掌子面土体因受挤压作用发生背离刀盘的移动，导致掌子面上方一定范围内的土体发生隆起。同时，顶推力过大还会引起刀盘与掌子面土体间的摩擦力增加，导致刀盘扭矩过大，影响盾构机械负荷。顶推力过小，一方面影响盾构掘进速度，降低施工效率；另一方面可能会引起盾构掌子面前方水土压力等的主动荷载发生推移的情况，亦即，导致掌子面土体发生坍塌，同时可能导致地面的沉降。因此，盾构掘进过程中，应密切关注盾构顶推力、刀盘转速和扭矩、泥水室内压力或泥土仓内压力及螺旋输送机等关键掘进参数的变化情况。

第四节　泥水的输送与处理

泥水平衡盾构与土压平衡盾构的主要区别之一就是其泥水系统。泥水系统可分成两大部分，即泥水输送与排放系统和泥水处理与分离系统。前者是为盾构掘进提供稀且匀质泥浆，并将其与掘削下来的泥土混合稀释并形成稠泥浆进行排放；后者是分离盾构排放的稠泥浆并经过处理后再向盾构提供掘进所需的稀泥浆。

一、泥浆的输送

泥水不仅是泥水平衡盾构平衡开挖面压力的介质，也是排送掘削渣土的介质。因此，泥水对泥水平衡盾构施工而言是至关重要的中间介质。泥水与掘削下来的渣土在泥水室内混合、搅拌后，由泥浆泵经管道排送至设置在地面的泥水处理设备，经处理设备将稠泥浆中的泥水和泥土分离，并将泥土排掉，而将剩余下来的泥水再返回掌子面和泥水室，实现泥水的循环利用。

泥浆的成分和配比与施工土质有关，一般成分包括水解羧甲基纤维素（CMC）或水解聚丙烯酰胺（PHP）、膨润土、黏土等材料；泥浆制备设备通常包括新浆池、净水池、调浆池、回浆池和搅拌装置等。

在盾构掘进前，应根据施工土质特点和相应浆液制备工艺，配置足够量的浆液储存在调浆池中，然后将调浆池中合格的泥浆经送浆泵送入掌子面和泥水室。

泥水输送系统不仅包含输送管线，还包括双颚式岩石破碎机，泥浆输送与排放的中继泵站和泥浆管延伸机构等，其主要作用是：（1）破碎渣土中可能含有的岩石，以便于泵送，不断搅动泥水室底部，防止渣土沉积；（2）将开挖下来的渣土泥浆化并运输到设在地面上的泥水处理设备。

泥水输送管路包括膨润土泥浆的供给管线（进浆管路）和渣土泥浆的排出管线（排浆管路）。随着盾构施工的进行，泥水输送管线需随着隧道的延长而加长，因此泥水输送管线需加装延伸装置。常采用的延伸方式有：（1）活塞式；延伸时先将管内泥浆泵送到刀盘里，之后进行活塞收缩，最后加装泥浆管进行管线延长；（2）软管式；延伸时，先用清水将延伸管内止浆塞推入隧道内的泥浆管内以阻止泥浆倒流入隧道，然后移动收回软管加装泥浆管进行管线延长，再将止浆塞打回原有延伸系统内完成管线延长工序。

泥水输送系统主要由泵、阀、管道及配套部件等组成。为了解决输送管道出现堵塞的问题，泥水输送系统必须能够正、反向循环，使泥水盾构进行"顺洗"和"逆洗"。这些功能必须通过盾构中央控制系统和泥水监控系统进行自动操作。泥水输送系统简图如图3-10所示，P1为送泥系统泵，P2～P5为排泥系统泵；P0为辅助系统泵，与开挖面水压调节阀配合，可为掌子面保压。

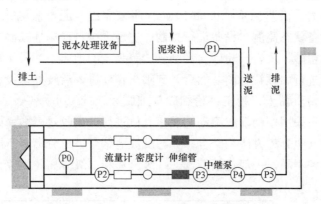

图 3-10 泥水输送系统简图

二、泥浆的处理

泥水处理系统是泥水平衡盾构必不可少的配套设备。泥水处理系统由泥水输送分系统、泥浆分离和处理分系统、泥浆拌制和浆液调整分系统及泥水监控系统四大部分组成。泥水处理系统工艺流程如图3-11所示。

泥浆分离系统的功能是将盾构切削搅拌形成的泥水和渣土混合物进行颗粒分离和处理，分离出的渣土排出，分离出的可回收泥浆再泵入调整槽重复循环使用。泥水颗粒分离设备有多种，具体采用何种设备需根据工程地质条件、盾构掘进速度及浆液分离后颗粒粒径等综合因素确定。

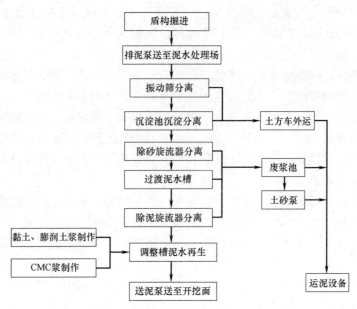

图 3-11 泥水处理系统工艺流程图

泥浆拌制和浆液调整分系统由不同功用的泥浆池、泵组、管阀、自动检测仪器以及相关的控制系统等组合而成。其主要功能是对泥浆处理系统的泥浆进行分配、循环、沉淀和调整。通过集中控制室对泥浆的流向、密度和流量予以监控。

泥水监控系统是泥水处理系统重要组成部分之一，泥水系统的正常运行操作是依靠泥水监测系统来实现的，而监测系统依靠 PLC 程序来完成。泥水监测系统的主要作用有：设备故障监测、设备状态监测、设备运行控制、实现系统自动循环控制过程要求等。

以粉细砂、中粗砂、页岩、粉砂岩和细砂岩等为主的地质，常采用振动筛或滚动筛及离心机等分离设备进行大颗粒分离，然后，其细微颗粒进入后续处理设备进行处理。以淤泥质黏土、黏土、粉质黏土、粉土、粉细砂等细微颗粒（0.0035～0.1mm）为主的饱和含水软弱地层，若只采用振动筛或滚动筛及离心机进行分离收效极微，因此，通常不单独采用，而是采用与其他分离方法相结合，如与沉淀池结合进行分离。不同厂家或不同地质要求的泥浆分离设备不同，一般包括筛选、一级分离和二级分离。泥浆分离系统示意图如图 3-12 所示。

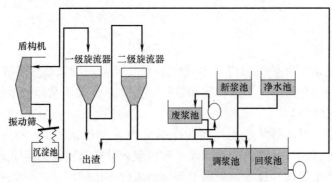

图 3-12 泥浆分离系统示意图

振动筛作为第一级分离设备，主要功用是去除大块团状、块状粗大颗粒渣土，其作业原理如图 3-13 所示。振动筛面积与盾构排浆密度和最大通过量、平均通过量成正比。振动筛可将泥水中粒径大于 3mm 的渣料从泥水中分离出来。通过振动筛分离后的泥水由泥浆泵泵入一级旋流器进行第二级分离。

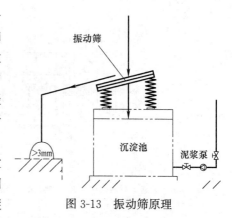

图 3-13　振动筛原理

第二级分离采用的一级旋流器是旋转分离设备，其主要功能是将振动筛分离后的泥水中的细颗粒浆液再次细化处理，逐次降低浆液粒径。旋转分离设备一般采用水力旋流器。水力旋流器上部是一个中空的圆柱体，下部是一个与圆柱体相通的倒锥体，两者组成水力旋流器的外观图。圆柱形筒体上端切向装有进料口，顶部装有溢流管及溢流导管，筒体底部设有沉砂口。旋流器工作原理如图 3-14 所示。

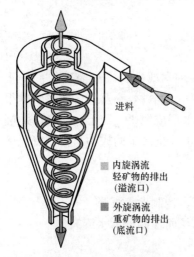

进料

内旋涡流
轻矿物的排出
（溢流口）

外旋涡流
重矿物的排出
（底流口）

图 3-14　旋流器原理图

旋流器的工作原理是利用离心力实现混合物在高速旋转下的分离。例如经典的静态式水力旋流器，在利用外部压力把进料混合物以较大的速度推入旋流器时，由于该混合物顺着旋流器内壁的切线方向运动，这将促使液体沿筒壁做旋转运动，一般把这种运动称为外旋涡流。外旋涡流中的颗粒受离心力作用，如果它的密度大于四周液体的密度，它所受的离心力也就大于其四周液体颗粒的离心力。一旦其受到的离心力大于其运动所受到的液体阻力时，该颗粒就会克服这一阻力并与其周围液体分离向器壁方向移动。当到达器壁附近的颗粒受到旋流器上方液体的推动时，便沿器壁向下运动，到达旋流器底流口附近汇集成为稠化度较高的悬浮液并从底流口排出。分离后的液体继续旋转向下运动，进入圆锥段后，因旋流器的内径逐渐缩小，液体旋转速度加快。由于液体在产生涡流时沿径向方向的压力分布不均，越接近旋转轴线的区域压力越小，而至旋转轴线时趋于零，成为低压区甚至成为真空区，导致液体沿径向趋于向旋转轴线所在域移动。同时，由于旋流器底流口大大缩小，液体无法迅速从底流口排出，而旋流腔顶盖中央的溢流口，由于处于低压区而使一部分液体向其移动，因而形成向上的旋转运动，并从溢流口排出。

第三级分离包括凝聚分离设备、脱水设备和离心分离设备。在泥水凝聚分离设备中添加混合絮凝剂，使其包含的细粒结合成絮凝物。脱水设备去除絮凝物的大部分空隙水，使絮凝物结块以便运输。通常的脱水方式有加压脱水（利用泵和压气机对絮凝物加压通过滤布脱水）和真空脱水（使绷紧滤布的旋转鼓筒内加负压，利用压差脱水）。离心机结构如图 3-15 所示。

离心机工作原理是通过转鼓与螺旋以一定差速同向高速旋转，物料由进料管连续引入输料螺旋内筒，加速后进入转鼓，在离心力场作用下，较重的固相物沉积在转鼓壁上形成

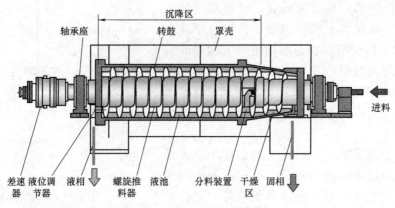

图 3-15　离心机结构示意图

沉渣层。输料螺旋将沉积的固相物连续不断地推至转鼓锥端，经排渣口排出机外。较轻的液相物则形成内层液环，由转鼓大端溢流口连续溢出转鼓，经排液口排出机外。

第五节　渣土改良

随着盾构施工配套技术逐步完善，盾构施工渣土的管理与改良越来越受到人们的重视。在掘进过程中，渣土的流动性、止水性、流塑性对盾构的掘进效率及经济效益影响很大，同时也影响盾构机的使用寿命。如何防止渣土在刀盘上形成泥饼、在土仓堵仓，螺旋输送机处产生堵塞、喷涌，仍然是盾构施工中的难题。渣土改良效果的成功与否，将直接影响到盾构机的掘进速度、掘进模式、掘进成本。

一、渣土改良目的

1. 使渣土具有良好的土压平衡效果，利于稳定开挖面，控制地表沉降；

2. 提高渣土的不透水性，使渣土具有良好的止水性，从而控制地下水流失；

3. 提高渣土流动性，利于螺旋输送机排土；

4. 防止开挖的渣土黏结刀盘而产生泥饼；

5. 防止螺旋输送机排土时出现喷涌；

6. 降低刀盘扭矩和螺旋输送机的扭矩，同时减少对刀具和螺旋输送机的磨损，从而提高盾构的掘进效率。

二、渣土改良剂分类

纵观国内外土压平衡盾构所采用的土质改良剂，主要通过向刀盘、土仓、螺旋输送机内注入膨润土泥浆、发泡剂、水或聚合物等添加剂，利用刀盘的旋转搅拌、土仓搅拌装置搅拌或者螺旋输送机旋转搅拌使添加剂与渣土混合进行渣土改良，使盾构切削下来的渣土具有良好的流塑性、合适的稠度、较低的透水性和较小的摩擦力。渣土改良剂的分类如图3-16 所示。

（一）膨润土泥浆

膨润土又名膨土岩、班脱岩，有时也称白泥，主要是由蒙脱石类矿物组成的黏土，如图3-17 所示。注入膨润土泥浆，能增加渣土的黏滞性、不透水性，改善刀盘、刀具、螺旋输送机的工作环境，改善土仓和螺旋输送机内渣土的性能，便于渣土的流动与运输。

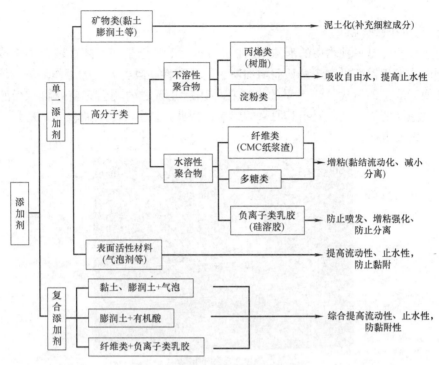

图 3-16 渣土改良剂分类示意图

（二）泡沫剂

泡沫剂属于表面活性材料（图 3-18），主要是利用空气、水和泡沫剂等一气二液混合发泡，注入土仓中润滑土体，改善土仓和螺旋输送机内的渣土的性能，便于渣土的流动与运输，当盾构施工通过透水性较强的砂土、含有少量黏土和粉砂细屑的砾石层或透水性较强的风化花岗岩地层时，使用泡沫剂进行渣土改良的效果明显优于应用膨润土泥浆。

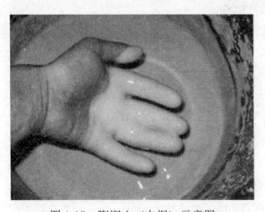

图 3-17 膨润土（白泥）示意图

图 3-18 泡沫剂示意图

（三）水

遇到较硬土层的情况下，渣土较干，流动性不好，单纯通过注入泡沫剂或膨润土泥浆，难以达到理想的渣土改良效果，这种情况下可以注入适量的水，来进行渣土改良比较有效。但在采用此方法进行渣土改良时，因渣土物理状态不好，含水量大，出渣困难，容易污染。

（四）高分子聚合物

高分子聚合物是一种均质的泡沫剂（图 3-19），由高分子和不溶性聚合物组成，经管道输送到泡沫发生器产生泡沫，从而增加渣土的黏滞性，改善刀盘的工作环境，增加土仓的密封和便于渣土的运输。渣土里的泡沫在使用后几天之内就会完全分解，当泡沫消失后，注入过泡沫的渣土又回复到其原来的状态。因此，高分子聚合物技术的应用代表着土质改良剂的发展方向。

图 3-19　高分子聚合物

常用添加剂材料大致分为 4 类，可单独或组合使用，其特性见表 3-4。

盾构施工常见添加剂比较表　　　　　　　　　　　表 3-4

种类	代表材料	主要效果	适用土质	缺点
矿物类	钠基膨润土	改善不透水性,流动性	各种地质	大规模制泥设备,废弃物处理
界面活性材料	泡沫	改善不透水性,流动性,防止黏附	各种地质	无
水溶性高分子	CMC	增大黏性	无黏性土	废弃物处理
高吸水性树脂	环氧树脂	变成凝胶状态,防喷涌	高水位,含水量高	在酸碱地基和化学加固区吸水能力会降低

三、渣土改良技术要求

1. 渣土改良剂应通过实验确定合适的参数配比及注入量；
2. 流动性好，不发生材料分离和沉积；
3. 渗入、填充、封堵切削土颗粒间隙好、稳定性好；
4. 历时变化小、无自硬性，使用方便。

第六节　管片拼装

盾构施工过程中的管片拼装由专门机构完成，这就是设置在盾构尾部的管片拼装机构，该机构因盾构隧道截面形状的不同而各不相同。根据隧道使用要求、施工技术可行性、外围土层特性和隧道受力等，盾构施工隧道断面可以是圆形、矩形、半圆形、椭圆形、双圆形、多圆形等多种形状，目前，盾构施工隧道最常见的断面形状为圆形和矩形。图 3-20 为一种圆形管片拼装机的结构示意图。

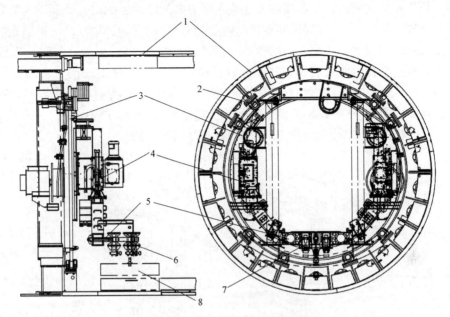

图 3-20　圆形管片拼装机结构示意图
1—盾壳；2—支撑托轮；3—回转机构；4—提升机构；5—平移机构；
6—微调机构；7—抓取装置；8—管片

一、管片拼装原理

管片安装流程参见图 3-21。

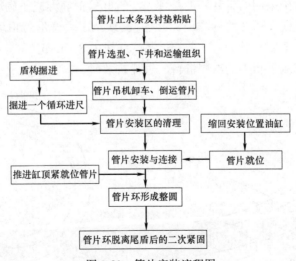

图 3-21　管片安装流程图

隧道断面为圆形的管片拼装机构一般由两大部分组成——管片拼装机和环形保持系统（真圆保持装置）。管片拼装机的功能是将管片拼装成与隧道断面形状要求相一致的管环。

管片拼装机主要包括管片夹持装置和管片位置调整装置。管片是一块预先浇筑好的混凝土环状砌块，由隧道外运入并将其移动到管片拼装机的正下方，由管片拼装机将其拼装成管片衬砌环（一环管片一般由六块管片组成），管片间由螺栓连接。

将一块管片拼装就位，一般需将其完成六个方向的运动：纵向直线运动（沿隧道轴线的运动），径向直线运动（沿隧道断面径向的运动），周向回转运动（绕隧道轴线的旋转运动）以及管片姿态调整的三个方向的运动（摆动、倾侧及回转）。管片拼装机上的管片夹持装置亦应有六个自由度来实现管片的抓取、移动及就位。图 3-22 为六自由度管片拼装机结构图。管片就位时的六个动作如图 3-23 所示，其中，X 为盾构前进方向，Y 为管片切线方向，Z 为管片径向；X、Y、Z 分别为三个移动动作方向：平移、回转和升降；θ_X、θ_Y、θ_Z 分别为三个转动动作方向：横摇、仰俯和偏转。

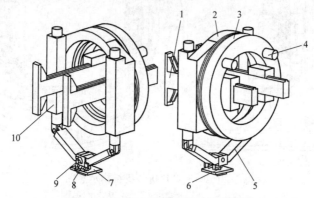

图 3-22　六自由度管片拼装机结构图

1—行走梁；2—旋转盘体；3—移动盘体；4—液压马达；5—提升横梁；6—中心球关节轴承；
7—转动平台；8—偏转油缸；9—俯仰油缸；10—升降油缸

圆形断面隧道的管片拼装机对轨道强度要求较高。管片拼装技术是隧道施工工程的核心技术之一。隧道衬砌采用的管片一般是预先浇筑好的钢筋混凝土砌块，管片环一般采用"3+2+1"的分块模式，即 3 块标准块、2 块连接块和 1 块楔形封顶块，见图 3-24。普通隧道断面采用的管片宽度一般为 1500mm，厚度一般为 300mm。

管片拼装一般按从下到上的次序进行。管片拼装时，需先拼装下部的标准块，之后对

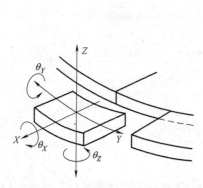

图 3-23　管片拼装就位动作图

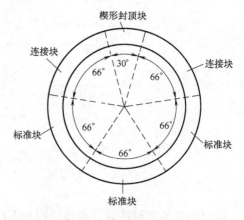

图 3-24　管片分块模式图

称拼装与其相邻的标准块和连接块，最后固定顶部的楔形封顶块，从而形成整个管片环结构。安装单块管片时，先粗定位（管片的运动控制），即用举重钳或真空吸盘抓住管片，通过升降油缸控制其升降，平移机构将提起的管片移动到待拼装的横断面位置，回转机构再将该管片旋转到相应的径向位置。然后由位置调整装置进行管片微调，就位后由横向、纵向螺栓连接固定管片并完成此环的拼装。一环管片拼装完成，即用环形保持系统（真圆保持装置）保持其拼装形状。拼装完成后的隧道如图 3-25 所示。

同一管片环之间的管片一般采用 2 根 M30 环向螺栓连接，相邻管片环之间的管片采用错缝拼装以增加其强度和刚度，且相邻管片环之间的管片连接一般用 16 根 M30 的纵向螺栓，管片错缝拼装展开如图 3-26 所示。

图 3-25 管片拼装完成后的隧道

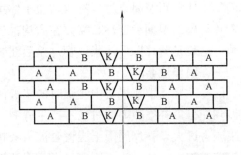

图 3-26 管片错缝拼装展开简图
A—标准块；B—连接块；K—楔形封顶块

二、管片拼装质量和安全保证措施

管片拼装作业的质量保证措施如下：

1. 严格进场管片的检查，破损、裂缝的管片不用。下井吊装管片和运送管片时注意保护管片和止水条，以免损坏。

2. 止水条及软木衬垫粘贴前，将管片进行彻底清洁，以确保其粘贴稳定牢固。施工现场管片堆放区应设置防雨淋设施。

3. 管片拼装前对管片拼装区域进行清理，清除污泥、污水等，保证拼装区域及管片相接面的清洁。

4. 严禁非管片拼装位置的推进油缸与管片拼装位置的推进油缸同时收缩。

5. 管片拼装时必须运用管片拼装的微调装置将待装的管片与已拼装管片块的内弧面纵面调整到平顺相接以减小错台；调整时动作要平稳，避免管片碰撞破损。

6. 同步注浆压力必须得到有效控制，注浆压力不得超过限值。

7 管片拼装质量以满足设计要求的隧道轴线偏差和有关规范要求的椭圆度及环、纵缝错台标准进行控制。

管片拼装作业的安全保证措施如下：

1. 进行管片拼装时，非操作人员不得进入管片拼装区域，管片拼装人员不得站立在管片拼装机上，管片拼装机操作司机在操作过程中随时关注管片拼装区域内人员情况。

2. 在进行紧固螺栓时，不得移动管片拼装机，避免人员摔跌受伤。

3. 拼装施工人员应观察并使管片拼装机移动范围内的管线放到合适的位置，避免造成管线损坏。

4. 施工过程中禁止管片拼装机进行非管片拼装的拉、推、顶操作，避免损坏设备。

5. 管片拼装过程中操作人员使用的工具在使用完后应立即放到稳妥的位置，避免工具从高处落下损坏推进油缸等设备。

第七节 管片壁后注浆

随着盾构施工的推进，管片逐渐从尾盾中脱出，从而在管片与土层间形成一道环形空隙。为了能够在极短的时间内将其填充密实，从而使衬砌管环与其周围土体融为一体并使其周围土体获得及时支撑，有效防止土体坍塌，控制地表沉降，提高隧道的抗渗透性和确保管片衬砌的早期稳定性，需要在盾构推进的同时对管环与其周围土体间的空隙进行注浆充填，这就是管片壁后注浆。管片壁后注浆一般有同步注浆和二次注浆两道工序。

一、同步注浆

同步注浆要求在地层中注浆时的浆液压力大于该点的静止水压力与土压力之和，应尽量做到充分填补空隙的同时又不产生劈裂，同时还要求浆液固化后应能达到足够的强度。注浆压力过大，管片周围土层将会被浆液扰动而造成后期地层沉降及隧道本身的沉降，还容易造成跑浆。如果注浆压力过小，浆液填充速度就慢，还容易造成浆液填充不充足，从而引起地表变形增大。一般将注浆压力设定值高出外界水压与土压力之和 $0.05 \sim 0.1$MPa。相关计算表明浆液横向填充时，同步注浆压力从上向下，依次增大；纵向填充时，靠近尾盾压力最大，随距离增大而减小，浆液压力分布受尾盾空隙大小的影响较大。图 3-27 是同步注浆主要设备布置示意图。

同步注浆的目的主要有以下三个方面：（1）及时填充尾盾建筑空隙，支撑管片周围岩体，有效地控制地表沉降；（2）凝结的浆液作为盾构施工隧道的第一道防水屏障，防止地下水或地层的裂隙水向管片内泄漏，增强盾构隧道的防水能力；（3）为管片提供早期的稳定并使管片与周围岩体一体化，限制隧道结构蛇行，有利于盾构姿态的控制，并能确保盾构隧道的最终稳定。

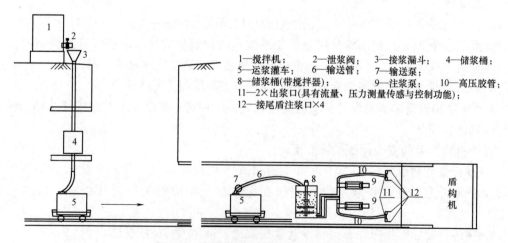

1—搅拌机； 2—泄浆阀； 3—接浆漏斗； 4—储浆桶；
5—运浆灌车； 6—输送管； 7—输送泵；
8—储浆桶(带搅拌器)； 9—注浆泵； 10—高压胶管；
11—2×出浆口(具有流量、压力测量传感与控制功能)；
12—接尾盾注浆口×4

图 3-27 同步注浆主要设备布置示意图

二、二次注浆

如果管片衬砌形成的环形缝隙经同步注浆后未能完全填充，或同步注浆收缩后又产生了新的空隙或充填得不够密实，或为提高抗渗透性等施工效果，都需要二次注浆弥补同步注浆产生或形成的注浆缺陷以及进一步提升注浆效果。二次注浆的施工工艺流程一般是：打注浆孔→安装球阀→配置浆液→注入浆液→完成注浆。二次注浆如图 3-28 所示。管片二次注浆遵循隔环打孔原则。根据地层情况及注浆目的不同，打孔方式有两种：一是只打穿吊装孔，在管片背后注浆；二是打穿吊装孔后，装小导管，再安装球阀，对较深层土体注浆。注浆压力一般视地质情况和覆土深度而定。为避免注浆压力对土体产生大的扰动，一般控制在不宜大于 0.45MPa 的限值。二次注浆是盾构施工技术的关键环节之一。通过控制二次注浆时间、注浆压力及注浆量，可以有效降低地面沉降、管片错台及开裂、隧道渗漏水等现象的发生，还可以有效保证盾构施工工程质量及减小对周边环境的影响，及时弥补同步注浆的不足。

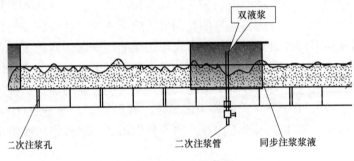

双液浆

二次注浆孔　　　　　　二次注浆管　　同步注浆浆液

图 3-28　二次注浆图

三、注浆材料

一般常用的注浆材料有：水泥砂浆（砂＋水泥为主）、水泥＋粉煤灰＋陶土粉；可塑性注浆材料采用炉渣（石灰类）甚至黏土等代替水泥，使浆液具有可塑性。注浆材料应具备的特点为拌制后浆液不离析，压注后凝固收缩小，压注后强度可较快地大于土体强度，具有不透水性。

壁后注浆材料可分为单液注浆和双液注浆（A 液为水泥浆，B 液为中性硅酸钠溶液）。目前，单液注浆材料受到广泛应用，而当施工隧道的地下水丰富时，用单液浆不能固结，因为地下水的流动而不能达到预期的理想效果。事实上，在使用单液注浆进行施工的现场，已出现下列现象：

1. 一般壁后注浆量是隧道掘削外径与管片外径间产生空隙的理论值的 130％左右，但是，在使用单液注浆的施工现场，注浆量为 150％～500％。

2. 在盾构通过后，因外部的地下水使管片产生上浮。

3. 在盾构通过后的相当一段时间，在管片与管片间及注浆孔处有大量的地下水渗漏。

4. 因盾构的推力，使管片移动，并在管片上产生裂缝。

5. 在土压式盾构机的场合，大量的地下水从螺旋输送机喷出。

从这一系列现象来看，可以认为由于单液浆液不能固结，使地下水流入开挖面侧，造成管片外周不被充填。因此，有必要采用二次注浆设备使用双液注浆方式（A、B 液）。双液注浆方式的特征如下：

1. 因固结时间能任意调整，故空隙易被充填。
2. 因能进行切实的充填，故能防止管片的变形。
3. 因能进行切实的充填，故有防止来自管片的漏水效果。
4. 在涌水多的土质中不易被稀释，有防止管片上浮的效果。
5. 有防止来自尾盾密封处漏水的效果。
6. 因能进行切实的充填，故管片被紧紧地固定，千斤顶的推力被有效地传递。尤其在曲线施工时，该效果特别显著。
7. 可防止管片错台漏水，可以防止管片壁后涌水流入土仓，减少喷涌。

第八节　盾构换刀技术

盾构的掘进过程实际上是安装在其刀盘上的刀具不断切削岩土的过程，而刀具切削岩土的过程实际上就是刀具与岩土摩擦、挤压、发生碰撞的过程。因此，刀具是盾构施工过程中的易损件和消耗件，一旦失去应有的切削效能就须更换。盾构施工过程中的换刀一般有带压换刀和常压换刀两种方式。带压换刀是在用压缩空气保持开挖面压力平衡的环境下进行换刀，亦即，换刀人员在高于大气压力的环境下进行失效刀具的更换作业。常压换刀则是换刀人员在正常大气压力的环境下进行失效刀具更换作业的操作。常压换刀仅适用于岩土稳定、地下水较少且有较高自稳能力的地层。比较而言，常压换刀操作简便、成本低；但对于富水地层，采用常压换刀作业，须经排水固结，这样将增加施工成本并延长工程工期。

一、带压换刀

前已述及，为保持开挖面稳定，无论是在泥土压平衡盾构施工过程中，还是在泥水平衡盾构施工过程中，在其刀盘作业附近都存在着高于大气压的压力。如果在施工过程中，失效的作业刀具需要更换，存在于刀盘附近的高于大气压的压力必须保持，否则就会引起地表沉降甚至造成更大的事故。在这样环境下进行刀具的更换就需要带压换刀。带压换刀作业，必要时需对刀盘前方开挖面土层进行改良加固，确保刀盘前方周围地层和土仓（或泥水室）满足气密性要求；然后，利用空气压缩机将压缩空气注入土仓（或泥水室），此时（或此过程中），边出土（或泥水）边注入空气，逐步置换土仓内的渣土（或泥水室中的泥水）；再通过在土仓（或泥水室）内建立起平衡于刀盘前方水、土压力的合理的气压实现稳定开挖面和防止地下水渗入的目的。经过上述步骤，作业人员就可在大于大气压力的条件下，安全地进入土仓（或泥水室）内进行检查和刀具的更换等作业。此过程中，注入的压缩空气不仅稳定了开挖面、阻止了开挖面涌水、防止了开挖面坍塌，同时还加强了开挖面的稳定性。由于气压还对围岩缝隙起排挤水作用，所以，注入的压缩空气还增加了土层颗粒间的有效应力，提高了开挖面土层的强度。

根据带压换刀作业人员呼吸气体的不同，带压换刀又可分为常规压缩空气带压换刀和饱和潜水带压换刀。采用常规压缩空气带压换刀时，换刀作业人员呼吸压缩空气。采用饱和潜水带压换刀时，换刀作业人员呼吸氦氧饱和气体。其中饱和潜水是从海洋打捞领域借用的词汇，是指潜水员呼吸氦氧饱和气体进行潜水作业。饱和潜水带压换刀一般情况下也是在高压空气的环境下进行换刀作业，只有少数特殊情况，需潜水作业，潜水作业的作业人员需装备潜水服。

（一）土压平衡盾构带压换刀

土压平衡盾构带压换刀的基本程序是：换刀准备（包括人员准备，设备、工具和物资准备，地面监测，气压设备的检查与试验，工作压力计算等）→仓内注压、保压试验→人员进仓→仓内换刀→人员出仓。

换刀准备工作中，最重要的是土压平衡盾构土仓内的气压值，即带压换刀工作气压的确定。在一定压力范围，土压平衡盾构土仓内的压力越高，其作业掌子面的稳定性就越好，但给带压换刀操作人员人身可能造成的危害也就越大，换刀作业效率降低。带压换刀工作压力越小，给带压换刀操作人员人身可能造成的危害也就越小，持续工作时间就可以延长，劳动作业效率也就越高。因此，在确定工作气压时，应先计算稳定掌子面所需要的最低气压，在此基础上，通过合适的安全系数确定工作气压，一般按较低值取用。由于施工隧道覆土厚度、地层渗透性、隧道直径、地下水及其他地下水位的不同，气压的确定方法也不尽相同。土仓气压理论值一般根据空仓底部的水土压力值确定，如图 3-29 中的 A 点。

工作压力下限计算公式：

$$\sigma_下 = K_a \sum (\gamma_土 h_土) + \gamma_水 h_水 \tag{3-1}$$

式中 $\sigma_下$——工作气压；

K_a——A 所在土层的主动土压力系数，$K_a = \tan^2 \left(45° - \dfrac{\phi}{2}\right)$；

ϕ——土的内摩擦角；

$\gamma_土$、$\gamma_水$——分别为 A 以上各土层的土体重度和水重度，土体重度在水位以上取天然重度，反之用浮重度；

$h_土$、$h_水$——分别为 A 以上各土层的厚度和水位计算高度。

根据孔隙率的概念，在透水性地层中，一般是有水压力的地方没有土压力，有土压力的地方没有水压力，因此，透水性地层的水压力和土压力应分别进行计算。对于在这样土层施工的盾构，换刀时，用于平衡掌子面的气压力仅是空仓底部的水压力和土体侧压力的较大值。在一些富水地层中，由于土仓内的压缩空气对土层孔隙水的排挤作用，使得位于工作面的土层由于脱水而稳定性提高。另外，为减小土层的渗透性，需向盾构周壁和开挖面前方注

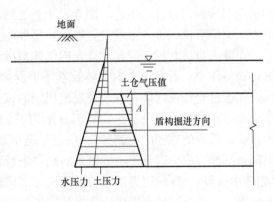

图 3-29 A 点的压气压力计算

入膨润土浆液。浆液除在土层表面形成泥膜外，还可以渗入孔隙通道一定深度，堵塞水的通路。因此，水要进入土仓，除了水压要大于气压外，还需克服膨润土泥塞的作用。这样，气压的大小与膨润土浆液注入效果密切相关，大体趋势是换刀气压值在实测水压值上下波动。综上，理论气压值下限计算公式可改写为：

$$\sigma_下 = K \gamma_水 h_水 \tag{3-2}$$

式中 K——系数，根据膨润土浆液效果好、中、差，建议取值分别为 0.9、1.0、1.2。

根据施工土层性质的不同及确保注压后仓压的稳定，在仓内注压前需要对掌子面进行处理。例如，对于透气性较好的富水砂层土层，为确保掌子面的气密性和仓内工作压力的稳定，就需要封闭掌子面。掌子面封闭一般通过泥浆制备、泥膜制作等工序实现。为避免气体泄漏并预防盾体抱死，有时还需向盾体外适当部位注入高黏度泥浆。

盾构掘进到预定换刀点时，停止掘进作业，但仍继续驱动刀盘旋转并注入膨润土泥浆，一般在五分钟后停止刀盘转动。尔后开启盾构气压系统向土仓内加注压缩空气并通过螺旋输送机将土仓内膨润土泥浆排出，此过程即是用压缩空气置换土仓内膨润土泥浆的过程。在土仓内浆液被置换的过程中应严格控制出土量，一般可使土仓内膨润土占土仓总体积的 1/2 左右，以便与螺旋输送机内的土塞形成可靠密封。此过程应分阶段进行，即排土一段时间后停止排土，尔后进行加压，加压一段时间后停止加压，接着排土等循环进行。此过程中，应时刻观察土仓压力变化并查看地表漏气情况。

压缩空气置换土仓内膨润土泥浆的过程一旦完成，应立即进行土仓内压力保持试验，即保压试验，以检验掌子面的封闭效果。保压试验是带压换刀的关键工序之一。进行保压试验一般是通过空压机向土仓内补气。若土仓内压力在 3h 内趋于稳定，则说明掌子面密封符合预期，满足进仓作业条件。如果保压试验检测出仓压波动幅度较大，则说明掌子面泄漏量大，不宜安排人员进仓作业；此种情况下，宜重新恢复注浆或再推进一定距离后重新进行换刀的准备作业。

保压试验符合要求后，可安排工作人员进仓进行换刀作业。换刀作业人员先进入主仓，尔后对主、副仓同时加压，加压速率一般维持在 10kPa/min 左右；加压至 150kPa 左右时开启出气阀，建立主仓进出气平衡，并使气压稳定在（150±5）kPa。稳定主、副仓气压并打开土仓与主仓之间的压力平衡阀，平衡土仓和人仓之间的气压后再打开土仓门使换刀作业人员进入土仓，但气压依然要稳定在（150±5）kPa。操作期间应将主、副仓之间的双向密封门打开，主仓、副仓、土仓连通后就可进行土仓内的换刀作业，其中每班作业人员中应有两人进入土仓进行作业，另外一人留在主仓观察并辅助换刀作业。

作业人员进仓后，应先检查仓内气体情况及土体稳定情况，在确保安全的情况下才能进行换刀作业；若发现仓内气体或掌子面异常应立即撤离。为确保换刀作业人员身体健康，每次进仓作业时间不宜超过规范规定的该工作压力对应的工作时间。考虑转动刀盘对掌子面的扰动，一般分三次完成刀盘上刀具的更换作业，每次完成刀盘 120°范围（以通过刀盘最低点的直径的两侧各 30°的扇形范围）内的刀具更换。更换刀具宜自上而下、一根辐条更换完成后进行下一根辐条的顺序进行，并在更换完的辐条上做好容易辨认的标记（如使用胶带），以免因刀盘旋转后无法分辨该辐条是否已完成刀具的更换。由于盾构刀具采用销接，在拆除过程中应注意保护好各相应零部件，避免掉落到泥浆中或者损坏；对更换完成的刀具必须确认连接无误后方可继续下一把刀具的更换。盾构各仓示意图如图 3-30 所示。

换刀作业人员出仓是进仓的逆过程。换刀作业完成后，换刀作业人员退出土仓，关闭土仓与主仓之间的闸门及阀门，并做好记录。通过球阀并按规定缓慢排出主仓内的空气，时刻监视主仓压力计，打开通风球阀进行主仓通风，在通风的同时应避免压力升高。人仓内气压可通过仓内进、排气阀进行调节，确保每人至少 0.5m³/min 的空气量，且排气减压时应以 10kPa/min 的恒定速率分阶段缓慢减压。减压过程中密切关注仓内人员情况，并保证通风，避免减压过程中发生人员人身伤害。人员走出主仓时应清点带入人仓的工具，避免遗漏。

换刀作业完成，待作业人员出仓并将换刀设备和更换下来的失效刀具及其零部件全部撤出土仓和人仓后，才能启动刀盘，恢复盾构的掘进（暂不出土）作业并通过压力传感器监视土仓内压力变化。此过程通过土仓内的排气阀排出土仓内的部分气体，以平衡进入土仓的渣土从而保持掌子面支撑压力的恒定。直至土仓充满渣土，重新建立起土压平衡后，盾构才可以进入正常掘进状态。

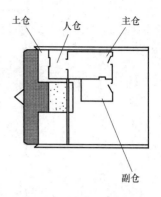

图 3-30　盾构各仓示意图

（二）泥水平衡盾构带压换刀

泥水平衡盾构掘进作业一般在富水卵石、砂石等地层中进行，所以，掌子面的稳定性较差。由于泥水平衡盾构掘进土层的不稳定及富水卵石、砂石等的存在使土粒间的致密性差，当对泥水室充入压缩空气时易在尾盾密封刷和盾体周围地层等处发生漏气。因此，泥水平衡盾构的带压换刀一般应加强土层泄漏气的检查并对泄漏点进行水砂浆的灌注封堵，加大泥水室内泥浆浓度和泥水压力，使掌子面形成较厚的致密度相对较高的泥膜。泥水平衡盾构带压换刀的一般流程是：换刀准备（包括人员、设备、工具和物资等的准备，地面监测，气压设备的检查与试验，工作压力计算等）→泥浆制备→注入泥浆并使之在掌子面形成泥膜→检查泥膜指标（不合格继续注入）→仓内注压、保压试验→人员进仓→仓内换刀→人员出仓。泥水平衡盾构作业掌子面受力示意如图 3-31 所示。

泥浆制备采用专业制浆膨润土和配合剂，配合比根据不同的地质条件，经过现场试验获得。注浆时密切注意切口压力及气仓液位的变化，当气仓液位满足后开始排浆，排完后继续注浆，直至泥水室中泥浆满足制备泥膜的要求。将制备好的泥浆注入掌子面，在泥水压力作用下，泥水中的悬浮颗粒随着泥水渗入到开挖面土体颗粒孔隙中，产生填充孔隙的阻塞和架桥效应，渗入到土体颗粒间成一定比例的悬浮颗粒受分子间力的作用被捕获，并集聚在土粒与泥水的接触表面，形成泥膜。

工程和实验结果表明，根据不同的地层条件和泥浆特性，泥浆在开挖面上的渗透形态可以分为三种：

1. 泥浆中的水流入地层，泥浆中的土颗粒几乎完全不向地层中渗透；

2. 泥浆中的部分细粒成分向地层孔隙渗透、填充，形成一段稳定的渗透带；

3. 全部泥浆在压力作用下从地层孔隙流走。

根据泥浆渗透形态的不同，泥膜可以分为两种：泥皮型泥膜和渗透带型泥膜。作业前必须对泥膜实际形成质量进行检查，泥膜要求全部覆盖掌子面土体，泥膜平均厚度 5cm，无渗漏点。

将空气注入泥水室置换其中的泥水，使泥水室液位保持在 50%～60%，有效控制作业暴露空间，减小上下水土压力差。仓内工作压力的设定根据现场条件确定，工作压力过低则不能有效抵抗掌子面水土压力，泥膜将被破坏，地下水将渗入土仓内，同时带入大量的流砂，掌子面稳定性差，易造成坍塌事故。工作压力过高则压缩空气将冲开封堵的泥膜从地层中逃逸，易造成地面喷发事故，同时对工作人员的身体造成不利影响。

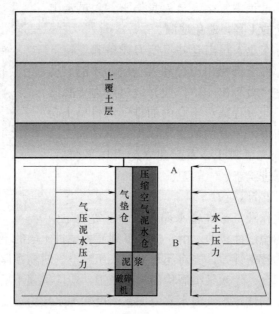

图 3-31　掌子面受力示意图

　　换刀作业人员的进仓压力主要根据开仓位置地质地层特点、水文条件及埋深等通过相关理论初步计算确定，如该位置掌子面顶部理论水土压力值以及其他部位的侧向压力值，尔后再借鉴其他相关工程资料作为进仓压力的参考值和停机后掌子面的压力来确定此次进仓的工作压力。进仓压力一般不低于掘进时的顶部压力，从带压作业角度考虑，进仓压力在一个范围内，如地层条件较好或采取了加固措施，可以适当降低进仓作业压力。

　　仓内中心气压的合理设定，关系到开挖仓围岩的稳定，是带压进仓成败的关键。气压设置过低，泥浆不能很好地渗透到地层中去，泥膜形成质量差，地层中的水易破坏泥膜导致掌子面失稳，形成漏气坍塌；气压设置过高，高压空气易穿透并破坏泥膜，形成漏气坍塌，同时过高的气压设置，会给进仓人员形成多余的负担，影响工作效率。一般情况下，仓内中心气压的设定可采用公式（3-3）计算，同时在泥膜形成过程可适当增大气垫舱中心气压 0.02MPa 左右，以便形成质量较高的泥膜，待置换完泥浆，人员进入时再恢复正常设定气压。

$$P_{设} = P_{预} + P_{土} + P_{水} = \alpha \gamma h_{a} + \beta h_{w} \gamma_{w} + P_{预} \qquad (3\text{-}3)$$

式中　α——土压力系数；

　　　γ——围岩重度；

　　　h_{a}——隧道计算围岩高度；

　　　β——地下水影响折算系数；

　　　h_{w}——水位差；

　　　γ_{w}——水的重度，取 $10kN/m^{3}$；

　　　$P_{预}$——预压，一般取 0.02～0.03MPa。

　　带压进仓的关键在于保持仓内的气压稳定，因此需要进行保压试验。保压试验压力必须高于预定的进仓气压，保压按照开挖仓中心起始压力（一般为 30～50kPa）起算，每间隔30min提高压力10kPa，直至达到终压即开始保压，气垫仓液位仍控制在50%～60%；然后稳定压力3h。在加压过程中，检查以刀盘为中心、半径为30m范围内的地面是否有泄漏，特别是地质钻孔位置，并对泄漏点进行封堵。

保压试验后，保持泥水室液位在50%左右，同时将压力逐步降低到进仓压力。带压进仓换刀，工作人员从上部人闸与气垫仓之间的门进入气垫仓，然后经由气垫仓与泥水室之间的门进入泥水室进行带压换刀。

仓内换刀需按预定方案进行换刀、刀具紧固等作业。进仓作业不要破坏泥膜。如不慎破坏泥膜，应及时调整泥浆进行修复，并经常观察泥膜有无龟裂现象。同时，仓内人员应与主机室人员随时观察开挖仓压力、液位的变化与补气量的变化情况，必要时人员要退出，再次对泥土室（或泥土仓）重新置换高黏度泥浆，以确保进仓作业的安全、稳定。在作业过程中，如需转动刀盘，人员和工具应全部撤出泥土室，退回至人仓，并关闭仓门，刀盘转动时应最大限度地减少旋转次数以减轻对开挖面的影响。刀盘停止转动后，在确认无漏水、开挖面保持稳定的条件下，人员再次进仓进行作业。刀具更换遵循自上而下、一根辐条更换完成后再进行下一根辐条的更换。在更换完的辐条上应采用胶带做好标记，避免因旋转刀盘后无法分辨该辐条是否完成更换。对更换完成的刀具必须确认连接无误后方可继续下一把刀具的更换。图3-32为泥水平衡盾构进仓示意图。

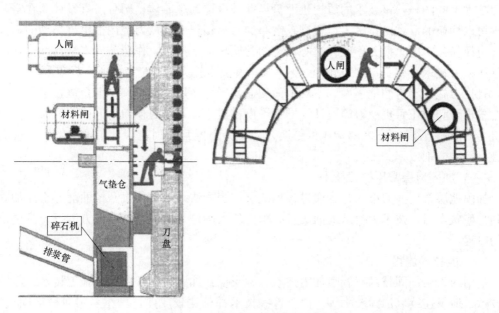

图3-32 泥水平衡盾构进仓示意图

在仓内作业完成后，关闭泥水室门之前，应对所有的刀具安装质量进行检查，并避免工具、杂物遗留在仓内。确认无误后关闭仓门，人员进入人仓，按规定速率进行减压出仓。

二、常压换刀

与带压换刀相比，常压换刀优势明显，具体表现为：

1. 常压换刀安全性高。带压进仓作业需要在几倍大气压下工作，并需要直接面对掌子面，具有极高的风险。而常压换刀时，整个换刀工作处在常压下，作业条件好，安全性高。

2. 常压换刀作业时间短。在高压条件下，作业人员容易产生疲劳。常压换刀作业人员的工作效率高，并且有效工作时长相对长，换刀作业时间短。

根据盾构刀盘构造等的不同，常压换刀技术分为常规刀盘常压换刀技术和基于刀盘设计的常压换刀技术 2 种。

常规刀盘常压换刀技术是指在常规刀盘设计的盾构工程中，工作人员在常压条件下进入刀盘前方，对刀盘上刀具进行更换的技术。根据刀具更换处开挖面地层的稳定性情况，按是否进行加固地层作业，该技术可分为自稳地层常压换刀技术和加固地层常压换刀技术。自稳地层常压换刀技术一般是指盾构换刀处地层稳定性较好，无需地层加固，技术人员直接进入刀盘前方进行刀具更换作业的技术。然而，绝大部分盾构换刀地层都不足以达到自稳条件，需要先对开挖面周围土体进行一些加固处理后，再进行刀具更换作业。因此，常规刀盘常压换刀技术一般就是指加固地层常压换刀技术。该技术安全性较高，工艺相对成熟，一般适用于地层条件较好，或者具备地层加固条件，如地面建构筑物较少或者无大量水体地段的工程。但是如果加固地层工期相对较长，且又受到隧道上部环境限制，如地表建构筑物密集或者水下隧道等就不具备地层加固条件，在这样的工程段就不宜使用加固地层常压换刀技术。

基于刀盘设计的常压换刀技术也是在常压下对刀具进行维修和更换，与加固地层常压换刀技术不同的是，该技术的盾构机刀盘辐臂被设计为空心体，部分刀具设计为在空心辐臂内可以抽换的形式。技术人员可进入空心的刀盘辐臂中，从刀腔内抽出该类型的刀具以完成更换任务。整个换刀作业在空心辐臂的常压环境下进行，作业条件安全性优于加固地层常压换刀技术，施工工期也较短，平均 2h 更换 1 把刀，1 次停机换刀只需要 2~3d 时间，且换刀施工不占用地表面，不对地面交通及周围环境造成影响。但是该技术需要进行空心式辐臂和常压可更换刀筒设计，增加了设备成本；且可更换刀筒的体积较大，整台盾构机上仅能布置 1/4~1/3 的常压可更换刀，还会降低其他固定刀具布置的密度，进而会牺牲一定的掘削效率。

（一）加固地层常压换刀技术

加固地层常压换刀技术是指通过各种地层加固方法，使盾构机开挖面前方土体加固以达到自稳状态后，技术人员从地面或者盾构机的人闸进入盾构机刀盘前方进行刀具更换作业的过程。

1. 一般技术流程

常用的地层加固技术有旋喷加固技术、深层搅拌加固技术、冷冻法施工技术、竖井加固技术、地下连续墙加固技术等。由于这些技术都已比较成熟，具体采用何种加固技术，需结合地质条件、施工条件和工程成本等因素综合考虑后确定。加固地层常压换刀技术流程可以概括为：确定加固地点→地层加固→井内降水→检查刀盘和刀具→拔出刀具→焊接刀盘→安装刀具→整体检查。在完成上述步骤后，盾构机先进行试运行，检查盾构机各项装备工作性能，之后使盾构恢复正常掘进。其中地层加固是本技术的关键环节，有效的加固效果检测以及加固后土体的稳定性计算是本技术的关键点。相关的检测技术、土体稳定性计算方法以及高效的井点降水系统研发是本技术的重点发展方向。

2. 工程案例

某工程采用加固地层常压换刀技术。该工程盾构停机位置处在黄河滩地，地形平坦，四周开阔，所处壤土层结构较紧密，其中可塑状粉质壤土渗透系数较小，强度较高，局部含有卵石、钙质结核等；且覆土深度在地表加固允许范围内，没有地表水，具备预先加固的条件。该工程首先采用三轴搅拌桩工法进行土体加固（加固方案见图3-33），在三轴搅拌桩施工完成后，再在三轴搅拌桩的薄弱部位（如搅拌桩与成型隧洞的接合处）加设降水井，然后24h不间断降水，降低换刀区域的地下水位，以防止在修复刀盘作业时地下水渗透到盾构刀盘工作区域，造成刀盘周边涌水及开挖面坍塌等事故的发生。当土体加固完成和降水工作准备就绪后，在刀盘前方开挖出一定空间，采用喷锚支护方案——锚杆、钢筋网和混凝土等共同工作提高开挖面土体的结构强度和抗变形刚度，减小土体变形，增强土体的整体稳定性。

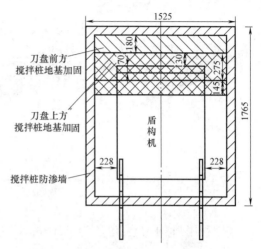

图3-33 地层加固示意图（单位：cm）

在以上工作完成后，施工人员通过盾构机人闸进入压力仓，在常压下对损坏的刀具进行更换。此外，针对刀具在尺寸、材质、焊接工艺上存在的问题，以及后期掘进的需要，工程技术人员还对刀盘上的先行刀、滚刀、边缘铲刀、正面刮刀、中心刀等刀具进行了改造和更换。

（二）基于刀盘设计的常压换刀技术

基于刀盘设计的常压换刀技术的核心在于空心刀盘辐臂和常压可更换刀筒设计。该类型刀盘主刀梁一般设计为空心箱体式（图3-34），内设梯阶，供换刀作业人员攀援、检查和更换刀具；常压更换的刀具通过焊接座固定在主刀梁上，其刀筒设计为背装式嵌于主刀梁的空心箱体内，刀筒内设有挡渣土和水的闸板。

1. 一般技术流程

技术人员可直接进入空心辐臂内，通过可伸缩油缸和刀具更换装置等设备，从刀筒内抽出刀具，然后关闭刀腔闸板，将刀盘前方高压仓与刀臂常压仓隔开，待检查或更换新刀具后，打开闸板，装回刀具，完成刀具更换作业（图3-35）。该技术更换刮刀等软土刀具的基本步骤可以概括为：清洗准备→油缸起吊→松开刀筒螺栓→油缸收回→刀筒起吊→冲洗→关闭闸门→平衡内外压差→油缸收回→拆除油缸及临时存储→刀筒完全抽出。刀筒的安装操作基本为拆除操作的逆操作。滚刀换刀步骤与软土刀具相似。相比于其他换刀技术，基于刀盘设计的常压换刀技术，作业条件安全性最好，作业效率最高，对周围环境几乎没有影响。但是空心箱体式刀盘和常压可更换刀筒设计，除了使设备成本增

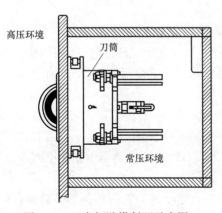

图3-34 刀盘辐臂横断面示意图

97

加，还存在两方面的问题：一方面会使刀盘开口率降低，尤其是刀盘的中心区域开口率会更小，施工中容易造成切削渣土不流畅，在软土中还易形成泥饼；另一方面由于可更换刀筒的体积较大，会降低其他固定刀具布置的密度，进而导致掘削效率会有一定程度的降低。

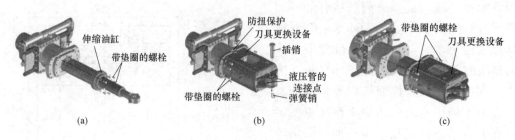

图 3-35 刀具更换作业过程示意图
(a) 伸缩装置安装；(b) 刀具更换装置安装；(c) 刀具更换装置移除

2. 工程案例

某工程用盾构刀盘直径为 15.76m，为设置成可常压更换刀箱需要，开口率仅为 29%。

刀盘 6 个刀臂上配置 38 个直径为 43.13cm（17 英寸）的常压可更换刀筒（76 把刀：羊角刀、贝壳刀、滚刀可互换），最外圈 3 个切削轨迹上配置 3 个直径为 48.26cm（19 英寸）的刀筒，在刀盘开口边缘布置 52 个常压可更换软土刮刀刀筒以及 160 把可带压更换的固定刮刀和 12 组周边铲刀。该刀盘还配置有刀具磨损检测装置、刀盘冲洗系统、伸缩驱动系统和常压换刀系统等。

1) 刀具磨损检测装置

为防止刀具磨损后继续磨穿刀座，在每个可更换刀箱正面设置刀具磨损检测装置。磨损检测装置由传感器销和液压管路组成。传感器销突出刀盘面板 15mm，正常工作时液压管路充入一定压力，当刀具磨损一定量后开始磨损传感器销，传感器销表层磨穿后则液体会向前泄漏，测量值换算器可识别到系统中的压力下降，从而发出一个报警信号，起到保护刀座和刀盘结构的作用。该磨损检测装置在常压换刀时可进行更换维修。

2) 刀盘冲洗系统

为防止在泥岩段掘进过程中刀盘和刀具结积泥饼，刀盘正面设置 12 路 DN100 冲洗管，6 路平行于刀盘面板向刀盘中心冲洗的中心冲洗管，6 路沿刀臂开口向周边冲洗的径向冲洗管。刀盘冲洗系统由独立的泵系统供水，最大总冲洗流量可达 1000m³/h。

3) 伸缩驱动系统

盾构具备刀盘伸缩功能，配备 24 组伸缩油缸，并带有压力传感器，可实时监测刀盘中心挤压应力。伸缩油缸可由初始 0 位伸出至 400mm，在推进过程中设置伸出量为 300mm，换刀时回缩至 250mm，从而在开挖面可为换刀操作留出适当的作业空间。

4) 常压换刀系统

基于常压换刀原理，刀筒作为整个闭合单元抽出，常压换刀系统包括刀筒结构、隔板闸阀装置、润滑及密封装置、拆装工具等，常压换刀可更换的刀具类型见表 3-5。

常压换刀装置可更换的刀具形式　　　　　　表 3-5

刀具名称	尺寸(cm)	外观	样 式
中心羊角刀	43.13(刀筒直径)		
正面贝壳刀	43.13(刀筒直径)		
周边滚刀	48.36(刀筒直径)	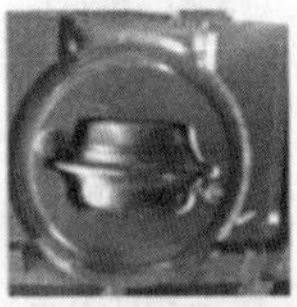	
刮刀	200(刀宽)		

第九节　盾构拆卸

施工结束后可将盾构拆卸出洞。首先将盾构停机，利用高压水清洁。所有需要拆卸的部位清洁干净后，人员才可以快速地拆除各连接螺栓。焊接吊装吊耳后，多数盾构的拆卸工作比较简单。拆卸任务要落实相关人员，正式拆卸前做好交底动员工作。

（一）拆卸步骤流程

一般按照组装时的逆顺序依次拆除部件，利用吊车吊出井外即可。拆卸流程如图3-36 所示。

（二）拆卸前准备

1. 进站前的准备

盾构到站前的位置测量定位，掌握场地和盾构空间尺寸，制定出切实可行的拆卸方案，然后按照方案准备拆卸盾构所用的设备和工具，还要做好接收基座的安装工作。

2. 进站后的准备

首先，切断主机电源停机，但在停机前要确定管片拼装机、推进液压缸等位置，便于后期拆除及吊装，防止停机的位置不当，造成一些零部件的损坏。其次，拆除进线电缆与主机的连接，拆除过程中应合理选择拆卸线路的固定端，以防止管线压坏及安装困难。最后，拆除主机与设备桥的连接并固定设备桥，将设备桥固定在一平板拖车上并保持其与配

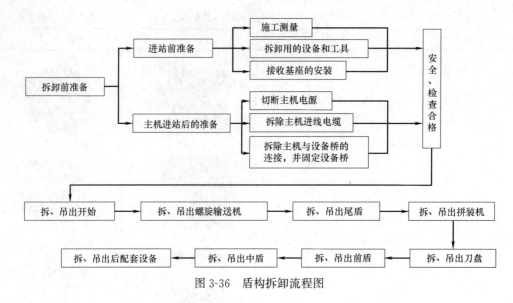

图 3-36　盾构拆卸流程图

套拖车头的相对位置不变，以便后期配套拖车的后移与前进。当一切的准备工作通过安全检查合格后，开始主机的拆卸和吊运工作。

（三）拆卸主机

1. 螺旋输送机

当拆卸螺旋输送机时，先在盾体上找到固定的起吊点，再利用倒链或手拉葫芦与起重机相配合的方式吊出螺旋输送机，之后将螺旋输送机放在平板拖车上并固定，将其移到设备桥下。实际操作中，可将螺旋输送机的中心后移，用起重机直接吊出。

2. 尾盾

先拆除中盾与尾盾铰接连接的液压缸销子，在中盾和尾盾壳体上各焊接 2 块钢板，在尾盾焊接 4 个吊耳，利用液压千斤顶将中盾和尾盾分离，液压顶进分离过程中，要时刻观察销子和液压缸撑靴与尾盾的相对位置情况，防止因干涉造成相关部件的损坏。中盾与尾盾完全分离后，再用起重机将尾盾吊出接收竖井。

3. 管片拼装机

在拆除拼装机与中盾的连接螺栓之前，要用起重机先吊住管片拼装机并保持拼装机的受力平衡，以免连接螺栓受到应力作用难以拆除。螺栓拆除完毕后利用起重机将其移离中盾并保持一定的安全距离，再吊出接收竖井。

4. 刀盘

拆卸前，和管片拼装机一样利用起重机先吊住刀盘，还应采取临时措施将刀盘与前盾用钢筋焊接在一起，然后再拆除所有与前盾的连接螺栓，并将临时焊接的钢筋用相应工具割断，最后使用相应设备工具将刀盘与前盾进行分离，吊出刀盘。拆卸及放置时，注意用方木保护刀盘。

5. 中盾和前盾

在中、前盾上各焊接 4 个吊耳，再用拆除工具将连接螺栓拆除，用液压千斤顶分离中盾和前盾，最后使用起重机分别将前盾和中盾吊出井外。

（四）拆卸注意事项

1. 各种管线拆卸前一定要用标识牌标记，电缆标记看不清楚的要重新标记，以便下次安装。

2. 各种管路拆卸后要做好封堵工作以免杂物进入管路内，特别是液压管路要用清洁干净的专用堵头进行封堵。

3. 断电前要做好控制系统 PLC 的数据保存工作。

4. 拆卸下来的各种螺栓、垫片、法兰等要清洗干净，并做好防锈处理统一标记存放。

5. 主机吊耳的焊接一定要规范，并做好焊缝的探伤工作。

6. 任何零部件在储存之前都要检查标识。

7. 零件入库存放前要检查零部件的性能状态，并对短缺、损坏的零部件列出配件清单补全，以备下次工程施工。

思 考 题

3-1 盾构施工前应做的准备工作有哪些？

3-2 带压进仓作业前的准备工作有哪些？

3-3 简述盾构组装过程。

3-4 简述水力旋流器工作原理。

3-5 简述管片接缝渗漏的原因。

3-6 简述泥水排放与处理的原理和过程。

3-7 为什么要进行壁后同步注浆？壁后注浆时的注意事项有哪些？

3-8 盾构两种换刀方式的原理是什么？并列举各种方式的优缺点。

第四章

盾构常见故障及施工问题

【本章要点】

盾构机械系统、液压系统、电气系统常见故障及特点，盾构施工常见灾害及特点。

【学习目的】

通过熟悉盾构施工过程中的机械系统、液压系统、电气系统等常见故障的特点及可能遇到的地质灾害，掌握盾构施工中对这样故障和灾害的事前预防措施、事中管控措施和事后及时处理措施及相应技术。

【本章导读】

由于复杂的构造及恶劣的作业环境，施工盾构的机械零部件、液压系统、电气系统等经常会发生一些故障。另外，在施工过程中，由于地质状况的不确定性及施工方法选择、施工参数设定等的不够合理也可能导致施工场地区域发生一定程度的灾害，如工作井塌方、进出洞或管片接头漏水漏浆、地面沉降和塌陷等。这些盾构故障以及施工过程中发生的灾害不但可能造成重大的经济损失，而且可能导致灾难性的事故，给社会造成恶劣影响。因此，了解盾构常见故障和施工问题，树立相关灾害预防与治理意识，提前制定相关对策及相应工艺措施就显得十分重要。

第四章

第一节　常见机械故障及分析

刀盘、减速箱、主轴承等是盾构的主要核心部件，这些部件一旦出现故障将会影响盾构正常工作甚至使工程延期，给工程业主和承包商造成重大损失。因此施工管理人员等应了解盾构施工过程中常见的机械故障，提前制定预防措施和相应工艺路线，提高盾构施工的作业效率。

一、减速箱常见故障及分析

盾构减速箱中故障率较高的是其主减速箱。主减速箱是盾构主驱动中负责变速、速度传递和扭矩传递的重要部件，也是盾构的核心组成部分之一。为了使刀盘在低转速、大扭矩条件下稳定工作，盾构主减速箱一般是复杂的行星齿轮结构，如图 4-1 所示。图 4-1 所示为 S179 盾构的主驱动减速箱采用的三级行星齿轮结构。盾构主减速箱长期承受来自盾构本身和外界的大扭矩作用，从而使得主减速箱极易发生故障，而且由于主减速箱内齿轮数量众多，当某一齿轮出现异常时会直接影响到减速箱的工作性能，加速其疲劳失效。因此注意观察分析盾构主减速箱的故障现象、故障原因并探究其故障机理是预防故障产生、传递或扩大的有效措施。

图 4-1　S179 盾构主减速箱齿轮结构

减速箱主要由箱体、轴、齿轮、紧固件和密封件等组成，根据统计分析，各零件的故障率如表 4-1 所示。

减速箱各零件故障率　　　　　　　　　表 4-1

零件	齿轮	轴承	轴	箱体	紧固件	密封件
故障百分比(%)	60	19	10	7	3	1

由表 4-1 可以看出，在减速箱组成的零部件中，齿轮与轴承的故障率比较大，两者之和高达 80%，特别是齿轮，其故障率就占到减速箱故障的 60%。因此了解减速箱齿轮与轴承的故障现象、产生原因及应对对策，可有效降低减速箱故障对盾构施工效率的影响。

(一)齿轮常见故障

齿轮一般存在加工装配不良、操作维护不当等问题，这可能导致旋转工作的齿轮润滑不良、轮齿载荷分布不均，甚至产生异物入侵等结果，从而加速齿轮旋转工作时的疲劳磨损、导致齿轮故障的发生；考虑盾构齿轮旋转工作时传递的功率巨大且不可预知的波动，如果齿轮材料选取、热处理工艺参数制定等不够合理也将导致齿轮旋转工作时的失效。盾构齿轮旋转工作时常发生的故障主要有齿面磨损、疲劳点蚀、齿面咬合、轮齿折断等。常见盾构主减速箱齿轮故障与故障原因对应关系如表 4-2 所示。

疲劳是重载齿轮的主要损坏形式，表现为齿面点蚀和剥落，根本原因主要是交变接触应力的作用。初期的点蚀（初始点蚀）一般不会对齿轮构成破坏，当初始点蚀进一步恶化，

常见盾构主减速箱齿轮故障与故障原因对应关系表　表4-2

齿轮故障	齿面磨损	疲劳点蚀	齿面咬合	轮齿折断
故障原因	润滑不良 载荷过高 异物入侵	润滑不良 疲劳裂痕 加工精度不足 材质不符合要求	润滑不良 负荷过高	疲劳磨损 负载过大 装配不当

就变为破坏性点蚀和齿面剥落，从而加剧齿轮的不平稳传动。当传动系统的不稳定性到达一定程度，轮齿就可能折断，从而造成整个传动机构的损坏与瘫痪。图4-2为损坏严重的主减速箱内部传动结构（左图为三级传动机构，右图为二级传动机构）。

图4-2　损坏严重的主减速箱内部传动机构

（二）轴承常见故障

轴承是机械传动中的支撑部件，也是重要的受力部件，其性能的好坏直接影响到机械传动能否正常运行，同时也影响到设备的使用寿命和人身安全。引起轴承故障的原因主要为：轴承材料存在缺陷、加工装配不当、润滑不完善、杂物入侵、腐蚀以及过载等。另外，轴承在长期运转时，也会出现疲劳磨损和剥落等现象，进而影响设备的正常工作。常见的轴承故障主要有疲劳剥落、轴承磨损、轴承咬合、轴承腐蚀、轴承变形、加工装配故障等。常见盾构主减速箱轴承故障及故障原因对应关系如表4-3所示。

常见盾构主减速箱轴承故障及故障原因对应关系表　表4-3

轴承故障	疲劳剥落	轴承磨损	轴承咬合	轴承变形	轴承腐蚀
故障原因	疲劳磨损	疲劳磨损 润滑不良	润滑不良 载荷过高	载荷过高 装配不当	异物入侵

（三）主减速箱常见齿轮故障与轴承故障应对措施

从表4-2和表4-3中可以看出齿轮和轴承所发生的故障都可以归因于疲劳磨损、润滑不良、载荷过高、异物入侵和加工装配这五种故障。这五种故障的发生原因可分为三类：

第一类是疲劳磨损。疲劳磨损是由于部件长期磨损所致，可通过选材、改进成型工艺等提高其使用寿命。

第二类主要包括润滑不良和异物入侵，载荷过高也包括在其中，主要是由于减速箱外界环境的变化引起的故障。

第三类是加工装配问题。它是指减速箱装配不当引起的减速箱故障，这一环节的应对方式是在装配时尽量提高装配质量来减小此项的影响。

主减速箱常见齿轮故障和轴承故障的减缓可通过在施工中加强状态检测和诊断来实现。状态检测属于主动维修，在故障初期或萌芽状态若能发现相应征兆，施以对应措施，便能以最小的代价延长其寿命、提高其可靠性。状态监测的方法如下：

1. 润滑油检测

经常按时检测减速箱齿轮油。减速箱轮齿发生点蚀时，其点蚀产生的金属屑就滞留在其齿轮油液中，通过油液检测就可发现。一旦发现此种现象，就应及时更换减速箱齿轮油并增加轮齿润滑油检测频次，在适当时机拆除更换发生点蚀的齿轮，避免减速箱的进一步损坏和更严重事故的发生。

2. 振动和声音检测

减速箱行星齿轮点蚀到一定程度时，齿轮啮合过程振动明显增大，因此，减速箱行星齿轮点蚀状况还可以通过振动检测仪进行判断。另外，在轮齿表面剥落、轮齿断裂时，减速箱也会产生异响，据此也可以进行判断。此时，减速箱的损坏程度还没有影响到主轴承，对减速箱进行及时拆卸更换还可以避免事故的蔓延和更严重事故。

3. 温度观测

在驱动的减速箱损坏后期，减速箱内的齿轮可能被卡死，在液压马达主动驱动和小齿轮被动驱动的双重作用下，减速箱会发生更严重的轮齿断裂、行星架断裂等情况。此时，不仅声音及振动加剧，还会在摩擦过程中产生大量的热量，温度升高。发生这种情况时，通过对减速箱外温度的观测就可以确定减速箱损坏。此外，当驱动的减速箱失效后，因液压马达没有驱动力作用在主轴承上，此组主驱动油管温度也会比其他正常油管的温度低，从而也可以通过观测温度实现故障检测。

二、刀盘常见故障及分析

盾构种类繁多，刀盘形式各异，仅以目前应用最为广泛的土压平衡盾构为例，介绍盾构刀盘常见故障及解决措施。

（一）盾构刀盘常见故障

土压平衡盾构刀盘及其上的刀具是用来切割岩土和稳定掌子面的工具。由于盾构工作环境恶劣，其刀盘经常会出现故障，对施工造成不良影响。

1. 刀具磨损与损坏

盾构刀具出现磨损与损坏是常见的故障之一。在盾构刀盘上发挥切削土层作用的刀具主要是切削刀，在土岩互层地质一般还安装破岩的盘形滚刀。盾构切削刀的磨损形式主要是刀头被磨平或者崩刃，如图4-3（a）所示；图4-3（a）为边缘刮刀的异常损坏——发生了崩刃。滚刀的磨损或者损坏主要表现在刀圈极限磨损、刀圈弧磨损、刀圈脱落、刀体损坏以及轴承的损坏等，如图4-3（b）所示；图4-3（b）为滚刀刀圈断裂脱落和刀圈的不正常磨损（弦磨）；图4-4给出了滚刀轴承损坏的两种形式——保持架损坏和轴承内圈压溃。

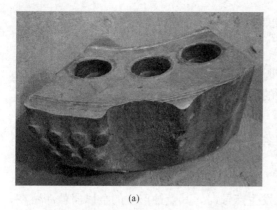

(a) (b)

图 4-3 刀具磨损与损坏

(a) 边缘刮刀的异常损坏；(b) 滚刀刀圈断裂脱落

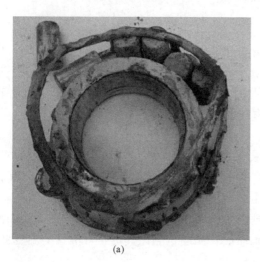

(a) (b)

图 4-4 轴承的损坏

(a) 保持架损坏；(b) 内圈损坏

2. 泡沫孔阻塞

土压平衡盾构的刀盘面有若干个泡沫口，其泡沫管路见图 4-5。盾构掘进过程中，旋转的刀盘通过立柱内的泡沫管将泡沫剂喷入掌子面，进而有效改良渣土的流动性。在实际施工中，由于刀盘旋转、刀具与土层摩擦等产生的高温的作用下，渣土会黏结在泡沫孔壁上并滞留产生阻塞，这样不仅会影响渣土改良的效果，还会使驱动刀盘的扭矩增加，同时加快刀具的磨损速度，制约盾构的掘进效率。

3. 立柱焊缝开裂

盾构刀盘与其主轴承座的连接是通过立柱实现的。立柱也是将推力和扭矩传递给刀盘的关键部件。但是在盾构施工中，立柱焊缝开裂（图 4-6）是一个常见的问题，裂缝一般呈现出长度大、连续性强以及分布交叉的特点，从而严重影响盾构施工。焊缝开裂多是由于焊接质量不过关造成的，如焊缝坡口不合理、高度不够和焊接交叉点过多等。盾构在掘进过程中的推力、扭矩过大，从而导致刀盘立柱焊缝的开裂。

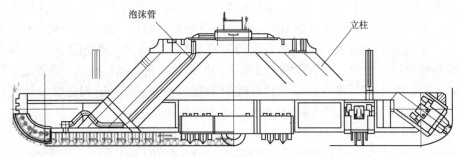

图 4-5　刀盘泡沫管路图

图 4-6　立柱焊缝开裂

4. 刀座与面板磨损

在盾构掘进中，通常会对刀座和面板进行多重保护，但是由于材质的限制及地层影响，在刀具受到磨损后就降低了对刀座和面板的保护，致使刀座和面板直接与硬岩接触，对于耐磨性较差的刀座和面板而言，将会受到严重的磨损，如图 4-7 所示。

图 4-7　刀座磨损

（二）刀盘常见故障对策

对于常见的刀盘故障，一般都是采取更换维修的方法解决；盾构实际施工过程中，减缓盾构刀盘故障的有效方法是通过提高施工技术、注意保养等方式来实现。

1. 刀具磨损与损坏的对策

当刀具磨损达到极限值或刀具已损坏就需立即更换。更换刀具时应遵循两项基本原则：一是应根据施工地质合理控制相邻刀位的刀具高差，如对一般地质地层，相邻刀位的刀具高差不能超过 10mm 等；二是高刀位的刀具尽量使用新刀，磨损不大的刀可以调换至低刀位继续使用。同时，在盾构施工过程中，提高主司机的操作技巧，合理选择掘进模式与掘进参数，并不断积累与总结经验，减少刀具的人为破坏，恰当把握刀具更换时机（频次）和换刀质量也是解决问题最根本、最有力的保证。

2. 泡沫孔阻塞的对策

当地质条件较好时，可以将旋转接头拆除，刀盘面板的泡沫管出口和旋转接头的泡沫管进口分别用高压水枪和管道疏通机同时疏通。根据实践经验，这种方法成功的概率较大。但在掘进过程中，泡沫孔极易被再次堵塞，而且从掌子面疏通还受到地质条件的限制，因此，要从根本上解决问题，需要从设计上改进。同时，若主司机能够提高操作技巧，更好地掌握添加泡沫的时机和数量，在一定程度上也能有效降低泡沫孔堵塞的概率。

3. 立柱焊缝开裂的对策

用气刨将含有裂纹的焊缝刨去，根据裂纹在焊缝深处的发展情况和连接件的尺寸决定焊缝坡口的形式、尺寸和焊接工艺。因为作用于刀盘的推力和扭矩主要由与立柱相接的侧板承受，因此，必须保证此处的焊接质量，不能靠通过在两个焊接件之间加钢板简化焊接工艺和节省焊接时间，必须用焊条一点一点地将缝填满。若裂纹的宽度较宽，可以采用将刀盘转到一个合适的位置，使操作人员采用平焊的方法进行焊接。确保焊接质量的同时，简化焊接工艺，降低焊接难度，提高劳动效率。

4. 刀座与面板磨损的对策

刀座磨损的现场处理方法视刀座磨损（损坏）的程度而定，对磨损不严重的刀座，采用补焊的方法进行修复；对磨损严重的刀座，采用简单的补焊不能恢复原始尺寸的刀座，只能采用其他维修方法。以刮刀刀座为例，目前可行的维修方法主要有两种：一种是将新刮刀直接焊接在磨损的刀座上；另一种是将旧刀座割除，在原位置上焊接新的刀座。这两种焊接方法各有优缺点，但总的说来，第一种方法只能作为应急手段，在剩余区间长度不长时（根据国外的维修经验，一般不超过 20 环）采用；若剩余区间长度超过 20 环，采用第二种方法为宜。

三、主轴承常见故障分析

盾构主轴承是盾构主驱动系统中最精密的一个部件，主要承担支撑刀盘并带动刀盘旋转的功能。目前盾构主要采用三排三列滚柱式轴承、三排四列滚柱式轴承和双列圆锥滚子轴承。其中应用最广泛的是三排三列滚柱式轴承，其结构如图 4-8 所示；主轴承主要由三排圆柱滚子构成，分别承受径向力和轴向力；滚柱轴承宽度为 300~400mm，采用铜质保持架。在施工中，若是主轴承润滑系统发生故障或是轴承发生扭曲变形，将极易导致主轴承的迅速瘫痪。一旦主轴承发生失效，则必须更换。更换主轴承难度非常大，会严重延误工程工期，给工程业主和承包商造成巨大损失。

主轴承常见故障为润滑与密封系统故障。如果在施工过程中因主轴承润滑与密封等问题而造成泥渣颗粒进入主轴承，从而引起主轴承或齿轮副损坏及漏油，将加剧整个主驱动系统的迅速破坏，给盾构施工带来不可估量的损失，见图 4-9。

当主轴承出现故障时，一般根据其工作原理，进行故障排查；尔后，根据故障特点，制定方案和相应处理程序，以便彻底高效地解决问题。例如，当主轴承漏油时，可考虑以下两种方案。

　　方案一：不拆卸刀盘，不拆解主轴承外密封系统，而向外顶出密封衬环，通过密封衬环调整螺栓孔向密封衬环内圆周注入密封胶；调整密封衬环，依靠密封胶达到密封效果。

　　方案二：拆下刀盘，拆解主轴承外密封系统，清洗密封衬环内圆周，更换内圆周O形密封圈，清洗主轴承外密封系统，重新组装。

　　另一方面，对主轴承的合理保养与检测，可以减少主轴承的故障率，作为一种预防对策十分的重要，并且十分有效。

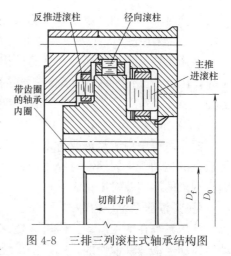

图 4-8　三排三列滚柱式轴承结构图

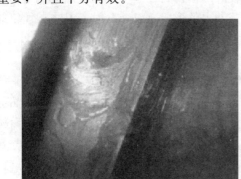

(a)

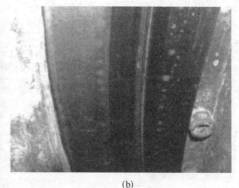

(b)

图 4-9　主轴承润滑与密封故障

(a) 主轴承漏油；(b) 主轴承润滑不良

第二节　常见液压系统故障及分析

　　通常情况下，除盾构刀盘旋转可选用电机驱动外，其余驱动基本都选用液压系统。可见液压系统在盾构中的作用可谓举足轻重。总而言之，盾构液压系统包括刀盘驱动、盾构推进、螺旋输送机、管片拼装机、铰接机构、液压辅助系统、扩挖刀（仿形刀）控制系统等。一个完整的液压系统一般由五个部分组成：动力元件、执行元件、控制元件、辅助元件和液压油。因此，液压系统结构庞大、功能复杂，可以说是盾构的心脏，其任何一个单元的故障都会影响盾构的正常工作，甚至造成停机、瘫痪等严重事故。因此了解盾构各液压系统特点、常见故障及其处理措施对保障盾构的正常运行很有必要。

一、施工中常见液压故障现象及分析

　　盾构中的每个液压系统都是一个相对独立、封闭的液压回路。在盾构施工过程中常见的液压故障现象，如液压系统无压力或压力低、液压系统爬行、液压冲击、振动和噪声、油温过高和泄漏等，如果不将这些故障现象控制在可接受范围内，不仅会对盾构本身及施工进度产生影响，而且会影响到相关工作人员的人身安全和身心健康。

（一）液压系统无压力或压力低

液压系统无压力或压力很低是盾构液压系统常见故障，该故障将会导致盾构无法正常工作，因此故障出现后应立刻分析原因，随后采取相应措施解决问题使液压系统恢复正常压力。表4-4列出了液压系统无压力或压力低的原因及对策。

（二）液压系统爬行

液压系统中由于流进或流出执行元件的流量不稳定，出现间隙式的断流现象，使得执行机械的运动产生周期性时停时走或时慢时快的运动现象，称为爬行。盾构液压系统出现爬行现象的原因及对策见表4-5。

（三）液压系统压力冲击

液压系统在突然启动、停机、变速或换向时，阀口突然关闭或动作突然停止，由于流动液体和运动部件惯性的作用，使系统内瞬时形成很高的峰值压力，这种现象就称之为液压冲击。液压冲击的出现可能对液压系统造成较大的损伤，在高压、高速及大流量的系统中其后果更严重，因此在操作时要尽量避免液压冲击的形成。表4-6列出了冲击现象的原因及对策。

（四）振动和噪声

液压系统的振动与噪声是个相当普遍的问题。近年来随着液压技术向着高速、高压和大功率方向的发展，液压系统的噪声也日趋严重。长期处于异常振动的液压设备必然会出现各种故障，导致液压装置难以正常工作。另外，长期处于振动与噪声之下工作的盾构司机等技术人员的身心健康也会受到不利影响，从而降低工作效率。液压系统的振动与噪声的原因及对策见表4-7。

（五）油温过高

油温过高也是液压系统的常见问题。液压系统要想正常工作，油温必须控制在合适范围内，一般控制在50～90℃之间，一旦高于90℃就会影响系统功能的正常发挥，从而造成经济损失。液压系统油温过高的原因及对策如表4-8所示。

（六）液压系统泄漏

盾构液压系统泄漏是常发故障，主要原因是液压系统工作时产生的冲击和振动造成管接头松动、液压系统密封件及配合件相互磨损、油温过高以及油液污染等。液压系统泄漏可以分为两种情况：一是外部泄漏，二是内部泄漏。外部泄漏是指液压油从系统泄漏到外部环境中，表现为在液压缸、液压管路或液压泵等元件的外部渗出液压油，如图4-10为液压缸泄漏。内部泄漏是指因高低压两侧的压力差的存在以及密封件失效等因素而产生的泄漏现象，多发生在液压阀内部且比较隐蔽，也会导致严重的故障问题，如在盾构管片拼装系统中，液压系统内部泄漏可能会使负责液压系统压力调整的比例溢流阀失效，系统压力建立不起来导致管片拼装

图4-10　液压缸泄漏

机动力不足，无法完成管片拼装作业。液压系统泄漏的原因及对策如表 4-9 所示。

液压系统无压力或压力低的原因及对策 表 4-4

现象	原 因		对 策
液压系统无压力或压力很低	液压泵	液压泵转向错误	改变转向
		零件损坏	更换零件
		零件磨损，间隙过大，泄漏严重	修复或者更换零件
		油面太低，液压泵吸空	补加油液
		吸油管路密封不严，造成吸空	拧紧接头，检查管路，加强密封
		压油管路密封不严，造成泄漏	拧紧接头，检查管路，加强密封
	溢流阀	弹簧变形或折断	更换弹簧
		滑阀在开口位置卡住，无法建立压力	修研滑阀使其移动灵活
		锥阀或钢球与阀座密合不严	更换锥阀或钢球，配研阀座
		阻尼孔阻塞	清洗阻尼孔
		遥控口接回油箱	截断通油箱的油路
	液压缸	液压缸高低压腔相通	修配活塞，更换密封件
	系统中某些阀卸荷		查明卸荷原因，采取相应措施
	系统严重泄漏		加强密封，防止泄漏
	压力表损坏或失灵造成无压假象		更换压力表
	油液黏度过低，加剧系统泄漏		提高油液黏度
	油温升高降低油液黏度		查明发热原因，采取相应措施或散热

液压系统爬行现象的原因及对策 表 4-5

现象	原 因		对 策
液压形态爬行	系统负载刚度太低		改进回路设计
	节流阀或调速阀流量不稳定		选择流量稳定性好的流量控制阀
	液压缸	活塞杆直径小	加大活塞杆直径
		零件加工装配不佳	更换不合格零件，重新装配
		液压缸刚度低	提高刚度
		液压缸安装不当，与导向机构轴线不一致	重新安装
	混入空气	油面过低，吸油不畅	补加油液
		滤油器堵塞	清洗滤油器
		吸、排油管相距太近	将吸、排油管远距离设置
		回油管没插入油液面以下	将回油管插入油液中
		密封不严，混入空气	加强密封
		机械停止运动时，液压缸油液流失	增设背压阀或单向阀，防止油液流失
	油液不洁	污物卡住液动机增加摩擦阻力	清洗液动机，更换油液或加强滤油
		污物堵塞节流，引起流量变化	清洗液动阀，更换油液或加强滤油
	油液黏度不适当		换用指定黏度的液压油
	外部摩擦	拖板楔铁或压板调整过紧	重新调整
		导轨等导向机构精度不高，接触不良	按规定刮研导轨，保持良好接触
		润滑条件不佳	改善润滑条件

液压系统压力冲击现象的原因及对策　　　　　表 4-6

现象		原　　因	对　　策
液压系统压力冲击	液压缸	运动速度过快,没设置缓冲装置	设置缓冲装置
		缓冲装置单向阀失灵	修理缓冲装置单向阀
		缓冲柱塞锥度太小,间隙太小	按要求修理缓冲柱塞
		缓冲柱塞剧烈磨损,间隙过大	配置缓冲柱塞或活塞
	节流阀	开口过大	调整油阀
	换向阀	先导阀或换向阀制动锥角度太大	减小制动锥角度或增加制动锥长度
		液动阀的控制液压油流量过大	减小控制压力油的流量
		液动阀阻尼器调整不当	调整阻尼器中的节流开口
		滑阀运动不畅	修配滑阀
	压力阀	工作压力调整太高	调整压力阀适当降低工作压力
		溢流阀发生故障,压力突然升高	排除溢流阀故障
		背压阀压力过低	适当提高背压力

液压系统的振动与噪声的原因及对策　　　　　表 4-7

现象		原　　因	对　　策
振动与噪声	液压泵	油液不足,造成吸空	补足油液
		液压泵吸油位置太高	调整液压泵吸油高度
		吸油管道密封不严,吸入空气	加强管路密封
		油液黏度太大,吸油困难	更换液压油
		工作温度太低	提高工作温度或油箱加热
		吸油管截面太小	增大吸油管直径
		滤油器堵塞,吸油不畅	清洗滤油器
		吸油管距油面太近	将吸油管浸入油箱三分之二处
		液压泵安装不当,泵轴与原动机不同心	重新安装液压泵
		联轴节松动	拧紧联轴节
		液压泵制造装配精度太低	更换精度差的零件,重新装配
		液压泵零件磨损	更换磨损零件
		液压泵脉动太大	选用脉动小的液压泵
	溢流阀	阀座损坏	修复阀座
		阻尼孔堵塞	清洗阻尼孔
		阀芯与阀体间隙过大	更换阀芯,重配间隙
		弹簧疲劳与损坏,使阀移动不灵活	更换弹簧
		阀体拉毛或污物卡住阀芯	去除毛刺,清洗污物
		实际流量超过额定值	选用流量较大的溢流阀
		与其他元件发生共振	调整压力避免共振或改变系统固有频率
	换向阀	电磁铁吸不严	修理电磁铁
		阀芯卡住	清洗或修理阀体和阀芯

续表

现象	原因		对策
振动与噪声	换向阀	电磁铁焊接不良	重新焊接
		弹簧损坏或弹簧过硬	更换弹簧
	管路	管路直径太小	加大管路直径
		管路太长或弯曲过多	改变管路布局
		管路与阀产生共振	改变管路长度
	由冲击引起的振动与噪声		见表 4-6
	外界振动引起的液压系统振动		采取隔振措施
	电动机、液压泵转动引起的振动和噪声		采取减振措施
	液压缸密封过紧或加工装配误差产生的运动阻力大		适当调整密封，更换或修理不合格零件

油温过高的原因及对策　　　　　　　　　　　　　　　表 4-8

现象	原因	对策
油温过高	液压系统设计不合理，压力油非工作损耗大，效率低	改进回路设计，采用变量泵或卸荷措施
	压力偏高	降低工作压力
	泄漏严重造成容积损失	加强密封
	管路过于细长而且弯曲，造成压力损失	加大管径，缩短管路，使油路通畅
	相互运动零件的摩擦力过大	提高零件加工装配精度
	油液黏度过大	选用黏度低且适合的液压油
	油箱容积小，散热条件差	增大油箱容积，改善散热，设置冷却器
	由外界热源引起温升	隔绝热源

液压系统泄漏的原因及对策　　　　　　　　　　　　　表 4-9

现象	原因	对策
液压系统泄漏	密封件损坏或装反	更换密封件，改正安装方向
	管接头松动	拧紧管接头
	单向阀钢球不圆、阀座损坏	更换钢球，配研阀座
	相互运动表面间隙过大	更换某些零件，减小配合间隙
	某些零件磨损	更换磨损零件
	某些铸件有气孔、砂眼等缺陷	更换铸件或修补缺陷
	压力调整过高	降低工作压力
	油液黏度太低	选用黏度较高的油液
	工作温度太高	降低工作温度，采取冷却措施

二、常用液压元件及其故障分析

液压系统故障的发生，归根结底都是因为液压元件出了问题。因此，了解盾构液压系统常用液压元件的结构和原理，将有助于液压系统故障现象发生原因的分析和处理。

（一）液压泵及其故障分析

液压泵是盾构液压系统的心脏，它将电动机的机械能转化成液压系统中液体的压力能，并通过其他液压元件传递、转化为盾构施工所需的推力和扭矩。盾构常用的液压泵有柱塞泵与齿轮泵。

图 4-11 盾构主推进系统柱塞泵

1. 柱塞泵

柱塞泵的外观见图 4-11。柱塞泵的主要组成是缸体、柱塞、配油盘和斜盘等，其工作原理见图 4-12。缸体通过平键或花键轴与转轴连接，缸体在转轴的驱动下带动柱塞和缸体一起旋转，同时，柱塞在缸体柱塞孔压力油和（或）弹簧力的作用下顶紧在斜盘上，亦即，柱塞随缸体旋转的同时还在斜盘和压力油和（或）弹簧力的共同作用下在缸体柱塞孔中做往复直线运动，从而，在缸体、柱塞和配流盘间形成了大小交替变化的密闭工作容积，该密闭容积由小变大时吸油，由大变小时压油，这就是柱塞泵的工作原理。该柱塞泵由于柱塞的往复运动方向和缸体中心轴线相平行而称为轴向柱塞泵，还由于考虑具有斜盘结构特征，而又称为斜盘式柱塞泵。这种柱塞泵具有结构紧凑、单位功率体积小、重量轻、工作压力高等特点，被广泛应用在大型工程机械上。所以在盾构液压系统中，柱塞泵常常被作为主油泵，例如推进系统、刀盘驱动系统等的动力元件常用这种油泵。

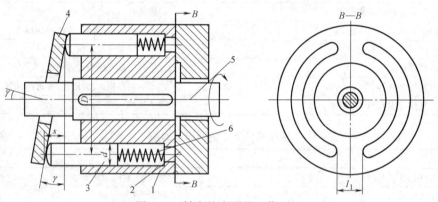

图 4-12 轴向柱塞泵的工作原理
1—缸体；2—配油盘；3—柱塞；4—斜盘；5—传动轴；6—弹簧

柱塞式液压泵常见故障现象和特点如表 4-10 所示。

柱塞式液压泵常见故障现象和特点 　　　　　　　　　　　　　　　　　　　　表 4-10

故障类型	故障现象	故障特点
泄漏	流量不足，泵噪声增大	噪声信号太微弱，没有明显现象
球头松动	柱塞死点处产生冲击，泵体振动增大	产生于 2 倍轴频的附加频率
轴承磨损	轴承部件大面积磨损，引起泵体振动	容易被泵体固有振源掩埋，特征不明显
卸荷槽磨损	高压油与排油口瞬间接通，引起泵体振动	造成压力冲击脉动
配流盘磨损	滑靴与配流盘干摩擦，壳体振动加强	泵容积效率下降，故障特征明显

2. 齿轮泵

齿轮泵在盾构中也有一定的应用，例如在大流量高压系统中用作补油泵，特别是用在推进油缸的回油路上。其主要特点是：结构简单、造价低、外形尺寸紧凑、自吸性能好、流量大、对油液环境污染不敏感、工作可靠性高等。由于齿轮泵的结构特点，其在工作过程中允许较高的转速。齿轮泵是利用一对结构参数都完全相同的相互啮合的齿轮传动实现吸油和压油，见图 4-13。齿轮泵壳体内壁面、前后盖板（图中未画出）和一对啮合齿轮的啮合线形成了密闭容积，齿轮轮齿啮合线又将此密闭容积分为两部分，其中进入啮合的轮齿部分的密闭容积减小——压油，脱离啮合的轮齿部分的密闭容积增大——吸油，此即齿轮泵的工作过程或原理。

柱塞泵与齿轮泵一旦发生故障，其工作过程中的噪声、泵体振动等一般会明显增大，通过观察盾构施工状况、现场诊断等方式一般较容易发现。

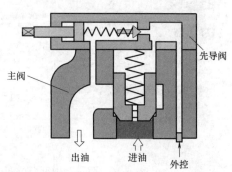

图 4-13　齿轮泵工作原理图

（二）液压阀及其故障分析

盾构液压系统中应用的液压阀较多，这里仅就溢流阀和换向阀在盾构作业过程中经常发生的一些故障及原因进行分析。

1. 溢流阀

溢流阀在盾构液压系统中的作用是实现压力设定和溢流，在盾构所有的液压系统中都是必不可少的。图 4-14 为刀盘驱动系统中所使用的先导式溢流阀及其工作原理。

图 4-14　先导式溢流阀及其工作原理

溢流阀在使用过程中经常发生的两个突出的问题是振动与噪声，在较高的压力和流量条件下，有时会有很尖锐的刺耳的声音。由于零件加工、装配误差，阀孔与阀芯的配合不当，产生噪声；阀孔与阀芯的配合过松会有泄漏发生并引起振动和噪声；液动力也会导致液压阀产生振动和噪声。液动力是指液体流经阀口时，由于流动方向和流速的变化造成液体动量的改变产生的作用在阀芯上的附加作用力。弹簧的刚度不够，在液压力过大时，会产生弯曲变形，从而液动力引起弹簧自振，甚至发生共振而引起大的振动和噪声。如果调压螺母松动，在溢流阀压力调节后，要将调压螺母拧紧，否则就会产生振动和噪声。溢流阀与系统中的其他液压元件有共振时，振动和噪声情况会加剧。另外，先导阀是一个比较容易振动的部位，在高压力溢流的情况下，阀轴向开口较小，导致过流速度很大，可以达到 200m/s，造成压力分布不均匀，使得先导阀产生压力振动。

2. 换向阀

换向阀是利用阀芯与阀体相对位置的变化控制阀体上进出油口的通断，从而控制液流的流向。例如管片拼装机平台的提升、推进油缸伸缩、刀盘驱动马达的正反转等都需要换向阀改变系统液流的流向。图 4-15 为液压系统的换向阀；图 4-16 为弹簧对中型三位四通电液换向阀工作原理。

图 4-15 液压系统的换向阀

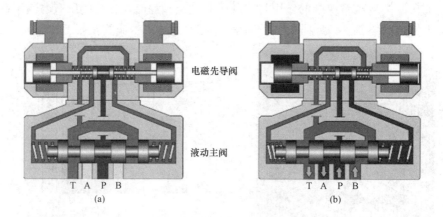

图 4-16 弹簧对中型三位四通电液换向阀工作原理

(a) 换向前；(b) 换向后

T—接油箱；P—接油泵；A、B—接回路

盾构液压系统中换向阀常见的故障有三种。第一种是管片拼装机系统中液动换向阀不换向。其原因除换向推杆与先导阀脱开外，还有换向阀两端油道不通或油压调节过低等原因。排除故障的方法是检查、清洗、放松节流阀调节螺母，适当地调高工作压力。第二种是换向时冲击或噪声较大。换向时，滑阀移动速度过快，可能产生液压冲击或噪声，控制的办法是调小单向节流阀的节流口，减小流量。第三种是换向精度和停留时间不确定。主要是由于换向阀的滑阀卡住或移动不灵活，换向精度和停留时间不稳定。解决方法是检查、清洗或去除有关伤痕或毛刺，若油液污染严重，则应及时更换液压油。

（三）液压缸及其故障分析

在盾构施工过程中液压缸主要用于盾构的推进、管片拼装机的管片移动以及其他系统的辅助工作。液压缸是一种执行性元件，它负责把液压泵输入的液压能转换成为往复输出的机械能，其工作原理如图 4-17 所示；图 4-18 所示为盾构推进油缸组。

盾构液压缸常见故障是液压缸泄漏与液压缸内部机械故障。

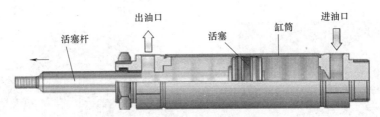

图 4-17　液压缸的工作原理图

图 4-18　盾构推进油缸组

1. 液压缸泄漏

液压缸体内部泄漏引起的外在表现是推力不足、爬行速度减缓或工作压力状态不稳定等故障。此类故障的主要表现为压力表或者压力传感器测得的数值上升缓慢或者是难以达到规定值；在盾构施工过程中，当刀盘无法推进，推进油缸的回油管仍有回油，并且检查液压系统的其他的管件及元件均正常工作，说明液压缸内部发生了泄漏。造成液压缸泄漏的主要原因是缸体和活塞不对中，或活塞与缸体磨损较大产生了间隙。

2. 液压缸内部机械结构故障

液压缸机械故障很容易导致液压缸爬行、速度下降等现象的发生。其主要原因是：液压缸活塞杆轴线与活塞轴线不重合、导向套与缸筒不同轴、液压缸内部涩滞、缸筒内孔锈蚀或拉毛、活塞零件装配不当、活塞缸的刚度较差等，使得液压缸活塞行走速度随着行程位置的变化而变化，从而出现滑移或爬行现象。另外，由于活塞与缸筒、导轨与活塞杆等均有相对运动，当活塞杆弯曲引起剧烈摩擦时，如果润滑不良或液压缸孔径粗糙，就会加剧摩擦磨损，使缸筒、活塞、活塞杆等的同轴度降低，从而产生时大时小的摩擦阻力，引起活塞杆伸出时的滑移或爬行；液压系统中进入空气，由于空气体积的弹性模量小，也会造成活塞伸出时的滑移或爬行。

（四）液压马达及其故障分析

液压马达是将液体的压力能转换为机械能的液压元件，盾构刀盘、螺旋输送机螺杆等的驱动多采用液压马达，见图 4-19。图 4-19 为盾构刀盘驱动用叶片液压马达及其工作原理图。高速液压马达的内部机械结构与同类型的液压泵基本类似，但是也有其独特之处。

液压马达常见故障有以下几点：

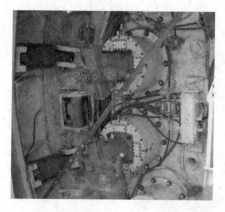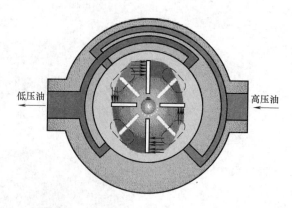

低压油 高压油

图 4-19 液压马达及其工作原理图

1. 液压马达输出回转无力或者是速度变化迟缓

这种故障一般都与液压泵的输出功率有关，液压泵输出压力值过低，除去溢流阀调节的压力不够高或者溢流阀发生故障之外，多数的原因都是液压泵出问题。由于液压泵的出口压力不能满足系统要求，就会造成马达的回转无力，所以其启动转矩很小，甚至会出现无转矩输出的情况。当供油量不足时，液压泵便无法输出系统所需的液压能，或者压力过低，使得马达的输入功率达不到要求，从而使其输出的功率较小。解决办法是，检查油箱供油液面高度及液压泵供油问题。

2. 液压马达泄漏故障

液压马达的泄漏量过大，会造成马达的容积效率大大降低，而泄漏量的不稳定，会造成马达的抖动甚至爬行现象。上述现象在马达转速较低时比较明显，因为转速较低时，流入马达的油液量比较少，泄漏量较大，容易引起速度的颤动。在盾构马达驱动中，这种现象容易造成掘进不畅，或者是刀盘转速过低，无法正常掘进。

3. 液压马达爬行

液压马达爬行是其在低速工作状态下极易出现的故障之一，主要原因有：一是内部结构的摩擦阻力不均匀，摩擦阻力的变化与装配质量、结构磨损、润滑状况、油液质量以及污染度等都有很大的关系；二是泄漏量不稳定，泄漏会导致爬行。在低速转动时，由于其惯性较小，就会出现明显的转速不均匀、马达机身抖动、时动时停的爬行现象。为了减少液压马达的爬行现象，应该根据温度、噪声、振动等异常现象及时判断马达的磨损情况，并选择合适的润滑油，保证各个相对运动面得到充分润滑，并保持良好的密封，及时查明泄漏部位、泄漏原因并将其排除。

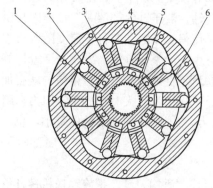

图 4-20 内曲线液压马达
1—中心配流盘；2—滚子；3—柱塞；
4—内曲线导轨；5—输出轴；6—转子

4. 液压马达的脱空和撞击

某些特定结构的液压马达，如内曲线液压马达，如图 4-20 所示，随着转速的增大，就会出现连杆紧贴曲轴表面，或者脱离曲轴表面的撞击现象。驱动内曲线液压马达旋转、做往复运动的柱塞和滚轮，由于惯性力的存在，会脱离导轨曲面。为了避免此类现象，必须保证该马达回油管路有一定背压。

第三节 电气系统故障与分析

盾构作为大型施工机械，用电设备数量不仅多且集中，但这些电气设备的工作环境却非常潮湿，因此容易导致电气元件损坏、烧毁等故障的发生。目前大部分盾构电气元件的维修及改进主要依靠制造厂家，这样不仅耗时、耗费资金且又耽误工程进度。如果在故障发生前，作业人员对盾构电气系统组成和常见电气故障及解决方法有了解并能给以预防，故障一旦发生，有与之相应的解决方案和实施技术路线，就能够大大提高工程施工效率并节约资金。

一、电气系统的主要组成

盾构电气系统主要包括高压供电、低压配电、自动控制系统和计算机控制及数据采集分析系统 4 部分。盾构电气系统的设备组成包括高压电柜、变压器、补偿电容器、主要动力设备、电气控制器件等。

（一）高压供电系统

由于盾构整机负荷较大，因此采用高压 10kV 供电。高压供电系统主要包括：电源引入柜、电源进线柜、计量柜及变压器出线柜。某盾构的高压供电系统如图 4-21 所示，AH1 为电源引入柜，电源由所在地区 10kV 电网配电所引来。电源引入柜内装有避雷器；AH2 为电源进线柜，进线开关宜采用断路器或带熔断器的负荷开关，并设置有过流及速断保护；AH3 为高压计量柜，用于高压侧的电量计量，柜内设有供计费用的专用电压、电流互感器；AH4 为变压器出线柜，对变压器有过载和短路保护，容量较大的变压器还有油温及瓦斯保护。

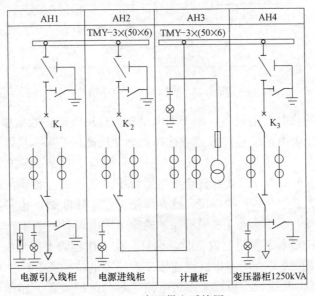

图 4-21 高压供电系统图

（二）低压配电系统

盾构的低压配电电压一般采用 220/380V，低压配电系统如图 4-22 所示。低压配电系统的形式宜采用单相三线制和三相五线制。在用电设备为大容量、负荷性质重要或有特殊要求的用电环境中，宜采用放射式配电方式供电。采用这种方式时任意一回路出现故障都不影响其他回路的工作，配电系统的可靠性高。

盾构上的大用电设备主要是大容量的油泵电机、空气压缩机电机、刀盘驱动电机、螺旋输送机的驱动电机及注浆泵电机等，见图 4-22。图 4-22 中推进液压 1 号和 2 号油泵电机、螺旋输送机及注浆泵电源由 6AA 配电柜以放射式配出。对于部分距离供电点较远且彼此相距很近、容量很小的次要用电设备，可采用链式配电方式，每一回路环链设备不宜超过 5 台，其总容量不宜超过 10kW。

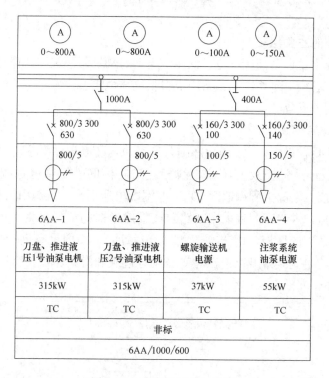

图 4-22　盾构低压配电系统

作为施工现场的临时用电设备，由于用电量较大且用电设备数量多，工作环境潮湿且较狭窄，盾构的低压配电系统接地方式应选择安全性较高的 TN-S 接零保护系统，俗称三相五线制系统，如图 4-23 所示。在这个系统中，N 线与 PE 线（保护零线）在变压器的工作接地线处分开。N 线与 PE 线在整个配电系统中是独立的、绝缘的。施工过程中盾构用电设备的金属外壳必须与 PE 线连接，这样即使工作零线断裂，也只影响到断裂点以下的单相施工用电设备，而不会在 PE 线所保护的施工用电设备外壳上产生危险电压；当所保护的施工设备为三相不平衡用电设备时，则只会在工作零线上产生电位差，而各施工用电设备外壳则通过 PE 线与变压器中性点连接来维持零电位，不会产生危险电压；同时由于工作零线与 PE 线分开后，可以安装多级电流型漏电保护装置，亦即，盾构配电系统的保护必须做到安全、可靠。

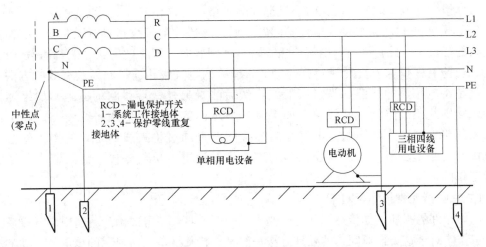

图 4-23 TN-S 接零保护系统

（三）自动控制系统

自动控制系统主要包括电脑、PPS 导航系统、PLC 模块操作系统。其中，PLC 模块操作系统主要包括机架、功能模块、CPU 模块、接口模块、信号模块、电源模块、通信模块等。PLC 控制系统主要组成如图 4-24 所示。

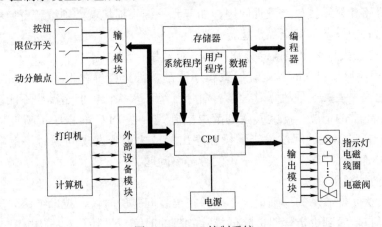

图 4-24 PLC 控制系统

（四）计算机控制及数据采集分析系统

计算机控制及数据采集分析系统主要用于参数设置和数据采集分析，数据采集分析就是采集、处理、存储、显示和评估与掘进机联网所获得的数据。所需硬件系统主要包括计算机、调制解调器、转换器及电话线等。

二、电气系统常见故障与分析

解决电气系统常见故障的基本原则为先简后繁，由外而内，先检查电源，随后再检查外部线路。PLC 程序出问题的情况比较少，当外部可能出现故障的线路点都排除后，再考虑 PLC 可能出现的问题。

（一）线路连接问题及对策

线路连接问题主要表现在元件和模块之间的相互连接和通信网络之间的连接出现故

障，具体情况一般是两者之间接触不良造成的短路，导致相关数据无法进行有效传输，从而发生 PLC 处理模块无法接收信号等问题。通常，盾构电气线路具有线路长、连接点多等复杂的特点，因此，当盾构电气连接线路出现问题时，解决此问题一般都有较大困难。但是，现场工程技术人员发现并总结出了处理盾构电气线路连接问题最有效的方法，该方法就是将电箱里的线路一端进行短接，然后测量另外一端线路的电阻，如果测量显示为短接则此条线路为正常线路，如果测量显示内容为电阻值或者是断路，就可以确定这条线路出现了连接问题。电气线路连接问题可通过检查线路是否在接头处松动或者是中间线路是否断开等，找准线路的连接问题后进行重新连接，继而解决电路无法正常工作的情况。

（二）电器元件损坏及对策

电器元件的损坏，如传感器和电磁阀出现破损或者烧毁等故障，将造成电气设备无法正常工作。对于这类损坏问题的处理方法一般是，检查屏幕上所显示的该电气元件的故障异常状况现象。如尾盾油脂量程为 2MPa 的压力传感器出现故障问题时，在电气屏幕上就会显示尾盾油脂压力传感器的读数值为－2MPa，对于这种故障性问题的检修通常可以采用排除法，即把传感器连接到相同且为正常工作的传感器接口上，如果传感器能够正常的运行，然后再用其他正常工作传感器进行替代连接在故障接口，检查传感器是否依然正常工作，如果不能正常工作，则可以确定是传感器接口出现了故障。应用这种检测方法，也可以在传输线路和显示接口上发现问题，如若元件接头损坏就必须重新更换新的元件或者是接头，保证盾构设备的安全稳定运行。

（三）PLC 丢失程序出错或部分程序出错及对策

当 PLC 程序出现错误时，则会导致程序混乱，甚至在屏幕上显示乱码或者显示全是问号。当出现程序丢失这种故障时，会有命令已经正常执行，但是模块不能正常执行，从而导致工作不正常的情况。此类问题的解决措施是：把 PLC 的程序重新连接到机器上的 PLC 模块中，通过出现的问题检查哪段程序出错或丢失；发现问题后，重新修改，或者重新把以前正确的程序输入到模块中，就可解决问题。

（四）其他注意事项

应做好设备元件故障的详细记录，确保在出现问题的时候，技术维修人员在维修检验中能够有据可查，做到少走弯路，降低排除故障的时间。另外，对盾构电气系统设施设备做好日常的维护和保养，确保在使用过程中设备具有低的故障率。同时，对设施设备进行定期、不定期保养也是有效延长设备使用寿命的有效方法。

第四节 常见灾害与防治

盾构推进过程中掘进参数的变化会影响并扰动施工地层，诸如引起地表沉降，地层孔隙水压力、强度和承载力等物理力学参数的变化都是不可避免的；而扰动土体到一定程度又可能引发一系列环境灾害，如造成周围建筑物开裂、倒塌、隧道内涌水漏水、工作面漏砂等。如何采取合理的施工技术和辅助工艺措施避免或减轻环境灾害及其发生，是盾构法施工的难点。

盾构在施工过程中，引发灾害的根本性原因是对施工地层状况、地层特点及其物理性能的认识不够充分，对土层卸荷的收敛规律、流变特性等认识不足，在施工过程中采用的施工参数不够科学合理、辅助工艺措施不到位，一句话，就是施工方法与实际地质条件不协调造成的。因此，在盾构施工过程中努力做好相关施工问题的预防，是控制施工问题发生的有效措施。

一、地面沉陷与隆起

（一）灾害分析

地面沉陷与隆起问题通常在隧道施工的整个过程中都可能发生，甚至在施工结束后的一段时间内也会发生。产生地面沉陷的原因大多是在隧道施工过程中，发生了长期涌水和抽取了大量地下水，还有相当一部分地面沉陷发生是由于隧道顶板发生超挖、冒落或塌方等状况引起的。但是，统计发现，在埋深小于 30m 的隧道的施工的开始阶段也往往会发生地面的沉陷问题。地面的沉陷不仅影响施工中的隧道，更严重的是还会影响到地面上的道路、建筑，如导致道路开裂、毁坏和房屋建筑倾斜、倒塌等。图 4-25 是某地铁隧道在施工过程中发生的重大地面坍塌事故。

图 4-25　地铁隧道施工引发的事故

（二）原因分析

1. 开挖面水土压力不平衡导致开挖面失去稳定性；压力仓压力大于开挖面土压力和水压力时产生地基隆起，相反则会出现地基沉陷。

2. 盾构推进对围岩的扰动；盾构壳板和围岩的摩擦以及对围岩的扰动会引起地基隆起和沉陷。

3. 尾盾空隙的产生和壁后注浆的不足；盾构施工必然产生尾盾空隙，这一空隙会引起地基的应力释放而产生弹塑性变形。

4. 管片的变形和变位；管片从尾盾脱出后，受到围岩荷载作用发生一些变形或变位，造成地基沉陷，但其量一般较小。

5. 地下水位下降；地面沉陷和隆起问题所导致的地质灾害不仅会给隧道施工本身带来更大的施工难度，而且也会威胁到地表建筑，因此，应引起盾构施工企业的高度重视。

（三）防治措施

盾构施工过程引起的地面沉陷与隆起，可通过以下两方面进行防治：

1. 减少对开挖面土层的扰动。施工过程中采取灵活合理的掌子面支撑或适当的气压值来防止土体沉陷，保持土体的稳定；在盾构掘进过程中，严格控制出土量，防止超挖和欠挖，即使是对地层扰动较大的局部挤压盾构，只要严格控制其进出土量，仍可控制地表变形；控制盾构推进一环时的纠偏量，以减少盾构在地层中的摆动和对土层的扰动，同时尽量减少纠偏，并且对需要的开挖面进行局部超挖，适当提高施工速度和连续性。

2. 做好尾盾建筑空隙的充填压浆。确保施工过程尾盾注浆压力、注浆及时性和压注浆量，尽可能缩短尾盾脱出衬砌的暴露时间，以防地层沉陷；改进压浆材料的性能。

（四）地面沉陷的安全判断

因不同城市地铁隧道工程的地质条件、地面环境、隧道埋深、上部结构等对地基变形的适应能力和使用要求具有很大差异，地铁隧道地面沉降的安全判断，通常需要考虑地面建（构）筑物和地下管线的安全及地层稳定等因素后综合确定。

工程实践表明，根据不同地区、不同地质和周边环境及地面地下建（构）筑物安全性对地表沉降和隆起的要求，确定科学、合理且经济的盾构施工地表沉降和隆起安全控制标准非常必要。

二、进出洞漏水漏浆

（一）灾害分析

盾构进出洞时地基处理不当、失效，将产生突然涌水、涌砂，大幅度地表沉降，甚至导致工作井坍塌，盾构机掩埋。洞门漏水事故示意如图 4-26 所示。

图 4-26　洞门漏水事故示意图

（二）原因分析

洞口土体加固质量不好，强度未达到设计或施工要求而产生塌方，或者加固不均匀，隔水效果差，造成漏水漏泥现象；地下水丰富，土体软弱自立性极差；洞门密封装置安装不好，止水橡胶帘带内翻，造成水土流失；洞门密封装置强度不高，经不起较高的土压力，受挤压破坏而失效，漏水漏浆；盾构外壳上有突出的注浆管等物体，使密封受到影响；封门拆除工艺不合理或施工中发生意外，造成密封门外土体暴露时间过长；进洞时土压力未及时下调，致使洞门装置被顶坏，大量井外土体塌入井内。

（三）防治措施

1. 洞口土体加固应提高施工质量，保证加固后土体强度和均匀性。

2. 洞口密封门拆除前应充分做好各项进、出洞的准备工作。

3. 洞门密封圈安装要准确，在盾构推进的过程中要注意观察，防止盾构刀盘的边刀割伤橡胶密封圈；密封圈可涂牛油增加润滑性；洞门的扇形钢板要及时调整，改善密封圈的受力状况。

4. 在设计、使用洞门密封时要预先考虑到盾壳上的凸出物体，在相应位置设计可调节的构造，保证密封性能。

5. 盾构进洞时要及时调整密封钢板的位置，及时将洞门封好。

6. 盾构进入洞口土体加固区时，要降低正面的平衡压力。

7. 布置井点降水管将地下水位降至能保证安全出洞水位。

（四）治理方法

将受压变形的密封圈重新压回洞口内，恢复密封性能，及时固定弧形板，改善密封橡胶带的工作状态；对洞口进行注浆堵漏，减少土体的流失。

三、盾构管片接缝渗漏

（一）灾害分析

地下水从已拼装完成的管片的接缝中渗漏进入隧道，如图 4-27 所示。

图 4-27 管片接缝渗漏现象

（二）原因分析

管片的拼装质量不好，接缝中有杂物，管片纵缝有内外张角、前后喇叭等，管片之间的缝隙不均匀，局部缝隙太大，使止水条无法满足密封的要求，周围的地下水就会渗漏到隧道；管片碎裂，破损范围达到止水条的止水槽时，止水条与管片之间不能密贴，水就从破损处渗漏进隧道；纠偏量太大，所贴的楔子垫块厚度超过止水条的有效作用范围；止水条质量不好，粘贴不牢固，使止水条在拼装时松脱或变形，无法起到止水作用；止水条质量不符合质量标准，强度、硬度、遇水膨胀倍率等参数不符合要求，而使止水能力下降；对已贴好止水条的管片保护不好，使止水条在拼装前已遇水膨胀，管片拼装困难且止水能力下降。

（三）预防措施

1. 提高管片的拼装质量，及时纠正环面，拼装时保证管片的真圆度和止水条的正常工况，提高纵缝的拼装质量。

2. 对破损的管片及时进行修补，运输过程中造成的损坏应在贴止水条之前修补好。对于因为管片与盾壳相碰而在推进或拼装过程中被挤坏的管片，也应原地进行修补，以对止水条起保护作用。

3. 控制衬垫的厚度，在贴过较厚的衬垫处的止水条上应按规定加贴一层遇水膨胀橡胶条。

125

4. 应严格按照粘贴止水条的操作规程进行操作，清理止水槽，胶水不流淌以后才能粘贴止水条。

5. 采购质量好的止水产品，在施工过程中定期抽检止水条的质量，产品须检验合格后方能使用。

6. 在施工现场增设雨棚等防护设施，加强对管片的保护；根据情况也可以对膨胀性止水条涂膨胀剂，确保施工的质量。

（四）治理方法

对渗漏部分的管片接缝进行注浆；利用水硬性材料在渗漏点附近进行壁后注浆；对管片的纵缝和环缝进行嵌缝，嵌缝一般采用遇水膨胀材料嵌入管壁内侧预留的槽中，外面封以水泥砂浆以达到堵漏的目的。

四、工作井塌方

（一）灾害分析

进出洞时，大量的土体从洞口流入井内，造成洞口外侧地面大量沉降甚至是工作井塌方。图 4-28 为洞口塌方事故示意图。

图 4-28　洞口塌方事故

（二）原因分析

洞口土体加固质量不好，强度未达到设计或施工要求而产生塌方，或者加固不均匀，隔水效果差，造成漏水漏泥现象；在凿除洞门混凝土或拔出洞门钢管桩后，盾构未及时靠上土体，使正面土体失去支护造成塌方；洞门密封装置安装不好，止水橡胶帘带内翻，造成水土流失；洞门密封装置强度不高，经不起较高的土压力，受挤压破坏而失效；盾构外壳上有突出的注浆管等物体，使密封受到影响；进洞时未及时安装好洞圈钢板；进洞时土压力未及时下调，致使洞门装置被顶坏，大量井外土体塌入井内。

（三）预防措施

1. 洞口土体加固应提高施工质量，保证加固后土体的强度和均匀性。

2. 洞口密封门拆除前应充分做好各项进、出洞的准备工作。

3. 洞门密封圈安装要准确，在盾构推进的过程中要注意观察，防止盾构刀盘的边刀割伤橡胶密封圈；密封圈可涂牛油增加润滑性；洞门的扇形钢板要及时调整，改善密封圈的受力状况。

4. 在设计、使用洞门密封时要预先考虑到盾壳上的凸出物体，在相应位置设计可调节的构造，保证密封的性能。

5.盾构进洞时要及时调整密封钢板的位置，及时将洞门封好。

6.盾构进入洞口土体加固区时，要降低正面平衡压力。

7.加强监控测量，实现信息化施工。

（四）治理方法

将受压变形的密封圈重新压回洞口内，恢复密封性能，及时固定弧形板，改善密封橡胶带的工作状态；对洞口进行注浆堵漏，减少土体的流失；提高土体的加固强度，减少对土层的扰动；做好基坑的降水工作。

思 考 题

4-1 盾构常见的机械故障有哪些？如何预防？

4-2 盾构液压系统故障有哪些？特征是什么？简述故障原因和应对方式。

4-3 盾构电气系统故障有哪些？简述应对方式和注意事项。

4-4 盾构施工时常见的地质灾害有哪些？如何预防？简单列举相关施工案例。

第五章

盾构的维修与保养

【本章要点】

盾构主要部件和系统的保养规范。

【学习目的】

通过学习盾构主要部件和系统的保养规范、相应案例，掌握盾构主要部件和系统的日常保养事项和相应操作。

【本章导读】

盾构从一端进去，再从另一端出来时，整条隧道（洞）就建好了，因此，在业界又将盾构称为土质或以土质为主地质地层的"隧道（洞）加工厂"。这样复杂的装备，包括了机械、液压、风、水、电和控制等众多机构和系统，具有开挖、稳定掌子面、衬砌、回填（注浆）、渣土改良等功能，因此，盾构施工过程中，对各机构和系统及时维修、适时养护，确保各功能的有效发挥，是实现盾构施工顺利进行的有效措施。

第五章

第一节　总　　则

盾构属地下"隧道（洞）工程"加工厂，构造复杂，作业环境恶劣，一旦发生故障，"轻"则影响工程工期和施工成本，"重"则给工程业主或承包商造成重大损失，甚至导致施工工程的失败。因此，为确保盾构施工顺利进行就一定要对盾构进行保养与维护。

一、盾构维护与保养总则

盾构的维护与保养，应遵照"养修并重，预防为主"的原则，采取日常保养、定期保养和强制保养相结合的方式进行，保养内容主要是：清洁、紧固、调整、润滑、防腐，亦称盾构保养的"十字作业方针"。

清洁与防腐的作业内容是对整机、密封、轴承、注浆系统、电气元件、液压元件、表面油漆等的清洁和防腐。

紧固的作业内容是对运动部件的安装螺栓紧固、重要部件的安装螺栓紧固、连接螺栓的检查紧固、电气部分连接件的紧固、液压部分连接件的紧固等。

润滑的作业内容是对运动部件的滑道润滑、动密封的润滑、轴承的润滑、传动部件的润滑等。

调整的作业内容是对主轴承密封滑道、螺旋输送机仓门密封、皮带刮板、托轮、推进油缸支座、泡沫参数、油脂参数等进行调整。

二、盾构维保制度

1. 盾构保养除了在盾构工作间隙进行"日检"和"周检"外，每两周（倒班时）应停机 8～12h，进行强制性集中维修保养。

2. 盾构强制保养期间，应认真进行盾构的全面清洁、检查和维修。

3. 在强制保养日，机电工程师应组织得力维修保养人员，在掘进司机的配合下，有针对性地对设备进行保养和维修。

4. 停机保养维修应制定详细的工作计划并备案。

三、盾构管理制度

盾构的维保管理应做到以下几点：

1. 盾构的维护保养应按照"养修并重，预防为主"的原则，有计划地对设备进行技术保养，使设备保持整洁、润滑良好并能安全、可靠运行。因此，应做到：设备操作及维护保养落实到人，认真执行设备使用与维护相结合的原则，盾构使用单位应能做到管好、用好、护好设备，保持设备作业的"高效"性能；盾构作业班组技术人员应具有会使用、会保养、会检查、会排除故障的"四会"技能。

2. 盾构维护保养工作必须按照规范强制执行，不得以任何借口停止维保工作；坚决禁止以修理代替保养事件的发生。

3. 应根据盾构制造厂家建议，结合盾构施工工程特点制定相应保养程序和相应保养方法，务必做到保养程序合理，保养方法正确，保养过程有人监督并记录存档。

4. 保养工作，一定要在保证安全的前提下进行；必要时可先停机，再进行保养工作。

5. 维修保养中需要更换的重要配件，应符合原机的要求，不得降低标准使用。

6. 指示性的传感器、安全阀、仪表、溢流阀等如有损坏或失准，应及时更换。

7. 如需在盾构上安装、拆除、技术改造部件或系统，必须经过技术论证，并经上一级有关部门研究批准后方可实施，任何人不得随意决定。

8. 在启动长时间停机的盾构之前，应注意对其各系统的初始状态进行检查，如油路、水路、各阀门的开闭等是否正常。

9. 盾构操作，必须由专职司机进行，严禁非专职人员操作；掘进技术参数必须结合技术交底及现场实际情况设置，杜绝盲目操作、野蛮操作。

10. 盾构运转过程中随时注意设备的异响及气味，管道系统有无冒泡泄漏，发现问题应及时修复，若出现重大故障，必须停止掘进，详细研究故障情况，待排除后方可继续掘进。

11. 保持盾构的清洁卫生，经常检查、维护管线及具有相对运动的部件。

四、盾构维修保养注意事项

盾构的维修与保养，应注意以下事项：

1. 严禁随意踩踏、拉扯、敲击液压或电气元件；

2. 严禁随意开启或关闭盾构；

3. 严禁非操作人员操作各控制面板或按钮；

4. 严禁随意调整各系统的参数和更改系统间的连锁；

5. 严禁随意拆卸或移动设备；

6. 严禁使用水冲洗电气设备及电器元件；

7. 运行部件的维修必须按技术要求在停机状态下进行，并确保维修期间不会被启动；

8. 液压部件的维修严禁在带压状态下作业；

9. 维修电器部件时应避免带电作业，必须带电作业时则应有两人以上在场并确认设备不被启动或随时断电。

第二节　盾构的维修与保养

盾构被广泛应用于城市地铁隧道的施工，由于施工对象的复杂性和难以预知性及盾构自身的结构特点，在施工中出现故障的现象时有发生。为确保盾构施工工序的正常进行和盾构作业的良好状态，必须做好盾构的维修保养工作。

盾构主要由电气系统、液压系统、油脂系统、注浆系统、推进系统、出渣系统、主驱动系统、刀盘、导向系统、内外水循环系统等部分组成，正常掘进时各系统必须协调作业，若出现故障，应及时进行检查并排除，恢复设备的良好作业状态。机器在运行过程中存在的振动、摩擦、潮湿、阴暗等问题，会对各零部件的使用及其寿命造成不同程度的影响，"保养"就是尽可能降低这样"影响"的程度。对盾构相关部位进行清洁和防腐的"保养"措施，能够降低恶劣施工环境对元器件的腐蚀，减少盾构的故障率，提高其使用寿命。

项目部机电工程师应每天对盾构及配套设备的运转情况进行巡视，对盾构操作人员填写的《盾构运转记录》和维修保养人员填写的《盾构日常维保记录》逐项检查确认，及时发现故障隐患，做好预防性维保，以保持盾构状态良好。

对于盾构的维修和日常保养，首先要熟悉它的工作原理和气压、液压、机械之间的关联情况，以及设备各系统中各个部件所起的作用，只有这样才能更好地预防故障的发生及当故障发生时能快速准确地排除故障。

盾构机日常维修保养的内容见图 5-1。

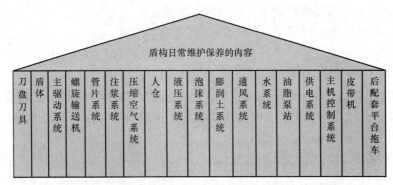

图 5-1 盾构机日常维修保养内容

一、刀盘系统的维修保养

盾构刀盘及其刀具作业环境最为恶劣，在掘进过程中容易产生不同程度的磨损，甚至损坏，因此，减缓盾构刀具磨损、及时更换失效刀具并对刀盘系统进行维修保养，是保证盾构长距离掘进的重要措施。具体维修保养内容如下：

（一）刀盘

刀盘是盾构主要部件，在盾构始发完成后，在施工环境允许的前提条件下，最好进行一次刀盘检查，此后，则必须按规定的时间间隔进行检查。

1. 检查过程中，必须查看刀具是否损坏，并将检查结果及数据记录在刀盘检查单上。在切削刀具损坏或缺失的情况下进行推进，将可能导致刀盘本体严重损坏。

2. 定期进入土仓检查刀盘各部分磨损情况，检查耐磨条和耐磨格栅是否过度磨损，必要时应进行补焊。

3. 检查刀盘搅拌棒的磨损情况，以及搅拌棒上的泡沫孔是否堵塞。

4. 检查定位销等部件的完好性以及定位螺栓的拧紧程度。

5. 在可能的条件下检查刀盘面板，尤其是各焊接部位是否有裂纹产生。

（二）刀具

库存新刀具必须做好防锈防护；根据地层状况更换下来的尚未到寿命极限的刀具仍可在其适宜的地层中继续使用，亦应做好防锈保护工作。刀盘上所有刀具的安装工具必须清洁，刀具应经由水、钢刷清洁，再用毛巾抹干后才可安装。

1. 定期进入土仓检查刀具的磨损情况，根据实际情况决定是否换刀；

2. 在刀具换装期间，还应检查刀盘紧固螺栓的扭矩；

3. 若发现有刀具丢失、脱落等须立即补齐。

（三）旋转接头

1. 经常检查旋转接头的泡沫管是否有渗漏，并及时进行处理；

2. 每天清理旋转接头部分的灰尘，防止灰尘进入主轴承内圈密封；

3. 检查旋转接头润滑脂的注入情况，如有堵塞应及时处理；

4. 经常检查回转中心的转动情况，如有异常须立即停机并进行处理。

（四）仿形刀、稳定器

1. 在仿形刀工作前应检查油箱油位，必要时加注液压油；

2. 定期对仿形刀做功能性测试，检查其伸出和缩回动作的工作压力；

3. 定期对稳定器做功能性测试，检查其工作情况。

二、盾体的维修保养

关于盾体结构组成已在本书第二章中有所介绍，其具体维修保养内容如下：

（一）前盾

1. 螺旋输送机入土口：当螺旋输送机入土口位置耐磨体磨损到一定程度，应采用二氧化碳气体保护焊堆焊耐磨焊丝，并保证焊接后入土口的耐磨性和尺寸应基本与原耐磨体一致。

2. 土压传感器：当土压传感器读数偏差较大时，应进行校正或更换。更换时，首先拆解、清理、冲洗传感器密封，尔后安装并保证土仓压力传感器的读数准确。

3. 水、气、泡沫通道：定期检查土仓承压壁上水、气、泡沫通道，若发现堵塞，应及时疏通清洁并在各接头涂润滑脂进行防锈处理。

4. 主驱动齿轮油循环系统：定期清洁主驱动齿轮油热交换器，定期清洗或更换磁性滤芯，定期或不定期（当发现污染时）更换齿轮油。

5. 集中润滑系统：定期清洁集中润滑系统，定期更换润滑脂滤芯，确保润滑脂管路畅通。

6. 其他部位：定期检修或维护其他部位，并对损坏的部件进行修理或更换。

（二）中盾

1. 推进油缸：定期检查推进油缸及其密封、行程传感器、定位螺栓等，若发现异常，应及时修理或更换；施工过程中若发现油缸损坏或油缸位置发生变动，应及时更换或调整。工程完工后，应进行油缸缸体外表面的清洁、除锈和防锈处理。

2. 中、尾盾连接部位：中、尾盾连接部位应进行除锈、涂抹润滑脂并粘贴防锈纸防锈。

3. 铰接油缸：施工结束，铰接油缸两端连接部位积累浆液、渣土较多，个别锈蚀严重，需彻底清洁、除锈、注入润滑脂。铰接油缸缸体外表面会有锈蚀，需要打磨除锈、喷漆，防止锈蚀。

4. 人闸：定期检查人闸开关、急停按钮功能是否完好，照明设施、各类记录仪表等工作是否正常。

（三）尾盾

1. 尾盾密封刷：定期或不定期（发现密封异常或失效时）更换全部尾盾刷，确保在掘进过程中尾盾刷密封的完好性。

2. 铰接密封：定期检查尾盾铰接密封，若发现密封局部损坏，应及时更换。

3. 止浆板：定期或不定期（发现失效时）检查或更换全部止浆板。

4. 注浆管：定期或不定期（发现异常或失效时）使用高压清洗机全面清理注浆管，并向管路内填充油脂。

5. 注脂管：定期或不定期（发现异常或失效时）疏通尾部浆液管路并向管路内填充油脂。

三、主驱动系统的维修保养

主驱动是盾构的核心组成部件，在盾构法隧道施工过程中起到动力转换和传递的作用。在实际使用过程中，加强主驱动的常规保养并进行主驱动故障的早期预防，将直接影响盾构的使用状况。了解主驱动常见故障，有助于常规保养中故障的预防。盾构主驱动系统的主要组成如图 5-2 所示。具体维修保养内容如下。

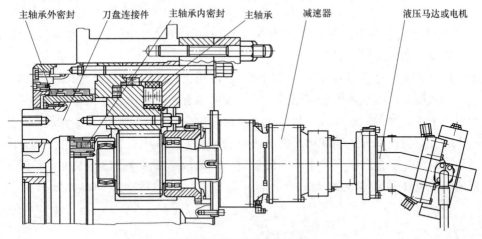

主轴承外密封　刀盘连接件　主轴承内密封　主轴承　减速器　液压马达或电机

图 5-2　盾构主驱动系统简图

（一）主轴承

主轴承是盾构主驱动链上的核心组件，是驱动刀盘的支撑部件（又简称刀盘支撑或刀盘大轴承），外圈（环）与主驱动箱体相对固定，内圈（环）通过螺栓连接到刀盘法兰上。

1. 每天检查主轴承齿轮油油位，并做好记录，确保油位处于油箱总量的 1/2 左右；

2. 检查主轴承齿轮油温度，一般应低于 60℃，如温度不正常须立即停机并查找原因；

3. 定期检查主轴承与刀盘连接螺栓的紧固情况；拉伸预紧扳手压力在 60MPa 时，如果螺栓不能转动表明紧固良好；否则，应进行紧固；

4. 每天给主轴承内圈密封注润滑脂，并检查内圈密封的工作情况；

5. 定期提取主轴承齿轮油油样送检，根据检查报告决定是否更换齿轮油和滤芯，更换齿轮油的同时必须更换滤芯；

6. 检查主轴承密封油脂分配马达动作是否正常，观察油脂分配马达上的脉冲传感器的发光二极管，正常闪烁次数为 5～7 次/min。

（二）变速箱

1. 检查变速箱油位，如油位过低，应先查找是否存在漏油现象，排除故障后应补偿齿轮油；

2. 检查变速箱温度是否在正常范围内，观察冷却水的流动情况（观察马达上的水轮指示器）；

3. 检查变速箱的温度开关，定期清除上面的污垢；

4. 第一次工作 50h 后，应更换所有齿轮油。

（三）主驱动马达或电机

主驱动马达或电机通过减速机将动力传递给刀盘，因此，主驱动马达或电机是刀盘的动力源，是将流体介质的压力能或电能转化成机械能的装置。减速机主要配合马达或电机工作，通过减速实现刀盘具有较大的旋转切削扭矩。

1. 定期检查马达的工作温度，一般应低于 60℃；

2. 定期检查马达的工作压力；

3. 定期检查马达的转速传感器，并紧固相关连接件；

4. 检查减速机油位，正常时油位应处于油量指示器的 1/2 以上；

5. 检查减速箱温度是否在正常范围内（一般不超过 60℃，观察冷却水的流动情况）。

四、螺旋输送机的维修保养

螺旋输送机主要是将刀盘开挖下来的渣土从盾构土仓排出，其入口位于土仓内，螺旋输送机采用液压马达由减速机直接驱动。其主要功能有：①输送土仓内渣土；②通过调节转速控制出土量，并对土仓具有密封作用，从而保持仓内土压的稳定；③螺旋输送机为密闭式输送装置，渣土从进入螺旋输送机至出口的过程中，其压力逐渐衰减，亦即，螺旋输送机还具有减缓或防止隧道内泥水喷涌的功能。因此，应确保螺旋输送机驱动系统工作完好，减速箱传动工作正常。图 5-3 所示为螺旋输送机结构示意图。具体维修保养内容如下：

图 5-3　螺旋输送机结构示意图

1. 定期检查螺旋输送机油泵有无漏油现象，如发现漏油则必须停机并进行处理；

2. 定期检查螺旋输送机驱动及液压油管有无漏油现象，如发现漏油，应立即处理并清洁；

3. 定期检查螺旋输送机油泵电机温度是否过高，如果发现温度过高，应立即查明原因并进行处理；

4. 定期检查变速箱油位，如果变速箱油位过低，须添加齿轮油；

5. 定期检查轴承、闸门、伸缩缸的润滑情况，及时清理杂物并添加润滑脂；

6. 定期检查螺旋片磨损情况，如果磨损严重，应补焊耐磨层或更换；

7. 定期清洁传感器电路灰尘，检查接线电路端有无松动，如松动应立即紧固；

8. 定期检查螺旋轴，若磨损严重，应及时加焊耐磨钢板，或进行补焊维修，并使维修后的螺旋轴与磨损前的尺寸基本保持一致；

9. 定期检查螺旋输送机筒体内壁，并对螺旋输送机筒体内壁磨损严重处焊接耐磨钢板，或堆焊耐磨焊丝并使之形成焊接耐磨网格，保证其耐磨性。

五、管片拼装系统的维修保养

管片拼装系统是盾构的主要组成部分之一，维修保养的目的是确保管片拼装系统各运动部件的动作和各油缸的功能良好，表面状况完好，整体作业可靠、高效。由于管片拼装系统是集机、电、液和气（具有真空吸盘的夹持装置）于一体的半自动化系统，润滑、密封和液压管线、电线电缆等较多，因此，管片拼装系统的具体维修保养内容如下：

1. 定期对管片夹持装置进行检查，并除锈喷漆，做好防锈处理；若管片夹持装置垫板磨损严重，应立即更换；

2. 定期检查管片夹持装置机构和定位螺栓，若发现破裂或磨损，应立即更换；

3. 定期给液压油缸铰接轴承、旋转轴承、伸缩滑板等需要润滑的部位加注润滑脂并检查其公差和破损情况，发现异常应立即修复或更换；

4. 定期检查油缸和管路有无损坏或漏油现象，一旦出现故障应及时处理；

5. 定期检查电缆、油管活动托架，如有松动和破损要及时修理或更换；

6. 定期检查管片拼装机驱动马达旋转角度编码器是否工作正常，如有必要应对角度限位进行调整；

7. 定期检查钢丝绳、钢丝绳托辊、万向联轴器，若发现磨损到规定限度或损坏，应立即修复或更换；

8. 经常清理管片平移行走轨道，定期给吊链加润滑脂；

9. 经常检查电缆、电缆卷筒及电缆线滑环，防止电缆被卡住或拉断；

10. 及时清理盾构底部的杂物和泥土；

11. 定期检查和调整同轴同步齿轮马达的工作情况；

12. 每天给需要润滑的部位加注润滑脂。

六、注浆系统的维修保养

盾构的施工过程实际是掘进与衬砌交替进行作业的过程，衬砌管片与新开挖裸露的土体并不能完好密实，亦即，开挖裸露的洞壁与管片之间会形成空隙，为了在极短的时间内将其填充密实，从而使围岩土体获得及时支撑，有效防止土体坍塌、地层变形、管片错台、隧道漏水、地表沉降等不良现象的发生，就需要在盾构推进过程的同时进行注浆作业。针对注浆系统的功用和组成，具体维修保养内容如下：

1. 定期彻底清洁注浆管路，如发现泄漏或磨损严重应及时修复或更换；

2. 定期彻底清洁砂浆储存箱，并对磨损到一定程度的砂浆搅拌器叶片进行补焊处理；检查搅拌器两端的轴承及密封，必要时应进行更换；

3. 每次注浆前应检查管路的通畅情况，注浆后应及时清理管道，防止残留的浆液不断累积堵塞管道；

4. 每次注浆前必须对注浆口的压力传感器进行检查，并紧固其插头和连线；

5. 注浆前注意整理疏导注浆管，防止管道缠绕或打结，从而增大注浆压力；

6. 若盾构须停顿一段时间，则应在停机前的最后一次注浆完毕后，用密度 1.1～1.5kg/L 膨润土冲洗注浆管路，清洗完毕后应关闭尾盾球阀；

7. 定期对注浆系统的各阀门和管接头进行检查、修理或更换有故障的部件；

8. 定期润滑注浆系统各运动部件，经常清理砂浆罐及砂浆出口，防止堵塞；

9. 定期清洁水箱，必要时加水或换水；水箱水位应能淹没缸桶，盖好水箱防护网。

七、压缩空气系统的维修保养

压缩空气系统主要为盾构上的气动设备、气动元件提供动力，同时也给人仓和土仓加气或补气。具体维修保养内容如下：

1. 空压机的所有维修保养工作必须在停机并卸压的状态下进行；

2. 检查空压机管路的泄漏和出气口的温度，如有异常应及时排除；

3. 保持机器的清洁，防止杂物堵塞顶部的散热风扇；

4. 每天检查一次润滑油液位，润滑油液位应处于其总高度的三分之二左右，确保空压机处于良好润滑状态；

5. 不定期检查皮带及各部位螺栓的松紧程度，如发现松动则应及时进行调整；

6. 润滑油最初运转50h或一周后更换，以后每500h更换一次润滑油（使用环境较差者应150～200h换一次新油）；

7. 使用500h（或半年）后必须将气阀拆出清洗干净；

8. 工作4000h后，更换空气滤清器（空气滤清器应按使用说明书正常清理或更换）、润滑油、油过滤器以及油水分离器和安全阀；

9. 定期对空压机的电机轴承进行润滑，根据电动机的保养规程操作，从注油孔注入适量的润滑油；

10. 应定期检查承受高温的零部件，如阀、气缸盖（内燃空压机）、制冷器及排气管道，去除附着在内壁上的积炭；

11. 在任何情况下，都不应使用易燃液体清洗阀和冷却器的气道、气腔、空气管道以及正常情况下与压缩空气接触的其他零件。

图 5-4　人仓结构示意图

八、人仓的维修保养

人仓是技术人员进入土仓的过渡空间。当需要进入土仓排除故障或调换刀具时，先在土仓内充入压缩空气以稳定开挖面，然后作业人员通过人仓的加减压增强适应能力后再进入土仓。图5-4所示为人仓结构示意图。具体维修保养内容如下：

（一）使用前

1. 检查测试气动电话和有线电话，如有故障和损坏要及时修理或更换；

2. 检查压力表、压力记录仪、空气流量计、加热器、照明灯工作是否正常；给压力记录仪添加记录纸，并进行功能测试；

3. 检查仓门的密封情况，首先清洁密封的接触面，如有必要可更换密封条；

4. 清洁整个密封舱；

5. 检查刀盘操作盒，确保其功能正常；

6. 清洗消声器和水喷头。

（二）使用后

1. 如近期不再使用人仓，可将人仓外部的压力表、记录仪拆除，并清洗干净，妥善保管以备下次使用；

2. 将人仓清洗干净，并将仓门关紧。

九、液压系统的维修保养

液压驱动作业的盾构，其刀盘旋转、推进、仿形刀、同步注浆、管片拼装等驱动基本也以液压为动力。盾构液压系统的基本组成包括：液压泵、液压马达、液压油箱、液压油缸、各种液压阀块及液压管路、液压管接头、蓄能器及过滤系统（油滤、空滤）等。整个液压系统中还可能包含液压开式回路、闭式回路和先导控制回路等基本液压回路，因此，盾构液压回路的特点是系统复杂、工作压力高、流量大、执行机构动作准确，是一个精密的大型液压系统。对盾构液压系统的具体维修保养内容如下：

1. 液压油：定期抽样检测液压油各项指标，必要时应进行更换；

2. 液压系统辅助元件：定期检查，必要时应进行更换，如滤芯等；

3. 定期检查液压阀件，对损坏部件应进行修理或更换；

4. 定期检查油箱油位，必要时加注液压油；

5. 定期检查阀组、管路和油缸，如有需要应及时处理；

6. 经常监听液压泵的工作声音，如发现异常应及时检查处理；

7. 经常检查液压油管接头，发现松动要及时拧紧；

8. 经常检查冷却器冷却水进/出水口的温度和油液温度，必要时清洗冷却器的热交换器；

9. 定期检查液压系统的压力，并与控制室面板显示值相比较，发现异常应及时处理；

10. 对液压系统维修前，必须确保液压系统已停用并已经卸压，特别是在清空蓄能器时要特别注意；

11. 液压系统的加油和换油必须严格按照盾构说明书规定的程序执行；尽量采用厂家推荐的品种，禁止将不同规格品牌的油液混合使用；每次加油前必须对所选的油品进行抽样检测，检测合格方可使用。

十、泡沫系统的维修保养

泡沫系统作为盾构土体改良的系统之一，主要包括泡沫原液箱、泡沫混合液箱、泡沫发生器、泡沫注入泵和各个注入管路等，工作原理如图5-5所示。泡沫系统通过将泡沫原液和水按照一定的比例混合，然后将混合液和空气一起加入泡沫发生器，在泡沫发生器的作用下形成泡沫并通过管路注入开挖土体，从而使细小的气泡充满土体颗粒的间隙，并将土体颗粒包围形成具有润滑、稳定土仓压力、改善土体流动性、阻水性、提高排土效率等作用的液固混合物，因此，对泡沫系统的维修与保养就显得尤为重要，其可靠性也对盾构施工起着至关重要的作用。若泡沫系统一旦出现故障，就应当立即查明原因，并及时进行维修处理。为了防止泡沫系统故障的发生，就应必须做好保养工作。具体维修保养内容如下：

1. 定期清洗泡沫箱和管路，清洗时要将箱内沉淀物和杂质彻底清洗干净，管路接口应完好，禁止泄漏，以防吸入空气；

2. 定期检查泡沫泵，必要时更换磨损的组件；经常检查泡沫泵减速机齿轮油油位，及时添加或更换齿轮油；

3. 定期检查泡沫水泵的工作情况，给需要润滑的部件加注润滑油或润滑脂，如发现其他异常应及时检修；

4. 定期检查水泵压力开关的预设值，必要时进行校正；

5. 定期检查压缩空气管路情况，必要时清洗管路；

6. 定期检查电动阀和流量传感器的工作情况，如电动阀开闭动作是否正常，流量显

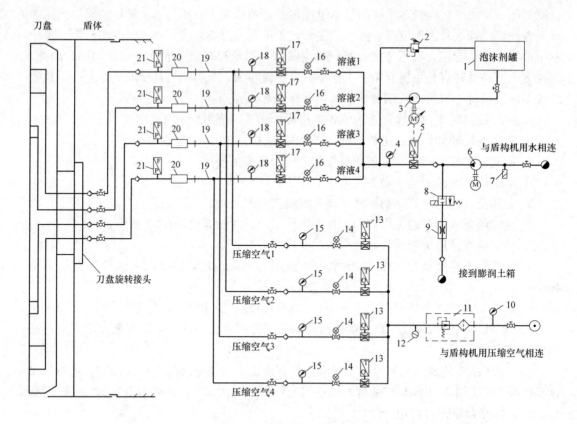

图 5-5　盾构泡沫系统原理图

1—泡沫剂罐；2—安全阀；3—泡沫剂泵；4—水压表；5—液体流量计；6—水泵；7—水压力感应开关；
8—电磁阀；9—节流阀；10、12、15—气压表；11—减压阀组件；13—气体流量计；14—电控空气剂调节阀；
16—电控溶液计量调节阀；17—液体流量计；18—压力表；19—气泡发生器；20—透明观察管；21—压力传感器

示是否正确等，如有必要进行维修或更换；

7. 定期检查泡沫管路回转接头，如发生堵塞应及时清理；

8. 定期检查泡沫发生情况，清洗泡沫发生器，必要时更换内部石英砂；

9. 定期检查泡沫剂储量，当泡沫剂液位高度不足 20cm 时，应及时添加，并注意泡沫罐补充泡沫液后需要沉淀 30min 后使用。

十一、膨润土系统的维修保养

膨润土系统也是盾构改良切削土体的主要系统之一，主要包括膨润土箱、膨润土搅拌电机、管道挤压泵、输送管路等。膨润土是以蒙脱石为主的含水黏土矿物，具有膨润性、润滑性、黏结性、吸附性、催化性、触变性、悬浮性和阳离子交换性等一些特殊的性质。盾构掘进过程中加注膨润土的目的就是增强渣土的流动性，降低渣土的黏稠度和渗透性，防止刀盘和土仓被渣土黏住或堵塞，提高盾构在 EPB（土压平衡）模式下的压力稳定性，降低刀盘和螺旋输送机的驱动扭矩，减小功率损耗，使设备更经济。具体维保内容如下：

1. 定期检查膨润土泵、润滑轴承和传动部件的工作状况，必要时进行修复或更换；

2. 定期检查气动泵，必要时进行修复或更换；

3. 定期检查油水分离器和气动管路，必要时应给油水分离器加油；

4. 定期清理膨润土管路的弯道和阀门部位，禁止硬质颗粒进入膨润土系统以防堵塞管路；

5. 定期检查流量调节阀和压力传感器，必要时进行修复或更换；

6. 定期清理膨润土箱和液压传感器；

7. 定期或及时调整膨润土泵盘根（一种密封填料）松紧度以防止膨润土浆液泄漏；

8. 定期检查膨润土泵减速机齿轮油，及时添加或更换。

十二、通风系统的维修保养

盾构施工隧道通风系统是为改善隧道内的生产和生活环境、卫生条件及确保施工人员的身体健康而专门设置的换气系统，其功用就是把隧道内原有空气通过风管与洞外空气进行置换。盾构施工隧道通风系统一般包括风机、风管卷筒、风管等，见图 5-6。具体维修保养内容如下：

1. 定期检查洞内外风机工作状况，确保运转正常；

2. 定期检查风机叶片固定螺栓有无疲劳裂纹和磨损或松动，必要时应立即更换相互匹配的螺栓并拧紧；

3. 按保养要求的时间和方法，定期检查电机轴承，确保润滑状态良好，工作正常；

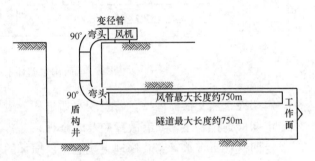

图 5-6　盾构通风系统布置

4. 定期检查风管卷筒的固定情况，若出现松动，应及时进行加固处理；

5. 根据掘进情况及时延伸风管；

6. 定期检查风管，如有破损，应及时补修或更换。

十三、水系统的维修保养

盾构水系统的主要用途是冷却、清洗、改良等。冷却：通过水循环带走盾构工作时产生的热量，如冷却空压机、齿轮油、主驱动电机、减速机等；清洗：如管片清洗、注浆管清洗和设备清洗及其他清洗作业等；改良：主要指改良渣土用水。盾构水系统主要包括外循环水和内循环水，见图 5-7。具体维修保养内容如下：

1. 定期检查进水口压力（一般为 0.7~1.0MPa）和温度（小于 30℃），如压力过低或温度过高，应检查隧道内的进水管路的闸阀、水泵及冷却器工作是否正常并及时将故障排除；

2. 检查水过滤器，定期清理滤芯，定期清理自动排污阀门；

3. 定期检查冷却水管路上的压力和温度指示器，如有损坏及时更换；

4. 定期检查水管卷筒、软管，并对易损坏的软管做防护处理，如有损坏应及时修复或更换；

5. 定期检查水管卷筒电机、变速箱及传动部件，如有必要须加注齿轮油，并为传动部件运动副加注润滑脂；

6. 定期检查主驱动马达变速箱、冷却器和冷却水等的温度传感器，清除传感器上的污物；

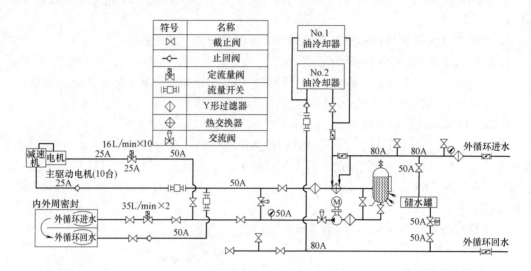

图 5-7　盾构水循环系统

7. 定期检查热交换器内壁，若发现水垢堆积，应用浓度为 3% 的磷酸溶液清洗除垢；

8. 定期检查排水泵，如有故障应及时修理；

9. 定期检查所有水管路，修理更换泄漏、损坏的管路闸阀。

十四、油脂泵站的维修保养

油脂泵站是集中润滑系统的重要组成部分，主要完成润滑油脂的泵送及存储。因此避免泵站不出现故障是润滑系统正常工作和盾构正常掘进的重要保证，而油脂泵站的日常维修与保养则是避免其发生故障的基本措施。具体维修保养内容如下：

1. 检查油脂桶油脂是否足够，如不足应及时更换；

2. 经常检查油脂泵站油雾器液位，如果过低，须加注润滑油；

3. 检查油脂泵的工作情况，注意监听是否有异常声响；

4. 检查气动油脂泵的气动压力，将压力控制在 0.2~0.6MPa；

5. 检查油脂泵的气管是否有泄漏现象，如有泄漏应及时修理或更换；

6. 更换油脂桶时应对油脂量位置开关进行测试；

7. 检查尾盾密封注脂次数或压力是否正常，检查油脂管路是否堵塞，特别是重点检查气动阀是否工作正常，否则，应采取措施排除；

8. 经常检查主驱动润滑油脂泵是否正常工作，是否正常泄压，油脂溢流阀溢流压力是否准确，否则，应及时检修或更换；

9. 经常检查油脂泵站的油水分离器，确保润滑油位在油水分离器储油瓶的标志线处；

10. 检查主轴承密封油脂注入脉冲次数是否正常，一般应为 5~7 次/min，否则，应检查油脂管路或调整油脂泵压力；

11. 所有油脂泵的工作压力不得大于 10MPa，否则应检查管路是否堵塞；

12. 定期观察油脂泵工作期间的油脂消耗，如低于正常消耗量应检查泵的密封情况，必要时紧固或更换。

十五、供电系统的维修保养

盾构作为地下工程"隧道加工厂",耗电量大。供电系统不仅是盾构施工的能量输送系统,也是隧道内照明、通风、水循环等所需能量的输送系统,因此,对隧道内盾构施工的影响巨大。供电系统主要包括高压电缆、高压开关柜、电缆卷筒、配电柜、变压器、应急发电机等,应在盾构施工过程中加强维护和保养,确保其可靠工作。具体维修保养内容如下:

(一)高压电缆

1. 定期检查高压电缆,发现可能对电缆造成损坏的因素,应及时采取防范措施;发现破损应及时处理;

2. 电缆延伸后,应定期对高压电缆进行绝缘检查和耐压试验;

3. 每次延伸电缆,都应检查各高压箱电缆接头的紧固情况,必要时进行接头紧固。

(二)高压开关柜

1. 定期进行高压开关柜的分断、闭合试验,检查其动作的可靠性;

2. 检查六氟化硫气体压力是否正常(压力表指针在绿色区域为正常),否则应采取解决措施;

3. 定期检查高压接头的紧固情况,确保固定可靠。

(三)电缆卷筒

1. 定期检查电缆卷筒变速箱齿轮油油位,及时加注齿轮油;

2. 定期检查电缆卷筒链轮和链条,确保润滑良好;

3. 定期检查电缆卷筒滑环和电刷的磨损情况,注意清洁,发现损坏应及时修复或更换;

4. 定期检查电刷的弹力以及电刷与滑环的接触情况,必要时进行修理或更换;

5. 定期检查电缆接头的紧固情况,必要时紧固接头;

6. 定期检查绝缘支座和滑环的绝缘情况,必要时进行清洁处理。

(四)配电柜

1. 定期检查配电柜电压和电流,确保指示值正常;

2. 定期检查电容补偿控制器,确保其工作正常;

3. 定期检查补偿电容工作时的温升,确保其温度在允许的正常范围内;

4. 定期检查补偿电容有无炸裂现象,如有需及时更换;

5. 定期检查补偿电容控制接触器的放电线圈有无烧熔现象,如有需尽快更换;

6. 定期检查配电柜内的温度、制冷机及其冷却水流量,确保指示值正常、工作正常;

7. 定期检查低压短路器过载保护,确保其短路保护正常;

8. 定期检查大容量断路器和接触器工作时的温升,如温度较高说明触点接触电阻较大,需要进行检修或更换;

9. 定期检查柜内软启动器,确保变频器显示正常;

10. 定期进行主开关 ON/OFF 动作试验,检查其动作可靠性;

11. 定期对配电柜及元件进行除尘;

12. 定期对电缆接线盒柜内接线进行检查,必要时进行紧固。

（五）变压器

变压器应有专人定期进行维护保养，并注意下列各项：

1. 检查变压器的散热情况和变压器的温升情况；

2. 定期对变压器进行除尘工作；

3. 监视变压器是否运行于额定状况，电压、电流是否显示正常；

4. 注意监听变压器的运行声音是否正常；

5. 观察变压器的油标，油面不得低于最低油位；

6. 检查油温是否超标，油色有无变化；

7. 检查是否有油液的渗漏现象；

8. 检查接地线是否正常；

9. 检查变压器高压电缆紧固情况，必要时进行紧固。

（六）应急发电机

1. 定期检查 PT 供油系统油位是否正常；

2. 定期检查冷却水位是否正常；

3. 定期检查各连接部分是否牢固，电刷是否正常，压力是否符合要求，接地线是否良好；

4. 定期检查有无机械杂音，异常振动等情况。

十六、主机控制系统的维修保养

主机控制系统主要包括控制面板、PLC 系统、工业电脑 IPC、传感器等。具体维修保养内容如下：

（一）控制面板

1. 检查面板内接线情况，必要时进行紧固；

2. 定期清洁除尘，并注意防水；

3. 定期检查按钮和旋钮的工作情况，如有损坏及时更换；

4. 定期对控制面板上的 LED 显示进行校正，校正时要使用标准信号发生器，先校正零点再校正范围，两者要反复校正；

5. 定期对推进油缸和铰接油缸的行程显示与油缸实际行程进行测量校对，如有误差要及时校准。

（二）PLC 系统

1. 定期检查 PLC 插板，确保连接可靠；

2. 定期检查 PLC 连接线，确保紧固；

3. 定期检查 PLC 通信口插头，确保连接正常；

4. 定期清洁 PLC 及控制柜内的尘土；

5. 定期进行 PLC 的冷启动；

6. 备份 PLC 程序。

（三）工业电脑 IPC

1. 定期检查工业电脑与 PLC 的通信线，确保连接可靠；

2. 定期清洁工业电脑及控制柜内的灰尘；

3. 备份工业电脑程序。

（四）传感器

1. 定期检查各种传感器的接线情况，如有必要紧固接线、插头、插座；

2. 定期清洁传感器，特别是接线处或插头处要清洁干净，防止水或污物造成故障；

3. 定期检查传感器的防护情况，必要时，须采取防护措施，防止损坏传感器；

4. 定期用压力表对压力传感器在控制面板上的显示情况进行检查和校准。

十七、皮带机的维修保养

皮带机的功用主要是完成土压平衡盾构的渣土输送工作。皮带机主要由输送带、托辊、滚筒、驱动装置和机架等组成，见图5-8。具体维修保养内容如下：

图5-8 皮带机实物图

1. 定期检查皮带托辊各滚子和边缘引导装置的滚动情况，如滚动不灵活，需及时进行清洗并润滑；

2. 定期检查皮带的磨损情况，如皮带磨损严重应立即更换；

3. 定期检查皮带是否有跑偏现象，如皮带跑偏需进行校正；

4. 定期检查驱动装置变速箱油位，如果变速箱油位过低则需添加齿轮油；

5. 定期检查各轴承润滑，及时添加润滑脂；

6. 定期检查皮带松紧情况，必要时增加皮带的张力；

7. 定期清洁皮带机供电线路、电机，检查线路接线端有无松动，如松动需紧固；

8. 定期检查皮带机供电线路上的断路器、接触器、继电器触点烧蚀情况，如烧蚀明显则用细砂纸打磨平，如严重烧蚀，则需更换触点。

十八、后配套平台拖车系统的维修保养

盾构的后配套平台拖车系统属门架结构，用以安放液压泵站、注浆泵、砂浆罐及电气设备等。拖车行走在钢轨上、拖车之间用拉杆相连。每节拖车上一般安装的设备见表5-1。

拖车安装设备　　　　　　　　　　　　　　　　　　　　表5-1

拖车号	主要安装设备
1	控制室、注浆泵、砂浆罐、小配电柜、泡沫发生装置
2	主驱动系统泵站、膨润土罐及膨润土泵
3	主配电柜、泡沫箱及泡沫泵、油脂站
4	两台空压机、储气罐、主变压器、电缆卷筒
5	内燃空压机、水管卷筒、通风机、皮带机出料装置

在拖车的一侧铺设有人员通过的通道。拖车和主机之间通过一个设备桥连接，拖车在盾构主机的拖动下前行。具体维修保养内容如下：

1. 定期检查拖车行走机构的工作情况，必要时加注润滑脂；

2. 定期检查各拖车间的连接销、连接板，防止意外断裂或脱开；

3. 经常检查拖车行走机构的跨度与钢轨的轨距是否合适，不合适应及时调整；

4. 后续台车运行时要预防车轮的轮缘紧靠轨道，防止轮子脱轨危险的发生，防止台车底板下面的电缆架脱出以及电缆、电缆架和枕木上面的机材相互干涉；

5. 确保台车轨道面无障碍物。

第三节　常见故障维修处理案例

一、盾构始发姿态不能调整

（一）故障描述

某工程盾构刚始发掘进到＋4 环时，盾构出现"磕头"现象，垂直偏差达到了－100mm，轴线偏差超出了标准值，此时尾盾仍在始发基座上，不能调整姿态，在掘进到＋6 环时，尾盾刚好下基座，此时盾构偏差已达－150mm。刀盘推进油缸共 30 个，刀盘推进油缸分组及每组数量见表 5-2。纠偏时，底部（C组）油缸加不上力且与左侧（D组）油缸联动，在减小顶部（A组）油缸推力时，与右侧（B组）油缸联动，姿态无法调整。

油缸个数布置　　　　　　　　　　　　　　　　表 5-2

位置	A 组（顶部）	B 组（右侧）	C 组（底部）	D 组（左侧）
油缸个数	8 个（3 组双缸、两组单缸）	7 个（2 组双缸、3 组单缸）	8 个（3 组双缸、2 组单缸）	7 个（2 组双缸、3 组单缸）

（二）故障维修处理过程

首先检查电气系统，分别检查四组推进油缸的电磁阀控制线路有无接错，电气工程师逐项检查，并确认全部控制线路无误。在检查电气系统的同时，检查液压系统，没有发现控制阀组与推进油缸管路接错的故障，姿态仍不能调整。进一步逐项联动检查，电控信号正常，分组检查调试比例溢流阀与比例调速阀仍无结果，将 B、C、D 组比例溢流阀拆解检查，没有发现卡死现象，故障处理陷入僵局。

之后经过多次对比液压系统原理图，发现了故障所在：盾构 A、B、C、D 四组推进液压缸分两个支架，分别固定于中盾左右两侧台板上，右边为 A、B 组，左边为 C、D 组，A、B 组与 C、D 组位置装反，导致压力油流向错位，油缸推力无法调整。发现故障后，将推进阀组的油管调向，推进即正常，然后盾构按纠偏方案进行了纠偏，实现了正常掘进。

二、液压系统油污严重

（一）故障描述

某盾构进行管片拼装作业时，出现液压油箱中的液压油位处于低位并发出报警信号；发现故障后，立即组织人员添加液压油，运行 10min 后，液压泵突然停止，拼装机停止动作。

（二）故障维修处理过程

1. 排放液压油。发现硅酸钠进入油箱后，立即关闭所有液压泵站，将油箱内所有液压油排放干净；根据停机前盾构工作状态，拆开各处油管接头，确定液压系统污染程度及污染范围；经过检查，发现硅酸钠进入液压系统后，硅酸钠结晶已经大量固结在油管内壁、滤芯、液压阀组、液压泵站油道及油泵柱塞内，而且硅酸钠粘在各处极难清理。

2. 清洗液压油管。将所有受污染的液压油管全部拆开，逐根用水清洗，管径较大的油管在清洗的同时用毛刷刷净，冲洗干净后用高压风将管内的水吹干，油管两头用塑料口袋封闭。油管用水冲洗完后，将油管串联外接液压泵站，用循环液压油进行管道冲洗，每组油管至少冲洗 2h，之后再用新液压油冲洗一遍。

3. 清洗液压阀组、泵站、马达。将所有受污染的阀组、泵站、马达拆卸后委托专业公司进行处理和修复，所有部件修复后必须进行相应的检验。

4. 液压缸清洗。采用外接泵站清洗推进液压缸，多次来回伸缩清洗。

5. 清洗液压油箱。将油箱拆开用纱布擦洗，再用高压风吹干，并用面团将油箱内各种杂质粘出。为防止错乱，所有油管接头拆开前必须进行标识，用铝制牌号捆绑牢固。

三、刀盘无故障显示跳闸

（一）故障描述

某工程，当盾构推进到＋33 环至＋36 环时，刀盘驱动多次跳闸，没有故障显示，复位后正常。检查线路及相关控制元件均未发现异常，在后续掘进中，刀盘时常无故障显示跳闸，经复位后正常。

（二）故障维修处理过程

首先检查动力柜，调整软启动跳闸电流后，跳闸间隔延长，并未根治。进一步检查变压器电容补偿，将刀盘驱动变压器补偿电容适当调大，并请变压器厂家技术人员检查变压器内部结构及接线，均未发现异常问题。为了尽快解决不明跳闸故障，开始逐条检查刀盘系统的电源线及控制线，检查到动力柜时，发现刀盘驱动断路器上部的通信电缆屏蔽线处理欠佳，有屏蔽线丝外露，由此断定故障原因：通信线屏蔽欠佳，通信系统受到外界电磁干扰，导致通信出现错误信息，引起刀盘无故障显示跳闸。将屏蔽线重新连接处理后，刀盘驱动一直未出现不明跳闸现象。

四、螺旋输送机出料口泥土大量堆积

（一）故障描述

某工程，盾构在掘进施工过程中，突然在螺旋输送机出口处出现大量的泥土堆积，泥土在皮带上一直打滑，无法被及时运走，大量泥土滞留在胶带上。

（二）故障维修处理过程

当形成大土堆后，应停止螺旋输送机出土，继续运转皮带输送机，采用人工方法进行清除，并通过皮带运走。禁止操作人员为了减少麻烦继续运转螺旋输送机出土，进而增加土堆土方的泥土重量，既增加清理难度，又可能造成更严重后果。

所以当遇到黏土地层时，在盾构推进过程中，应使泥和水在泥土室（或泥土仓）内尽可能地均匀混合，避免泥水混合不均；同时通过摄像仪观察螺旋输送机的出土情况，当发现有整团泥土在皮带上打滑，滞留在皮带上不能被皮带及时运走时，应减小螺旋输送机出土速度，或停止出土，以防止皮带上的泥土越积越多而形成大土堆，或减小皮带输送装置坡角来增加泥和皮带之间的摩擦力，以减少打滑现象，待滞留在皮带上的泥土被运走后，再继续出土。

五、泡沫系统故障

（一）故障描述

某工程，施工盾构的泡沫系统多次出现故障，泡沫泵出口压力低，泡沫管道堵塞，原

液流量时有时无、泡沫增压水显示不正常。

（二）故障维修处理过程

泡沫泵出口压力低，将增压水压力调低，泡沫有流量，泡沫泵出口压力低到0.15MPa时，泡沫难以注入土仓，且形成增压水倒流入泡沫原液罐。更换泡沫原液泵及泡沫原液泵出口单向阀，出口压力调到0.5MPa时，泡沫系统正常，一周后又出现同样故障。

技术人员首先对泡沫系统进行全面检查，尔后对泡沫系统的电气控制部分及元器件逐一进行细致的检查、检测，均未发现异常。单独启动原液泵，检测其出口压力只有0.10MPa，且发现泡沫原液泵振动过大，进一步检查发现，此泵更换时底座螺孔有偏差且未完全固定。拆除原液泵，泡沫泵厂售后人员亲自指导更换原厂定子并修正底座后正确安装；拆除泡沫系统的四路泡沫发生器，逐一对其内部发泡颗粒进行清洗，发现内部有砂粒、黏土等杂质；对泡沫系统起点管路到回转中心的全部管路及阀门进行了彻底检查、疏通和清洗，更换关闭密封不严的球阀，发现设备桥至回转中心的软管中含有大量沙粒、卵石，卵石最大直径约为15mm。

经现场分析，泡沫堵塞的主要原因是膨润土罐顶部防护不严，由皮带溅入泥砂，以及膨润土倒入灌前未清洗管道，将泥砂带入罐中而引起的。故障处理后，加强了对膨润土罐的防护管理，杜绝了此类事故的再次发生。

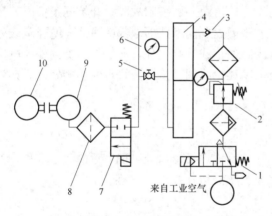

图5-9 盾构主轴承润滑系统原理简图
1—气动电磁阀；2—气动三联阀；3—单向阀；
4—油脂泵；5—手动球阀；6—压力表；7—电磁阀；
8—过滤器；9—30L多点泵；10—电动机

六、主轴承润滑系统故障

盾构主轴承润滑系统原理见图5-9。

（一）故障描述

某工程，盾构在施工过程中，其轴承润滑油脂系统多次出现故障。

1. 多点油脂泵液位传感器损坏导致油脂系统无法向油脂桶自动泵送油脂，油脂桶内的油脂用完后不出现报警；

2. 多点泵启动指示灯闪烁，与润滑油脂系统有连锁的各系统无法工作，盾构不能继续掘进。

（二）故障处理过程

1. 经检查发现该盾构液位传感器线路全部断开且无法连接。分析传感器损坏的原因发现，在设备组装时，负责紧固螺栓的技术人员无意中踩坏了液位传感器。为不影响施工进度，维修人员在"低液位"传感器输出端加载了一个电信号，以使油脂泵（系统编号为4）向盾体内油脂桶泵送油脂。油脂桶注满油脂后，再在"高液位"传感器输出端加载一个电信号，该油脂泵停止供油或将其工位选择开关拨到维修挡位使其停止供油。将该液位传感器线路拆卸作锡焊处理，传感器线路接好后油脂润滑系统正常工作。

2. 初步分析判断多点泵启动指示灯闪烁的原因可能是：多点泵电机主线路漏电开关跳闸；盾体多点泵油脂桶低液位报警。维保人员进一步检查发现：多点泵电机主线路漏电开关并未跳闸；气动电磁阀（系统编号为 1）及电磁阀（系统编号为 7）指示灯亮；油脂泵（系统编号为 4）停止工作，压力表（系统编号为 6）呈现高压；气动电磁阀 1 和电磁阀 7 开启，30L 油脂桶内油脂少、液位低。按照系统设计要求，正常情况下，出现低液位报警信号后，润滑油脂供给系统应立即向油脂桶内供油，待油脂注满（即高液位信号出现）后供油停止。

现场技术人员根据以上现象判断此故障是由于油脂泵出口至多点泵油脂桶入口处中间管路或元件堵塞造成的，使润滑油脂系统自动供油的功能失效。因台车至盾体内阀 7 之间的管路采用了 2 英寸和 1 英寸高压油管，其堵塞的可能性很小，因此，进一步判断堵塞点可能出现在电磁阀 7 和过滤器（系统编号为 8）之间。维保人员拆卸下过滤器 8 的滤芯发现两层铜滤网堵塞严重，滤网间隙被铁屑和硬油脂填充，彻底清洗滤芯后装入原位，经调试后系统恢复了正常工作。

思 考 题

5-1 盾构机日常保养内容包括哪些？应遵循什么原则？

5-2 盾构刀盘保养包括哪些要点？

5-3 简述盾构液压系统的维修保养以及如何更换液压油。

5-4 简述盾构气动系统的保养要点。

5-5 简述盾构过滤器滤芯的更换步骤。

5-6 简述电气系统的保养要点。

第 六 章

盾构施工管理与经济效益

【本章要点】

盾构施工工作的划分及分类、班组及作业岗位的设置、施工过程的管理、经济效益。

【学习目的】

通过本章学习，掌握盾构施工工作的划分与分类、班组及作业岗位的设置、盾构施工组织管理和盾构施工的经济效益。

【本章导读】

从一定意义上讲，盾构施工还属土质或以土质为主地质地层的"隧道（洞）生产流水线"，因此，了解此"流水线"上的功能、各功能间的衔接及对应作业人员的要求、配置等，亦即，熟悉盾构施工管理，是领域从业人员必备知识内容之一。熟悉盾构施工经济效益，了解其影响因素，促进盾构施工企业利润合理化、极大化，为企业健康发展所必须。

第六章

第一节　盾构施工组织与管理

一、盾构选型及地质勘察

（一）盾构选型

在盾构施工过程中，盾构机的选型及配置是极为关键的环节。特定施工环境中地质状况的差异，决定了盾构机选型的不同。采用盾构施工的地层条件通常是复杂多变的，在选定盾构机型时，地质条件是最优先考虑的因素。

盾构机型选择时，须综合考虑以下因素：（1）满足施工规划设计要求；（2）设备安全可靠、造价低；（3）施工工期短；（4）对周围环境影响小。同时必须遵守以下原则：（1）选用与工程地质相匹配的盾构机型，确保施工质量安全；（2）盾构应考虑地下水的含量及水压情况；（3）盾构的性能需满足隧道施工长度、线形以及隧道断面的要求；（4）选定的盾构机的掘进能力能与后配套设备、始发基地等施工设备相匹配；（5）在安全可靠的前提下，应考虑技术先进性和经济合理性。关于详细的盾构选型内容可参考第二章第四节。

（二）地质勘察

关于地质勘察的相关内容已在第三章第一节进行阐述，此处不再赘述。

二、施工人员配置

鉴于盾构施工的特殊性，盾构施工的人员组织分工及其岗位职责不同于一般的建筑施工，不仅需要施工经验丰富的土建工程师，而且需要机械、液压、电气（PLC通信）等专业的工程师，更多地需要机电与土建相结合的高素质的复合型人才。

不同的施工单位的施工组织机构的名称不尽相同，但其各部门的功能与职责大致相同，一般设有管理部门、掘进班组、地面班组及电工班组等。其中管理部门主要包括机电工程师、土建工程师、工程部及测量班组等；掘进班组主要包括主司机、管片拼装、同步注浆、双轨梁吊运管片、洞内水管、走道板及照明的延伸、机电维保、轨道养护、轨道运输、井下洞口司索工等；地面班组主要包括砂浆搅拌（膨润土制浆）、电瓶充电、门式起重机、管片粘贴止水条及装卸工等；电工班组主要包括机修工、电工、电焊工等。一般盾构施工隧道工程人员配置见表6-1。

盾构施工中，各作业班组必须严格按操作规程施工作业，严格履行各自岗位的主要职责，并加强相互间的密切配合，严格遵守各项工作制度，如作息制度、设备维护制度、会议及安全制度等。同时，盾构施工管理指令从施工管理人员直接下达到各个施工班长，必须保证指令清晰，便于执行，避免中间环节过多产生信息丢失、信息不对称等问题。各个施工班有任何问题应逐级上报，特别的问题可越级上报，以便施工问题及时得到解决。

盾构施工隧道工程人员配置表　　　　　　　　　　　　　　　　表 6-1

工班	岗位	每班人数	总人数	备注
管理人员	盾构队长	—	1	—
	技术室主任	—	1	
	值班经理	—	2	
	操作手	2	4	—
	土木工程师	2	4	

续表

工班	岗位	每班人数	总人数	备注
管理人员	机电工程师	2	4	—
	实验员	—	1	—
	掘进班长	2	4	—
掘进班	管片拼装手	1	4	技术工种
	螺杆工	2	8	技术工种
	注浆工	1	4	技术工种
	双轨梁工	2	8	技术工种
	看土工	1	4	技术工种
	5号台车随车员	2	8	—
	井口司索工	2	8	技术工种
	电瓶车司机	2	8	技术工种
	轨线工	2	4	—
地面班	拌合站工	2	4	技术工种
	管片防水粘贴工	4	8	—
	门式起重机司机	3	6	技术工种
	地面司索工	3	6	技术工种
	充电工	2	4	技术工种
	管片修补工	1	1	技术工种
电工班	机修工	5	10	—
	电工	4	8	—
	电焊工	4	8	—
总计	—	—	132	—

三、各部门及班组的主要职责

（一）岗位人员及部门的主要职责

1. 机电工程师

（1）编制盾构施工机电部分的施工方案；

（2）制订盾构及其辅助设备的检修计划；

（3）对设备故障（事故）及时处理并进行分析研究，做好相关记录；

（4）对设备的任何改进要有充分的论证；

（5）制订设备易损件和零配件的采购计划；

（6）对机电班组进行岗位培训、安全技术交底和班组安全活动。

2. 土建工程师

（1）使盾构按设计线路掘进，做好掘进记录；

（2）保证轴线偏差、管片安装质量和同步注浆质量达到要求；

（3）及时将盾构线路的水文地质和地表建（构）筑物资料交付给主司机；

（4）及时将掘进中出现的问题反映给土建总工（工程部）并协同处理；

（5）负责土建班组的岗位培训、安全技术交底和班组安全活动。

3. 工程部

（1）编制分部分项工程（土建部分）的施工方案、应急预案等；

（2）负责设计图纸的会审和施工技术交底工作；

（3）对盾构施工下达掘进指令，根据各方面监督隧道施工的质量（轴线、管片、沉降等）发出整改通知（掘进参数的调整需获得机电工程师的确认）；

（4）对施工中存在的问题，主持召开专题讨论会以期改进和解决；

（5）整理归档盾构施工的各项资料。

4. 测量班组

（1）将盾构测量控制网引入井下；

（2）对盾构施工进行姿态复测、隧道轴线测量和地面沉降监测；

（3）检测盾构自动测量系统的工作状态；

（4）将各项测量结果及时反映给土木总工（工程部），以指导盾构掘进施工。

（二）掘进班组的主要职责

1. 管片拼装手（副班长）

（1）掌控管片拼装机，进行管片拼装，保障设备、人员安全；

（2）对管片拼装质量把关；

（3）安排管片工人的工作；

（4）组织工人清洗尾盾及管片；

（5）监控机器的工作状态；

（6）保管拼装机的遥控器。

2. 双轨梁操作手

（1）检查待安装管片顺序、质量，确认止水条粘贴正确，并进行吊运操作；

（2）协助轨道工更换润滑剂；

（3）熟练掌握操作设备，留意设备状态。

3. 拼装手辅助人员

（1）配合管片拼装手拼装管片；

（2）保持尾盾清洁，清理管片；

（3）复紧管片上的螺栓；

（4）清理责任区内的皮带机。

4. 注浆手

（1）负责抽浆和砂浆车的清洗维护；

（2）保证同步注浆正常进行；

（3）清理责任区内的皮带机；

（4）协助轨道工和操作手完成其他工作。

5. 看土工（土压盾构）

（1）看土、指挥电瓶车运行；

（2）电瓶车行驶路线清障；

（3）掘进中留意渣土斗，防止渣土外溢，留意皮带机出土口通畅情况；

（4）协助清理皮带机。

6. 轨道、管路工

（1）负责隧道中轨道铺设，各管道、走道板的延长；

（2）负责轨道装卸，润滑剂更换；

（3）协助清理皮带机。

7. 电瓶车司机

（1）负责电瓶车的日常运行操作；

（2）协助保养、维修电瓶车。

8. 井口司索工

（1）对洞口需要吊放的物资设备选择索具、吊具，并对其进行捆绑挂钩；

（2）协调电瓶车的进出洞；

（3）有水时要负责井口排水；

（4）清洗砂浆车；

（5）负责井口人员安全。

（三）地面班组的主要职责

1. 地面班长

统筹地面工作。

2. 拌合站工

（1）熟练掌握设备操作和制度规范；

（2）按要求拌制砂浆；

（3）定期检修维护机器。

3. 门式起重机司机

按照制度吊运物资、设备。

4. 地面司索工

（1）负责地面物资设备吊装时的索具、吊具选择，以及捆绑挂钩；

（2）地面物资、设备的运输；

（3）地面施工场地的清洁工作。

5. 泥水处理人员（泥水盾构）

（1）负责整个泥水处理系统的正常运作；

（2）保证浆液供给与分离的循环；

（3）负责泥水盾构施工岗位。

（四）电工班的职责

1. 机修工

负责维护保养及检修工作。

2. 电工

负责洞内各种电力线路拉接、清泥、维护。

3. 电焊工

负责做好电焊设备、设施和工具的日常维修、保养工作，确保其完好无损，使正常的作业工作不受影响。

四、施工后配套设备配置

（一）选用原则

后配套设备的选择是保障工程项目顺利实施的前提条件之一，也是设备保障的重要组成部分，除匹配盾构机的性能要求外，还应与施工场地布置、盾构机意向施工区域的发展规划要求相结合；既要保证盾构机的正常掘进，又要最大限度地满足各自的施工特点，充分发挥各自作用，而且要以最小的投入获得最大的效益。

（二）后配套设备

后配套设备主要由以下几部分组成：水平运输系统（后配套台车）、垂直运输系统、浆液供给系统、电气部件、排水设备、洞内通风设备及操作盾构机所需的操作室等。后配套配置见表 6-2。

后配套设备组成　　　　　　　　　　　表 6-2

材料运输系统	水平运输系统	电瓶车(含蓄电池、充电机)
		渣土车
		管片车
		浆液车(含储浆罐)
		轨道(含钢轨、轨枕、鱼尾板、压板、轨距拉杆、连接螺栓、道岔)
	垂直运输系统	门式起重机(含大、小门吊)
		反转倒渣装置
		门吊轨道
		地面渣仓(储存渣土)
	浆液供给系统	砂浆搅拌机
		配料机
		输送滑槽
作业辅助设备	照明、用电	配电设备(含箱式变电站)、电缆
	通风设备	通风机、送风管
	排水设备	水泵、水管、水箱、冷却塔
	人员进出及行走	楼梯及走道板、走道架

五、施工物资准备

在盾构施工过程中，物资管理工作是一个必不可少的重要环节。一方面，盾构施工物资供应具有较强的时效性，物资供应要及时响应现场需求，确保现场施工顺利进行；另一方面，盾构施工物资管理涉及的范围较广，物资供应涉及的范围包括主要施工材料：预制管片、连接螺栓、防水材料、注浆材料（细砂、膨润土、粉煤灰、水泥）、密封油脂（尾盾油脂、泡沫剂、EP2 润滑油）；辅助施工材料：运输轨道、枕木、初始掘进托架、推进反力架、负环管片（包括钢环）。

盾构物资管理是盾构施工的关键。因此，在施工中应积极完善相关制度，提高相关管理人员素质，构建管理职能部门，全面提升盾构物资管理质量。应遵循的一般原则是：

1. 一定要重视物资的保修期和维修期，工程管理人员应定期对物资进行检查；

2.注重材料的使用情况，及时掌握工程进度和材料使用数量的关系，按时查漏补缺，及时更正；

3.加强对劳务队伍的管理，树立节约和合理使用施工材料的思想。

六、施工场地布置

盾构施工场地的布置应符合相关施工工序流程要求，使各工序之间的干预尽量达到最小化。盾构法施工所必需的临时设施主要包括门式起重机、渣土池（弃土坑）、搅拌站、管片及材料堆放场地、临电临水系统、排水和沉淀系统（泥水盾构工法）、场内运输道路（满足车辆行驶要求，运输方便通畅）、加工及维修车间、临时仓库和施工人员用房（满足施工要求，且不影响其他施工场地布置）以及各种管路、通信通电线路、监控信号线路的布设等。其中有六项设施的布设，即门式起重机、渣土池（弃土坑）、搅拌站、管片及材料堆放场地、场内运输道路和各种管线路系统，对其功能和作用有特殊要求，在施工场地布置时应优先考虑。如图6-1所示为某工程施工场地布置图。

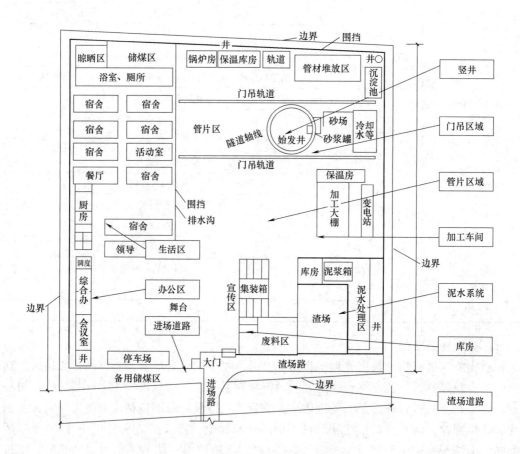

图 6-1 某工程施工场地布置

（一）门式起重机布置

在盾构施工中除盾构机外，门式起重机是使用频率最高的设备，在盾构配套设备中起着不可替代的作用。门式起重机的布置是施工场地布置的核心，施工中所有的垂直运输均由门式起重机完成，其工作区域不仅覆盖施工现场大部分范围，而且影响和决定现场内其他设施的布置。因此正确布置门式起重机是盾构施工场地合理布置的关键。在少行走、多起吊的原则下，应最大限度地发挥门式起重机的作用，减少门式起重机机械磨损度并降低其故障率，施工范围必须覆盖竖井、渣土池和管片堆放场，覆盖尽量大的面积来争取充足的堆放空间和更灵活的垂直运输。

（二）渣土池布置

渣土池是用来临时堆放盾构掘进过程中产生的渣土，装满渣土的渣土车被门式起重机起吊至地面，并倾倒至渣土池。盾构施工进度、渣土外运快慢以及场地大小决定了渣土池面积的大小。渣土池的合理布置有利于门式起重机弃土，减少弃土时门式起重机行程，缩短弃土时间，减少盾构施工等待时间，从而加快施工进度。因此，渣土池布置是盾构施工场地布置的重要环节，直接影响盾构施工进度和现场文明施工程度。

渣土池布置原则：（1）根据门式起重机布置情况确定，须在门式起重机作业范围内；（2）靠近盾构竖井或出土口，减少门式起重机弃土行程，方便弃土；（3）渣土池周围要有一定的场地空间，便于装渣和渣土外运；（4）避免渣土外运车辆和管片运输车辆在施工场地内互相干扰；（5）渣土池周围冲洗方便，排水系统通畅，便于保持其周围环境卫生。

（三）搅拌站布置

搅拌站由主机、螺旋输送机、配料机、筒仓和旋转给料器及水泥输送泵等设备组成，主要用来提供盾构施工时进行同步注浆所需的浆液（由水泥、砂、粉煤灰和膨润土及水按一定配合比混合），浆液要及时填充管片与土体之间的空隙，以防地面产生塌陷。搅拌站的合理布置有利于节省施工场地，避免和其他施工设备发生干扰，同时减少浆液输送距离，以便快速及时输送浆液。

搅拌站布置原则：（1）砂石料和水泥运输进场方便畅通；（2）靠近盾构竖井，减少浆液输送距离；（3）远离工人生活区，降低搅拌站工作噪声和粉尘污染对工人生活区的干扰；（4）保证连接道路畅通，不影响现场其他机械设备正常作业。

（四）管片及材料堆放场地布置

管片及材料堆放场地是用于临时存放管片及材料的地方，场地的大小由盾构的进度和管片运输能力来决定，足够大的管片场地能够为盾构施工进度提供充分支持。管片及材料堆放场地的布置原则：（1）门式起重机能够覆盖场地的全部面积；（2）必须与场地运输道路相连，便于管片运输；（3）防水材料和管片螺栓等在顶板上设专门库房存放，周转材料按门式起重机的位置布置，以方便门式起重机的吊运；（4）应急物资和材料存放于车站端头井处，方便应急救援时物资和设备能尽快提供至作业面。

（五）场内运输道路布置

场内运输道路是为施工隧道服务的主动脉，为盾构隧道施工输送各种原材料和盾构配件。由于盾构工程对原材的使用量大，且盾构配件体积大、重量大，所以盾构工程的场内运输道路规格比普通工程要高一些。运输道路的布置基本原则：（1）必须能够串联渣土池、管片及材料堆放场地、搅拌站等主要功能区；（2）道路要有足够承载能力；（3）道路的转弯半径要能够满足半挂车（管片运输车）、散装水泥半挂罐车、土方散料运输车的行驶。

（六）各种管线路的布设

盾构施工中需要的各种管路主要包括注浆浆液输送管、泥浆输送管（泥水盾构）、泡沫输送管、水管、废水管和各个环节相互联系的通信通电线路，以及用于地面电脑监控的信号线路。在盾构施工过程中必须保障其方便通畅和安全可靠，所以布设时在地面上应采用砖砌沟槽加盖板的形式，以便于维护，竖井内采用钢套管的形式。

第二节　盾构施工各阶段的组织与管理

一、盾构总体施工流程

盾构施工不仅包括盾构掘进阶段，还包括盾构始发前的施工准备安排阶段及掘进结束的清理收尾阶段。盾构施工各阶段的内容不同，决定了各阶段的组织与管理内容的差异。

盾构的施工流程主要包括：始发井交付使用→盾构托架（基座）就位→盾构机下井组装、调试→初始掘进（$L=100\text{m}$）→负环管片拆除及设备调整→正常掘进→盾构机到达中间站→盾构机通过中间站→盾构机再次就位调试→盾构机再次初始掘进→正常掘进→盾构机到达接收井→盾构机解体吊出→隧道清理准备验收。盾构总体施工流程如图 6-2 所示。

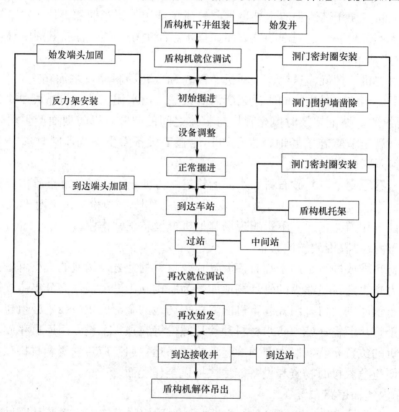

图 6-2　盾构总体施工流程图

二、盾构始发阶段

（一）盾构始发流程

盾构始发在地铁隧道工程施工中具有十分重要的作用，而且随着隧道埋深、尺寸的加大和周围施工环境的严峻变化，对盾构工程始发技术要求越来越高，常常需要根据实际施工情况，采用多种技术措施，保证开挖面地层的自稳性，利用挡土墙和水泥加固土墙作为构筑物，防止开挖面崩塌。

盾构始发内容主要包括：端头土体加固、盾构始发基座安装、盾构组装、反力架安装、洞门密封系统安装、负环管片拼装（含钢环、钢支撑）、盾构试运转、洞门处理、盾构加压贯入作业面和试掘进等。盾构始发井结构如图 6-3 所示。始发流程如图 6-4 所示。

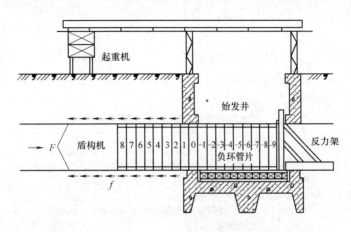

图 6-3 盾构始发井结构示意图

F—作用在刀盘上的反力；f—管片产生的推进力；-9～8—管片编号

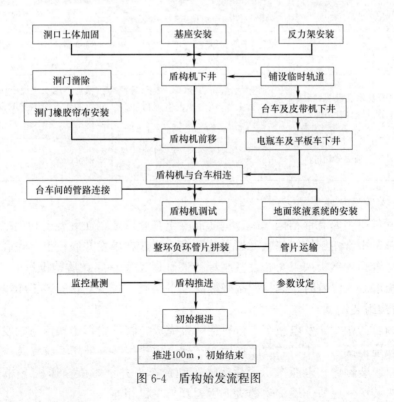

图 6-4 盾构始发流程图

（二）始发端头土体加固

盾构自始发井始发进入隧道地层或自隧道末端推出进入接收井，当盾构工作井周围地层为自稳能力差、透水性强的松散砂土或饱和含水黏土时，由于切除始发井围护结构（地下连续墙或围护桩）而使开挖面处于暴露状态且会保持一定时间，如不对其进行及时加固处理，则在工作井围护结构切除后必将会有大量的土体和地下水向工作井内塌陷，导致洞内大面积地表下沉，危及地下管线和附近建筑物。因此，在盾构机进出洞前必须对洞门处地层进行加固处理（即端头土体加固）是保证盾构顺利施工的重要环节。

　　盾构隧道端头常用的加固方式主要有高压喷射注浆法、深层搅拌法、注浆法、素混凝土灌注桩法、人工冻结法和 SMW 工法等。盾构进出洞端头加固方案一般可以采用一种或多种工法相结合的方法，主要取决于地质情况、地下水、覆盖层厚度、盾构直径、盾构机型、施工环境等因素，同时兼顾安全性、施工方便性、经济性和施工进度等因素。常用端头加固方法及适应性见表 6-3。

常用端头加固方法及适应性　　　　　表 6-3

加固方法	适用地层	备注
高压喷射注浆法（分单、双、三重管及新二管法）	砂层效果最好，也适用于黏性土、淤泥质土、粉土	造价高，一般适用于局部补加固
深层搅拌法	适用于淤泥、黏土等软土层，砂性土层效果较差	造价相对较低，容易出现加固体不连续、强度低、掉钻等问题
注浆（分单液及双液，按固结形态分为填充、渗透、劈裂、压密注浆）	对较深地层的砂性土、砂砾土效果良好，双液浆同时也是应急的常用措施	地基容易隆起，影响周边建筑物
素混凝土灌注桩法	适用于所有地层，也可与其他工法结合使用	造价高，适用于常规加固方式不能满足要求的情况
人工冻结法（分盐水及液氮两种，施工方式有水平管及竖直管两种）	适用含水量高的砂（砾）类土、淤泥质土、黄土等，适合地面有障碍物的情况	液氮适用于小规模冻结；会有冻胀融沉的作用，需注意对周边影响，造价较高
SMW 工法（采用三轴或五轴桩机）	适用于各类软土地层，加固效果较好	造价高

　　（三）盾构始发基座安装

　　盾构始发基座主要有钢结构基座、钢筋混凝土基座以及钢筋混凝土和钢结构结合基座三种形式，施工中常用钢结构基座。始发基座直接安放在始发井底板上，在底板始发基座楞边中心线位置预埋钢板用来与始发基座焊接，确保始发基座在盾构推进时不发生扭转。在盾构井底板混凝土浇筑时，必须控制好标高及平整度，减少基座安装工作量。

　　（四）盾构组装调试

　　先在站内将盾构车架及电瓶车走行轨道铺设完成，将站内行走轨道与始发架上的安装的临时行走轨道连接。盾构吊装顺序按盾构车架→主机组装→液压系统安装→其他配套系统进行。主机组装顺序：电瓶车、管片运输车和台车下井→螺旋输送机下井→中盾→前盾→刀盘→拼装机→尾盾→螺旋输送机→后配套与主机相连。

　　（五）洞门密封的安装

　　为了防止盾构始发掘进时泥砂、地下水等从盾壳与洞门的间隙处流失，在盾构始发时需安装洞门临时密封装置，洞门密封由帘布橡胶、扇形压板、折叶板、垫片和螺栓等组成。根据一定的地质条件，为保证盾构在穿越加固体后尽快建压，防止泥砂涌入盾构井内，采用双层洞门密封装置。两套密封装置间距为 400mm，当盾构刀盘进入第二道密封装置后，可通过注浆孔，向两道密封装置间的空腔压注尾盾油脂（成本较高）或黏度在120s 左右的膨润土泥浆（成本较低），并持续保持充填物压力略高于盾构开挖仓泥水压，防止开挖仓浆液通过帘布橡胶溢出，保证密封装置的密闭性，提高止水效果。盾构机进入预留洞门前在刀盘外围和两道帘布橡胶板外侧涂润滑油脂防止盾构机刀具损坏帘布橡胶板影响密封效果。始发洞门密封如图 6-5 所示。

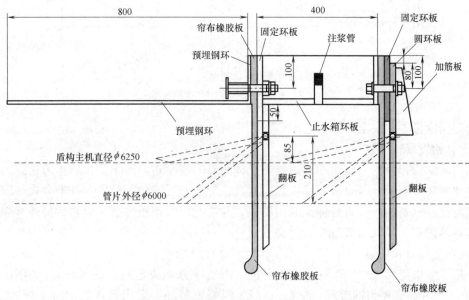

图 6-5　始发洞口密封示意图（mm）

（六）反力架安装

盾构始发前，需在隧道开挖面进行注浆喷锚强化处理，以增加断面强度。因为盾构机在初始掘进时反力作用很大，所以反力架的安装设计显得尤为重要。

反力架的安装设计依据盾构始发掘进反力支承的需要，按照盾构机掘进反向力通过推进千斤顶支撑在隧道管片，隧道管片又支撑在反力架上的工作原理进行安装设计。设计外形尺寸不得与盾构机各部件及隧道洞口空间相干扰，同时要求结构合理，强度、刚度满足使用要求，加工方便，且单件便于运输。

盾构反力架主要采用 70 号 H 型钢及 20mm 厚钢板加工拼接而成，反力架主要分为主梁（主梁结构要同时满足不同的断面，一般分为竖梁、横梁及八字梁部分）、支撑（一头焊接于主梁上，一头焊接于预埋钢板上，一般根据断面结构可采用斜支撑方式）、预埋件（用来固定反力架支承钢管的用途）和钢环（采用上下盖板，其次焊接成箱形结构，内部加钢板作筋）四大部分，其中主梁、支撑和预埋件三大部分之间通过焊接连接，钢环和主梁之间通过螺栓连接。具体结构图如图 6-6 所示。

盾构机主体部分完成组装后，进行反力架的安装。其安装原则是纵向轴线须与隧道设计轴线重合，反力架的端面须与始发基座轴线垂直。安装的垂直度误差应控制在许可范围内，反力架的强度、刚度和稳定性需要进行计算校核，保证在承受盾构推进作业最大反力

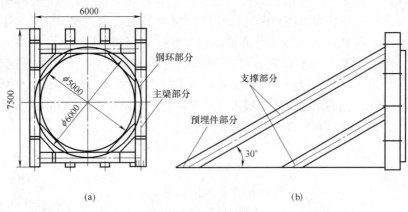

图 6-6　盾构反力架结构（mm）

（a）反力架正视图；（b）反力架侧视图

时不出现精度偏差和安全隐患。

（七）始发导轨安装

洞门凿除后，盾构刀盘前端距离前方土体仍有一定距离，为了防止盾构刀盘因为悬空而发生"叩头"现象，需要设置导轨进行过渡。导轨安装倾角、位置与基准导轨一致。导轨沿始发托架（基座）一直延伸到洞门圈内，并与洞门圈钢板焊接，导轨的另外一端与始发基座焊接固定。导轨不宜过长、过高。

（八）负环管片安装

一般工程中使用 10 块负环，从右至左（由掘进方向决定）依次为 −9～0 环，如图6-3 所示，其中 −9 环为钢负环，−8～0 环为混凝土负环（采用常规的混凝土管片）。钢负环管片起着连接负环管片与反力架的作用，并可以对反力架的姿态进行微调。钢管片的组装分步进行，先用门式起重机把下半部钢环吊运下井并摆放到位，然后将上半部钢环吊下并进行对接。钢管片对接后用螺栓与反力架连接，然后拼装 −8 环（−8 环的拼装要求同 −9 环）。−8 环拼装完成后，用螺栓与 −9 环管片连接在一起。尔后，推进液压缸活塞杆伸出，并将撑靴撑在 −8 环管片上，实现掘进。

由于负环管片脱出尾盾后，没有土层的约束，因而需对负环管片进行加固。负环管片加固一般采用 4 种方式：（1）在负环管片内弧面和外弧面设置预埋钢板，待负环管片拼装完成后，焊接内弧面钢板，待负环管片脱出尾盾时，焊接外弧面钢板；（2）负环管片脱出尾盾后，采用楔形块支撑于负环管片与始发基座之间；（3）负环管片脱出尾盾后，采用钢管支撑负环管片腰部；（4）所有负环管片脱出尾盾后，负环管片底部与基座之间的空隙采用混凝土填充，连为整体，减小负环在后期荷载作用下的变形。负环管片支撑加固如图 6-7 所示。

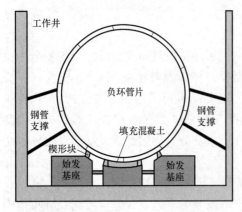

图 6-7　负环管片加固示意图

（九）始发阶段安全保证措施

1. 始发台定位时，盾构中心坡度与隧道设计轴线坡度应保持一致，考虑隧道后期沉降因素，盾构中线可比设计轴线抬高 10～20mm。

2. 在洞口开始注浆时，要在盾构两侧派人严密监测洞口密封是否有异常情况，是否需要封堵，或者采取其他加固措施。

3. 在管片的后移过程中，要注意不要使管片从盾壳内的方木（或型钢）上滑落。

4. 在盾构向前推进的同时，检查盾构是否与始发台、始发洞发生干涉或是否有其他异常事件或事故发生，确保盾构安全推进。

5. 始发阶段，由于推力较小，地层较软，要特别注意防止盾构低头；同时要防止盾构旋转、上飘。

6. 盾构始发时负环管片周围没有约束，必须在管片四周尽可能地加上各种支撑，保证盾构向前推进时负环管片不失稳。

7. 在盾构始发之前，为防止盾构在始发台掘进时发生旋转，需要在盾构盾壳两侧焊接两排防扭装置，用来撑住始发台，防止盾构发生旋转。

8. 要严格控制负环管片的拆除时间，确保隧道整体稳定。

三、盾构正常掘进阶段

盾构掘进过程包括：准备工作→转动刀盘→启动次级运输系统（皮带机）→启动推进千斤顶→启动首级运输系统（螺旋机）→开挖→出土→停止掘进→管片拼装→注浆→回填注浆→准备下一环掘进。

（一）地面沉降控制

盾构施工掘进过程中引起地面沉降的原因主要有：开挖时的水、土压力不均衡；围岩的扰动；盾构机通过尾盾存在空隙；注浆不充分、不及时；一次衬砌变形和变位以及地下水位下降等。

盾构掘进过程中地面沉降应采用信息化动态管控。在推进环节致力于对土层压力的严控，尽量将波动范围控制在 20kPa 以内，并保证切口正面的土体始终保持于较为稳定的状态，最大限度降低土体可能带来的扰动问题。为此，在盾构工程现场搭建数字化检测信息交流平台，保证盾构在掘进过程中所获取参数的精确合理性，并根据获取的参数，优化施工参数，指导调整注浆参数，做好同步与二次注浆的控制，将地面沉降度控制在规范范围内。

（二）盾构掘进参数设置

盾构在掘进过程中所涉及的重要参数很多，比如盾构长度 L、标称直径 D、刀盘开口率 k、刀盘装备扭矩 T_n、刀盘转速 n、刀具磨损量 δ_r、千斤顶推力 F、土仓内压力 P、掘进速度 V、注浆量 V_1、注浆压力 P_2。另外还包括盾构机滚转角 β、盾构机俯仰角 α 以及尾盾间隙等，这些都是盾构工程的常用推进参数，在设置过程中需要保持严谨，以保证盾构正常工作。

（三）渣土改良

渣土是土压平衡盾构维持工作面稳定的介质，为维持土仓内土压力的稳定和渣土的排出，要求作为支撑介质的土体具有良好的塑性和流动性、软稠度、内摩擦角小及渗透率小。由于一般土体不能完全满足这些特性，所以要进行改良，其技术要点是在掘进过程向刀盘前部、土仓及螺旋输送机内添加膨润土、泡沫及聚合物等材料，经强力搅拌，从而改善开挖土体的塑性、流动性，降低渣土的透水性并实现对渣土的改良。

（四）盾构掘进姿态控制

盾构掘进姿态的控制主要是保证盾构沿着设计轴线的正确方向前进，一旦掘进的轨迹偏离设计轴线，需对盾构姿态进行控制以促使其能够尽快调整前进路线。盾构掘进姿态的控制涉及多种复杂因素，主要包括盾构和设计轴线的偏移量、尾盾和管片间的夹角、尾盾缝隙、盾构自身的滚动角、地层的不均匀性以及盾构操控技术。一般的盾构掘进中出现的偏差主要体现在这几个方面，为了保证实际轴线偏差不会超过设定范围界限，所以对盾构掘进的姿态控制主要从这几方面入手，进行偏差监测和及时调整，做到有效纠偏，保持掘进质量。

（五）尾盾的油脂压注

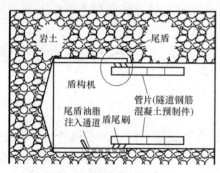

图 6-8　尾盾密封示意图

尾盾密封是盾构施工的重要组成部分，尾盾密封是由三道钢丝刷、六道弹簧钢板及密封油脂系统组成。钢丝刷是尾盾密封件的主要部件，是由保护钢板、不锈钢钢丝、隔层网和不锈钢钢板组成，当受到管片的压力后，钢丝刷和内侧钢板紧贴住管片外壁，通过钢板及钢丝的弹力与管片外壁保持紧贴，从而实现密封作用。盾构密封示意图如图 6-8 所示。

由于管片与尾盾刷之间会因为盾构掘进产生相对运动，为了保证尾盾刷的钢丝和钢板不会因为与管片之间的摩擦力而产生脱落情况，特在两道尾盾刷之间的油脂仓内充填尾盾油脂。尾盾油脂可以在密封技术中起到较好的密封和润滑作用，不仅能够保护尾盾密封材料弹簧钢片和钢丝刷，还能有效避免涂层注浆回流，使盾构施工顺利进行。

尾盾油脂注入的管理主要注意以下 5 点：（1）在正常掘进情况下，应选用自动模式注入油脂，补充油脂仓内的损耗量；（2）在停机情况下，需手动模式对漏浆位置进行补充油脂，提高尾盾仓内油脂压力；（3）控制油脂的注入量；（4）控制注入压力；压力不宜过高，具体压力控制应视切口水压及注浆压力而定，注油脂压力最大不超 4MPa；（5）更换油脂时要注意保持清洁，不可将砂粒等颗粒状东西掉入油脂桶中。

（六）管片拼装

盾构工程中的管片拼装大多采用错缝拼装模式。在管片拼装过程中，为了把握好管片环面的平整度、控制环面的超前量以及避免出现椭圆等，在管片拼装管理时应该做到以下 6 点：

1. 检查管片有无缺陷，对合格的管片进行清理，然后粘贴密封垫；

2. 安装过程应及时、彻底清除安装部位的垃圾，确保管片的定位精度，第一块管片要做到居中安放；

3. 拼装顺序一般从下部的标准（A 型）管片开始，依次左右两侧交替安装标准管片，然后拼装邻接（B 型）管片，最后安装楔形（K 型）管片；

4. 盾构推进千斤顶操作要随拼装顺序依次缩回；拼装时若千斤顶同时全部缩回，则在开挖面土压的作用下盾构会后退，开挖面将不稳定，管片拼装空间也将难以保证；

5. 紧固管片连接螺栓要先紧固环向（管片之间），后紧固轴向（环与环之间），采用扭矩扳手紧固，紧固力取决于螺栓的直径与强度；

6. 真圆保持；管片拼装呈真圆，并保持真圆状态，对于确保隧道尺寸精度、提高施工速度与止水性及减少地层沉降非常重要。

（七）盾构同步注浆

同步注浆系统为自动注浆系统，使用的两个注浆泵为全液压双缸双出口活塞注浆泵。该泵由电动液压泵站提供动力。浆液在搅拌站配置好以后，由砂浆运输车（带搅拌叶片）运至注浆站，通过软管抽送至砂浆存储罐内（即搅拌罐），连接好注浆管路，并设定压力、流量，尔后进行注浆。在同步注浆过程中的管理注意事项主要有以下 5 个方面：

1. 注浆前进行详细的浆液配比试验，选定合适的注浆材料及浆液配比，保证所选浆液配比、强度、耐久性等物理力学指标符合设计施工要求；

2. 制订详细的注浆施工设计和工艺流程及注浆质量控制程序，严格按要求实施注浆、检查、记录、分析，及时分析注浆效果，反馈指导下次注浆；

3. 根据洞内管片衬砌变形和地面及周围建筑物变形监测结果，及时进行信息反馈，修正注浆参数设计和施工方法，发现情况及时解决；

4. 做好注浆孔的密封，保证其不发生渗漏水现象；

5. 做好注浆设备的维修保养，注浆材料供应，保证注浆作业顺利连续不中断地进行。

四、盾构到站（收尾）阶段

（一）盾构到达施工流程

盾构到达主要工序包括：盾构机定位及接收洞门位置复核测量、洞门凿除、接收基座安装、洞门密封的安装、盾构到达施工、盾构机拆除等。盾构到达阶段流程如图 6-9 所示。

（二）盾构机定位及接收洞门位置复核测量

在盾构推进至盾构到达范围时，需准确测量盾构机的位置，明确成洞隧道中心轴线与隧道设计中心轴线的关系，同时应对接收洞门位置进行复核测量，确定盾构机的贯通姿态及掘进纠偏计划。在考虑盾构机的贯通姿态时要注意两点：一是盾构机贯通时的中心轴线与隧道设计轴线的偏差；二是接收洞口位置的偏差。综合这些因素在隧道设计中心轴线的基础上进行适当调整，纠偏要逐步完成，每一环纠偏量不能过大。

（三）洞门凿除

洞门混凝土凿除前，端头加固的土体须达到设计所要求的强度、渗透性、自立性等技术指标后，方可开始洞口凿除工作。在盾构到达前最少半个月，开始着手进行洞口维护桩的凿除。整个施工分两次进行。第一次先将围护结构主体凿除，只保留围护结构的最内层钢筋和钢筋保护层。第二次在盾构到站后将最内层钢筋割除。在割除完最后一排钢筋之后，要及时地检查到站洞口的净空尺寸，确保没有钢筋侵入设计轮廓范围之内。

（四）接收导轨安装

在洞门混凝土破除完毕后，接收托架端部距离洞口土体 3m，为保证盾构机在到达时不至于因刀盘悬空而使盾构机产生"叩头"现象，需要在到达端洞圈底部铺设沙袋，在洞门外面安设接收导轨，以防止盾构机在到达时产生前倾现象。接收导轨的中心轴线应与隧道设计轴线一致，同时还需兼顾盾构机出洞姿态。特别注意对接收导轨的加固，尤其是纵

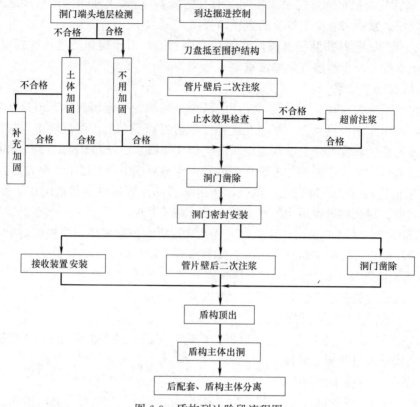

图 6-9　盾构到达阶段流程图

向的加固，保证盾构机能顺利到达接收导轨。

（五）洞门密封的安装

洞门密封是对洞口到达段与盾构机或管片之间采取的防渗漏措施，确保施工可靠、安全。洞门密封的施工分两步进行：第一步在车站结构的施工过程中，做好洞门预埋件的埋设工作，在埋设过程中预埋件必须与车站结构钢筋连接在一起；第二步在盾构刀盘露出洞门端头之前，先清理完洞口的渣土，再进行洞口密封装置的安装。洞门密封装置由环板、洞门帘布、压板及固定它们的金属件组成。

（六）盾构到达施工

隧道贯通后，盾构前方失去反推力，将造成管片之间环缝连接不紧密，易渗漏，因此将靠近洞口的 10 环管片用型钢焊接连接并纵向拉紧，保证管片间的防水条压缩到位。管片安装完毕后，用风动扳手拧紧环向及纵向螺栓，且在下一环掘进完毕后二次紧固螺栓。

（七）盾构机拆除（解体）

盾构机拆除是盾构工程完工后盾构退场的必经程序。盾构的拆除过程主要包括：盾构管线的拆除→主机与桥架分离→后配套台车电气系统拆除→刀盘拆卸并吊出→主机前移→螺旋输送机拆卸→尾盾拆除→管片拼装机拆除→管片拼装机轨道梁拆除→中盾吊出→前盾吊出→接收架上铺设钢轨并延伸→螺旋输送机吊出→桥架（设备桥）吊出→后配套台车吊出。

（八）盾构到站安全保障措施

1. 隧道贯通后，由于盾构刀盘没有了推进反力，必将造成推进压力降低或消失，从而产生后推管片的力减小甚至接近于零，进一步导致管片环缝防水材料的性能不能得到充分发挥，从而产生环缝漏水等质量缺陷。为确保管片接缝防水要求，在到站地段安装每一环管片时，在每环管片的 72°、144°、226°、312°位置用∠60×60×6 的角钢与前一环管片相连，并点焊连接牢固。

2. 盾构刀盘距离贯通里程小于 10m 时，在掘进过程中，要派专人负责时刻观察出洞洞口的变化情况。如发现加固的混凝土或维护桩有较大振动，应立即通知主司机进一步降低盾构推力、刀盘转速以及推进速度，避免由于刀盘前部土体太薄，造成刀盘前部坍塌。

3. 盾构贯通前后，应通过降低推进速度、减小刀盘转速、调整刀盘转动方向等方法使刀盘尽量靠近或到达贯通面，停机后清除洞口渣土，割除洞口最后的支撑结构。支撑结构切割顺序为先切割底部，后切割上部。隧道贯通后，要使盾构尽快全部出洞，避免盾构在洞口长时间停留，确保洞口围岩段的稳定。

4. 管片规格和质量及拼装规范应坚持到盾构完全出洞，确保洞口段管片拼装质量。

5. 在盾构主机出洞时，设备桥及管片拼装机下部严禁站人，以防隧道上部砂浆脱落伤人。

第三节　盾构法施工成本与经济效益

盾构施工因具有高效和施工环境友好等特点，在铁路公路隧道、引输水隧洞和城市地铁等土质或以土质为主的地下工程施工中被广泛采用，尤其是在城市地铁建设中应用更为广泛。被称为"隧道（洞）加工厂"的盾构，第一，成本价格高，一次性投入大，亦即，工程建设成本中的设备费用占比高，直接影响施工企业的效益；第二，盾构对地质地层和水文条件较敏感，若掘进前方地质不良、水害严重或障碍物难以探明，则施工风险较大，影响掘进速度；第三，若在不稳定地层掘进中途更换刀具或整修刀盘，一般需带压进仓，工艺复杂，操作困难，耗时且费力，施工成本也将增加。

一、施工成本及分析

（一）盾构施工成本构成

盾构施工成本包括直接成本、间接成本、税金等。所谓施工成本是指在建设工程项目的施工过程中所发生的全部生产费用的总和，包括消耗的原材料、辅助材料、配件消耗等费用；周转材料的摊销费或租赁费；施工机械的使用费或租赁费；支付给生产工人的工资、奖金、工资性质的津贴等；进行施工组织与管理所发生的全部费用支出。建设工程项目施工成本由直接成本和间接成本组成。

1. 直接成本

直接成本是指施工过程中耗费的构成工程实体或有助于工程实体形成的各项费用支出，是可以直接计入工程对象的费用，包括人工费、材料费、施工机械使用费和施工措施费等。

2. 间接成本

间接成本是指为施工准备、组织和管理施工而产生的全部费用的支出，是非直接用于也无法直接计入工程对象，但为进行工程施工所必须产生的费用。其主要指现场管理费，包括项目管理人员工资、招待费、小车费用、办公用品费用等。

3. 税金

税金，企业所得税法术语，指企业发生的除企业所得税和允许抵扣的增值税以外的企业缴纳的各项税金及其附加。

（二）盾构法施工成本的影响因素及控制措施

盾构法施工成本的影响因素主要是技术和管理两方面。技术因素包括：设计方法的合理性、施工材料的选用、施工机械的选择、工期设置、成本预算及其他方面等。施工管理因素包括：成本管理、进度管理、质量管理和施工管理等。

项目成本控制的根本目的，在于通过成本管理的各种手段，不断降低施工项目成本。项目成本的全过程控制要求成本控制工作要随着项目施工进展的各个阶段连续进行，既不能疏漏，也不能时紧时松，应使施工项目成本自始至终置于有效的控制之下。

1. 完善组织机构，健全机制，强化全过程控制

在进行项目成本控制过程中，各业务部门要相互配合、加强联系，充分发挥职能作用，确保责任成本控制系统正常运行，不断完善和加强成本管理运作能力。同时加大成本管理的宣传力度，增强全员责任成本意识，调动职工的积极性、主动性、创造性，形成强大的凝聚力和群体敬业精神，切实增强全员成本责任意识，实现成本的有效控制。

2. 管片制作及相关材料费的控制

在工程项目成本中，材料费占项目成本的 40% 以上。因此对材料费用的控制尤为重要。盾构法施工主要材料包括管片、消耗材料和周转材料等。消耗材料主要有管片密封、管片螺栓、尾盾油脂、注浆材料、设备消耗材料等。周转材料主要有高压线、钢轨、轨枕、走道板、走台架等。

1）材料数量控制

材料数量主要由项目部工程技术人员根据施工图结合现场情况来确定，严禁需用计划偏大造成库存积压浪费同时增加相关的运费、倒运费用及管理费用或者需用计划偏小造成窝工（停工）浪费增大工程成本。

2）材料价格控制

盾构法施工的管片制作成本约占盾构施工的 40%～50%。在设计条件允许的情况下，适当增加管片宽度，可减少隧道纵向管片用量，进而减少管片接头数量并减少接头使用的辅助材料数量，从而减少生产费用，加大进度、缩短工期，同时实现减少施工成本的目的。

3）材料质量控制

盾构法施工不同于其他暗挖法，它对材料的质量要求非常高，管片和管片密封及管片连接螺栓的质量直接关系到成洞隧道的质量，一旦出现质量问题，隧道将漏水和变形，直接影响隧道的使用寿命。

3. 采取科学管理技术

盾构施工活动的关键是技术性活动，只有采取先进的技术措施，才能做到低投入高产出，并创造优质产品。因此，制订先进的、经济合理的施工方案，以达到缩短工期、提高质量、降低成本的目的是技术部门的职责所在。正确选择施工方案是降低成本的关键，一

是在施工准备阶段，做出多种施工方案，进行技术经济比较，然后确定有利于缩短工期、提高质量、降低成本的最佳方案；二是在施工过程中，研究、执行各种降低消耗、提高工效的新工艺、新技术、新材料等降低成本的技术措施；三是在竣工验收阶段，注意经济、技术的处理，缩短验收时间，提高交付使用效率。

4. 加强劳务管理

采取劳务分包形式，严格控制人工成本。人工成本管理重点在项目单价的确定和临时用工、预算外用工的控制上。对于隧道掘进，采用延米单价形式分包，在合同中明确规定将井下所有工作都包含在分包范围内，避免工序重复计算和扯皮现象发生。实行奖励机制，激发施工人员积极性，鼓舞劳动干劲。

5. 加强机械设备管理

正确选配和合理使用机械设备，做好机械设备的维修保养工作。根据设备出现的技术状况、磨损情况、作业条件、操作维修水平等不同情况，有针对性地进行中修或大修，提高机械的完好率和利用率，加快施工进度、增加产量、降低机械费用。为更好地发挥设备管理的效用，每个掘进班组都应配备一名专业设备人员，坚持抓好机械设备的日常保养工作，使机械设备始终保持良好状态，同时机械维修和电路维修人员应现场24h待命，为施工机械正常运转保驾护航。

6. 加强工程项目成本考核工作

成本考核是检验项目成本管理和经济效益的一种好方法，主要方式应以财务部门为主，组织项目管理人员按季度召开经济活动分析会，协助项目组分析成本升降的原因，并制定成本考核制度。成本考核可以及时发现成本中存在的问题，但切忌走形式主义。

二、经济效益的影响因素及对策

经济效益是资金占用、成本支出与有用生产成果之间的比较关系。所谓经济效益好，就是资金占用少、成本支出少、有用成果多。对于盾构施工承包商来说，如何针对盾构施工的劣势，找到问题的本质所在，进而提高其经济效益，是公司企业生存发展的关键。

1. 隧道断面设计多变，盾构通用性不高

盾构是一种专用设备，通用性较差。其主要制约因素是隧道断面尺寸和地质地层特点。盾构一般是为特定工程量身定制的"专用设备"，基本上是"一机一洞"，即一个隧道施工完成后，下一个隧道的施工，其地质条件及隧道断面尺寸必须适合盾构的性能参数和尺寸参数，否则即使设备再完好也难以应用。以盾构为主要使用方向的城市地铁为例，当前国内各个城市的设计规范差异较大。根据统计结果，直径规格同为6m的地铁隧道，不同城市甚或同一城市的开挖直径就有6.14m、6.25m、6.39m、6.76m等不同尺寸，而国家至今尚未制定统一的设计标准规范。以小推大显然不可能，以大推小则意味着被多掘出来的空间需要大量的混凝土注浆回填，成本就会急剧上升。

城市地铁隧道断面尺寸的不规范是困扰盾构施工企业的一大问题。花重金购入的盾构，可能一次掘进之后性能还比较良好，然而却由于隧道断面尺寸的变化不能通用在第二个工程上，除非再次投资改装。以过江隧道为例，武汉长江隧道，直径设计尺寸为11.38m，贯通以后，该两台施工盾构转入杭州庆春路钱塘江隧道，而后者的开挖直径为11.65m，两者地质情况基本相同，而直径仅差0.27m。如果新购两台盾构，则需要2亿多元；而对原有盾构进行改造，仅加大直径一项，就要花费2千多万元。

因此,将城市地铁、过江隧道等各项主要施工隧道的开挖直径规范化、系列化和标准化是目前亟待纳入制定的行业标准和规范之一。隧道开挖直径的统一,不仅有利于盾构选型、物尽其用,而且对企业发展、规范市场都有重要意义。就上面的例子而言,11.38m 与 11.65m 对于隧道直径来说,并没有大的差别,完全可以实现同样的功能。由此可见,尽快制定隧道设计标准规范就显得尤为重要。它将为施工企业省去很多不必要的费用,从而提高每台盾构的经济效益。

2. 地质条件复杂,盾构施工风险大

盾构一次性投资较大、通用性不高的另一个主要的制约因素为地质条件。即使同直径的盾构,只要地质条件不同,选择的刀盘、开口率、刀具配置等情况也就不同,几乎每个盾构工程,就得重新购买新盾构,即使盾构直径相同,地质条件不同,仅改造一个刀盘就要花费数百万元乃至上千万元的改造费用。因此,采用既能掘软岩又能掘硬岩的复合式刀盘(预留换装硬岩滚刀/软岩切刀安装孔)已成为应对复杂地质的有效手段。

其次,对于地质条件的突变现象,特别是地下工程常遇到的坍塌、涌水、溶洞、暗河、断层等,盾构往往不能继续掘进,不仅影响了既定进度和工期,更有甚者还严重威胁到盾构设备乃至施工人员安全。由于客观因素和条件的限制,在进行地质勘探时只能对地质构造、水文条件和病害走向做出大致的描绘和预测,尤其是对于埋深大,或水下隧道等地下工程,要达到对地下情况了如指掌的程度是十分困难的,这就增大了盾构施工的风险。

例如天生桥二级水电站工程,由于前期勘探工作受地形条件、勘测手段等因素的影响,在掘进至 617.7m 时遭遇熔岩泥石流。再行推进已基本不可能,不进而退时,泥砂乘虚而入,将机器掩埋,致使工程耽误半年之久。又如南京地铁二号线某标段,当掘进至93 环时出现地表塌陷、溶洞、大块漂石等变化的地质条件,处理起来非常麻烦,要长时间停机以加固前方地质,耽误时间达数月之久,经济效益明显下滑。

因此,尽可能提高勘探地层的精确程度,充分做好掘进的前期准备、施工过程应急预案已成为快速掘进的先决条件,进而成为缩短盾构使用周期、尽快收回投资成本的有效经济手段。

3. 标段划分不合理,投资回收期长

当前建筑市场对招标投标区段的划分和施工工期的要求不尽合理,是造成投资回收期人为延长的根源。以城市地铁为例,一般相邻两个地铁车站的区间为 1.5km 左右,而相当多的标段又是以一个区间作为划分依据,这样,即使上下行区间线路使用同一台盾构掘进(即贯通上行隧道之后再掉头掘进下行隧道)其掘进长度也就 3km 左右,如欲完成10km 的设计寿命,进而收回投资,就必须中 3 个标,掘进 3 个区间以上才能物尽其用。然而,由于受工期限制和业主要求,相当多的工程,即使只中标了一个区段,也往往需要同时购买 2 台盾构投入,并行施工,其投资回收周期显然又人为地增加了一倍。以上弊端导致企业资金大量积压,周转困难,不堪重负。因此,改变招投标区段的划分原则,采用大标段的招标形式(以 3 个区间或以盾构寿命周期作为一个标段为宜),并制定合理的施工工期,使盾构能够一次性摊入工程成本,并实现良性循环,这对于大幅度提高盾构法施工的经济效益也是必要且科学的。

提高盾构经济效益，不光是施工企业的目标，也应当是业主的目标之一，达到双赢的局面是最为理想的。如果业主能够充分考虑到标段划分对于施工企业，特别是盾构经济效益的影响，采取相应的措施，那么在降低施工企业成本的同时，也同样降低了业主的建设投资。

4. 盾构设计理念不同，盾构造价相差悬殊

盾构的设计，目前主要有两种理念：一种是以德国的海瑞克和维尔特、美国的罗宾斯、加拿大的罗浮特等为代表的欧美型，其设计理念为追求设计先进，追求完美，配置完善，功能齐全，自动化程度高，构造复杂，经久耐用，较少考虑经济性；另一种是以小松、三菱为代表的日本盾构，其设计理念则是以适应本工程使用需要为目标，尽量简化设计，剔除多余的储备功能，其主要零部件按等寿命设计，不求最先进但求实用，从而大大降低了造价。

以上两种设计理念，其造价相差近一倍。换而言之，一台欧美型盾构相当于两台日本型盾构的价格。对一台价值数千万元的地铁盾构而言，完成相同的工程而节约的投资是相当可观的，其价格优势不能不引起施工企业的高度重视和认可。

当然，这不是否认欧美盾构。对于地质条件复杂的工程，配置欧美型盾构不仅是必需的，也是无可非议的。然而，在招标投标中，业主往往处于盲目追求功能齐全的复杂盾构，把简单的问题复杂化，而要求增加许多储备功能。更有甚者，还有业主只认可欧美型盾构，投标者必须承诺才能中标的现象，使中标企业苦不堪言，经济效益大打折扣。这势必造成施工企业无力再投标，或中标工程严重亏损的局面，从而导致恶性循环，制约企业的发展。因此，科学考虑盾构与工程要求在经济上、功能上等完美的适应性已成为业内人士和高层决策者探讨和高度重视的问题。

盾构法施工是目前已被广泛采用的先进的隧道施工方法，其优势毋庸置疑。因存在一些很难扭转的不合理的社会现象，制约了经济效益的提高。想要谋求经济效益的最大化，则需各方重视、通力协调，结合施工企业多年来探索总结出来的经验，制定和完善相应的制度和规范，并狠抓落实。

第四节　案例及分析

以南京地铁隧道某标段为例，从设备选购、施工管理等方面详细阐述泥土压平衡盾构的施工方法，分析盾构掘进四个阶段的主要消耗指标，并通过与现行的市政定额相关项目进行对比分析，总结投标过程和施工过程中的费用问题。

一、工程概况

南京地铁隧道某标段，工程范围包括玄武门站—许府巷站和许府巷站—南京站区间圆形隧道及联络通道、泵站和相应的洞门。区间圆形隧道采用 2 台德国海瑞克公司制造的 $\phi6.4\mathrm{m}$ 泥土压平衡盾构施工，盾构推进计划路线见图 6-10。其中开拓者 1 号盾构从许府巷站南端头左线始发，到达玄武门站后，进行盾构调头，调头后进入玄武门站—许府巷站区间右线，在玄武门站二次始发，到达许府巷站南端头后，转场至许府巷站北端头掘进许府巷站—南京站区间左线；开拓者 2 号盾构从许府巷站北端头始发，掘进许府巷站—南京站区间右线。

该工程盾构的掘进时间安排见表 6-4。

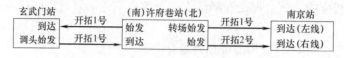

图 6-10　盾构推进计划路线

盾构掘进时间安排　　　　　　　　　　　　　　　　　　　　　　　表 6-4

时　　间	内　　容	备　　注
2009 年 4 月—2010 年 3 月	第 1 台盾构机采购制造	含国外制造、运输、安装和调试时间
2010 年 4 月—2010 年 8 月	许府巷站—玄武门站掘进	第 1 台盾构机施工,掘进速度为 170m/月,同时采购、制造第 2 台盾构
2010 年 9 月—2010 年 12 月	玄武门站—许府巷站掘进	第 1 台盾构施工,掘进速度为 210m/月
2010 年 10 月—2011 年 9 月	许府巷站—南京站	第 2 台盾构施工,掘进速度为 120m/月
2011 年 1 月—2011 年 11 月	许府巷站—南京站	第 1 台盾构施工,掘进速度为 132m/月

该标段具有线路长、工期紧、施工难度大、工程造价低等特点。

线路长：隧道单线 4574m，是衔接 3 站的两区间隧道。

工期紧：包含永久工程设计及盾构采购时间共 22 个月，扣除 10 个月的盾构采购、制造、运输和安装时间，实际工期仅为 12 个月，盾构掘进指标为 382m/月。

施工难度大：线路穿越软弱土层较厚的古河道漫滩地层，主要是低塑性淤泥质黏土、粉质黏土夹杂大卵石及中等到稍密的粉细砂，土质较差。

工程造价低：在激烈的市场竞争中，该工程土建费用不足 2.8 万元/m，且土建费用仅占综合造价 39.2 万元/m 的 7.1%。

二、盾构选型与采购

盾构的选型不仅直接关系到设备的购置费，而且与造价的合理性有关。不合理的选型，一方面会因为设备功能预留储备多、利用率低导致设备购置费用占整个工程造价的比重提高，造成浪费；另一方面，如果所选盾构的地层适应性不够好，不仅会高能耗低产出，延迟工期，而且会导致工程造价剧增。国内盾构的类型主要有泥水式盾构和泥土压平衡盾构。两种不同类型盾构的性能比较见表 6-5。

欧美、日本等国家生产的盾构通常掘进 3km 后就需大修，大修费用约占整个盾构价格的 10%～15%。针对南京地铁隧道某标段区间隧道特殊的地质条件，以及受到许府巷站南北 2 个盾构端头井场地移交时间的限制，为保证工期，经综合分析、比选了盾构的各项指标后，该项目最终决定选用德国海瑞克公司专为该标段设计生产的 2 台全新泥土压平衡盾构 S365 进行施工，该机的主要技术参数可见表 6-6。S365 盾构刀盘采取硬岩刀具配置，并在全部位置上加焊耐磨钢板，刮刀为宽 250mm 的大刮刀。S365 盾构刀盘及刀具的耐磨性好，开仓换刀的次数少。此种盾构在南京地质条件下对大卵石的破碎、刀盘和螺旋输送机的耐磨性以及防止喷涌等方面都有很好的表现，可以有效控制上方土体的沉降，并降低因沉降导致的成本增加。

泥土压平衡盾构和泥水式盾构对比表　　　　表 6-5

项目	泥土压平衡盾构	泥水式盾构
地质条件适应性	适应性一般,在砂性土等透水性地层中需采取特殊的措施	适应性较强
地表沉降控制	在保持土仓压力、控制推进速度、维持切削量与控制螺旋输送机出土量等方面表现优秀	在控制泥浆质量、压力及推进速度、保持进排泥量的动态平衡方面表现优秀
渣土处理	直接外运,方式简单	进行泥水分离处理后外运,较复杂
场地占用	占用施工场地较小	需占用较大的泥水处理场地
设备费用	低	高
工程成本	只需配置添加剂注入设备即可,设备购置及运行费用低	需配备泥水制作、输送及分离设备,设备购置

德国海瑞克盾构 S365 主要技术参数　　　　表 6-6

技术指标	说　明	备　注
主机直径(mm)	6390	没有硬化
主机长度(mm)	4645	土压平衡盾构
盾壳和尾盾长度(m)	7.95	
掘进速度(mm/min)	40	
重量(kN)	910	仅主机钢结构
刀盘驱动形式	液压回转驱动	设计寿命为 10000h
刀盘驱动额定扭矩(kN·m)	4346	
刀盘驱动回转速度(r/min)	0~2.9	
刀盘驱动工作压力(MPa)	24	
刀盘驱动电机功率(kW)	630	2×315
刀具	硬岩刀具	
尾盾形式	铰接式	
尾盾长度(mm)	3300	
尾盾密封	3 排钢丝刷	
尾盾注浆口(个)	4	2×DN50

三、盾构施工管理

为减少盾构掘进过程中对地层和地面的影响,施工管理十分必要。盾构施工管理主要包括掘进管理、线形管理和管片拼装管理等工作。

(一)掘进管理

由于采用泥土压平衡模式掘进,根据地质情况,该工程对土仓压力、推进速度、总推力、排土量、刀盘转速、扭矩、注浆压力、注浆量等 8 个施工管理指标进行了重点管理,其中土仓压力是主要的管理指标。通过控制上述管理指标,不仅可维持切削土量与排土量的动态平衡,而且可实现土仓内压力的动态平衡,进而有效保证土体的稳定及地表建筑物和施工的安全。盾构施工掘进参数见表 6-7。施工中,还应根据实际情况不断优化调整参数,以达到最好的施工效果。

盾构施工掘进参数表　　　　　　　　　　　表 6-7

土压力（MPa）	总推力（kN）	推进速度（mm/min）	刀盘转速（r/min）	扭矩（kN·m）	注浆压力（MPa）	注浆量（m³）
0.134～0.163	7000～8000	20～30	0.8～1.0	2000～3000	0.25～0.35	3.08～5.33
0.134～0.163	6500～7500	30～50	0.8～1.0	2000～3000	0.26～0.35	3.08～5.33
0.140～0.165	8000～10000	40～50	0.9～1.2	2000～3000	0.26～0.35	3.08～5.33

（二）线形管理

线形管理是指通过盾构上的 VMT 导向系统及地面监测数据反馈系统随时掌握掘进中的盾构位置和姿态，并通过计算机系统进行比较和纠偏，使其蛇行前进的曲线尽量与隧道轴线接近。实际施工中，由于对土压力进行了严格控制，因此许府巷站—玄武门站掘进段的地表沉降监测值为 2.7～40mm，其中多数沉降稳定在 8～13mm，只有盾构始发段和到达（接收）段地表沉降较大，但其端头加固区内的沉降很小。正常掘进段由于基本建立了土压的动态平衡，地面沉降值也得到了有效控制。

（三）管片拼装管理

该工程管片设计参数为：每环宽度 1200mm，厚度 350mm，内径 5500mm，外径 6200mm，强度等级为 C50，抗渗等级为 S10。每环管片分 6 块，其中 3 块为标准块，2 块为连接块，1 块为楔形块。每环管片有连接螺栓 56 个，吊装孔（兼注浆孔）6 个。管片间采用耐久性好的三元乙丙材料接缝，并以丁腈软木衬垫对管片蛇行方向进行微调。

四、技术经济分析

（一）工料机（人工、材料、机械）消耗分析

盾构掘进过程按其所处的位置划分为四个施工阶段。

1. 负环掘进段：从拼装后靠管片起至尾盾离开始发井内壁止。

2. 始发掘进段：从尾盾离开始发井内壁至尾盾距始发井内壁 40m 止。

3. 正常掘进段：从始发段掘进结束至接收段掘进开始的全段长度。

4. 接收掘进段：按盾构切口距接收井外壁 5 倍盾构直径长度计算。

在许府巷站—玄武门站实际掘进的四个施工阶段中，按工作测时法统计的掘进进度见表 6-8，主要材料消耗见表 6-9。

由表 6-7～表 6-9，可以推算出盾构掘进每米所消耗的主要工料机数量，见表 6-10。

将以上主要消耗指标与住房和城乡建设部建标（2009）221 号《全国统一市政工程预算定额》第 4 册中的"φ≤7m 刀盘式泥土压平衡盾构掘进"项目对比，可以看出该项目在人工、水、电、尾盾密封油脂、盾构台班等主要资源的消耗量上都比定额预算少，这不仅与使用的进口盾构机械状况好、工作效率高有关（定额测定用的是国产盾构），而且也与合理的施工组织密不可分。

许府巷站—玄武门站盾构掘进进度　　　　　　　表 6-8

阶段	长度（m）	施工时间（d）	掘进时间（min）	安装管片时间（min）	保养及盾构故障停机时间（min）	工序停机时间（min）	平均掘进速度（m/d）
负环掘进段	7.2	4.5	1155	375	360	4590	1.60
始发掘进段	40.0	11.0	2284	2881	915	9760	3.64

续表

阶段	长度(m)	施工时间(d)	掘进时间(min)	安装管片时间(min)	保养及盾构故障停机时间(min)	工序停机时间(min)	平均掘进速度(m/d)
正常掘进段	752.0	104.0	30403	47218	14728	57411	7.23
接收掘进段	31.7	12.5	1335	1695	0	14970	2.54
合计	830.9	132	35177	52169	16003	86731	15.01
占总时间的百分比(%)	—	100	18.51	27.44	8.42	45.63	—

许府巷站—玄武门站盾构掘进主要材料消耗　　表 6-9

阶段	掘进长度(m)	尾盾密封油脂(桶)	施工用电(kW·h)	施工用水(m³)	出土数量(m³)	注浆数量(m³)
负环掘进段	7.2	4.5	13204.8	698.4	241.9	21.0
始发掘进段	40.0	5.4	49940.5	2941.4	1343.8	155.5
正常掘进段	752.0	72.5	586800.6	34561.9	25263.3	2436.5
接收掘进段	31.7	4.3	50709.1	2986.7	1065.0	113.0
合计	830.9	82.2	700655.0	41188.4	27914.0	2726.0
每米隧道平均消耗	—	0.099	843.25	49.57	33.59	3.28

盾构机掘进每米所消耗的主要工料机　　表 6-10

项目	负环掘进段	始发掘进段	正常掘进段	接收掘进段
人工(工日)	62.50	27.50	13.83	39.43
管片连接螺栓(套)	11.9	23.8	23.8	23.8
施工用电(kW·h)	1834.0	1248.5	780.3	1600.0
施工用水(m³)	97.0	73.5	45.9	94.2
尾盾密封油脂(kg)	—	31.05	22.17	31.2
φ6.4m 土压平衡盾构机(台班)	1.88	0.82	0.42	1.19
KCA-150/380V 充电机(台班)	0.34	0.13	0.09	0.09
40t/9.42m 门吊(台班)	0.45	0.27	0.22	0.21
SFD60-4-N010 通风机(台班)	1.88	0.82	0.42	1.19
80DL×5 水泵(台班)	1.88	0.82	0.42	1.19
BX3-500 电焊机(台班)	1.03	0.85	0.44	1.23

（二）盾构成本与折旧费用分析

盾构是盾构法施工的主要设备，在选用时必须与隧洞的设计断面尺寸、地质状况及埋深等条件相适应，因此工程不同，使用的盾构也可能不同。例如，施工单位为某一个项目购买了1台进口盾构时，该盾构所承担的工作量尚不到其使用寿命的1/3。再例如，为满足工期需要，某工程专门采购了2台进口盾构，但其中的第2台仅仅施工了许府巷站—南京站右线约1450m的区间，之后一直闲置，造成了极大的资源浪费。鉴于目前这种状况，有 3 个方面应当引起相关单位的重视：

1. 建设单位可根据地铁建设的整体情况，统一购置盾构，施工单位只负责使用，以此提高盾构的使用效率和成本回收率；

2. 针对目前盾构前期施工准备时间长、施工时间短、生产效率高，但使用效率低的特点，建议建设单位在施工计划安排上优先考虑盾构区间车站和隧道的开工，并尽量将盾构施工标段划分得大一些，以充分发挥盾构的施工优势；

3. 尽快建立和完善盾构制造、改造和租赁市场，扶持其健康发展。

折旧费是指固定资产经过使用后，其价值会因为固定资产磨损和性能的劣化而逐步以生产费用形式计入产品的成本费用，是构成产品成本费用的一部分，并从实现的收益中得到补偿的费用。

目前，在各种定额中，进口盾构的折旧费要么不考虑，要么是按国产盾构计算，与实际差距较大。该折旧费应按工作量法来测定，即进口盾构的使用寿命按掘进 12~18km 计算，国产盾构按掘进 6~12km 计算为宜。

（三）盾构施工中的人工费用分析

盾构施工是技术含量较高的工程作业，操作人员需要熟练掌握机械、电气、计算机、土建等多方面的知识，大多具有技师以上职业资质。但是，在各种定额中，其国内投标工费单价仍与一般建筑工人等同，这显然是不合理的，应予以调整。

南京地铁隧道某标段选用德国海瑞克 S365 盾构施工，通过分析其工料机消耗、盾构成本与折旧费用、盾构施工中的人工费用等经济指标，可以得出该盾构每延米施工需摊销 10000~12000 元，3km 收回成本，且仍可继续使用 2km 而不需大修的结论。实践证明，对于区间长度大于 500m 且小于 5km 的软弱土层，采用适用型盾构进行掘进施工，可以有效节约成本，经济性指标明显优于矿山法施工。

思 考 题

6-1　盾构施工组织机构有哪些？其主要职责分别是什么？

6-2　盾构施工过程大致可以分为哪几个阶段？各阶段的管理要点有哪些？

6-3　盾构施工在经济方面有哪些劣势？该如何解决？

6-4　根据文中的实际施工案例，简述盾构施工过程中，各部分的管理要点。

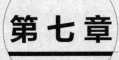

第七章

全断面岩石掘进机简介

【本章要点】

全断面岩石掘进机基本结构、基本原理以及典型施工案例。

【学习目的】

掌握全断面岩石掘进机的基本结构、基本工作原理，了解其施工地质特点、作业过程。

【本章导读】

全断面岩石掘进机是岩石质地层隧道（洞）的加工厂或生产流水线，尽管应用规模不如盾构，但在我们国家的水利水电隧洞、铁路公路隧道（如山岭地区）、矿藏巷道等已获得广泛应用。为使读者建立起全断面隧道掘进机（盾构和全断面岩石掘进机的统称）应用的完整概念，本章简单介绍了全断面岩石掘进机的基本结构、作业原理、基本类型等基础知识并简述了几个典型施工案例。

第七章

第一节 TBM概述

一、TBM简介

全断面岩石掘进机（英文名称为Full Face Rock Tunnel Boring Machine，简称TBM）是集机械、电气、液压和自动控制于一体的岩石质地层全断面开挖的大型高技术成套施工装备，是集掘进、出渣和衬砌等多功能于一体的"岩石质隧洞（道）加工厂"，融合了新材料、新工艺、液压、自动控制、信息、电子、电力、激光制导等高新技术。由于采用全断面岩石掘进机施工法具有快速、优质、安全、对围岩破坏小、利于环境保护、降低劳动强度及改善工作环境等特点，已广泛用于水利水电隧洞、铁路公路隧道、城市地铁、矿藏巷道等岩石质地层的全断面开挖。

（一）TBM施工原理和特点

1. 施工原理

TBM的作业方式为水平支撑撑紧洞壁，驱动系统驱动刀盘旋转，同时推进液压缸推进，刀盘上盘形滚刀切入岩石，在岩面上作同心圆轨迹滚动破岩，剥落的岩渣靠自重掉入洞底，由刀盘上设置的刮渣铲斗铲起并随刀盘一起旋转，至刀盘上部，岩渣靠自重经刀盘上设置的溜槽落入皮带机出渣，其基本结构如图7-1所示。

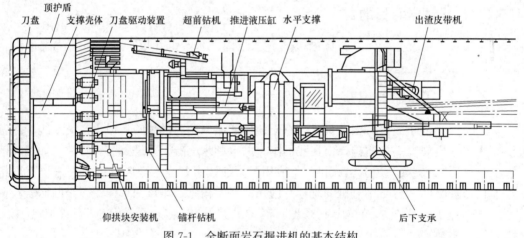

图7-1 全断面岩石掘进机的基本结构

TBM掘进作业包括如下几个阶段：支撑、掘进、换步、复位。具体过程如图7-2所示：

图①为支撑阶段，水平支撑油缸同时推动撑靴伸出，撑紧围岩，撑靴与围岩间的摩擦力提供动力。后支撑收回，为主梁前移做准备。

图②为掘进阶段，推进油缸活塞杆逐渐伸出、刀盘旋转，TBM掘进。

图③为换步阶段，后支撑伸出，水平支撑收回。

图④为复位阶段，推进油缸活塞杆收缩复位，拉动与之连接的撑靴、鞍架沿导轨前移，为下一个掘进行程做准备。

图⑤所示阶段与图①相同，为下一掘进循环的支撑阶段。

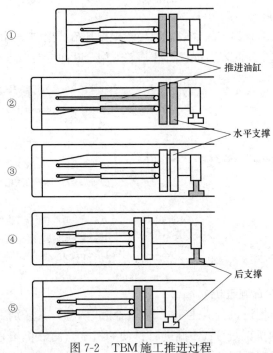

图 7-2　TBM 施工推进过程

　　TBM 还具有在线调向功能，即在推进阶段，通过撑靴和俯仰油缸的运动，实现 TBM 姿态的调整，对掘进轨迹进行纠偏。

　　2. 施工特点

　　与矿山法相比，TBM 施工具有如下特点：（1）施工速度快，能够实现连续掘进，并与出渣、初期支护等作业同步完成；（2）施工质量高，机械破岩有效避免了对围岩造成的扰动，也使模筑混凝土衬砌工程量得以减少；（3）施工高效，隧洞施工工期缩短，成洞后又会节省运行维护费用，极大地提高了经济效益和社会效益；（4）施工安全，机械施工不仅减少了人工体力劳动量，而且减少了事故的发生。除此之外，该技术还具备环保、出渣能力强、导向精度高、初期支护速度快、自动化程度高等优点。

　　TBM 施工的缺陷与不足：

　　（1）采用 TBM 设备进行施工的首期投入成本较大。TBM 施工需要高负荷的电力保证，需要高素质的技术人员和管理队伍，前期购买设备的费用较高。

　　（2）TBM 的设计及制造过程需消耗一定的时间。在确定采用 TBM 法进行施工后，应提前预留出适当的时间来对 TBM 进行选型。

　　（3）TBM 每次都只能用于开挖同一直径类型的巷道。尽管 TBM 的动力系统配制能够允许其在某一直径范围内进行变换，但改变刀盘的结构尺寸需消耗一定的时间并得满足相关的规范。因此，一般而言 TBM 每次都只用于完成一个特定尺寸的巷道的施工，中途不会进行变换。

　　（4）TBM 对工程的实际地质情况比较敏感，因此在选择工程所需的 TBM 时要合理考虑工程的实际地质情况。

　　（5）运输困难，对施工场地及运输道路状况有一定要求。

（二）全断面岩石掘进机的分类

全断面岩石掘进机的分类方法很多，但一般根据其与开挖洞壁间的关系分为敞开式全断面岩石掘进机、护盾式全断面岩石掘进机和其他类型全断面岩石掘进机，如图7-3所示。

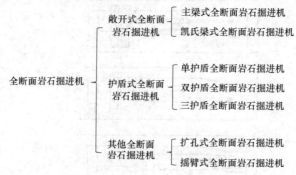

图7-3　全断面岩石掘进机分类

1. 敞开式全断面岩石掘进机

敞开式全断面岩石掘进机分为主梁式和凯氏梁式两种，其区别主要在内机架与外机架间的连接（图7-4）。内机架是 TBM 掘进时移动的机架，而外机架是 TBM 换步时（推进油缸收缩时）移动的机架。图7-4（a）是主梁式内外机架连接方式一例；为提高连接刚度，Kelly 发明了方机架连接，从而研制出了凯氏梁式 TBM，见图7-4（b）。敞开式 TBM 主要用于围岩自稳能力较好的岩石质地层的施工，能利用自身支撑机构撑紧洞壁并承受向前推进的反作用力以及反扭矩。

为提高敞开式全断面岩石掘进机对岩石质地层的适应性，一般在其上设置锚杆钻机、超前钻机、仰拱块安装机和混凝土喷射装置等地质灾害临时处理设施。敞开式 TBM 主要适用于岩性完整、裂隙较不发育且具有较好自稳性的中硬岩地层。敞开式 TBM 的造价相对较低，支护手段灵活，几乎拥有钻爆法施工的全部支护手段。同时，由于其护盾较短，护盾卡机的概率也相对较小。但由于施工人员和设备无护盾保护，存在一定安全风险。

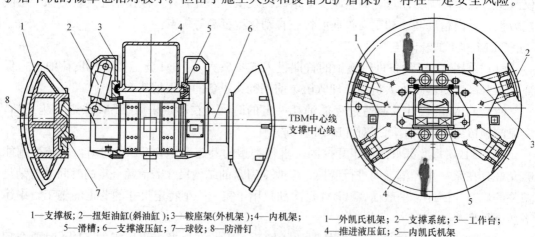

1—支撑板；2—扭矩油缸（斜油缸）；3—鞍座架（外机架）；4—内机架；
5—滑槽；6—支撑液压缸；7—球铰；8—防滑钉

1—外凯氏机架；2—支撑系统；3—工作台；
4—推进液压缸；5—内凯氏机架

(a)　　　　　　　　　　　　　　　(b)

图7-4　TBM 内外机架连接

（a）主梁式 TBM 内外机架连接；（b）凯氏梁式 TBM 内外机架连接

2. 护盾式全断面岩石掘进机

经过对全断面岩石掘进机实际施工经验的总结和分析发现，如果将盾构机的一些技术优点应用到 TBM 中，将会提高 TBM 对岩石地质地层的适应性，从而提高整机的掘进效率。护盾式全断面岩石掘进机便是因此而发展起来的，它的改进之处在于在机器周围加上圆筒护盾，主要用于复杂地质地层，如破碎带、断层、局部软岩甚至溶洞等敞开式掘进机难以正常施工的地质情况。护盾式全断面岩石掘进机一般分为单护盾和双护盾。单护盾TBM 上只有一个护盾，其护盾是为防止岩体坍落，严重影响 TBM 施工而设置的防护装置，其推进方式与盾构基本相似，并设置有管片铺设机（构），但刀盘及其驱动、破岩刀具及出渣方式与敞开式 TBM 基本相同，见图 7-5。在此基础上又发展起来了双护盾TBM。结构上，双护盾全断面岩石掘进机（图 7-6）综合了敞开式和单护盾全断面岩石掘进机的特点，从而增强了机器对地质状况的适应性。与敞开式全断面岩石掘进机相比，其结构的显著特点就是多了两个护盾——前护盾和后护盾，两护盾间由伸缩节相连。

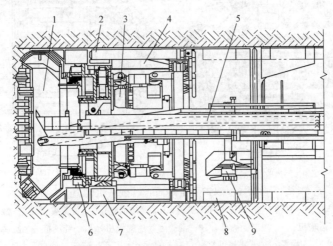

图 7-5　单护盾全断面岩石掘进机结构

1—刀盘；2—护盾；3—驱动装置；4—推进油缸；5—皮带运输机；6—主轴承及大齿圈；
7—刀盘支承壳体；8—混凝土管片；9—混凝土管片铺设机

1）前护盾

前护盾是由钢板卷压焊接而成的圆柱形壳体，其外径略小于掘进机的开挖直径，以便掘进时能随内机架向前移动，也可避免在因边刀磨损开挖直径减小的情况下被卡住。前护盾包裹着刀盘壳体，内侧通过耳座孔与推进油缸活塞杆相连，以获得前移动力。在前护盾顶部两侧 45°角处各装有一个稳定靴，此稳定靴可通过在护盾上开的小窗口伸出撑在洞壁上，其支撑力是可调的，因此，可用于机器掘进时的调向。在前护盾的后端通过螺钉装有前伸缩节，前伸缩节内是可滑动的并与后护盾相铰接的后伸缩节，这样的结构既可伸缩也可弯曲。

2）后护盾

后护盾也叫支撑护盾，也是由厚钢板经卷压焊接而成的圆柱形壳体。后护盾前端是液压缸铰接的后伸缩节，支撑机构就布置在后护盾所在部位，可以是水平支撑机构，也可以是 X 形支撑机构。支撑靴通过后护盾上开的窗口伸出撑紧洞壁，后护尾盾部有一段外伸

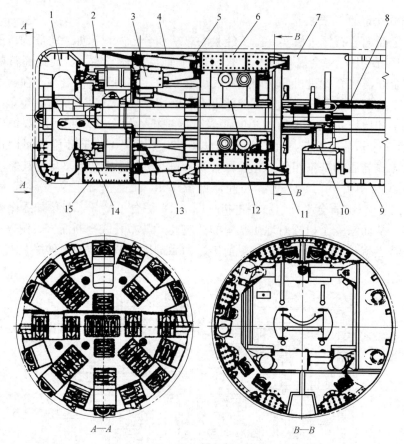

图 7-6　双护盾全断面岩石掘进机构造

1—刀盘；2—前护盾；3—驱动装置；4—可伸缩护盾；5—铰接油缸；6—后护盾（支撑护盾）；7—尾护盾；
8—皮带运输机；9—混凝土管片；10—混凝土管片铺设机；11—辅助推进油缸及撑靴；
12—支撑靴；13—推进油缸；14—主轴承及大齿圈；15—刀盘支承壳体

的壳体称为尾护盾。尾护盾还包裹着辅助推进油缸，辅助推进油缸只有作用在衬砌上才能发挥作用。

因此，双护盾 TBM 有两套推进机构或系统，一套等同于敞开式 TBM，一套等同于单护盾 TBM，并设置有管片铺设机（构）。

3. 扩孔式全断面岩石掘进机

扩孔式全断面岩石掘进机是先打导洞，然后分级或一次扩孔掘进成洞，如图 7-7 所示。在用支撑式或护盾式全断面掘进机开挖隧洞时，当刀盘的边刀滚动线速度超过刀具设计最大允许值（约 215m/s）时，从破岩机理分析，破岩量将停止增加；根据机械设计计算，此时边刀的使用寿命将急剧下降，由于刀盘边刀的滚动线速度为刀盘转动角速度和掘进机开挖半径之乘积，因此，当开挖直径较大时，刀盘的转速受刀具最大线速度的限制而不得不相应减小，从而降低了掘进速度。为此，德国维尔特公司采用一台较小直径的全断面掘进机先沿隧洞轴线开挖一个导洞，然后再用扩孔式掘进机将隧洞扩至所需直径，扩孔式掘进机最大开挖直径可达 15m。

根据扩孔式全断面岩石掘进机所具有的独特的打洞特点，它在施工时具有以下优势：

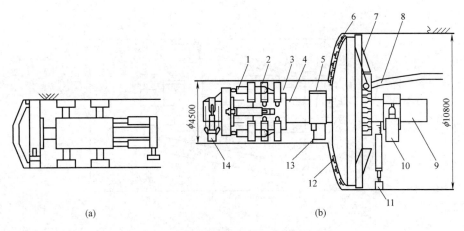

图 7-7 扩孔式全断面岩石掘进机结构

(a) 导洞掘进机；(b) 扩孔机主机部分

1—推进液压缸；2—支撑液压缸；3—前凯氏外机架；4—前凯氏内机架；5—护盾；6—切削盘；7—石渣槽；
8—输送带；9—后凯氏内机架；10—后凯氏外机架；11—后支承；12—滚刀；13—护盾液压缸；14—前支承

（1）根据打出的导洞，对洞内岩质情况有了明显的认知，对以后扩孔具有非常好的参考性；同时，导洞的作用还可以加强空气流通，排除洞内的积水；（2）扩孔式岩石掘进机可以随时改变隧洞直径的大小，只要是隧洞的直径超过导洞直径且不大于最大直径，就可以根据需要来改变隧洞直径；（3）在进行打导洞的时候，可以根据周围的岩石情况对隧洞壁做相应的处理，以便使后面的扩孔顺利进行；（4）从图 7-7 可以看出，该机器大部分都是在导洞里，对于突发事件，可以对周围岩壁进行加固处理。该扩孔式全断面岩石掘进机也有一定的劣势，主要表现在：（1）采用扩孔式开挖隧道需要两台全断面岩石掘进机，其成本比较高；（2）此类岩石掘进机需要对隧洞进行二次加工，同时，在第一次打导洞时需要进行岩石岩壁的加固支护，工作量极其大，因此施工时间将会非常长。

4. 摇臂式全断面岩石掘进机

摇臂式全断面岩石掘进机的刀具和摇臂随机头一起转动，摇臂的摆动由液压缸活塞杆的伸缩来传递，通过摇臂使刀具内外摆动，如图 7-8 所示。转动与摆动这两种运动的合成使刀具以空间螺旋线轨迹破碎岩石，可掘进圆形或带圆角的矩形隧洞断面。其推进方式是靠支撑靴及推进液压缸推进机头，此与敞开式全断面岩石掘进机推进方式类同。摇臂式掘进机的旋转机头上装有若干条顶部带刀具的摇臂。刀具的布置有两种形式：一种是刀刃径向平面通过摇臂铰支点，由法国布依格（BOU-YGUES）公司制造，又称布依格摇臂式掘进机；另一种是刀刃径向平面与刀具回转轴和摇臂铰支点连线之间有一近似 90° 的夹角，由德国维尔特公司和加拿大 HDRK 公司联合研制，又称维尔特摇臂式掘进机。

二、TBM 的国内外发展现状

（一）国内发展现状

1953 年，美国研制出了第一台实用的 TBM，掘进速度几乎 10 倍于同时代的钻爆法，以出色的方式开创了岩石质隧道（洞）TBM 施工的新时代。国内 TBM 技术的应用与发展相对国外一些 TBM 强国来说起步较晚，发展速度相对较慢。从 1964 年上海勘测设计院和华北电力大学（原北京水电学校）等单位开始进行 TBM 方案设计至今，国内 TBM

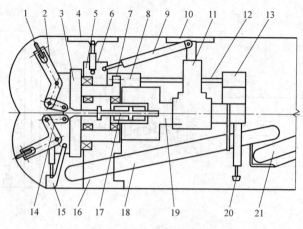

图 7-8　摇臂式全断面岩石掘进机

1—盘形滚刀；2—摇臂；3—旋转机头；4—护顶靴及油缸；5—外机架；6—止推轴承；7—传动齿轮；8—减速箱；
9—推进轴承；10—支撑靴板；11—支撑油缸；12—传动轴；13—电动机；14—连杆；15—刮板；16—前下支撑；
17—摆动油缸；18—链板运输机；19—内机架；20—后下支撑；21—皮带运输机

已经经历了五十多年的发展，按照不同时期 TBM 研发及工程承包方式的特点，可以将我国 TBM 的发展历程分为四个时期：探索时期、引进时期、联合时期和自主时期。

1. 探索时期

自 1964～1985 年前后，属于我国 TBM 技术发展的探索期。在政府相关部门支持下，国内一些相对有实力的企业、设计院和高校进行自主摸索和研发，在 20 世纪 70 年代研制出一些诸如 SJ55、SJ58、SJ64 和 EJ30 型 TBM 进行实验性试掘进施工。在 20 世纪 80 年代研制出 SJ58A、SJ58B、SJ40/45、EJ30/32 和 EJ50 型 TBM 在云南西洱河水电站引水隧洞、引滦入津新王庄隧洞、龙门滩引水隧洞以及山西古交东阜煤矿隧道等进行实用性掘进工作。

该时期 TBM 的研发、制造、施工和管理等技术都完全依靠我们自己的摸索和试验。但是在当时的时代背景下，国内技术基础薄弱，生产能力有限，因此研制出的 TBM 工作可靠性差、寿命短、利用率和效率都很低，无法推广使用，在业界产生了不敢使用也不想使用 TBM 的氛围。

2. 引进时期

自 1985～2005 年前后，属于我国 TBM 技术发展的引进期。国内隧道工程在该时期所使用的 TBM 基本为国外引进，主要由美国的罗宾斯或德国的维特尔等企业研制。虽然此阶段的设备以国外引进为主，但是前后工程的承包方式也有差异。按照工程承包方式，该时期又可以分为两个阶段：1985 年～1998 年前后，是以国外承包商为主体的阶段，如山西万家寨引黄入晋工程隧洞、甘肃引大入秦工程隧洞等；1998 年后，是以国内承包为主体的阶段，如西康铁路秦岭隧道、西安—南京铁路桃花铺隧道和磨沟岭隧道、新疆中天山隧道等。

在 TBM 与地质间关系的认识方面，国外 TBM 掘进机对国内岩体好坏的适应性依然比较差，大型固定配套设备不宜变更，出现不良情况时不能及时采取措施。但在 TBM 施工中增加了国内相关技术人员对地质与设备间关系的认识，如总结出了 TBM 软岩施工中掘进参数与地质的关系及掘进模式的正确选择,研究了硬岩 TBM 在软岩隧道施工中掘进速度与支护系统能力的匹配关系,以及 TBM 在不良地质地段掘进相关应对措施。如桃花铺隧道施工时根据不同的围岩类别及围岩变化情况,选择相应的 TBM 推力、刀盘扭矩和刀盘转速等掘进参数,以达到与掘进地质地层的良好匹配,实现了施工技术与经济性的合理统一。另外根据具体地质条件,也做了刀盘刀具等的优化和加强工作,并取得了不错效果。到该阶段的后期,尽管 TBM 从国外引进,但已经由以国外承包工程为主体的形式过渡到了完全由国内承包商施工,并且还实现了部分 TBM 零部件的国产化。

3. 联合时期

自 2005~2015 年前后,在我国隧道工程施工的 TBM 基本以国内科研、高校和企业与国外相应企业联合研制为主,并且自主施工,所以该时期为国内 TBM 发展的联合时期。该时期的著名工程有辽宁大伙房输水隧道工程、兰渝铁路西秦岭隧道工程、甘肃引洮隧道工程和青海引大济湟隧道工程等。其中辽宁大伙房工程中的两台 TBM 是由大连重工起重集团与美国罗宾斯合作生产;兰渝铁路西秦岭隧道工程的 TBM 是由美国罗宾斯公司和南车集团成都隧道装备公司联合生产,前者负责设计工作以及提供技术支持,后者负责生产制造,核心部件全球采购。

此阶段,不仅实现了 TBM 部分零部件的国产化,而且还掌握了 TBM 装配技术和一些关键零部件(如刀盘)的制造工艺,并开始使用耐磨容量较大的 19 英寸盘形滚刀。在辽宁大伙房隧道工程使用的 TBM 刀盘的焊接技术,不仅效果符合无损探伤要求,而且成本仅为国外的一半左右,配套的 PPS 导向系统大大提高了掘进机的精度。在引大济湟总干渠隧道工程使用的 TBM 刀盘,已设计为可双向旋转,提高了 TBM 的脱困能力,内凹式刀座和刀盘做成一体,使得盘形滚刀刀圈的一小部分凸出刀盘前表面,防止了破碎地层中大块岩石卡住刀盘现象的发生。

该时期的 TBM 大多采取了国外制造商与中国装备制造企业和施工单位联合设计制造,在国内工厂组装调试的模式,不仅节约了 TBM 引进的资金,而且促进了国内 TBM 制造企业的发展,培养出了更多的技术人员和专家,为 TBM 国产化奠定了基础。国内对地质、TBM 和两者关系的认识也已经较成熟,施工队伍发展壮大,施工规范逐渐完善,TBM 的选型流程也已成形。

4. 自主时期

2015 年后,我国的施工 TBM 实现了国产化,国内生产出了拥有自主知识产权的 TBM 设备,摆脱了只能依靠国外引进 TBM 的局面,因此 2015 年至今可以称为我国 TBM 的自主时期。此阶段的典型工程有引松供水工程、兰州水源地工程和内蒙古补连塔煤矿斜井工程等。引松供水工程的第三台 TBM 为国内首台拥有自主知识产权的 TBM,兰州水源地工程的 TBM 为国产首台双护盾 TBM,内蒙古补连塔煤矿斜井工程属于世界首例单护盾 TBM 用于长大煤矿斜井施工的工程。该时期还开始面向国外施工市场,如厄瓜多尔、越南、巴基斯坦、埃塞俄比亚、伊朗和黎巴嫩等都有国内的 TBM 施工队伍在国际隧道(洞)工程建设中践行着"人类命运共同体"的理念。

该时期是我国 TBM 技术发展的一个崭新时代,经过半个世纪的努力,我国终于实现了敞开式、双护盾、单护盾 TBM 主要机型的国产化设计制造。如果说第一代 TBM 设计理论(一维设计理论)和第二代 TBM 设计理论(二维设计理论)都是国外工程技术人员努力的结晶，那么 TBM 在我国的发展将为第三代 TBM 设计理论（三维设计理论）的产生和应用提供广阔前景；对盘形滚刀磨损机理的认识和曲面刀盘概念的提出，为进一步延长盘形滚刀寿命、提高 TBM 利用率提供了理论依据。在将来的地下空间开发与建设中，TBM 将是更高效的施工装备，不仅在我国沿海城市、公共管廊等的建设中展现其独特的优势，而且会在我国成为制造强国、促进人类共同发展过程中展现其"隧道（洞）加工厂"的魅力。

（二）国外发展现状

全断面岩石掘进机是由盾构掘进技术发展而来，距今已有 170 多年的发展历史。1846 年出现了 TBM 的雏形，其由比利时 Henri-Joseph maus 发明，将一组机械岩石钻机安装在钻架台车上掘进施工，用于意大利与法国之间的 MON CENIS 隧道工程。1851 年美国工程师设计了世界第一台可连续掘进的掘进机 TBM，由于设计中存在难以克服的滚刀问题和其他困难，使其难以与刚诞生的钻爆法相媲美，变成无用武之地。1880 年英国的 Colonel beaumont 成功研制了第一台能较为顺利进行掘进的 TBM，直径 2.13m，曾用于英国 Mersey 河下一座隧道的开挖。1882 年 Colonel beaumont 发明了压缩空气驱动的 TBM，成功应用于英吉利海峡隧道，它先后从两岸掘进，在海下各开挖了直径 2.1m，长 1.6km 的导洞。从 1882 年到 1926 年间，一些国家又先后设计了 21 台 TBM 掘进机，因受到当时技术条件的限制，如合金钢材、液压技术等，TBM 的发展处于停滞状态。直至 20 世纪 40 年代末 50 年代初，欧美及日本各工业发达国家又继续研究、设计、制造和使用 TBM。

TBM 真正进入实用阶段的时间是 20 世纪 50 年代中期，美国西雅图的 James S. Robbins 进入 TBM 制造领域，仿照 100 年前 Charles wilson 的设计，采用盘形滚刀，取得了成功。此后，TBM 的应用得到了很大的推广，从软岩地质到中硬岩地质均取得成功。在刀具和机械系统方面，国外也做了很多改进和发展，提高了 TBM 在硬岩中的掘进速度，并超过钻爆法的掘进速度。TBM 不仅在速度上占了优势还为隧洞施工走向机械化、标准化创造条件，更重要的是为隧洞工作者提供更加安全、友好的施工条件。TBM 在加拿大多伦多的一条污水隧洞的成功应用引起了隧道工程界广泛注意，激起了世界各国开发 TBM 的热情。

经过一个半世纪发展，国外 TBM 掘进技术已经相当成熟，被广泛应用于世界各国能源、交通、水力、国防等部门的地下隧道工程建设；构造上不断完善，有敞开式、单护盾、双护盾、三护盾等多种类型，以适应不同的地质条件；国外使用 TBM 掘进隧洞已经很普遍，特别是 3km 以上的长隧洞。

TBM 开挖施工避免了钻爆法不可避免的造尘麻烦，开挖尘土大量减少，TBM 刀头上还自备喷水除尘和吸尘系统，以及从洞外到隧洞工作面通风系统，很好地改善了隧洞内工作环境。除此之外，限制钻爆法单口掘进长度的排烟问题，在 TBM 施工中已不是问题。

国外各主要 TBM 厂商投入大量精力研发新技术，比如盘形滚刀已经从 17 英寸成功发展到 19 英寸，承载力大大增加；适用于软硬岩石的双护盾 TBM 得到广泛发展并普遍适用；PLC 程序控制系统代替原来的有限继电器逻辑控制成为标准配置，控制整机的电气、液压、润滑等系统；刀盘结构设计更加合理，选材具有更强的结构强度和耐磨性，寿命大大增加；开挖直径向大直径和微型两个方向发展，通常直径为 1.5～12m，大直径甚至达到 15m，小直径微型 TBM 开挖直径达到 0.3m；开挖断面形状从单一的圆形断面，发展为双圆或多圆、甚至不规则断面 TBM；开挖隧道不仅有水平掘进 TBM 还有竖井 TBM 和斜井 TBM。

国外掘进机公司各自生产的 TBM 产品大多自成系列，其设计、产品、零部件等已在公司内部形成系统，具有一定的通用性。据分析，TBM 产品系列的主要参数如刀盘驱动功率、刀盘扭矩及推力是根据硬岩、刀盘额定转速和每把盘形滚刀的最大承载力等确定，通常情况下，TBM 制造商均按照其系列参数设计产品，并认为 TBM 系列产品适应性强，主要性能并不局限于单一工程地质条件。

三、全断面岩石掘进机与盾构机的互通性

全断面岩石掘进机与盾构机在施工实践中各自遇到一些问题，盾构机在土质隧道掘进中有时会遇到短距离的岩石段，盾构机固有的结构特点就很难掘进；全断面岩石掘进机在岩石隧洞掘进中会遇到软岩、岩石破碎带、断层及短距离土质洞段，全断面岩石掘进机固有的结构特点也很难继续掘进。近二三十年来全断面岩石掘进机与盾构机的发展是各自从结构上吸取对方特点以弥补自身的不足。盾构机在刀盘上除了切刀（铲刀）外，有的还可布置一定数量具有岩石掘进机构造特征的盘形滚刀，以适应通过短距离的岩石段，如英法海峡隧道法国侧使用的直径 5.61～8.62m 盾构机。

现代双模式盾构机（或混合式盾构机）已经具备了盾构机和岩石掘进机的双重功能，在软土中开挖时采用螺旋输送机或泥浆管系统出渣，在岩石质地层掘进中采用皮带机出渣，适用于软土和硬岩交替出现的混合地层，如瑞士苏立世至斯维尔地下隧道工程、香港西铁隧道工程、广州和深圳地铁工程中采用的双模式盾构机。全断面岩石掘进机的发展则产生了单护盾、双护盾、三护盾掘进机，配置了具有盾构机结构特征的盾壳、切刀，在盾壳的保护下以适应通过软岩、破碎带和断层带的掘进要求，并配置管片拼装机，预制钢筋混凝土衬砌管片可在盾壳的保护下拼装，如在我国引大入秦、引黄入晋引水隧洞工程中使用的罗宾斯双护盾掘进机。

第二节　TBM 构造与选型

国内外掘进机公司生产的全断面岩石掘进机，其结构形式上虽有一些差别，但工作原理基本相同，整机主要可归纳由以下部分组成：刀盘系统（包括刀盘、滚刀、刀盘轴承部件）、刀盘支撑、机架、推进系统、刀盘回转机构、前后下支撑及调向机构、出渣设备、激光导向装置、除尘装置、液压系统、润滑系统、电气系统、控制系统、监控系统、数据收集系统、通信系统和支护设备等。其主要结构如图 7-9 所示。

一、TBM 主机构造

TBM 主机主要由机架、刀盘系统、刀盘驱动装置、支撑和推进机构等组成。刀盘是破岩和集渣转载的执行机构；支撑和推进机构使掘进机步进式向前掘进，给刀盘施加推力；机架由内机架和外机架组成。敞开式 TBM 主机结构如图 7-10 所示。

（一）机架

机架是 TBM 的主体构件，分为内外机架两部分。内机架是掘进过程中可移动的部分，俗称大梁。维尔特机型（图 7-11）又称内凯氏方机架，是钢板焊接成的箱形结构，其前端用法兰盘和精制螺栓与刀盘支承壳体相连，末端与后下支承连接，内机架带有经淬火硬化的导

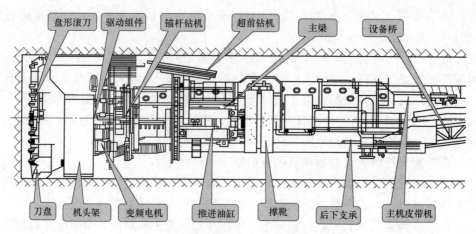

图 7-9　敞开式掘进机结构图

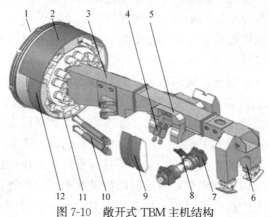

图 7-10　敞开式 TBM 主机结构

1—刀盘；2—顶护盾；3—主梁；4—俯仰油缸；5—鞍架；6—后支承；7—撑靴油缸；
8—十字销轴；9—撑靴；10—推进油缸；11—底护盾；12—侧护盾

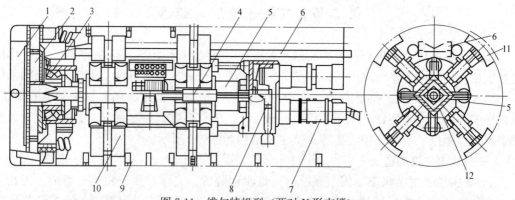

图 7-11　维尔特机型（两对 X 形支撑）

1—刀盘；2—机头架；3—主驱动轴承；4—主梁；5—主推进油缸；6—首段皮带机；7—刀盘驱动电机；
8—后支承；9—推进液压缸；10—后下支撑；11—支撑靴；12—操纵室

轨，与外机架支承块构成滑动副。外机架是掘进过程中不动的部分，液压水平支撑或 X 形
支撑与之相连。机架用于连接主要部件及传递破岩的反扭矩，是掘进机的主要结构件，所
有钢板与焊缝要经过无损探伤，保证无任何缺陷。机架实物图如图 7-12 所示。

图 7-12 机架实物示意图

(二）刀盘系统

TBM 刀盘系统是整个设备在掘进作业中处在最前端的部分，它主要由刀盘、盘形滚刀和刀盘轴承等零部件组成。

1. 刀盘

TBM 刀盘是通过焊接组成的钢结构件，如图 7-13 所示。早期的 TBM 刀盘，按其轮廓形状可分为平面刀盘、锥面刀盘和球面刀盘 3 种，如图 7-14 所示。采用球面刀盘可以增加 TBM 的定向性和稳定性，但无法适应不良地质，罗宾斯在中小型 TBM 上曾采用过球面刀盘。平面刀盘相对于锥面刀盘和球面刀盘，接触破岩面积小，因此所受阻力也比较小，减小了对岩石的扰动，对不良地质，如砂砾层、块状围岩、不稳定地层等，有较好的适应性，并且平面刀盘制造方便，其上安装的刀具轴向力小，刀盘推力的利用效率高。锥面刀盘居于平面刀盘和球面刀盘之间，大锥角刀盘可以充分形成破岩自由面，破岩效率高，掘进过程中能够保持稳定，但对地质的适应性比较差。它们各自的特点见表 7-1。由于平面刀盘地质适应性强，所受摩擦力也小，因此应用最为广泛，而球面刀盘与锥面刀盘

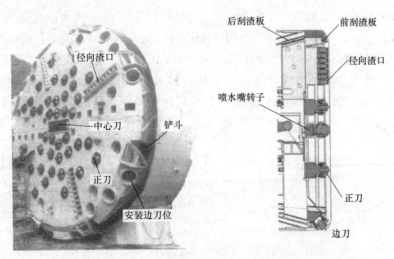

图 7-13 全断面岩石掘进机刀盘结构

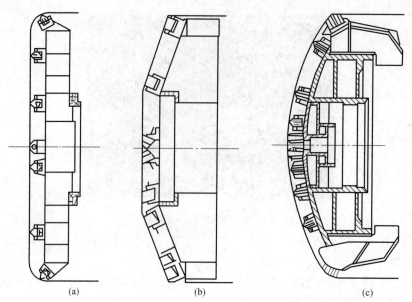

图 7-14　全断面岩石掘进机刀盘类型

（a）平面刀盘；（b）锥面刀盘；（c）球面刀盘

只是在小直径 TBM 中曾有极少的应用。特别是考虑到剥落岩渣的滑落，球面刀盘和锥面刀盘较平面刀盘都存在严重的多次破碎，目前已基本不再采用这 2 种刀盘，即球面刀盘和锥面刀盘的 TBM 已被淘汰。

全断面岩石掘进机刀盘类型及其特点　　　　　　　　　　　表 7-1

刀盘形式	锥面刀盘	平面刀盘	球面刀盘
特点	大锥角刀盘可以充分形成破岩的自由面，破岩效率高，掘进过程中能够保持稳定	机身支撑稳定性好；刀盘径向力平衡性好；岩石工作面稳定；制造方便，其上安装的刀具轴向力小；刀盘推力的利用效率高	硬岩采用。原因为：刀盘工作稳定

随着 TBM 应用技术的发展，TBM 刀盘直径也经历了由小到大的发展历程。按照其刀盘直径 d 的大小，TBM 一般分为小型 TBM（$d<3m$）、中型 TBM（$3m \leqslant d \leqslant 8m$）、大型 TBM（$8m < d \leqslant 10m$）和特大型 TBM（$d > 10m$）等。一般情况下，当刀盘直径达到 8m 及以上时，考虑运输的方便，刀盘会采用分体式结构设计。按分体刀盘的组合方式，刀盘又可分为中心对分式、偏心对分式、中方五分式及中六角七分式 4 种，如图 7-15 所

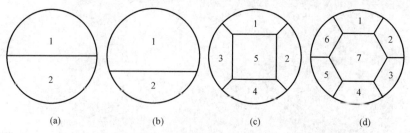

图 7-15　分体式刀盘的组合形式

（a）中心对分式；（b）偏心对分式；（c）中方五分式；（d）中六角七分式

示。中心对分式和偏心对分式适合中大直径刀盘，但是中心对分式刀盘对中心刀位的刚度有较大削弱。中方五分式适用于大直径刀盘，中六角七分式适用于特大直径刀盘。

2. 盘形滚刀

盘形滚刀是 TBM 刀盘实现破岩掘进的关键核心部件。滚刀具体的详细内容介绍参照第二章第一节盾构切削系统的内容。盘形滚刀经历了牙轮钻、球齿钻、双刃滚刀等发展阶段，在 TBM 上的应用又经历了楔刃至平刃的发展。由于盘形滚刀是 TBM 上的易损件且价格偏高，因此提高其耐磨性，增大其耐磨容量，一直是该领域研究的热点。理论和试验发现，通过改变盘形滚刀的刀刃外形及改进其在刀盘上的安装方式（如外倾安装和前倾安装），可有效提高盘形滚刀的耐磨容量。目前工程上普遍应用的是增大了直径的盘形滚刀，即通过增大盘形滚刀直径提高其耐磨容量，从而促进了盘形滚刀直径的大型化发展。盘形滚刀直径的增加，容许的磨损量增加，刀圈寿命的提高，减少了掘进过程中的换刀频次，提高了 TBM 设备的利用率。同时，盘形滚刀直径增加，其所能承受的推力也增大，对应的贯入度增加，提高了盘形滚刀破岩能力，从而实现了 TBM 的快速掘进，但随之产生的问题也不可小觑。在相同贯入度下，大直径盘形滚刀较小直径盘形滚刀需要更大的推力和转矩，对应的 TBM 刀盘必须有更高的强度和刚度。在一些 TBM 上已发生过，因采用大直径盘形滚刀，而对应的刀盘强度和刚度不足，在实际掘进过程中，推力增大，刀盘翘曲，振动增大，所以只好采用小推力掘进，从而延误工期，增加了工程成本。

3. 刀盘轴承及其密封

刀盘轴承又称为主轴承，主轴承及密封是 TBM 最关键的部件，也是决定 TBM 使用寿命的关键核心部件。刀盘轴承又俗称大轴承，除了要承受刀盘本身的巨大重量以外，还要承受刀盘在掘进过程中受到的巨大推力和倾覆力矩，因此设计刀盘轴承时要求必须达到设计刚度的要求，其一般结构如图 7-16 所示。

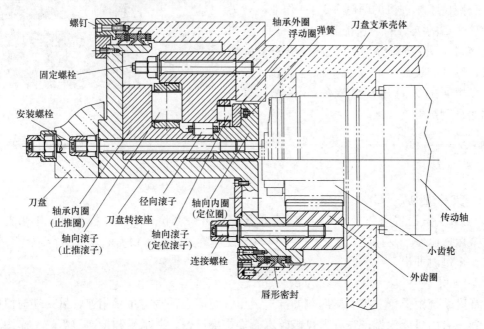

图 7-16　刀盘轴承及密封

图 7-17　TBM 刀盘驱动系
统示意图

1—动力元件；2—大齿圈；3—主轴承；
4—刀盘支座；5—小齿轮；6—减速器

刀盘密封可防止灰尘侵入刀盘轴承、大齿圈，并防止润滑油外泄。其中大齿圈的作用是带动刀盘转动，与刀盘轴承装配在一起。

（三）刀盘驱动装置

TBM 在掘进过程中，有两个主要的运动：一是刀盘的旋转运动，产生切削力；二是刀盘向前的推进运动，形成切削深度。两者协同工作，完成 TBM 的掘进过程，因此单把盘形滚刀的运动轨迹是一条空间螺旋线。刀盘旋转运动依靠刀盘驱动系统完成，而推进运动则是由支撑、推进系统完成。图 7-17 是 TBM 刀盘驱动系统的示意图，主要包括驱动（电机或液压马达）、减速器、齿轮副（小齿轮和大齿圈）、主轴承等。其基本工作过程是：电机或液压马达的动力经过减速器的输出实现减速增矩，减速器输出的高转矩通过小齿轮传递到大齿圈上，进一步起到减速增矩的作用；在这样几个驱动单元共同作用下，实现刀盘的驱动。

（四）支撑机构与支承机构

支撑机构的作用是为掘进提供作用力；而支承机构的作用则是在 TBM 掘进过程中支承其重量，位于 TBM 下部。

1. 支撑机构

目前 TBM 支撑机构有水平支撑和 X 形支撑等类型，以水平支撑为例，其端部由两组（共 4 块）支撑靴组成，撑靴实物如图 7-18 所示，分别位于掘进机的两侧。TBM 作业时，刀具破碎岩石的抗力的传递流程见图 7-19。支撑靴的接岩面积一般较大，可与洞壁岩石良好地接触，以适应破碎、软弱或不稳定围岩区的支撑。支撑靴的纵向开有宽 200mm 的槽，以便顺利通过钢拱架支撑区。

图 7-18　撑靴实物图

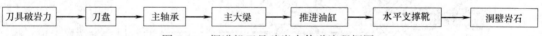

图 7-19　掘进机刀具破岩力传递流程框图

2. 支承机构

TBM 一般设置两套支承机构，一套位于前部，一套位于后部，换步时，用来支承机器的重量，以便当支撑机构收回时 TBM 不会往下落。同时，设有联动装置能避免后支承系统在掘进时伸出。

（五）推进系统

推进系统由位于主机主梁两侧的推进液压缸组成，一端与主梁相连，另一端与撑靴相连。其一方面可以为掘进过程刀盘破碎岩石提供推进力，并承受和传递刀盘的反作用力到支撑洞壁；另一方面在换步时，带动与撑靴相连接的鞍架快速复位。

二、TBM后配套系统

后配套系统是 TBM 主机连续掘进所需配套设施的总称，其设备组成框图见图 7-20，是 TBM 实现掘进、出渣及初期支护一体化施工的辅助保障。掘进机的后配套系统集中了激光制导、支护系统、超前探测、石渣运输、风水电供应、应急发电机、监控中心及通信、安全、通风、除尘、作业人员休息场所等设施。

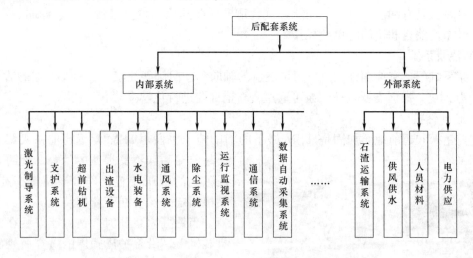

图 7-20 TBM 后配套系统

1. 激光制导系统

隧道激光制导系统设置在掘进机的前端，是控制 TBM 正确掘进方向的系统。TBM 配置的是"PPS 导向系统"，如图 7-21 所示，该系统可灵活地用于直线及曲线掘进的导向，通过计算测定和预测掘进机的位置、方向、仰角和转角并不断地进行调整、纠正掘进方向。

1—马达全站仪； 2—计算机处理系统；
3—净空测量； 4—数据传输；
5—倾斜仪； 6—马达棱镜(前视)；
7—信号传输装置； 8—洞外系统控制计算机；
9—远程棱镜(后视)

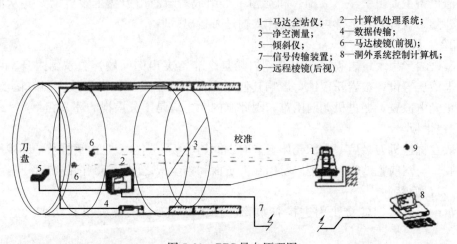

图 7-21 PPS 导向原理图

PPS 导向系统和隧道掘进软件连续不断地提供 TBM 的三维坐标和动态信息，其附带的通信装置能够接收数据，由计算软件计算 TBM 的方位和坐标，并由图表和数字表格的形式准确地显示位置。

2. 锚杆支护系统

根据地质条件，可在鞍架的前面设置两台大功率锚杆钻机（如规格 COPIO32）、两套液压注浆系统，可完成随机和系统锚杆的施工，快速及时地对危险或存在潜在危险体进行支护。注浆系统和钻机可由其自带的液压泵站提供动力。

1）锚杆钻机

锚杆钻机具有冲击、旋转的功能，每台钻机可在其控制台上进行伸长、弯曲、定位、旋转、冲击、输送和返回等单独操作。

2）注浆系统

注浆系统配备有伸缩性油缸，可沿隧洞的轴向和径向倾斜注浆，在机头架上的活动范围大约为240°。根据需要，注浆泵可通过岩石锚杆孔进行化学灌浆。

3. 超前钻机

超前钻探和超前地质加固是 TBM 必备的辅助施工手段，TBM 配置超前钻机用于地

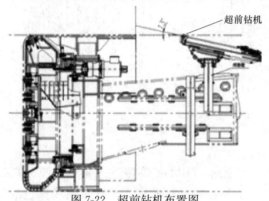

图 7-22　超前钻机布置图

质超前探测和不良地质的处理。超前钻机由独立的液压装置操作，当钻掘探孔时，钻机固定并安装在管片拼装机后面的支座上；当钻掘灌浆孔时，钻机能安装在管片拼装机上，沿着护盾圆周的贯穿盾壳的预留孔实现 360°钻孔作业。TBM 配置一台多功能钻机，可以通过前盾壳体、刀盘和具有足够大直径的导管来实现钻取岩芯和钻孔进行地层加固的功能。超前钻机布置图如图 7-22 所示。

4. 出渣设备

出渣设备主要由铲斗、溜槽、和运输带等组成。岩渣由刀盘上设置的铲斗从洞底铲入，铲斗随刀盘旋转到上部再经溜槽卸入输送带运出。

5. 除尘系统

刀具破岩产生大量岩粉，洞内清除岩粉是个非常突出的问题，关系到人身、设备安全。机电液压等设备被岩粉侵蚀，影响其使用寿命，甚至发生突发事故。洞内粉尘增多，使激光靶光电散斑，掘进机调向困难，因此洞内除尘应是十分重视的环节。

1）挡尘板

一般在掘进机刀盘后，支承壳体上装有一圈挡尘板，挡尘板是由钢板及一圈橡胶垫组成，橡胶垫与洞壁紧贴密封，把岩粉挡在掌子面和挡尘板之间，与洞内隔离。

2）刀盘喷嘴

刀盘中心通过回转接头引进橡胶水管，破岩时，刀盘喷嘴喷出雾状水灭尘并冷却刀具。

3）除尘器

由布置在挡尘板上方的吸尘管经真空泵吸出尚未被喷雾沉淀的粉尘至除尘器。除尘器有干式和湿式两种。干式除尘器，一般岩粉进入若干袋筒（毛织袋）过滤，袋筒由一套打击机构振动集尘，粉尘靠自重从袋筒降落到集尘室，干净的空气经袋筒过滤后排入洞内；

湿式除尘器，岩粉由吸尘管进入直径扩大的集尘室，集尘室内设有若干水管和喷嘴及格栅滤网，粉尘经集尘室流速骤然降低，大颗粒粉尘靠自重降落，然后喷嘴喷出雾状水灭尘，再经滤网除尘，干净的空气排入洞内。

4）出渣皮带机进料口设置一排水管和喷嘴

岩渣经铲斗、溜槽和皮带机出渣，在皮带机进料口设置一排水管和喷嘴，喷出雾状水再次灭尘，经皮带机运出的岩渣，基本上无粉尘污染。

6. 通风系统

TBM施工隧道一般配置风管，用来排除撑靴区域及液压泵等产生的热空气，隧道外的新鲜空气经轴流风机输送到TBM后配套及作业区域，通过风机和风管可以保证清洁空气不断供应给整个掘进系统。

7. 钢支撑及钢筋网安装系统

TBM掘进机上设置有环形钢支撑（或支架）及钢筋网安装机，位于大梁的前端，进行钢支撑及钢筋网的安装施工或安装环形分块支架，并将其组合成环形，及时地处理危岩体。环形安装机在TBM上可进行提升、旋转、就位、伸长和收缩移动，并能与顶支撑相对移动。环形支架的安装作业均在顶支撑的保护下进行，操作者使用遥控器进行作业控制。

8. 应急供电系统

后配套上备有带隔声罩、无污染的柴油发电机，此系统具有自动启动功能，可保证当主电源断电时，自动启动备用供电系统。当主电力线路停电时，应急供电系统可确保某些设备的供电。

9. TBM运行监视系统

在掘进机的操作台上装有监视器和可编程逻辑控制器（PLC），摄像头和监视器能够显示激光靶和出渣作业，与监视系统相连的摄像头可监视下列各点：

（1）在桥式皮带机上方的掘进机运输机卸料滚筒；

（2）连续皮带运输机上方的后配套运输机卸料滚筒；

（3）铺轨作业区；

（4）混凝土喷射材料作业区；

（5）后配套斜坡段作业区。

10. 数据自动采集系统

TBM操作人员通过TBM上配置的可编程逻辑控制器（PLC）操作控制台上的手把或开关，将TBM掘进施工的信号采集到PLC系统，经过分析、处理后，将信号发送至相应的信息部门。PLC接收TBM传感器发出的各种各样的数字信号，经过控制台上显示地不断变化的数据，实时反映出掘进机的工作情况。如果需要，操作手可以锁定机器，以避免机器发生损坏。此系统可自动采集一些基本的资料信息，配合一台打印机，可将数据方便地打印出来。TBM设备的这些参数能实时地显示在监视器上，当发生故障时，警示灯（或声音警告）可提醒操作人员，以便操作人员及时了解故障种类及位置。

11. 控制室及设备修理间

在后配套的前部设有控制室，见图7-23，TBM掘进机的大部分操作均在该控制室中完成。操作室中安装有PLC控制系统和显示设备，系统可显示和控制（通过控制程序或

图 7-23 控制室示意图

者操作者的指令）液压、润滑和电气设备等。后配套上还设置有设备修理间，可对 TBM 进行一些简单的维修和保养，并存放一些小型配件。

12. 通信系统

掘进机操作室和后配套各作业区由通信系统相连接。系统配置若干手持式对讲机或有线隧洞通信系统，分别位于掘进机操作室，前后注浆区，预制管片放置区，铺轨作业区，皮带卸渣区，后配套上各风、水、电、液等关键部位及洞外指挥中心。

13. 牵引系统

后配套的牵引系统由牵引液压油缸通过桥式皮带机架牵引，此牵引系统是完全独立于掘进机的推进系统，其设计牵引强度远远大于后配套所需的牵引力和连续皮带机的拉力之和，足以满足施工要求。

三、TBM 选型

TBM 选型主要是依据待施工地质条件，并考虑工程工期、工程质量和衬砌等的要求，在敞开式、护盾式（单护盾和双护盾）TBM 间，选择适合的 TBM 施工。TBM 选型依据或考虑因素见图 7-24。

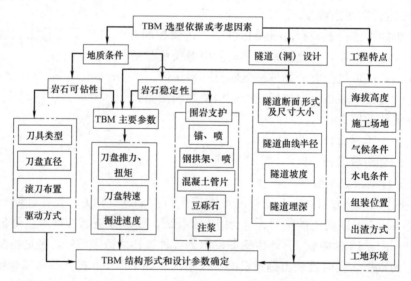

图 7-24 TBM 选型依据或考虑因素

岩石质地层隧道全断面施工的敞开式、单护盾和双护盾 TBM 各有特点。但一般而言或从理论上表述，若整条隧道围岩稳定性好、地质水文状况又不复杂，且整条隧道可不用管片衬砌，则可考虑选用敞开式 TBM 施工；反之，若整条隧道围岩虽有一定稳定性，但相对较软弱，甚至不足以提供撑靴的支撑力，且整条隧道又必须采用管片衬砌，则可考虑选用单护盾 TBM 施工；若地质围岩介于稳定性好和差之间，可概括为尽管整条隧道围岩稳定性好，但不时会发生不足以提供撑靴支撑力的不稳定段，则可考虑选用双护盾 TBM 施工。亦即，岩石稳定性状况好，且又以中硬岩为主、软弱围岩占比较少的情况下选择敞开式 TBM。施工过程中，地质情况好的地段，只需进行挂网锚喷，支护量小，速度快，遇到断层破碎带时需支护加固，安装钢拱架，支护量大，速度慢。软弱围岩占比较大、岩石稳定性差的隧道一般选用护盾式，其中，当开挖岩石比较软、地层比较差，但岩石可以自稳，且一般不发生坍塌的地质地层，可以选择单护盾 TBM。软弱围岩占比较大的情况下，选择双护盾 TBM。双护盾使用的地层比较广，主机可以在护盾的保护下进行掘进作业，主机后部一般装有衬砌管片安装系统。双护盾 TBM 向前掘进的同时也可进行管片安装作业，后配套系统则完全在已经安装衬砌管片的地层中作业，同时完成混凝土喷射和灌浆作业，但费用相对较高。根据具体工程地质条件，TBM 主机选型对比可见表 7-2。

TBM 主机选型对比　　　　　　　　　　　　　　　　　表 7-2

项目		TBM 类型		
		敞开式	双护盾	单护盾
适应范围		围岩条件较好，适应围岩为中硬岩、坚硬岩、极硬岩，单轴抗压强度50～250MPa，一般开挖Ⅱ、Ⅲ级围岩为主	可适应软岩、中硬岩、坚硬岩，单轴抗压强度在20～120MPa，岩体较完整，适应Ⅱ～Ⅳ级围岩，要求地勘资料详细明确	可适应软岩短期自稳地层，强度在 5～60MPa，岩体较完整～较破碎的Ⅲ、Ⅳ级围岩，要求地勘资料详细明确
掘进速度		掘进速度快，但在围岩破碎时很慢，对围岩的变化非常敏感	能够保持在一个较稳定的高速下掘进，对地层的变化相对没有敞开式敏感	相对较低
初期支护方式		钢拱架、钢网片、钢筋网、锚杆、喷射混凝土	管片、豆砾石、砂浆，对围岩止水、注浆和补强加固困难	管片、豆砾石、砂浆，对围岩止水、注浆和补强加固困难
衬砌施工与质量		初期支护充分变形稳定和问题暴露，复合现浇衬砌跟随施工，质量可控	管片工厂化生产，自身质量有保障；对施工要求高，由于施工缝多，易出现错台、裂缝	管片工厂化生产，自身质量有保障；对施工要求高，由于施工缝多，易出现错台、裂缝
防排水		可以对围岩注浆，排、堵结合，可靠性高	管片承受水压，一般采用以堵为主，拼装缝多，可靠性较低，在裂隙水发育时，拼装缝可能漏水	管片承受水压，一般采用以堵为主，拼装缝多，可靠性较低，在裂隙水发育时，拼装缝可能漏水
施工经济性		在良好地层，支护量少，造价低；不良地层时，支护灵活，可以因地制宜	在稳定地层，原则上可只拼装底管片降低支护成本造价；在不良地层时，需全拼管片	需要全线拼装管片
监控量测		能	不能	不能
复杂地层适应性	岩爆	能够通过后配套的设备，安全通过断层带，初期支护及时	采用单护盾模式快速通过	能够快速通过

续表

项目		TBM 类型		
		敞开式	双护盾	单护盾
复杂地层适应性	贫水断层	能够通过后配套的设备,安全通过断层带,初期支护及时	采用单护盾模式快速通过	能够快速通过
	富水断层	风险高,不适应	可采用单护盾模式通过,背后回填困难,衬砌需考虑水压荷载	可采用单护盾模式通过,背后回填困难,衬砌需考虑水压荷载
	挤压断层	基本不适应	不适应	不适应
	地下水处理	对裂隙流水能够适应	对裂隙流水能够适应,水压高时管片衬砌需研究减压方案	对裂隙流水能够适应,水压高时管片衬砌需研究减压方案
	超前支护	相对灵活	不灵活	不灵活
	施工风险	卡机、塌方、岩爆、撑靴撑不住、支护方式复杂	卡机、变形大、水压大、结构受力不足	卡机、变形大、水压大、结构受力不足
TBM 设备造价		标准配置造价较高,高配则造价更高,如多套超前钻机、锚杆钻机和喷射混凝土系统	相当于敞开式标准配置的 1.1(或 1.4~1.5)倍左右	相当于敞开式标准配置的 0.9 倍左右
隧道造价		较高	高	高

　　除 TBM 主机外,对 TBM 造价和施工影响较大的还有刀盘驱动方式和出渣方式,其各自特点分别见表 7-3 和表 7-4。

刀盘驱动方式及其特点 表 7-3

驱动方式		变频电机驱动	液压马达驱动	双速电机驱动
体积	驱动部分	大	小	大
	附属部分	中	大	小
传动效率		高	低	高
维修保养		好	差	好
地层适应性		好	一般	差
调速性能		好	好	差
过载能力		强	强	弱
设备费用		较高	中等	较低

出渣方式及其特点　　　　　　　　　　　　　　　　　表 7-4

运输方式	皮带	矿车
运输能力	高、连续输送	较低、间断输送
TBM 后配套	短	应有较长的装渣长度,后配套较长
维护	除对轨道系统设备维护外,还要对皮带系统的维护,要求高	除对轨道系统设备维护外,还要对转渣设备、支洞皮带机进行维护
运输管理	需要进行皮带的延伸,管理较简单	需要进行列车编组管理,管理复杂
施工安全性	好	差
通风系统要求	低	高
设备投资成本	较高	较低

第三节　TBM 应用案例

一、西安—安康铁路秦岭Ⅰ线隧道 TBM 施工

(一) 工程概况

西安—安康铁路上的秦岭隧道 (开挖直径 8.8m) 位于西安市以南约 45km 处,在青岔车站与营盘车站之间 (图 7-25)。采用 TBM 施工的秦岭Ⅰ线隧道全长 18.46km,北洞口线路高程约 870m,南洞口线路高程约 1025m,隧道两端高差约 155m。由西安端进洞后约 14.7km 范围内为 11‰ 的上坡,最后 3.2km 以 3‰ 的下坡出洞。秦岭隧道地处北秦岭中山区,隧道最大埋深约 1600m,埋深超过 1000m 的地段长约 3.8km。

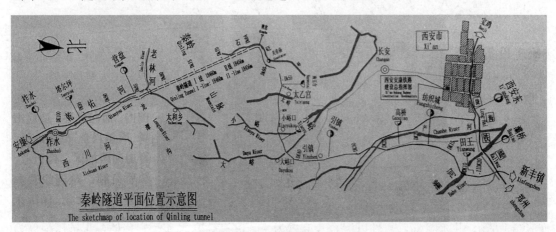

图 7-25　秦岭隧道平面位置示意图

(二) 地质概况

地质情况大概可分为四段,其概况见表 7-5。

秦岭隧道地质概况表　　　　　　　　　　　　　　　　　表 7-5

段区	岩性	干抗压强度（MPa）	干抗拉强度（MPa）	岩石节理情况		主要矿物成分（％）
第一段 4.2km	混合片麻岩	78～137	6.27～9.00	<0.2m 0.2～0.4m 0.4～1m	1.5% 77.5% 21%	长石 55～75 石英 20～30 云母 5～10
第二段 2.3km	混合花岗岩	122～163	7.10～10.05	<0.2m 0.2～0.4m	15% 85%	长石 60～75 石英 20～30 云母 5～10
第三段 7.6km	混合片麻岩	105～325	8.10～11.80	<0.2m 0.2～0.4 0.4～1m >1m	3% 4% 24% 64%	长石 60～70 石英 10～35 云母 5～10
第四段 4.3km	含绿色矿物混合花岗岩	117～192	6.65～10.60	<0.2m 0.2～0.4m	20% 80%	长石 60～70 石英 20～30 云母 5～10 绿泥石 1～3

1. 南口施工地质

秦岭隧道穿越地段地质条件十分复杂，其南口的地质情况见图 7-26。此段掘进机施工 5.6km，有高地应力、岩爆、地热、断裂带涌水、围岩失稳等不良地质灾害发生，按岩性的不同分为两段，见表 7-6。

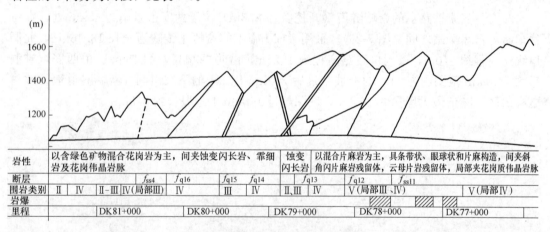

图 7-26　秦岭隧道南口工程地质概况

2. 北口施工地质

秦岭 I 线隧道北口段 9513m，其中 TBM 施工 5175m，F4 断层用钻爆法施工 380m，预备洞施工 259m。其地段工程地质情况基本可分为两段（表 7-7）：第一段 DK64＋370～DK68＋670，共 4300m，岩性以混合片麻岩为主，夹有片麻岩和片岩残体，干抗压强度为 78～137MPa，大部分岩体受构造影响严重，绝大部分岩体整体性较好，裂隙较少，掘进较为困难；第二段 DK68＋670～DK70＋245，共 1575m，岩性以混合花岗岩为主，干抗压强度为 122～163MPa，经过 F4 大断层（DK69＋010～DK69＋390），断层宽近 400m，节理发育，岩粒相对较前疏松，较有利于 TBM 施工。

秦岭隧道南口地质情况 表 7-6

段别	第一段	第二段
编号	DK82+508.5~DK79+580	DK79+580~DK76+771
岩性	以含绿色矿物花岗岩为主，间夹蚀变闪长岩、闪长玢岩、伟晶岩、长英岩等岩脉；除蚀变闪长岩外，岩石强度高、变形小；岩体受地质构造影响严重，断裂构造发育，有大小断层15条，皆为压性逆断层，岩体节理裂隙较发育及发育；地下水局部较发育，主要为渗水、滴水和小股流水。本段围岩主要为Ⅲ~Ⅳ类，断层带及蚀变闪长岩发育地段为Ⅱ~Ⅲ类，隧道埋深50~600m，具中等地应力水平，主要地质灾害是围岩坍方，局部有轻微岩爆现象	以混合片麻岩为主，间夹角闪片麻岩、黑云母片岩岩残留体、长英岩及伟晶岩岩脉等；岩体强度高、变形小；岩体受地质构造影响轻微及较严重，节理裂隙不发育及较发育，断层局部发育；地下水不发育，仅少数地段有渗水、滴水或小股流水。本段围岩主要为Ⅳ~Ⅴ类，局部断层带为Ⅱ~Ⅲ类，隧道埋深500~900m，属高应力区，主要地质灾害是岩爆，如：DK77+000~DK76+833、DK77+315~DK77+140、DK78+864~DK77+628等地段

秦岭隧道北口地质情况 表 7-7

段别	第一段	第二段
编号	DK64+370~DK68+670	DK68+670~DK70+245
长度	4300m	1575m
干抗压强度	78~137MPa	122~163MPa
岩性	以混合片麻岩为主，夹有片麻岩和片岩残体	混合花岗岩为主
特点	绝大部分岩体整体性较强，裂隙较少，掘进较为困难	有大断层，断层宽度400m，节理发育，岩粒相对较前疏松

此施工段Ⅵ类围岩502m，Ⅴ类围岩1364m，Ⅳ类围岩2575m，Ⅲ类围岩757m，Ⅱ类围岩46m。区域性断层及小断支25条，受构造影响，伴有许多挤压软弱结构面和节理密集带。另外，岩爆、涌水、地热、围岩失稳等频繁出现在施工中。其中第一段混合片麻岩中Ⅴ、Ⅵ类围岩1819m，节理较发育~不发育，岩体成大块状砌体结构~巨块状态结构，可掘性非常差，每循环1.8m，纯掘进时间为3~5.5h。

（三）设备选型

由于在实际施工中，秦岭隧道分南口（又称出口）和北口（又称进口）两个施工段区，分别由原铁道部第十八工程局和原铁道部隧道工程局施工。所用主要施工设备都是从德国维尔特（Wirth）公司同时引进的TB880E开敞式全断面岩石掘进机（各一台）。机型参数见表7-8。

全断面岩石掘进机主要技术参数 表 7-8

参数	参数值	参数	参数值
新刀盘时的开挖直径(m)	8.8	支撑系统	
扩孔洞径(m)	8.9	支撑靴数(个)	16
最小洞径(m)	8.77	额定支撑力(kN)	60 000
刀盘		接地压力(MPa)	1.4~2.8
功率(kW)	84×30=3440	支撑靴总面积(m²)	21.6(2.25×0.6×16)
驱动方式	电动+液压马达	支撑油缸数(个)	32
转速(r/min)	2.7/5.4	支撑缸径×杆径×行程(mm)	275×200×800
力矩(η=75%时)(kN·m)	5800	油压(MPa)	32
最大推力(kN)	21 000	盘形滚刀	
额定推力(kN)	17 750	滚刀直径(mm)	432
换步行程(mm)	1800	中心刀数量(把)	6
脱困极限力矩(kN·m)	8700(电)	正刀+边刀数量(把)	62+3

续表

参数	参数值	参数	参数值
盘形滚刀		TBM后部支承	
扩孔刀数量(把)	6	液压缸油压(MPa)	32
刀间距(mm)	约65	主轴承	
次级电压		制造厂	SKF/RKS
电动机电路(V)	660	形式	轴向-径向-轴向
照明(V)	110	设计寿命(h)(额定工况下)	25 000
辅助设备(V)	380	使用寿命(h)	>15 000
频率(Hz)	60	密封寿命(h)	>25 000
输送带		刀盘驱动减速器	
带宽(mm)	1200	形式	水冷行星式
带厚(mm)	11	速比	22±2%
最大输送能力(m³/h)	1150	刀盘驱动总速比	273.46
最大带速(m/s)	0~2	刀盘驱动电动机	
带长(m)	25	形式	水冷双速双向
功率(kW)	50	数量	8
主机长度(m)	22	功率(kW)	430/220
主机重(kN)	7800	转速(rpm)	1500/750
掘进速度		离合器	
干抗压强度325MPa时(m/h)	1.0	形式	摩擦式
饱和抗压强度250MPa时(m/h)	1.0	操作方式	液压操作
干抗压强度120~180MPa时(m/h)	3.5	最大扭矩(N·m)	4700
饱和抗压强度100~120MPa时(m/h)	3.5	刀盘由液压马达驱动时	
直径误差(mm)	±50	转速(rpm)	0~1
系统总功率		功率(kW)	385
电驱动部分(kW)	4863	最大扭矩(kN·m)	10 500
液压驱动部分(kW)	1658	刀具参数	
高压系统(kV)	10(+10%~-15%)	中心刀尺寸(mm)	φ432
低压系统(V)	690/400/230	正刀尺寸(mm)	φ432
刀盘总重(kN)	1300	边刀尺寸(mm)	φ432
推进液压缸		承载能力(kN/把)	250
缸数(个)	8	安装方式	后装式
缸径(mm)	320	更换时间(min)	约35
杆径(mm)	240	冷却嘴数	30
行程(mm)	2000	变压器	
最大油压(MPa)	31	容量(kV·A)	2700
刀盘护盾前支承		数量(台)	2
液压缸数(个)	4	应急发电机功率(kW)	160
液压缸推力(kN)	4×2000	最大部件	
油压(MPa)	32	主轴承尺寸(m)	φ5.2×1.5
刀盘顶护盾		刀盘尺寸(分解后)(m)	8.25×4.35×1.92
支承力(kN)	3000	主轴承箱重(kN)	700
TBM后部支承		刀盘重(分解为二)(kN)	650
支承力(kN)	3000	驾驶室噪声(dB)	<85

（四）秦岭Ⅰ线隧道南口的施工

1. 施工组织及劳动组合

一般情况下，TBM 施工实行 24h 三班制，两个大班（每班 9～10h）连续施工掘进，一个小班（4～6h）进行停机保养维修。施工组织见表 7-9。

施工组织——秦岭隧道工程 TBM 施工的劳动组合　　　　　表 7-9

分工	机械班	掘进班					预制厂	后勤
		掘进组	TBM 保养组	刀具组	出渣运输组	车辆保养组		
职责	洞外供电、供水、机修和装渣等	分两个小组，负责掘进、锚固支护、仰拱块安装和巡检等	机械、电气、后配套和液压的保养	换修刀具等	岩渣运输	车辆的保养	仰拱块加工，洞内喷浆料生产等	生产指挥、调度；生活物资供应
人数	54 人	21 人/组	20 人	14 人	9 人×3	10 人	59 人	—
工作时间	—	9～10h/组	4～6h	—	—	—	—	—

2. TBM 组装

组装场地提前用钻爆法开挖 250m 的预备洞和 10m 的起步洞。采用 C30 混凝土铺底，厚度为 30cm，顶面为平坡。组装用主要设备见表 7-10。

TBM 组装用主要机械设备　　　　　表 7-10

设备	门式起重机		叉车	平板拖车		汽车式起重机	
吨位（t）	75	15	6	5	40	25	40
数量（台）	2	1	1	1	1	1	1

TBM 组装的基本程序：

设备组装前，项目部组织有关专家和技术人员编制了《TB880E 型 TBM 组装施工组织设计》书，制定了组装程序（图 7-27）和操作细则。在 WIRTH 公司技术人员指导下，用了 12 周的时间，顺利完成了 TBM 的组装调试工作。

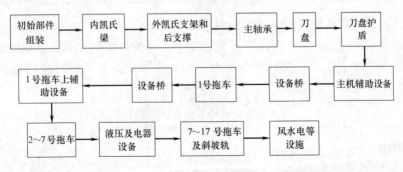

图 7-27　TB880E 型 TBM 的基本组装程序

3. TBM 通过不良地质地段及其措施

1）TBM 通过不良地质地段及其采取的一般措施

TBM 通过断层、不利结构面、岩爆段等采取的一般措施见表 7-11。

TBM 通过不良地质地段及其采取的一般措施　　表 7-11

段别	围岩类别	长度(m)	岩性	不良地质特点	采取措施
第一段	V、VI	1819	节理较发育、不发育，岩体呈大块状砌体结构	断层、不利结构面、岩爆等	停机加强支护(架设钢支撑、挂钢筋网、喷混凝土等)

2）TBM 通过具体的不良地质地段及其相应的对策

（1）TBM 通过断层带的对策

① TBM 通过 F_{SS13}、F_{SS12} 两断层带的施工处理

DK78+120～DK78+200 与 DK78+960～DK79+120 两段分别处于 F_{SS13} 和 F_{SS12} 两断层带中，受断裂带的影响，构造裂隙发育，岩体破碎。主要岩性为碎裂岩、构造片岩、糜棱岩、断层泥砾石等，岩石强度低，围岩稳定性差。其中，DK78+960～DK79+120 段处于构造裂隙富水区。该区域采用人工钻爆预处理、TBM 穿行通过的方法，即利用 II 线平导开挖临时横通道进入 I 线隧道预处理，避免 TBM 在该区域受阻，影响整个隧道的施工。

② 其他各断层带 TBM 自处理方法

根据各断层带的围岩状况，采用不同的支护类型和参数，其中 II、III 类围岩段采用钢拱架、锚杆、喷混凝土和挂网综合支护，部分 II 类围岩段钢拱架上再焊 8mm 厚的钢板支护。各类围岩段的支护参数见表 7-12。

各类围岩段的支护参数　　表 7-12

围岩类别	喷混凝土厚度(cm)	初期支护						钢架(榀/m)	预留变形量(cm)
		$\phi 22$ 锚杆			钢筋网				
		位置	长度(m)	间距(m)	位置	直径(mm)	间距(cm)		
II	10	拱墙	3.0	1.0×1.0	拱墙	$\phi 8$	25×25	1/0.9	5
III	10	拱墙	3.0	1.0×1.0	拱墙	$\phi 8$	25×25	1/0.9	5
IV	8	拱墙	3.0	1.0×1.0	拱墙	$\phi 8$	25×25	1/1.2	5

（2）秦岭隧道掘进机通过坍方地段的对策

秦岭隧道掘进机通过坍方地段采取了两种对策。一种是加强支护，另一种是恰当设置掘进参数。各种地质条件下的支护类型见表 7-13，各种支护类型所对应的支护参数见表 7-14，不同类别的围岩所对应的 TBM 掘进参数见表 7-15。

各种地质条件下的支护类型　　表 7-13

饱和抗压强度(MPa)	单位体积节理数(J_v)	节理发育程度	围岩类别						
			II	III	IV		V		VI
					一般地段	局部岩爆地段	一般地段	局部岩爆地段	一般地段	岩爆地段
<30		很发育	1—1	A—2	—	—	—	—	—	—
30～60	>16	发育	—	A—2	—	—	—	—	—	—
	10～16	很发育	—	A—2	—	—	—	—	—	—

饱和抗压强度（MPa）	单位体积节理数（J_v）	节理发育程度	围岩类别							
			Ⅱ	Ⅲ	Ⅳ		Ⅴ		Ⅵ	
					一般地段	局部岩爆地段	一般地段	局部岩爆地段	一般地段	岩爆地段
60～130	>16	发育	—	A—2	A—3	A—3	—	—	—	—
	10～16	较发育	—	A—3	A—4	A—3	A—5	A—5′	—	—
	6～10	不发育	—	—	A—5	A—3	A—6	A—6′	—	—
	<6	很发育	—	—	—	—	A—6	A—6′	A—6	A—6′
130～200	>16	发育	—	—	—	—	—	—	—	—
	10～16	很发育	—	—	A—4	A—3	—	—	—	—
	6～10	较发育	—	—	A—5	—	A—6	A—6′	—	—
	<6	不发育	—	—	—	—	A—7	A—6′	A—7	A—6′
>200	10～16	发育	—	—	A—4	A—3	—	—	—	—
	6～10	较发育	—	—	A—5	A—3	—	—	—	—
	<6	不发育	—	—	—	—	A—7	A—6′	—	—

各种支护类型的支护参数　　　　　　　　　　表 7-14

支护类型	预留变形量（cm）	初期支护参数								钢架
		喷混凝土		φ22 锚杆			钢筋网			
		部位	厚度（cm）	位置	长度（m）	间距（cm）	位置	直径（mm）	间距（cm）	
A—1	5	全断面	10	全断面	3	100×100	全断面	φ8	25×25	1 段/0.9m
A—2	5	全断面	10	全断面	3	120×120	全断面	φ8	25×25	3 段/3.6m
A—3	5	全断面	8	半圆以上	3	120×121	半圆以上	φ8	25×25	—
A—4	5	全断面	8	局部	3		局部	φ8	25×25	—
A—5	5	全断面	5/8	局部	2.5	—	局部	φ8	25×25	—
A—5′	5	全断面	5	局部	2.5	—	半圆以上	φ8	25×25	—
A—6	5	全断面	5/8	局部	2.5	—	—			—
A—6′	5	全断面	5	局部	2.5	—	半圆以上	φ8	25×25	—
A—7	5	全断面	5	局部			—			—

Ⅱ～Ⅳ类围岩的 TBM 掘进参数　　　　　　　　　　表 7-15

掘进参数	围岩类别			
	Ⅱ	Ⅲ		Ⅳ
		岩体完整性较差，出现较大的塌方	岩体完整性较好，只出现较小的坍塌	
推进速度（%）	40～50	40～60	65～70	50～65
刀盘转速（r/min）	2.7	2.7	5.4	5.4
推进压力（MPa）	4.5～8.0	7.0～12.0	8.0～17.0	20.0～25.0
扭矩（%）	35～50	45～55	30～50	50～65

（3）秦岭隧道掘进机通过岩爆地段的对策

秦岭隧道掘进机通过岩爆地段掘进时，采取了两种对策：加强防护和适当降低 TBM 的掘进参数。TBM 通过岩爆地段的防护对策见表 7-16，TBM 的掘进参数设定见表 7-17，特殊情况的处理措施见表 7-18。

TBM 通过岩爆地段的防护对策 表 7-16

对策	钻孔释放应力	喷洒高压水	仰拱块安装延后	加强作业人员防护
举例	TBM 自带超前探测钻机和锚杆钻机钻孔	降温除尘，湿润岩面，增加围岩塑性	隧道清渣和仰拱块铺设在岩爆发生后进行	戴钢盔,穿防弹背心等

TBM 通过岩爆地段的掘进对策（Ⅴ类围岩非岩爆段与岩爆段的 TBM 掘进参数） 表 7-17

掘进参数	地 段	
	非岩爆段	岩爆段
推进压力（MPa）	245～260	215～260
推进速度（%）	40～65	20～40
刀盘转速（rpm）	5.4	2.7/5.4
扭矩（%）	40～70	30～38

特殊情况及对策 表 7-18

情况	掌子面发生大范围剥落性岩爆，爆落的岩块多、体积大，刀盘被卡住，造成 TBM 突然断电停机	刀盘护盾上方围岩发生大面积剥落，造成刀盘护盾上部与动臂的摩擦阻力增大，护盾顶部发生歪斜，造成刀盘护盾夹紧油缸停机	掘进机维护班作业时，掌子面发生大型剥落性岩爆，造成刀盘与掌子面之间堆积有大量松散岩块	在 TBM 掘进中，支撑靴油缸附近的围岩发生岩爆
对策	将刀盘退回一定距离，将电驱动改为液压驱动	降低护盾顶部支撑油缸压力，然后重新撑紧刀盘护盾	将刀盘退回一定距离，然后空转刀盘进行出渣	重新撑紧撑靴或适当移动撑靴后撑紧

TBM 在岩爆地段的施工中，在开挖面发生岩爆后，应及时进行初期支护，以减少围岩的暴露时间，避免岩爆再次发生。初期支护主要采用喷、锚、网支护，部分地段采用钢拱架支护。岩爆段喷混凝土加厚至 8cm（非岩爆段是 5cm），拱部及线路左侧边墙上部打锚杆（长 2.5m，间距 1.2m×1.2m），挂钢筋网（$\phi8$ 钢筋，间距 25cm×25cm）或双层钢筋；对较严重的岩爆再加横筋（在锚杆外露端焊接 $\phi22$ 连接筋）或槽钢、钢拱架支护；对大型岩爆，采用间距为 0.9m 钢拱架支护。

4. 施工进度

TBM 在秦岭Ⅰ线隧道工程南口施工中的进度情况见表 7-19。

TBM 在秦岭Ⅰ线隧道工程南口施工中的进度情况 表 7-19

施工时间	施工长度（m）	施工进度（按实际施工天数计算）			
		月均进尺（m）	月最高进尺（m）	日均进尺（m）	日最高进尺（m）
1998 年 2 月 16 日至 1999 年 8 月 2 日	5621.6	338.65	509	11.13	35.24

5. 现场技术服务

从 1997 年 12 月 18 日 TBM 开始调试、试掘进一个月的试运行中，厂方人员现场指导，主要对 TBM 作业层人员进行配置和其他相关工作的协调，直到使用方人员完全依靠自己的力量进行操作、维修、保养等作业。

6. 其他辅助工艺

1）通风与除尘

秦岭隧道工程 TBM 施工中，掘进 2.5km 时，装有 2 台串联风机，每台功率 45kW，风筒直径 2.20m，通风状况良好，通风设施及路线如图 7-28 所示。

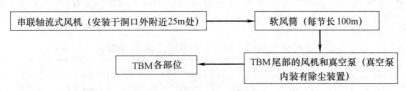

图 7-28 秦岭隧道通风设施及路线示意图

2）供水

秦岭隧道 TBM 供水系统见图 7-29。

图 7-29 秦岭隧道 TBM 供水系统

3）供电

秦岭隧道供电系统见图 7-30。

图 7-30 秦岭隧道供电系统图

7. 物资消耗

秦岭隧道南口 TBM 掘进施工的实践说明，对于大直径的 TBM 在硬岩地层中施工，刀盘上刀具的检查、更换与刀盘的维修等作业时间约占掘进施工总时间的三分之一；用于刀具的费用约占掘进施工费用的三分之一。

掘进机施工 5621m 后，共使用刀具 604 把，经检查完全失效作报废处理的为 89 把，还可继续使用的有 515 把。在这些还可继续使用的 515 把刀具中，根据实际经验，仅相当于 193 把（折算报废数为 322 把）新刀使用。秦岭隧道南口 TBM 施工刀具消耗情况见表 7-20。

秦岭隧道南口 TBM 施工刀具消耗情况   表 7-20

分项	刀具类型			
	总计	正刀	边刀	中心刀
使用数（把）	604	450	98	56
检测报废数（把）	89	32	28	29

续表

分项	刀具类型			
	总计	正刀	边刀	中心刀
折算报废数（把）	322	264	40	18
计算报废数（把）	411	296	68	47
刀具寿命（h）	522	631	134	387
刀具寿命（m）	969	1171	248	718

地质地层状况对刀具的使用有着重大影响，表7-21为秦岭隧道南口TBM施工中的刀具更换情况。

秦岭隧道南口 TBM 施工中的刀具更换情况　　　　　　　　　　表 7-21

年-月	围岩级别	掘进长度（m）	掘进时间（h）	掘进速度（m/h）	切深（mm/转）	换刀数（把）	每把刀平均掘进距离（m）
1998-02	混合花岗岩Ⅳ级	174.2	68.2	2.55	7.87	12	14.5
1998-03	混合花岗岩Ⅳ级夹Ⅱ级	293.3	106.3	2.76	8.52	30	9.8
1998-04	混合花岗岩Ⅳ级夹Ⅲ级	430.1	145.3	2.96	9.14	25	17.2
1998-05	混合花岗岩Ⅳ级夹Ⅱ、Ⅲ级	348.9	160.4	2.18	6.71	25	14
1998-06	混合花岗岩Ⅳ级	254.3	130.6	1.95	6.01	65	3.9
1998-07	混合花岗岩Ⅳ级	252.8	131.5	1.92	5.93	20	12.6
1998-08	混合花岗岩Ⅳ级夹Ⅱ级	512.7	237.4	2.16	6.67	49	10.5
1998-09	混合花岗岩Ⅳ级夹Ⅱ、Ⅲ级	256.9	120.3	2.14	6.59	44	5.8
1998-10	混合花岗岩Ⅳ级夹Ⅱ、Ⅲ级	392	162.3	2.42	7.45	62	6.3
1998-11	混合片麻岩Ⅴ级	310.4	175.7	1.77	5.46	209	1.5
1998-12	混合片麻岩Ⅲ级夹Ⅴ、Ⅱ级	414.2	1999.8	2.07	6.40	230	1.8
1999-01	混合片麻岩Ⅲ级	59.5	44.9	1.33	4.09	60	1.0
1999-02	混合片麻岩Ⅳ、Ⅴ级夹Ⅲ级	314	215.9	1.45	4.49	206	1.5
1999-03	混合片麻岩Ⅳ、Ⅴ级夹Ⅱ、Ⅲ级	363.5	187.3	1.94	5.99	196	1.9
1999-04	混合片麻岩Ⅳ、Ⅴ级夹Ⅲ级	257	177.3	1.45	4.47	177	1.5
1999-05	混合片麻岩Ⅴ级夹Ⅲ级	239.5	225.8	1.06	3.27	201	1.2
1999-06	混合片麻岩Ⅳ、Ⅴ级	228.1	191.0	1.19	3.69	193	1.2
1999-07	混合片麻岩Ⅳ、Ⅴ级	292.9	248.9	1.18	3.63	229	1.3
1999-08	混合片麻岩Ⅳ、Ⅴ级	215.4	129.8	1.66	5.12	239	0.9

（五）秦岭Ⅰ线隧道北口的施工

其他各项与秦岭Ⅰ线隧道南口的施工基本相似，在此不一一叙述。

1. 施工进度

TBM在秦岭Ⅰ线隧道工程北口施工中的进度情况见表7-22。

施工进度 表 7-22

项目	年份		合计
	1998 年	1999 年	
长度(m)	2878.92	2296.08	5175
实际掘进时间(d)	319	183.7	502.7
月均进尺(m)	252.36	380.78	313.71
日均进尺(m)	9.02	12.5	10.29

2. 刀具消耗

秦岭 I 线隧道 TBM 施工北口、南口刀具统计比较情况见表 7-23。

秦岭 I 线隧道 TBM 施工北口、南口刀具统计比较情况 表 7-23

施工区段	掘进距离(m)	换刀数(把)	耗刀圈数(个)	换刀原因(百分比)						
				刀圈磨损	刀圈断裂	轴承损坏	漏油	刀圈移位	调整高差	其他
北口	5175	2381	1997	57.22%	2.81%	4.28%	10.37%	1.76%	—	23.5%
南口	5621	2267	2005	79.7%	1.6%	4.3%	4.2%	0.8%	8.4%	1.0%

二、天生桥隧洞工程

由于对地质地层状况的认识不足，我国天生桥引水隧洞采用全断面岩石掘进机施工是不成功的，但是其前期准备和施工仍有一定可借鉴的地方。

天生桥水电站为低坝引水式，主引水隧洞三条，每条长 10 余公里，成洞直径为 9m。隧洞落差 22m，坡降为 2‰，地下水位高出洞线 150～300m，洞线通过的主要地层是二叠系、三叠系灰岩和灰页岩，其中坚硬的灰岩、白云岩占 65.3%，岩面单轴抗压强度大于 80MPa，坚固系数 $f=3～8$，弹性抗力系数 $k=300～700$，地质围岩稳定条件较好，此类地质可考虑掘进机施工。整个隧洞一般埋深为 300～600m，最大埋深为 600～800m，由于埋深较大，所以地应力较大，局部洞段有发生岩爆可能。由于埋深大，地质勘探有较大难度，钻探孔数量不多，部分洞段细节不是十分清楚。

隧洞线原设计以传统的钻爆法施工，故主洞线沿江成折线形分布。每条洞线长 11.18km，设六个支洞，支洞总长为 4.34km。改用掘进机方案后，主洞线顺直为 9.52km，三条隧洞共缩短 4.98km；原六条施工支洞削减为三条，减少支洞开挖长度 2.9km；同时可减少 10km 沿河公路修筑量，施工中可节省劳动力近 1/3；总计可节约 1 亿元人民币的投资。由于使用 TBM 施工洞线顺直、洞面光滑，可减少洞内水头损失，每年能多发 5000 万～6000 万 kW·h 电。由此可见，用 TBM 施工有着十分可观的经济效益。

1. 掘进机技术参数

本掘进机开挖系统的主要设备是由掘进机、移动平台、平板车、矿车、机车及翻车器组成。掘进机的主要技术参数如表 7-24 所示。

2. 掘进机及其配套设备安装场地的布置及进洞措施

掘进机及其配套设备的安装场地设在 2 号支洞口，从沿江的陡壁上明挖了 4500m³ 土和 94000m³ 岩石后开辟出一个宽仅 35m、长约 200m 的狭长平台（图 7-31）。根据工期紧、

掘进机主要技术参数　　　　　　　　　　　　　　　　表 7-24

掘进机型号(二手机)	罗宾斯 353-196	施工时间	1984～1990
刀盘直径(m)	10.8	实用最小转弯半径(m)	270
主机长度(m)	21	机器总功率(马力)	2646
主机重量(t)	7349	最大掘进坡度(%)	1.6
盘形滚刀(把)	69	最高掘进速度(m/h)	3
刀盘转动功率(马力)	2400	平均掘进速度(m/h)	1.6
每转平均切深(mm)	7.4	最高月进尺(m)	552
每转最大切深(mm)	14	平均月进尺(m)	361
推进行程(m)	1.82	掘进机利用率	53%
设计最小转弯半径(m)	183		

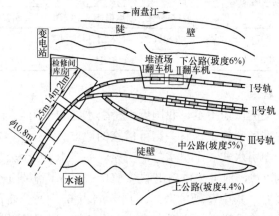

图 7-31　掘进机及其配套设备洞口安装布置图

人员多的特点，实际施工中，采用四个作业面，及隧洞预挖、掘进机安装、翻车机安装、移车平台安装同时进行。150 多人仅用了两个半月就全部完成了全套设备安装和试运转。

由于场地狭窄、掘进机最重件达 100t，所以常规的安装方法，即沿洞线在山体外作混凝土墙，然后在左右两墙内组装掘进机的方法已经不能适用。必须采用无水平支撑组装的新方法，为此先预挖隧洞 25m，洞径大于掘进机直径达 10.9m。洞壁衬砌 0.6m，各段截面形状见图 7-32，其中 A—A 剖面段长 4m 用来搁置掘进机头部；B—B 剖面下设脱柱槽用于掘进机移入装置、重物移运器的拆除；C—C 剖面段对洞壁左右侧要求浇筑固实与岩体连接一体用以抵抗掘进机水平支撑的 20000kN 压力；D—D 剖面段成门洞形，以利于移车平台转过弯道进入洞内。

掘进机安装场地做一宽 4m、深 0.5m 的混凝土地基，并预埋轨距为 286mm 28 号工字钢两根，一直延伸到预挖洞内的 B—B 剖面，总长 55m。轨道上根据掘进机首尾位置安置 75t 重物移运器 14 只。重物移运器是从美国引进的一种廉价高效重物搬运装置，利用小直径滚柱组成链条，在链板上作纯滚动原理来搬移重物，具有高度低、体积小、承载能力大等优点，是一种值得在国内推广使用的搬运工具，也是这次技术引进中最有经济技术效益的一项，不仅解决狭窄地带掘进机组装进洞的争议不休的技术难题，而且与其他设

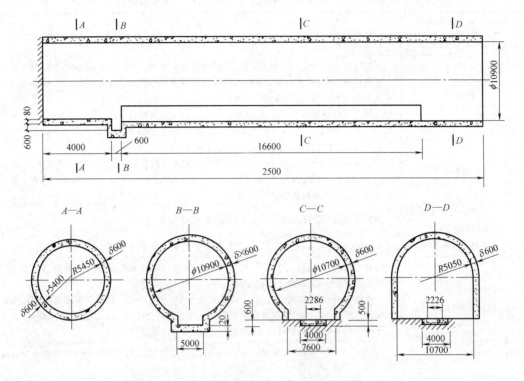

图 7-32 预挖洞口各段截面图（图中尺寸单位：mm）

备相比，节省外汇 33 万美元。掘进机就在重物移运器上组装，由于省去了混凝土挡墙，使组装工期缩短了近 30%。组装后的掘进机依靠自身液压推力和重物移运器以每小时 2.5m 速度进入洞内。

在掘进机大件安装完毕进行管路系统安装时，利用 1000kN 履带吊设备的空隙安装翻车机。翻车机安装在出渣场上方，总宽 24.2m。中间设置一水泥墩，其左右各安装一台翻车机，矿车进入翻车机后，按奇数号或偶数号，两辆两辆地倒渣。矿车无需脱钩。与单一布置的翻车器相比可提高效率达 40% 左右。

与此同时，铺设 Ⅱ 号路轨直线段，并在路轨上依次将 20 节移车平台安装上，加上 100 多吨配重矿砂。待掘进机进洞后，随即接上铁路弯道段。由于现场条件限定，铁路弯道半径最大只有 45m，远小于移车平台最小转弯半径 81m。为使移车平台顺利转弯，将移车平台间连接销拆开，加入一个长约 30cm 的短连接杆，使整个移车平台转弯半径减小到能过弯道，由于平台上原有路轨接头处均脱开 30cm，所以进洞初期 160m 范围内，机车、矿车都无法使用。只能临时在平台车第三节处，中转出渣，皮带机出渣口增设出渣溜槽，将岩渣排向掘进机右外侧，并在此位架设 1000mm 皮带机一台，直接将岩渣排至江边，以此作为临时出渣措施直至整个移车平台与掘进机顺直为止。

3. 施工中遇到的主要地质灾害及采取的施工措施

天生桥二级水电站引水隧洞施工中遇到的主要地质灾害及在施工中采取的施工措施见表 7-25。

天生桥二级水电站引水隧洞施工中遇到的主要地质灾害及采取的施工措施　　表 7-25

地质灾害及技术措施		措 施 实 施
过岩溶古暗河道的技术措施	开挖旁通道	位置位于掘进机水平支撑靴板边缘 5m 的洞壁下部,绕过掘进机头部
	拱圈截滑	滑裂特征:滑裂面长 80 多米,与水平面间的夹角为 30°～40°,滑移体积约 1.5 万 m³。 采取措施:在滑移面以上较陡的部位设置折线状钢拱圈以拦截滑移体。拱圈高 1.5m,嵌入坡面 50cm,用 12 号槽钢叠焊而成,并用 75mm×8mm 和 63mm×6mm 的角钢将各折线拱连接处焊接成平面拱架,利用古暗河道两侧的岩壁安设锚杆构成拱圈的支座,锚杆间距 25cm,排距 40cm,插入岩石 1.5m,外露 0.5m 与 10mm 厚的钢板焊接构成整体支座
	钢管沉井挡墙	地质特征:靠近洞断面的堆积物庞大,自顶至地高差达 20 多米。 采取措施:在距洞断面边线 2m 以外等距离布置 4 只直径为 1.2m 的钢管沉井,钢管用 2mm 和 8mm 钢板卷制而成,每节高度 0.5m,在现场焊接为整体,用千斤顶配合人工掏挖逐步将钢管压入堆积物中
	锚杆与钢筋混凝土衬砌支撑	在古暗河道两侧铺设钢筋混凝土衬砌,并设置锚杆,提高其支撑强度
	掘进机减压通行	由于河道两侧岩石抗压强度的限制,降低掘进机的水平支撑力
溶洞治理措施	桩 号 0＋985m 溶洞	特点:溶洞横穿支洞洞线,延洞线方向长 20 余米,高 30 余米;洞内堆积有夹石泥及泥砂质壤土,溶洞两端洞壁的上半部是泥加石混合物,下半部则是较完整的岩体。 治理措施:钢支撑加浇、喷混凝土构成联合支护,见图 7-33。利用下半部岩体打入楔缝式锚杆作根基,用 14 号槽钢对焊成箱形梁固定在锚杆上作为支座,在此支座上焊接 20 号工字钢构成环向支撑,在环向支撑顶部焊接桁架并补喷混凝土
	桩 号 1＋085m 溶洞	特点:上小下大成楔状,可见高度 30m,宽 35m,洞内充填物是液化细砂质黄泥夹少量碎石。 采取措施:掘进机掘进 3m 后立即停止,退至溶洞边缘空转出泥石

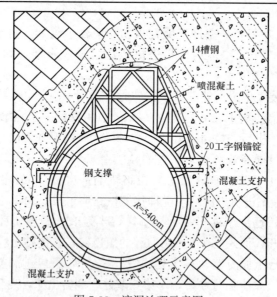

图 7-33　溶洞治理示意图

　　尽管场地狭窄给初期安装进洞带来了较大困难,但开挖第一个月就取得了进尺 113m 的较好成绩,第二个月进尺 153m。比该机在美国使用的第一、第二个月进尺高 50%。在其后几个月的施工中,曾取得过月进尺 240m 好成绩,但由于地质条件十分不佳,不断出现大溶洞、岩爆,又碰到了古暗河,所以总进度不是十分理想。

三、大瑞铁路高黎贡山隧道

（一）工程概况

高黎贡山隧道是我国第一条穿越横断山脉、地形地质条件极为复杂的国家Ⅰ级干线铁路隧道。隧道全长 34.538km，最大埋深 1155m。洞内为"人"字坡。上坡段长 21.8km，最大线路坡度为 23.5‰；下坡段长 12.74km，最大线路坡度为 9‰。隧道辅助坑道采用"贯通平导＋1 座斜井＋2 座竖井"的方案，出口段采用 TBM 法和钻爆法相结合，其中 TBM 施工段里程为 12.37km，其余采用钻爆法施工。隧道出口正洞 TBM 施工段采用一台开挖直径为 9.03m 的敞开式硬岩隧道掘进机施工，平导采用一台开挖直径为 5.6m 的敞开式 TBM 施工。高黎贡山隧道线路布置如图 7-34 所示。

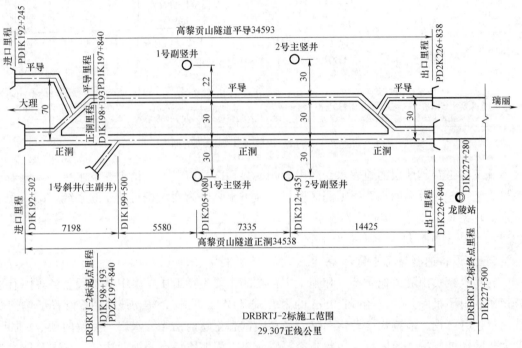

图 7-34　高黎贡山隧道线路布置示意图（单位：m）

（二）工程地质和水文条件

TBM 掘进段穿越的地层岩性主要为白云岩夹石英砂岩、花岗岩、板岩、片岩，其中，Ⅱ级围岩、Ⅲ级围岩、Ⅳ级围岩和Ⅴ级围岩的长度占比分别为 16.9％、43.33％、29.99％和 9.78％，岩石单轴抗压强度为 46～65.24MPa。围岩基本指标如表 7-26 所示。隧道共发育断层 19 条（图 7-35）。进口端有镇安断裂、怒江断裂等 12 条；褶皱主要有打香坡向斜和小滥坝向斜，其中镇安断裂为活动、导热断裂；帮迈-邵家寨断层、帮迈-邵家寨次级断层、怒江断裂为导热断裂；出口端有动断层、傈僳田断层等 7 条断层，其中动动断层为活动断裂；并存在跨度各 50m 的傈粟田断层和塘房断层两条大断层带。

隧道围岩基本指标　　　　　表 7-26

序号	岩石名称	岩石特性
1	白云岩夹石英砂岩	浅灰色、灰白色、深灰色，局部夹石英砂岩及角砾状灰岩。节理裂隙发育，岩体破碎。属Ⅳ、Ⅴ级围岩

续表

序号	岩石名称	岩石特性
2	花岗岩	灰白、浅灰色、肉红色,斑状结构及粒状结构,块状构造,含少量黑云母。属Ⅲ、Ⅳ级围岩
3	板岩、片岩	灰、黄灰色、浅灰、深灰色,片状、板状、千枚状构造,变晶结构,岩质软硬不均。岩体破碎,片理、节理发育。属Ⅲ、Ⅳ、Ⅴ级围岩

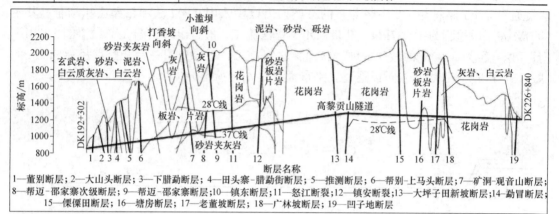

图 7-35　高黎贡山隧道工程地质剖面图

施工隧道穿越地层的地表水受降雨影响明显,雨季流量大,枯水季节水量小,地表水系最终汇入怒江及瑞丽江。根据测区资料,地下水划分为两大相对独立的系统,即浅表地下水循环系统(冷水)与深部地下水循环系统(地下热水)。预测隧道正常涌水量为 $12.77 \times 10^4 \, \mathrm{m^3/d}$,最大涌水量为 $19.2 \times 10^4 \, \mathrm{m^3/d}$。

(三)设备选型与功能简介

针对高黎贡山隧道地质特点和施工中存在的主要不良地质,由中铁工程装备集团有限公司研制出了最大开挖直径 $\phi 9.03\mathrm{m}$ 的敞开式 TBM,见图 7-36。该 TBM 设置了包括变截面可抬升开挖、前置式自动化混喷、隐藏式常态化超前钻探、水岩一体超前预报、加强型大范围初期支护、通风系统强制制冷等以应对工程地质特点的辅助功能,其主要技术参数见表 7-27。

图 7-36　高黎贡山隧道施工用 TBM

TBM 主要参数 表 7-27

整机	主机长度	约 25m
	整机长度	约 230m
	主机重量	约 1200t
	整机重量	大约 1900t
	最小转弯半径	500m
	适应的最大坡度	3‰
	最大推进速度	100mm/min
	循环行程	1800mm

1. 刀盘及刀具

该 TBM 刀盘为焊接钢结构件，具有耐磨、扩挖、喷水等功能。刀盘采用 4+1 分块，分别为中心块和四个边块，其中刀盘中心块及四个边块均为轧制钢板焊接而成，厚度 270mm。各块通过销轴和高强度螺栓连接后焊接为整体。法兰为锻造环件，可以使主轴承受力均匀；刀座背部的异型支撑板，用来增加刀座的刚度和强度，提高刀座的使用寿命。

刀盘上安装 62 把滚刀，其中，中心滚刀 4 把，为双刃滚刀；正滚刀 42 把、边滚刀 12 把，均为单刃滚刀。正滚刀和边滚刀均采用 19″（直径为 483mm）刀圈，中心滚刀则采用 17″（直径为 432mm）刀圈。中心刀刀间距为 89mm，正滚刀刀间距为 80mm。刀具布置见图 7-37。刀盘及刀具主要参数如表 7-28 所示。

刀盘及刀具主要参数 表 7-28

刀盘材料	Q345D
刀盘表面耐磨材质	复合钢板（法国 GDP5060）
分块数量	5 块
重量	220t
开挖直径	9030mm（新刀）
中心滚刀数量/直径	4/ϕ432mm（17″）
正滚刀数量/直径	42/ϕ483mm（19″）
边缘滚刀数量/直径	12/ϕ483mm（19″）
滚刀额定载荷	17″/25t；19″/35t
最大扩挖量	100mm
扩挖方式	刀盘抬升+边缘滚刀+垫块
刀间距	89/84/80/75mm

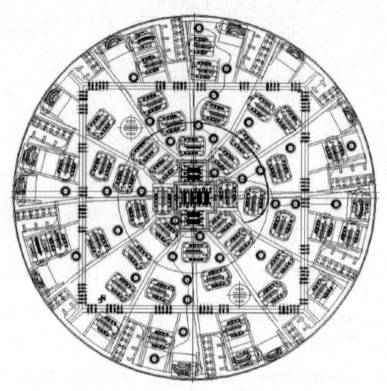

图 7-37 滚刀分布图

2. 主驱动

刀盘驱动采用 12 个变频电机，可实现点动和正反转，其主要参数见表 7-29。

主驱动主要参数 表 7-29

驱动类型	变频驱动	额定扭矩	11 797kN·m
功率	12×350=4200kW	脱困扭矩	17 695kN·m
启动控制模式	变频启动/矢量控制	主轴承寿命	>15 000h
数量/品牌/产地	12/ELIN/奥地利	主轴承直径	5880m
电机和变频器对应关系	一台电机配一台变频器	主轴承密封形式	唇形密封，内外各三道密封
转速范围	0～3.4rpm(低速级) 3.4～6.5rpm(高速级)	密封润滑介质	EP2

3. TBM 护盾

TBM 护盾由顶护盾、侧护盾和底护盾组成，均为钢结构件，表 7-30 为其主要技术参数。

护盾主要参数 表 7-30

结构形式	钢结构+油缸	楔块油缸：腔径/杆径/行程	ϕ330/ϕ180/585mm
顶护盾油缸数量	2 件	侧护盾油缸数量	2 件
顶护盾油缸：腔径/杆径/行程	ϕ360/ϕ220/180mm	侧护盾油缸：腔径/杆径/行程	ϕ250/ϕ125/410mm
顶护盾伸缩范围	−75～105mm	侧护盾伸缩范围	−120～160mm
楔块油缸数量	2 件	底护盾油缸数量	4 件

4. 主梁

主梁与机头架通过高强度螺栓连接,主梁上有一马蹄形鞍架通过滑轨可沿主梁滑动。主梁具有足够的强度和刚度,承受由刀盘传递过来的反力和扭矩,并将其传递给撑靴。钢拱架安装器、锚杆钻机、推进油缸活塞杆铰、后支撑等都安装在主梁上,主梁内部还安装有皮带机;主梁外侧和内壁上布置有水管、油管、电缆线等,这些线路用来连接主驱动、刀盘或附属设备。

5. 推进系统

推进系统(图7-38)主要由推进液压油缸、撑靴液压油缸、扭矩液压油缸和撑靴等组成。刀盘掘进的推进力由4个推进液压油缸(左右各两个)提供,推进液压油缸前部与主梁相连,后部与撑靴相连。掘进时,推进液压油缸使主梁、机头架和刀盘向前推进;刀盘反推力通过机头架、主梁、推进液压油缸、撑靴作用于洞壁。调整左右两个撑靴液压缸的伸缩量,就可以实现 TBM 的左右调向。后支承(后支腿)位于主梁后部,其液压油缸与撑靴油缸有互锁功能。TBM 换步(推进油缸完成一个推进行程)时,后支承油缸伸出(后支承总的有效支承力为 5089kN),后支承靴板与洞壁紧密接触,与底护盾一起支承主机重量,支撑油缸缩回;推进油缸缩回,并带动支撑系统沿主梁向前移动一个推进油缸行程,完成一个掘进循环。表 7-31 为推进系统主要技术参数。

推进系统主要技术指标		表 7-31
推进系统	总推力	25133kN@320bar
	撑靴油缸数量	4个
	推进油缸:腔径/杆径/行程	$\phi810/\phi640/660$
撑靴	撑靴行程	$-440\sim220$mm
	有效撑靴力	64 340kN
	撑靴与洞壁接触面积	16.82m²
	最大接地比压	3.92MPa
	扭矩油缸:腔径/杆径/行程	$\phi360/\phi230/230$mm
	扭矩油缸数量	4个
后支承	支撑油缸数量	2个
	后支承油缸:腔径/杆径/行程	$\phi360/\phi230/100$mm
	总有效支撑力	5089kN
	后支撑与洞壁接触面积	2m²
	最大接地比压	2.5MPa

图 7-38 推进系统

6. TBM 出渣系统

TBM 出渣系统由主机皮带机、后配套皮带机和清渣系统等组成,其主要技术指标见表 7-32。

出渣系统主要技术指标   表 7-32

主机皮带机	带宽	1200mm
	皮带机长度	约 24m
	运输速度	0～2.5m/s
	装机功率	75kW
	驱动类型	液压马达
	出渣能力	1030t/h
	驱动方式	液驱
后配套皮带机	带宽	1200mm
	皮带机长度	大约 125m
	运输速度	0～2.5m/s
	装机功率	110kW
	出渣能力	1030t/h
清渣系统	驱动方式	液压
	长度	15m

1）主机皮带机

主机皮带机位于主梁内,其主要组成为:滚筒、皮带架、托辊、皮带等。TBM 掘进作业时,滑落中的和滑落到洞底的岩渣,由刀盘上的铲斗铲起并随刀盘转运至刀盘上部,尔后通过刀盘溜渣槽将石渣滑入主机皮带机,再转运到后配套转渣皮带机上。主机皮带机的皮带张紧程度可由伸缩液压缸调节。

2）后配套皮带机

后配套皮带机的功能是将主机皮带机卸载的石渣转载到连续皮带机。皮带机的容量能满足 TBM 最大掘进速度时的出渣要求。为安全起见,在皮带机的关键位置装有急停开关。皮带机的主要部件包括:皮带、降尘装置、张紧装置、驱动滚筒、从动滚筒、机架及各种托辊、防跑偏装置、急停开关、电机等。

3）清渣系统

在主梁内设置了一套液压驱动的清渣系统,专门清理主梁内散落的残渣。护盾后的残渣,由人工清理,并通过主梁下方的吊机和设备桥折臂吊机,将清理的残渣运送至设备桥上部的平台开口,最后,由配套的皮带机运出洞外。

7. TBM 支护系统

1）钢拱架安装器

钢拱架安装器布置在大梁前部顶护盾下面,主要由钢拱架供给机构、安装环、钢拱架移动机构、钢拱架撑紧机构以及操作平台等组成,可 360°旋转,可有线操作,也可无线操作。前部顶护盾为钢拱架的及时安装起保护作用。钢拱架安装与混凝土管片安装类似,一般通过提起、旋转拼装、顶部和侧部撑紧、底部开口封闭等动作来完成。钢拱架安装器主要参数见表7-33。

钢拱架安装器主要参数 表7-33

运行速度（每环）	＜30min	控制方式	液压
工作范围（纵向移动）	2000mm	驱动方式	液压
撑紧方式及撑紧力	大约50kN	钢拱架规格	H150/I16

2）锚杆钻机

　　两台旋转带冲击的锚杆钻机分布在主梁两侧，可通过其控制台实现单独操作，也可通过液压缸的伸缩沿主梁移动（移动范围达2m）。每台钻机配备独立动力系统（钻机泵站），可以在TBM掘进施工的同时实现锚杆作业。钻机推进伸缩液压缸机构可实现锚杆钻孔的轴向和径向倾斜，并具有伸长、倾转、定位、旋转、冲击、推进和返回等动作功能。锚杆钻机的前移不受钢拱架操作平台的干扰。在围岩脱出护盾1m左右后，便可进行锚杆的支护作业。表7-34给出了锚杆钻机的主要参数。

锚杆钻机的主要参数 表7-34

类型	Atlas Copco1838HD＋	钻孔最大深度	大于3m
数量	2件	钻孔范围	180°，连接齿圈及轨道后，可实现270°钻孔
旋转速度	0～215rpm	纵向移动距离	2000mm
钻孔直径	ϕ38～89mm	操作方式	无线＋有线

3）超前钻机

　　超前钻机位于主梁下部，设置有推进梁（纵向导轨）和环形齿圈梁（周向轨道）。当TBM在围岩完整性好且水文地质条件简单的情况下掘进时，超前钻机和与之相应的一段齿圈轨道梁隐藏于掘进机主梁的下方；否则，通过两侧举升油缸可将超前钻机及与之相应的齿圈轨道梁共同升起，并与分别设置在TBM主梁两侧的两段齿圈梁对接，形成一个完整的圆形齿圈梁。超前钻机便可沿着齿圈梁移动，进行钻孔作业，探测地质。超前钻机还可以实施超前锚杆、超前导管和超前管棚等作业，也可以配合超前注浆设备实现联合作业，或配合刀盘，对刀盘前方围岩实施超前支护。图7-39为实际施工中使用超前钻机的情况，其主要参数见表7-35。

超前钻机主要参数 表7-35

类型	DooforMHP3050/550L-X	超前角度	0～7°
冲击功率	17kW	是否可取芯	否
钻孔直径范围	ϕ76mm（最大）	旋转扭矩	796N·m
钻孔深度	30～50m	旋转速度	250rpm

图 7-39　超前钻机施工

4）混凝土喷射系统

TBM 通过不良地质地段时，为减少围岩脱出护盾发生坍塌与收敛，在 TBM 主机上设置有湿喷机械手，其湿喷喷嘴与洞臂间的距离可以调节，以实现对围岩喷涂效果的要求，表 7-36 给出了混凝土喷射系统主要参数。

混凝土喷射系统主要参数　　　　　　　　　　　表 7-36

操作方式	无线＋有线	移动行程	(6＋6)m
机械手数量	2 台	应急潮喷机	1 台
喷浆泵数量	2 台	应急潮喷机能力	7m³/h
单台能力	20m³/h	L1 区机械手数量	2 台
喷浆范围	270°	L1 区喷浆泵数量	1 台
喷嘴与墙体距离	不小于 1200mm		

（四）不良地质问题

大瑞铁路高黎贡山隧道穿越地质存在高烈度地震带、高岩温灾害、岩爆、软岩大变形、地下涌水、滑坡、卡机、长距离通风难等高难度问题。

1. 高烈度地震带和高岩温灾害

工程区位于云南省西南部，涉及多个地震带，且地震活动具有强度大、频度高的特点。震动加速度峰值达 $0.20g$，震动反应谱周期为 $0.45s$。另外，高黎贡山隧道可能会遇到高温高压热水（汽）及高岩温体等灾害。地勘资料显示，全隧道地热灾害轻微段总长 8716m，中等地热灾害段长 1406m（含导热水断裂段 581m）。隧道异常岩温段主要分布在 1 号斜井 D1K198＋193～D1K203＋795 段（长 5602m）、1 号竖井工区 D1K203＋795～D1K207＋582 段（长 3787m），预测异常岩温为 28～39℃。高温环境容易造成人员和施工设备的效率降低，除危及作业人员健康安全外，还直接影响工程施工质量。

2. 岩爆

隧道区域应力场应力比较高。隧道开挖破坏了原来稳定的应力状态，有可能发生岩爆。深孔钻探显示，局部岩芯饼化现象很明显，说明埋深较大的区域应力比较集中。据预测，高黎贡山隧道正洞以及平导岩爆段总长约 2020m，其中，中等岩爆长约 1250m，轻微岩爆长约 770m。

3. 软岩大变形

隧道穿越的软弱岩层，遇地下水极易软化而发生大变形。TBM 施工过程，如果支护不及时、支护强度或刚度不足，均会导致初期变形过大，甚至超过预留变形量，致使衬砌施作前需进行换拱处理，以保证二次衬砌的厚度。在高地应力条件下，部分软岩甚至在二次衬砌施作完成以后仍会长期发生持续缓慢的变形，导致二次衬砌开裂，造成返工。

4. 地下涌水

根据设计资料预测的隧道涌水量，施工阶段如不能及时排放涌水，积水会软化围岩，致使地基承载能力降低，导致结构变形开裂。在遇到向斜或断层破碎带时，若没有准确预测水文地质情况，造成施工中排堵不及时，可能发生涌水突泥事故，轻则造成淹井，重则导致重大的人员、设备和财产损失。如施工阶段的防排水施工质量存在问题，则可能在隧道建成后的运营期间发生渗漏水，危及结构使用寿命和功能，甚至可能严重影响运营安全。

5. 滑坡

隧道出口洞段 D1K225＋945～D1K226＋410，滑坡较发育，平面呈长条状，长约1480m，宽约 350m。线路与滑坡主轴交角 44°，滑坡主轴与线路相交于 D1K226＋220 附近。滑坡体后方边缘有沟侧向发育，并形成洼地。滑坡中下部地表多处有水渗出，并且在低洼地带形成泥坑；滑坡体前方边缘多处失稳、坍塌。根据地质钻探，滑坡体以块状石土为主，岩石以白云质灰岩、灰岩及石英砂岩、花岗岩为主，滑坡体总厚度在 20～90m，属巨型巨厚层岩体滑坡。但滑坡总体处于稳定状态。线路位于滑床以下，隧道顶板较薄（厚度约 14m），滑坡对隧道围岩稳定影响较大。

6. 卡机

TBM 施工出口段长 12 370m，其中，有 20 段岩体，合计长度 1280m 属于破碎～极破碎地段；TBM 施工平导段长 10 180m，其中，有 15 段岩体，合计长度 980m 属于破碎～极破碎地段，均为不宜使用 TBM 掘进段。蚀变岩地段及花岗岩节理密集带或断层角砾岩地段，岩体极为破碎，自稳能力差，易坍塌，设计采用 TBM 施工直接通过。

在岩体破碎段，岩体强度低，且多处地下水丰富，TBM 掘进后易坍塌掉块，对刀盘旋转形成很大阻力。软岩地段，还可能存在掘进后洞径收缩，从而对 TBM 形成较大的挤压应力。花岗岩地层富水节理密集带的突水涌砂会造成设备被困和安全事故。老董坡断层和广林坡断层两段各长 150m 左右，采用钻爆法提前绕道处理，其余地段均采用 TBM 施工直接通过。

7. 长距离通风难

高黎贡山隧道地质条件特殊，环境复杂，施工过程中可能存在高温热害及有害气体，对于施工通风的要求相对于常规隧道更高。隧道内的良好通风，对于降低粉尘和有害气体浓度作用明显，对于隧道高温热害地段的降温也意义重大。更重要的是，良好的洞内环境是保证现场作业人员施工效率和身心健康的前提。

（五）不良地质问题应对措施

1. 高温处理措施

1）加强预测预报。在施工过程中，加强超前地质预测预报，准确确定导热断裂带的位置及可能的水量，以便根据预测结果提前采取针对性方案和措施。

2）加强作业环境温度监测。施工过程中每天监测作业面岩温、水温、汽温及作业环境温度，在条件改变时更应适时检测。如果环境温度高于28℃，必须启动热处理方案，低于28℃，则可以按正常状态施工。

3）热水热汽的处理。如预测导热断裂带将出现热水热汽，或开挖后出现异常高温热水热汽状况，应提前处理。在可能遇到大流量热水热汽地段，提前进行超前注浆封堵，尽量不排或少排。对于少量的热水热汽，在流出点附近应及时通过隔热排水管抽排至洞外，避免热水热汽通过空气热交换升高隧道内温度，影响施工顺利进行。

4）结构防热措施。在地热段，为保证施工阶段及建成后，运营期间的隧道结构强度及功能满足设计要求，必须将结构内外侧最大温差控制在10℃以内。对于岩温低于40℃的异常地温段，应在洞内采取降温措施，将作业面100m范围内的气温控制在28℃以下。可在衬砌混凝土中掺加矿粉、粉煤灰等，使在施工养护阶段及正常运营通风条件下，结构内外侧最大温差都被控制在10℃以内。对于导热断层段，在地温高于40℃的地段，需采取隔热处理措施，防止高温湿热环境下衬砌混凝土因温度应力产生结构开裂。

5）通风降温。当隧道开挖面空气温度在28~30℃之间时，应加强通风降温。对掌子面二次衬砌等作业人员相对集中处，应增设风扇，加快空气流通，改善作业人员舒适度。

6）机械制冷降温。当隧道开挖面空气温度大于30℃时，需采取强制制冷降温，将掌子面空气温度降至28℃以下。

7）个体防护。为避免出现劳动安全事故，应适当缩短高温环境下工作人员的作业时间；应组织高温环境下施工作业人员的职业安全教育培训，要求每个个体熟知高温环境防护措施，如佩戴安全防护用具、现场急救设施和药品等；应避免高温环境对作业人员造成伤害，减少高地温对作业人员的影响。

8）TBM应对高地热设计。应对高地热的有效手段是通风和散热，必须保证新鲜空气能够进入TBM作业区，增加制冷设备并提供洞外较低温度的供水，确保制冷设备正常工作。TBM上配置强制空气冷却系统，确保施工通风和降温效果满足施工要求，对大功率电机和液压泵站等采用水冷。

2. 软岩大变形处理措施

施工期间应加强超前探孔，及时探测地质状况，并据此预测、预报地质情况以便采取恰当处理措施：

1）若变形较小且适当扩挖不会使TBM受困，可采用TBM扩孔功能适当扩挖，加大开挖直径以预留足够变形量使TBM机体与围岩之间保持合理的间隙，避免TBM被困；同时，还可防止围岩后期变形对隧道净空的影响。

2）若变形较大，TBM被卡或受困的风险较高，应根据实际情况调整施工方案；例如，TBM停止施工，利用钻爆法开挖平导或迂回导坑，施工完毕后，TBM步进通过。

3. 地下涌水段处理措施

针对涌水段施工，可采取的主要措施包括：

1）加强探水。采取长短距离预报相结合、物探和钻探相结合、宏观和微观相结合的综合地质预报方法，尽可能准确确定作业面前方可能的水量、水压及位置，以便根据预报结果采取针对性处理方案。

2）排水泄压。对水量水压比较大的地段，可采取超前 30m 的地质钻孔，排放部分水量，降低水压，避免涌突水现象，保证施工安全。

3）预注浆堵水。富水导热断层破碎带，可能存在地下热水。为避免热害，采用"以堵为主、限量排放"的原则。对于非导热的富水断层破碎带及可溶岩底层涌水量大的地段，为减少可能的坍方、突泥、涌水及减少斜井、竖井的抽排水压力，可采用超前注浆加固堵水。

4）备足抽排水设备。TBM 作业区的最大排水（正常排水＋应急排水）配置至少也应大于最大涌水量预测值的 1.5 倍，确保涌水一旦发生，能及时排出。

5）TBM 应对涌水设计。在 TBM 上配置能满足深孔化学灌浆堵水需求的钻机。

4. 断层破碎带处理措施

TBM 通过断层破碎带时可能存在刀盘旋转困难、刀具消耗严重、锚喷支护困难、掘进方向难以控制等风险，所采用的应对措施主要有：

1）施工过程，加强超前地质预报，提前探测断层破碎带位置、规模及水量分布情况，以便事前准备好应对措施。

2）断层破碎带规模较小时，TBM 宜采用低转速、低推力，稳步掘进。围岩脱出护盾后，应及时挂钢筋网、打锚杆、喷混凝土封闭，并根据实际情况架设钢拱架。在这样地段施工的 TBM，应减少停机时间，避免因地层变形致使 TBM 刀盘被卡事故的发生。

3）断层破碎带中等规模，坍塌较严重，TBM 无法掘进通过时，应采用架设钢拱架、挂钢筋网，并向坍塌处人工喷混凝土，及时封闭围岩，尽快形成支护体系。若护盾上方围岩垮塌严重，可利用护盾及后方钢拱架，背覆 U14 槽钢及钢板封闭塌腔，然后注浆固结护盾上方的塌落围岩。对撑靴处坍塌较严重部位，在钢拱架背后立模浇筑混凝土回填，同时注浆预加固前方破碎带，尔后，TBM 缓慢掘进通过。

4）断层破碎带规模较大并伴有裂隙水，宜采用预注化学浆加固地层，并缓慢通过；如无法掘进通过，则采用"迂回导坑、钻爆法开挖、TBM 步进通过"的预案。

5. 岩爆段处理措施

1）做好超前地质预报，对可能发生强烈岩爆的地段，采用微震监测与钻爆超前导洞相结合的方法，进一步预测并减轻岩爆。通过监测掌子面，进一步了解潜在的岩爆风险与等级，提前规划 TBM 通过方案。

2）高黎贡山隧道采用小直径 TBM 先行掘进平行导洞与大直径 TBM 随后掘进正洞的施工方案。对小直径 TBM 遭遇岩爆的洞段，采用钻爆法超前导洞降低小直径 TBM 的掘进风险，然后将小直径 TBM 经历岩爆的参数进行相似换算，用于指导正洞大直径 TBM 的施工。

3）在可能发生岩爆的地质段，采取岩体内部锚固和开挖面及时支护紧密连接在一起的措施。

4）在高地应力洞段适当钻孔、提高支护强度、适当降低 TBM 掘进速度，降低岩爆发生概率。

6. TBM 卡机及处理措施

2 台 TBM 受制于极端复杂不良地质条件，到 2020 年 6 月，发生卡机事故累计已达

19 次。典型卡机案例可概括为：岩性接触带卡机、断层破碎带卡机、全风化花岗岩粉细砂地层卡机、涌水卡机、高压富水软弱破碎蚀变构造带卡机等。

1）岩性接触带卡机

产生原因：TBM 掘进平导至里程 PDZK225＋287 处时，刀盘被掌子面周边失稳垮塌的岩体卡住，无法转动，如图 7-40 所示。该位置为白云岩、砂岩与花岗岩的接触带，不同岩性接触带的结合力弱，受扰动后沿接触面滑塌，大块状岩块堆积在刀盘上，岩块与刀盘交错咬合，形成极大阻力，致使卡机。

处理措施：在刀盘周边，采用玻璃纤维锚杆注浆管灌注化学浆液，加固岩体；在盾体上方，采用超前管棚化学灌浆加固。上述加固均采用 2～5 m 步长循环加固的方式。超前注浆加固后，人工清理刀盘周边积渣，TBM 掘进通过。本次卡机处理时长为 20d，处理不良地质长度为 30m。

图 7-40　刀盘被卡示意图

2）断层破碎带卡机

产生原因：TBM 掘进平导至里程 PDZK221＋781 处时，尾盾暴露出的围岩为花岗岩，围岩强风化～全风化、完整性差、整体破碎、呈角砾状、夹杂细渣，如图 7-41 所示，所有刀孔基本塞满了泥砂状松散渣体。此段，地下水发育，掌子面局部股状出水，大面积线状出水，出水量约为 100m³/h。岩体遇水软化，有流塑状渣体从刀孔涌出，大量软弱破碎围岩堆积在刀盘周边造成刀盘被卡。

图 7-41　断层破碎带揭示围岩

处理措施：针对地下水发育现状，主要处置方案采用超前泄水＋超前加固。考虑拱部泄水对掌子面围岩的影响，泄水孔布设在隧道底部仰拱位置，斜向上方施作泄水孔。孔径为90mm，长度为50～70m。如钻孔后发现塌孔，可及时在孔内安装钢制泄水导管。以掌子面基本不出现股状水流确定泄水孔数量。泄水后，在掌子面循环灌注堵水型化学浆液，在尾盾循环超前管棚灌注堵水型化学浆液。加固完成后，清理盾体周边岩渣脱困。本次卡机13d，处理不良地质长度30m。

3）全风化花岗岩、粉细砂地层卡机

产生原因：TBM掘进正洞至里程D1K224＋212处时，遭遇围岩整体呈粉细砂状，如图7-42所示。刀盘转动过程中，掌子面持续溜坍不能自稳，随地下水的渗出，粉细砂状围岩遇水泥砂化，发展成为流砂状，大量涌向刀盘，出渣量难以控制。TBM刀盘转矩增大，推进异常困难。钻探发现，此段地质状况较差且范围较大，同时掌子面流砂后，护盾区域围岩发生沉降错动，造成护盾被卡，致使TBM卡机。

处理措施：整体方案为超前泄水＋掌子面超前化学灌浆＋导洞法脱困＋超前加固。对盾体周边化学注浆后，在正拱顶施作小导洞释放刀盘阻力，并扩挖导洞。小导洞开挖至掌子面，清理刀盘前方积渣，并就护盾区域进行120°范围的环向扩挖，达到释放刀盘和护盾的目的。同时，利用该扩挖范围施作水平超前管棚，管棚注浆后有效改善了地质条件，TBM脱困后掘进通过。本次卡机处理时长为42d，处理不良地质长度为39m。

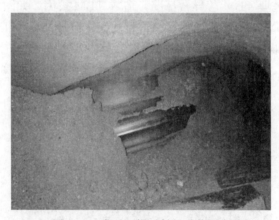

图7-42　掌子面揭示粉细砂状围岩

4）涌水卡机

产生原因：TBM掘进正洞至里程D1K226＋014.773处，停机支护期间，掌子面突发涌水。地下水裹挟岩渣分别自刀孔、防尘盾底部、主大梁刀盘出入口、1号皮带机处涌出，涌水量约500m³/h，如图7-43所示。涌水致使拱部形成高度10m的塌腔，TBM掘进受阻。

处理措施：此处为上坡掘进，治理不良地质的方法主要为涌水引排、塌腔回填。对于集中涌水点，采用自制漏斗形收集器，集中引排至仰拱区域；对于散水，在该区域均匀布设直径50mm透水盲管引排至仰拱区域。塌腔回填在预埋灌浆管后进行。安装拱架及喷射混凝土封闭完成后，再采用输送泵泵送C25细石混凝土回填塌腔直至完成。本次卡机处理时长为8d，处理不良地质长度为43m。

图 7-43 涌水

5）高压富水软弱破碎蚀变构造带卡机

产生原因：TBM 掘进平导至里程 PDZK221＋481 处，围岩收敛变形造成护盾被卡，随后出现掌子面溜坍、尾盾初期支护段变形。在后续处置过程中，发现钻孔无法穿透不良地质体（分析可能是孔内压力大，顶钻、泥浆裹钻、卡钻等原因引起）、钻孔内高压喷涌泥浆、涌水携带渣体掩埋 TBM 等异常情况，造成 TBM 被困，如图 7-44 所示。

处理措施：在 TBM 尾部增设迂回导坑，超前泄水降压，改良地质。泄水降压后，再在尾盾增设管棚，施作超前管棚加固，之后对盾体及刀盘区域进行拱部 180°范围扩挖，TBM 脱困，恢复掘进。本次卡机处理时长 256d，处理不良地质长度 152m。

图 7-44 突泥涌水造成 TBM 被困

思 考 题

7-1 简述 TBM 施工原理和特点，针对施工原理和特点，简要说明 TBM 和盾构的不同点。

7-2 简要说明 TBM 当前国内外的发展现状。

7-3 TBM 主机构造都由哪几部分组成？简述每部分的功能和特点。

7-4 TBM 后配套系统的主要组成包括哪几部分？

7-5 TBM 在施工过程中应注意什么？可能导致施工延迟或失败的因素有哪些？

第八章

工程案例

【本章要点】

泥水盾构、土压盾构、全断面岩石掘进机和复合盾构施工及施工地质特点。

【学习目的】

通过学习本章施工案例，熟悉泥水盾构、土压盾构、全断面岩石掘进机和复合盾构施工地质及施工特点。

【本章导读】

目前世界上应用较为普遍的全断面隧道掘进机主要是泥水盾构、土压盾构、全断面岩石掘进机和复合盾构四类，其施工工程具有一定典型性。通过了解和认识施工工程案例，可以完整认识全断面隧道掘进机施工工程各种因素——地质条件、周围环境、设备应用、工程成本、工程工期等的相互关系，有助于了解全断面隧道掘进机及其施工工程全貌。

第八章

第一节　概　述

全断面隧道掘进机是用于地下工程全断面开挖的机械化施工设备。但地下工程地质条件往往是复杂的，因此，就具体工程而言，设备（盾构或 TBM）选型至关重要。一般而言，或从理论上说，盾构用于土质地层或以土质地层为主的开挖，TBM 用于岩石质地层的开挖。但还存在一种地层，一般称之为复合地层。所谓"复合地层"又可分为断面复合地层和轴线复合地层两类。所谓"断面复合地层"是指在开挖断面上存在"岩石"和"土"的互层；而轴线复合地层是指沿隧道轴线，一定长度段地层为土质，一定长度段地层则为岩石质。断面复合地层的全断面施工还应考虑"土""岩"的复合程度、长度及其他多种地质因素综合判断，才能确定适合施工的具体设备类型。为叙述方便起见，将在盾构刀盘上安装部分盘形滚刀就可施工的复合地层称为"简单复合地层"，否则称为"复杂复合地层"。用于简单复合地层施工的盾构称为简单复合盾构，亦即，在土压平衡盾构或泥水平衡盾构刀盘上安装部分盘形滚刀，破碎掌子面岩石，即能进行正常掘进的盾构。从这个意义上讲，简单复合盾构有土压平衡简单复合盾构和泥水平衡简单复合盾构两种。一般情况下，复杂复合地层的全断面开挖应采用复合盾构。而轴线复合地层的全断面施工则可考虑：（1）如果轴线复合地层的土质地层段和岩石质地层段都较长，可考虑采用盾构和 TBM 分别施工；②如果轴线复合地层的土质地层段和岩石质地层段的长度不足以分别采用盾构和 TBM 施工，则可考虑采用复合盾构施工。所谓"复合盾构"是指其施工岩石质地层可选用 TBM 作业模式，而在土质地层段施工则可选用盾构作业模式。其特点是，作业模式可以根据施工地质地层的具体情况，在盾构和 TBM 间切换。即在土质地层，其刀盘和出渣系统为盾构模式，而在岩石质地层施工，其刀盘和出渣系统则为TBM 模式。

在以岩石质地层为主的隧洞（隧道）的全断面机械化施工中，对自稳能力较好、地质水文状况不复杂的地质条件，一般考虑采用敞开式全断面岩石掘进机，否则宜考虑采用护盾式全断面岩石掘进机。

以上叙述的是施工地质地层的大类及施工设备选型的一般性或理论层面的表述，可概括为表 8-1 所示。

施工隧道地质与所用的全断面隧道掘进机　　　　　　　　　　表 8-1

隧道围岩特点	软基		硬基	
	黏土、粉土、砂	砾石、卵石	软岩	硬岩
施工机器类别	泥水盾构	—	—	敞开式全断面岩石掘进机
	土压盾构			
	—	复合盾构或护盾式全断面岩石掘进机		—

第二节　泥水平衡盾构工程案例

一、泥水平衡盾构常见问题及处理措施

（一）开挖面失稳导致塌方事故

开挖面塌方是泥水平衡盾构常见问题，一般控制措施是：

1. 注意控制开挖参数，减少开挖面扰动，平稳匀速掘进；

2. 配置适应于地质条件的泥浆，严格控制土仓压力，使泥浆压力同开挖面土层始终保持动态平衡；

3. 减少非必要停机时间，如因特殊情况需要停机检修，可以采用"多次短停"的方式进行，如停机两天，开挖五环再次停机；防止因停机时间过长、开挖面前方土体强度不足而导致坍塌；

4. 适当提高泥水支护压力，防止开挖面稳定性发生破坏；

5. 适当增加停机加注泥浆的密度和黏度，选用低渗透性泥浆，减少泥浆渗入量；

6. 用探测装置定时检查土体状况，及时反馈地面沉降信息。

（二）长距离穿越复合地层刀盘刀具磨损问题

盾构穿越较长复合地层的施工经验表明，刀具在这种地层掘削时的磨损速度非常快，也就是说，完成这样地层的掘进需要多次更换刀具。为了减少刀具更换次数和延长刀具的使用寿命，科学合理地设计刀具、布置刀具就非常必要。针对复合地层，提高作业刀具寿命，一般采取的主要措施是：

1. 采用贝壳先行刀和刮刀搭配的刀具体系，并在边缘区域布置一定数量的滚刀；

2. 盾构刀具设置应有层次性，如先行刀高出刮刀 30mm 左右，先行破碎、疏松地层，为刮刀创造更好的作业条件；

3. 采用可常压更换刀具设计，如刀盘内部设计为中空，尽量实现 1/3 刀具的可常压更换；

4. 选择合适位置，及时常压对刀具进行检查更换，同时在复合地层中加强刀具磨损检测频率，避免出现刀具磨损后继续带伤作业；

5. 确保盾构推进速度与出渣相匹配，减小地层中大颗粒渣土在开挖仓中的堆积，减缓或避免刀具出现二次或多次磨损；

6. 全部滚刀尽可能采用常压可更换设计。

（三）长距离穿越江河隧道掘进风险

穿越江河隧道所处地层一般具有中高水压、强透水性等的地质特点，若盾构隧道穿越江底浅覆土段，不仅水压力大，而且掘进断面一般以松散粉细砂、透水性强等的土层为主，则泥水质量和泥水压力都需严格控制，以保证开挖面稳定。遇高压、富水、上软下硬复合地层地段时，若尾盾密封失效则将造成涌砂、涌水、冒浆、开挖面失稳坍塌等灾难事故。在这样地层施工的盾构，一般应对措施是：

1. 掘进过程中，应合理设置尾盾密封油脂注入量及注入压力，同时加强对油脂注入

设备及油脂管路的检查，确保油脂腔始终处于饱满状态，确保尾盾刷安全；

2. 控制好盾构姿态，确保尾盾间隙均匀；掘进过程中加强盾构姿态测量，做到勤测量勤纠正，避免大量纠偏，杜绝急转急纠现象；

3. 保证管片拼装质量，环缝平整度及纵缝张开量满足设计要求，避免出现大的错台；

4. 及时、足量注入保水性良好的水泥砂浆，在尾盾刷与水体间形成良好的隔离层，避免水压力直接作用在尾盾刷上；同时控制注浆压力，避免浆液击穿尾盾；

5. 制定合理可行的尾盾刷更换及尾盾漏水专项处理应急预案；

6. 超浅覆土段，一旦出现冒顶、冒浆等，应随时开启气压平衡系统；

7. 勤检查开挖面水压信号，确保数据采集正常。

（四）下穿通道、河堤等构筑物问题

为确保下穿通道、河堤、古墓群（文物重点保护地段）等特殊构筑物的安全，一般可采取的应对措施是：

1. 严格控制压力平衡和掘进速度，避免地面波动范围过大；

2. 同步注浆及时跟进并正确确定注浆量和注浆压力；

3. 施工时改良土体，确保土体的塑性与流动性，保持进出渣土顺畅；

4. 注浆应均匀，根据推进速度的快慢适当调整注浆速率，尽量与推进速率相符；

5. 尽量提高搅拌浆质量，确保压注浆液的强度；

6. 推进时经常向尾盾压注密封油脂，保证尾盾钢丝刷的密封功能；

7. 根据管线和周围地面状况，在管线与隧道之间或管线底部，采用钢板桩和注浆加固等形式隔断或减少盾构施工对其的影响；

8. 加强施工监测，实施动态信息化施工管理，盾构通过时要有专人监管构筑物，并提前制定好应急处理措施。

（五）盾构进出洞风险问题

盾构顺利进出洞掘进的基本条件是洞圈止水密封可靠。盾构工作井的准备过程中难免会对周围土体造成不同程度的扰动，处理洞门时，也难免会对土体产生一定影响，以及进出洞盾构覆土较浅等极差工况条件，这些都会造成许多严重的风险问题，如：出现涌水、流砂、洞口土体流失、盾构推进轴线偏离设计轴线、后盾系统出现失稳、盾构姿态突变、盾构基座变形、偏离目标井或对接错位等。针对盾构进出洞风险，一般应采取的应对措施是：

1. 不适宜采用旋喷桩、深层注浆等措施对洞门加固，以免造成盾构泥水室吸口堵塞，也不宜反复地清仓、逆洗，以免引起盾构周边土体的流失；

2. 如果盾构开挖面面临的是回填土等杂土，盾构泥水室吸口前必须有破碎、粉碎装置；

3. 洞圈止水装置宜可调节，以便在盾构姿态改变时，及时调整止水装置与盾壳的间隙；

4. 从设计上考虑，宜采用地层加固和洞门密封且针对性强、可靠性高的始发井端头；

5. 严格过程管理和质量保证，确保地层加固和洞门密封系统的施工质量，加固体必须进行抽芯检查，如不满足始发要求，应采取备用技术措施；

6. 进洞过程，在凿除围护结构外排钢筋时，钢筋全部割断和清理完毕后，要马上推进，使刀盘快速切入土体；

7. 若发生洞门喷水，宜用泥袋堵住水源或用钢板封住盾构外壳与洞门间隙，以减少涌水量；

8. 盾构一旦脱离洞门，应马上进行洞门封堵，用预先加工好的洞门钢板将四周空隙全部焊接封住，再进行双液注浆回填。

（六）管片开裂渗漏问题

发生管片开裂渗漏可能有很多因素导致，如管片质量不合格、管片拼装存在缺陷、开口部位支撑体系失效、开口部位土体加固效果不好、管片注浆质量不合格、隧道出现不均匀沉降等。针对这样问题采取的一般措施是：

1. 加强进场管片的质量检查，对不合格管片进行更换；

2. 加强管片拼装时的质量控制，避免出现管片破损；

3. 支撑体系必须具有足够的强度和刚度，支撑体系检查不合格不得拆除管片；

4. 对加固区土体施工进行全过程控制，拆除管片前，对加固土体进行检测；

5. 控制注浆质量、注浆压力和注浆量。

二、南京长江隧道盾构施工

（一）工程概况

南京长江隧道设计为双管盾构隧道，该工程位于南京长江大桥与长江三桥之间，是连接南京河西新城区和浦口区的城市快速通道。整个工程总长 5853m，采用"左汊盾构隧道＋右汊桥梁"方案。左汊隧道全长 3905.03m，按双线双向 6 车道建设，为双管单层结构。左汊盾构隧道分为左右两线，左线全长 3022.025m，右线全长 3014.76m，采用 2 台德国海瑞克公司生产的 φ14.93m 的泥水平衡盾构，由江北始发井始发，同向掘进施工。隧道衬砌采用外径 14.5m、内径 13.3m、宽 2m、厚 0.6m 的 C60 钢筋混凝土预制管片，设计为双面楔形通用环（楔形量 48mm），分

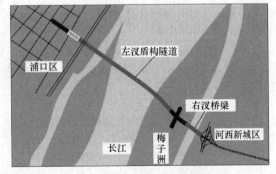

图 8-1　南京长江隧道工程示意图

块为 7＋2＋1，采用 1/2 错缝拼装，斜向插入直螺栓连接，抗渗等级为 P12。路面板采用预制、现浇相结合的方式施工。南京长江隧道在当时同类型盾构隧道中属于世界上第二大直径隧道，同时又属于同类型地质条件最为复杂的大直径盾构隧道。南京长江隧道工程示意图如图 8-1 所示。

（二）水文地质条件

南京长江隧道穿越长江河床底部及长江冲淤积低漫滩，工程地质条件复杂。地质勘察揭示，南京长江越江隧道所在的地层地质条件，具有 500m 左右的卵石层，江中地段数百米长度为粉细砂、砾砂和卵石混合地层，第四系地层下伏基岩为白垩系钙质泥岩夹钙质细砂岩。地层地质特点和物理力学性能指标见表 8-2。

地层地质特点和物理力学性能指标

表 8-2

层号	岩土名称	地层岩性	天然含水量 W (%)	密度 天然 P (g/cm³)	密度 干燥 P_d (g/cm³)	相对密度 G_s —	天然孔隙比 e —	饱和度 S_t (%)	黏粒含量 <0.005mm (%)	无侧限抗压强度 q_7 (MPa)	渗透系数 水平 K_{20H} (10⁻²cm/s)	渗透系数 垂直 K_{20V} (10⁻²cm/s)
①₁	粉细砂	灰色,饱和,结构松散,流动性大,含水量高,Ⅰ类围岩	1.2	0.97	0.63	0.68	0.65	7	0.8	—	0.54	—
②₁	填土	灰黄色,稍湿,松散,岩性以粉质黏土为主,孔隙比大,易坍塌,Ⅰ类围岩	27.1	1.78	1.4	2.74	0.96	78	—	—	—	—
②₃	黏土	灰色~灰黄色,软塑,稍有光滑,干强度中等,韧性中等,局部地段为粉质黏土、粉土	39	1.81	1.31	2.73	1.098	96	—	—	—	144
④	淤泥质粉质黏土	灰色~灰黄色,流塑,稍有光滑,高压缩性,低强度,工程性能差,易坍塌,Ⅰ类围岩,可挖性Ⅰ级	40.6	1.79	1.28	2.72	1.137	97	—	40	59.2	7.93
⑥	淤泥质粉质黏土夹粉土	青灰色,流塑,稍有光滑,高压缩性,低强度,渗透性一般,易坍塌,Ⅰ类围岩,可挖性Ⅰ级	36.8	1.79	1.28	2.72	1.131	93	—	60	155	24.7
⑦₁	粉细砂	灰色,饱和,稍密~中密,颗粒级配差,低强度,渗透性好,液化土,Ⅰ类围岩,可挖性Ⅰ级	23.3	1.97	1.6	2.68	0.682	92	5.5	69.5	2349	10.5
⑦₂	粉土	灰色,湿~很湿,稍密~中密,黏粒含量较高,含水层,渗透性好,Ⅰ类围岩,可挖性Ⅰ级	27.3	1.91	1.5	2.7	0.807	92	10	415	344	14.8
⑧	粉细砂	青灰色,饱和,中密,局部密实,颗粒级配不良,含水层,渗透性好,Ⅰ类围岩,可挖性Ⅰ级	22.5	1.9	81.62	2.68	0.668	91	6.1	—	117	12 355
⑧₁	粉质黏土	灰色,软塑,夹粉砂,中密,含量约占30%,强度低,工程性能差,Ⅰ类围岩,可挖性Ⅰ级	32.7	1.87	1.4	2.72	0.919	97	—	56	—	—
⑨	粉细砂	蓝灰色,饱和,密实,颗粒级配差,局部夹粉土、粉质黏土,偶夹砾石,粒径2~15mm,压缩性中等~低等,自稳性差,富含地下水,可挖性Ⅰ级	23.2	1.92	1.57	2.68	0.721	87	5.4	—	57.7	1713
⑨₁	粉质黏土夹粉土	灰色,饱和,软塑,稍有光滑,局部夹粉砂、粉土团块,压缩性高,低强度,Ⅰ类围岩,可挖性Ⅰ级	34.6	1.82	1.35	2.72	1.02	92	—	56	222	48.9
⑩	砾砂	灰色,饱和,中密,颗粒级配好,主要矿物成分为石英、长石等,偶见白色小螺壳,砾石呈亚圆状~棱角状,粒径3~20mm,局部见少量卵石,粒径一般为20~80mm,少量大于100mm,含量约为15%~25%,少数达到40%~50%,成分以灰岩砂岩为主,压缩性能较好,承载力高,渗透性好,自稳性差,富含地下水,Ⅰ类围岩,可挖性Ⅰ级	12.6	2.07	1.84	2.66	0.447	75	4.9	—	—	—

层号	岩土名称	地层岩性	天然含水量	密度		相对密度	天然孔隙比	饱和度	黏粒含量	无侧限抗压强度	渗透系数	
				天然	干燥						水平	垂直
			W	P	P_σ	G_s	e	S_t	<0.005mm	q_7	K_{20H}	K_{20V}
			（%）	（g/cm³)		—	—	（%）	（%）	(MPa)	（10⁻²cm/s)	
⑪	粉细砂	灰色、饱和、密实、颗粒级配不良、主要矿物成分为石英、长石、含云母、偶夹2～20mm的次圆形石英质砾石、偶见粒径20～60mm的卵石、含量约为3%～15%，呈次圆状～棱角状，成分主要为灰岩、砂岩碎块，低压缩性、强度高、渗透性好、自稳性差、富含地下水，Ⅰ类围岩，可挖性Ⅰ级	18.1	2	1.69	2.68	0.592	82	7	—	16 400	40.6
⑫	圆砾	灰色、密实、颗粒级配不良、砾石粒径8～20cm，含卵石，粒径一般为20～50mm，少量大于100mm，呈次圆状，成分由石英及燧石组成，含量约10%～30%，局部达40%，骨架颗粒间大量粉砂细砂充填，从上至下颗粒由小变大，层序排列，Ⅱ类围岩，可挖性Ⅲ级	—							7.3		
⑬	强风化泥岩	紫红色夹灰绿色，软质岩，泥质结构，厚层状结构，遇水易散开，风干易开裂，易软化，Ⅲ类围岩，可挖性Ⅳ级	108							—		

盾构隧道主要穿越地层是表 8-1 中的淤泥质粉质黏土（层号④）、淤泥质粉质黏土夹粉土（层号⑥）、粉细砂（层号⑦₁、⑧、⑨）、粉土（层号⑦₂）、砾砂（层号⑩）、圆砾（层号⑫）等。

始发处地下水主要分布在第四系冲积层含水岩组，赋存于黏性土和砂性土中，为透水性上弱、下强的多层结构，含水层上部黏性颗粒含量高，沉积韵律明显；下部含水层渗透性相对较强，地下水位埋深较浅，区域降雨量大，陆域孔隙潜水稳定，地下水水位埋深在0.30～3.00m 范围。南京长江隧道工程纵断面如图 8-2 所示。

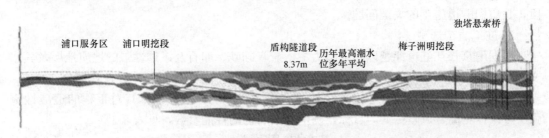

图 8-2 南京长江隧道工程纵断面图

（三）盾构施工

1. 技术特点分析

南京长江隧道工程是世界瞩目的越江工程，是风险高、极具挑战性的工程，其施工技术具有"大""杂""高""强""长""薄"等特点，具体内容是：

1）盾构直径超大

盾构直径超大是指该隧道工程施工用盾构直径达 14.93m，是当时世界上直径超大的盾构之一。盾构直径大，盾构刀盘面积也大，隧道掌子面围岩分布不均匀现象的严重程度提高，控制盾构姿态的难度增大。

2）地质水文条件复杂

根据地质勘察情况，南京长江越江隧道所在地质地层条件，具有 500m 左右的卵石层；通过对施工段历史地质资料的推断和分析，在江底不排除存在沉船、炸弹、大孤石等地下障碍物的可能；江中地段数百米长度为粉细砂、砾砂和卵石混合地层，上下软硬程度明显不均，掌子面岩性差异性大，易引起塌方冒顶；同时，卵石地层还容易造成开挖仓阻塞、刀具损坏等危及工程安全的风险。

3）盾构工作压力高

盾构最大工作压力高达 0.75MPa，比国内同类隧道工程（如武汉、崇明长江隧道等）施工用盾构的工作压力都高。

4）地层透水性特强

长江南京河段的江中地层主要为松散、稍密～中密的粉细砂地层，以及部分砾砂、卵石层，透水系数高达 10^{-3} cm/s，是黏土地层的数千倍，且水压更高达 0.75MPa，在如此高透水性、高水压的江底地层施工，风险可想而知。

5）江底盾构一次掘进距离长

隧道从江北工作井到梅子洲竖井之间，盾构连续施工长度达 2900 多米、江面宽度达 2600m，最大水压达 0.75MPa，以致中间无法设置检修井而必须一次性完成整条隧道的连续掘进。

6）覆土厚度薄

江中冲槽段浅埋，覆土厚度仅 10m 左右，不足盾构隧道断面直径的一倍，且该处地层地质条件较差，透水性很强，在盾构掘进过程中，地层隆陷风险大。

盾构进出洞段超浅埋。按照一般惯例，盾构进出洞的覆土厚度一般不小于 0.6～0.7 倍盾构直径，而南京长江隧道工程在软弱地层、高地下水位、存在承压水、靠近长江大堤等困难条件下，盾构始发埋深约 0.4 倍盾构直径（6.0m）。因此，如何安全通过浅覆土地段，是盾构隧道施工的关键问题。

2. 施工盾构选型

根据南京长江隧道穿越以粉细砂为主，兼有砾砂、卵石及渗透性强的地质地层及其水文特点，且盾构施工段位于江底，水土压力高，因此，隧道施工采用泥水平衡盾构。

盾构选型确定后，综合考虑工程地质、水文和环境等条件，以其对工程的适应性更强、可靠性更高、风险更低为目标，确定选型盾构的性能参数，见表 8-3。

技术参数及配置说明 表 8-3

项目	技术参数	数值及配置说明
基本参数	开挖直径	14.96m
	设备总长	135m,包含主机及 3 个后套拖车
	主机长度	14.87m

项目	技术参数	数值及配置说明
基本参数	工作水压	0.75MPa,盾体轴心位置
	总功率	7200kW
	总重量	约 35000kN
盾体	前盾直径	14 930mm,留有 DN100 超前钻探孔 32 个
	压力传感器	5 个,分别设置于开挖仓和气垫仓
	压力仓	2 个,隔板前为开挖仓,后为气压调节仓
	碎石机	1 台,可破碎直径为 1.2m 强度 200MPa 的石块
尾盾	直径	14 870mm
	尾盾密封系统	4 道,3 道密封刷＋1 道弹簧板;前两道可多次安全更换
	尾盾紧急密封	1 道,充气式紧急密封系统;可多次反复使用
	其他	在 0.75MPa 的压力下仍能安全工作;尾盾间隙可连续自动测量
空气闸	人行闸	1 个,双仓式,直径 2.0m 预留连接穿梭仓的接头
	中间人闸	1 个,双仓式,直径 1.6m 可容纳 5 人,工作压力 0.6MPa
	材料闸	1 个,直径 800mm
刀盘及驱动	结构形式	中心支撑辐条面板式;其 6 个辐条,内可更换部分刀具;开口率约为 30%
	刀具配置	111 把刮刀,7 把中心刮刀,71 把可常压更换刮刀,12 把边缘铲刀,16 把先行刀,2 把仿形刀(0~40mm)
	刀具磨损监测	6 把刮刀＋2 把铲刀
	转速(rpm)	0~1.6rpm;变频驱动无级变速
	额定扭矩(kN·m)	34 735kN·m,在 1.0rpm 时
	脱困扭矩(kN·m)	45 155kN·m
	其他	使用寿命不小于 10000h;一次性掘进至少 10km
推进系统	油缸数量(对)	28 对,油缸行程 3000mm 分组数量为 6 个;能分组或单独控制
	最大推力(kN)	199 504kN
	最大推进速度(mm/min)	45mm/min
	其他	具有纠偏功能,有能力将隧道轴线平面和高程偏差控制在±80mm
管片拼装机	类型	中间支撑式,行程应满足更换尾刷的要求;应具有足够的回转转矩
	安装精度	应达到"mm"级别
	管片夹持装置	采用真空吸盘式,因其安全系数高
	自由度(个)	6 个
	轴承及密封寿命	不少于 10 000h
泥水循环系统	送浆流量(m³/h)	2500m³/h;DN500,最大送泥密度 1.2g/cm³
	排浆流量(m³/h)	2800m³/h;DN500,最大排泥密度 1.45g/cm³
	其他	1. 应具有开挖、反循环、隔离等多种操作模式;2. 泥浆设备及分离系统应对复杂地层有很强适应能力;3. 送排泥管延伸时不得泄漏;4. 输送能力要与掘进能力相匹配

续表

项目	技术参数	数值及配置说明
壁后注浆系统	注浆类型	单液同步注浆；6点注入
	注浆泵容量(m³/h)	3×20m³/h；最大注浆压力3MPa
	间隙填充系数	不低于200%
	其他	1. 注浆能力要满足最大掘进速度要求；2. 注浆压力要满足最大静水压0.75MPa的工作环境要求；3. 配备双浆液二次注浆系统
测量导向系统	精度	2s
	测量距离	200m

3. 始发施工顺序

在浦口明挖段主体结构施工完成以后，首先进行始发基座和反力架的安装，盾构运至工地后，进行整机下井组装，在组装过程中进行端头冻结加固、洞门密封安装及泥水设备联机测试，组装完成后进行盾构空载调试，同步进行洞门破除、反力架钢支撑安装以及泥水投料试车等工作；盾构空载调试完成后进行负载调试、拼装负环管片；然后盾构向前推进，刀盘接触土体，进行洞门密封二次注浆、开始盾构试掘进施工等。

始发施工流程如图8-3所示。

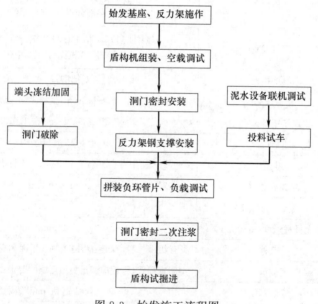

图8-3　始发施工流程图

（四）资源配置

1. 组织机构及人员安排

根据本工程的特点及施工要求，承担本项目任务的管理层人员，由具有类似项目管理经验的工程技术人员和管理人员组成。项目班子设项目经理1名，书记1名，副经理2名，总工程师1名，总机械师1名；下设六部一室：工程部15人、安质部4人、机电部7人、物资部10人、计划部2人、财务部2人和办公室2人；作业层为各施工队。

作业层负责工程实施，实行两班人两班倒制作业，节假日采用轮休制。本次右线始发拟投入工程师42人，其中土建工程师10人，机电工程师7人，安全工程师2人，质检工程师2人，测量工程师5人；工人113人，随着施工进度计划的发展，作业人员的调配实行动态管理。

1）劳动力安排

① 掘进班：右线盾构隧道内设置两个掘进班，每班设置班长1人（兼管片拼装器操作手），管片拼装工5人，管道工5人（平时负责盾构设备和管片的清洁），起重工4人，注浆工2人，共17人。②地面班：地面设置两个地面班，每班设置班长1人，门式起重机司机1人，井口1人，司索工3人，泥浆处理系统6人，共12人。③机修班：在地面和右线隧道内各设两个机修班，即四个机修班。每班设班长1人，机修工6人，负责盾构简易维修及保养和地面设施的维修保养，换刀及其较大型的设备维修由班长视情况对人员进行调配。④混凝土工班：设班长1人，钢筋工5人，模板工5人，混凝土工5人，共16人，负责边箱涵浇筑及其他钢筋混凝土施工。⑤机动班：设班长1人，杂工10人，共11人，负责场地保安、保洁、抽水、协助测量及其他临时性工作。

以上的掘进班、地面班、机修班均设置为两班人两班倒，混凝土工班和机动班只设一班。全部工人设队长1人，副队长2人，总人数为116人。

2）渣土外运和管片生产

渣土外运由项目部通过招标方式选择有土场、经济实力和运输能力的专业队伍实施，管片及箱涵（洞身以钢筋混凝土箱形管节修建的涵洞）由运输队运输，管片和箱涵生产由中铁十四局集团有限公司南京长江隧道工程指挥部第五项目部承担。

2. 机具设备

盾构隧道施工所需的部分主要设备如表8-4所示。

部分主要设备　　　　　　　　　　　　　　　　　表8-4

设备名称	规格型号	数量	产地	制造年份	生产能力
泥水盾构机	$\phi 14\,930mm$	2台	德国	2007	—
泥水处理系统	ZX-6000	1套	宜昌	2007	—
门式起重机	1000kN	1台	新乡	2007	1000kN
冷却塔	SRM-80	2套	郑州	2007	—
抽流风机	SDF-N012.5	2台	深圳	2007	110kW
砂浆拌合站	HZS50	2套	济南	2005	$100m^3/h$
管片运输车	GPC30-900	12台	郑州	—	30t
箱涵运输车	W70	3台	新乡	—	70t

（五）施工场地平面布置

1. 场内道路

场区环场道路标高6.5m，左侧道路宽度10m，右侧道路宽度8m，道路基层采用30cm泥灰碎石，上部采用钢筋混凝土结构，厚度20cm，全长1080m。

2. 泥浆处理场及废浆池

场区左侧环场道路和围墙之间，里程K3+360～K3+570为泥浆处理场，泥浆处理场长 198.5m，宽 51.9m。设置有泥水分离器基础、泥浆池和弃渣场，泥浆池和泥水分离器之间设置浆沟，沿环场道路设置排水沟。泥水分离器基础用来安装泥水分离器，弃渣场用于临时存放泥水分离器分离出来的废渣，泥浆池用于泥浆沉淀、保存和循环使用。盾构施工排出的泥浆通过泥水处理中心将泥浆内渣土分离出来，大部分渣土被沉淀分离后直接装车运输，分离出来的清浆进入泥浆池继续循环使用，剩下来的废弃泥浆排入废浆池，废浆池面积为 4906m^2，深度 2m，最大容浆量 9812m^3。在废浆池经较长时间沉淀下来的细颗粒渣土，采用挖掘机清理装运。经较长时间沉淀后产生的清浆采用排浆泵送回调浆池调浆。

3. 现场办公室和工人宿舍

场区环场道路右侧，西侧大门前方以此为监理现场办公室、外籍专家组办公室以及工人住房，全部采用双层彩板结构，每栋上下共六间，共十栋房屋。

4. 库房、空压机房及冷却塔

工人住房前侧依次为现场库房、空压机房和冷却塔。库房占地面积 22m×9m，采用一层彩板房结构，用于存放盾构常用备品备件。空压机房占地面积 24m×7m，采用单层彩板房结构，高度 5m，为盾构隧道内提供工业用气。冷却塔冷却水池采用钢筋混凝土结构，长度 15m，宽度 7m，深度 3.5m，地面下 2m，地面上 1.5m。冷却池内安装两台冷却塔，为盾构施工机械提供循环冷却水。

5. 门式起重机

4400kN 门式起重机基础采用管桩，上部为轨道梁，门式起重机场地内采用钢筋混凝土硬化，厚度 20cm。4400kN 门式起重机设置两个主钩，一个副钩，主钩单钩起重量 2200kN，副钩起重量为 100kN，主要用于刀盘、盾体、主机等设备的吊装。1100kN 门式起重机基础为箱形扩大基础，基础宽度 2.5m、厚度 35cm。1100kN 门式起重机主要用于后配套设备的吊装。

6. 变电站

在工作井东南侧设置一处 800kW 变电站，用于提供现场门式起重机、照明及小型机具用电，盾构用电变电站建于场地外。

（六）洞门前加固

洞门前方土体采用三轴搅拌桩＋高压旋喷桩加固，为了洞门破除及盾构施工安全，保证加固土体可靠地封水，在洞门前增设冷冻法加固施工。

1. 三轴搅拌桩＋高压旋喷桩加固设计

1）地基加固范围和形式

对盾构始发端头采用 ϕ1000@750（@为搅拌桩间中心距）三轴搅拌桩加固，加固范围：宽度为盾构隧道两侧各 5m，深度为从地面标高加固至拱底 6m，长度为沿盾构掘进方向纵向 17m，其中加固深度自地表至隧道拱顶以上 6m 为加固一区（即弱加固区，加固区长度为 10m），隧道拱顶以上 6m 至仰拱以下 6m 为加固二区（即强加固区，加固区长约 23m）。三轴搅拌桩间搭接 500mm，桩身垂直度偏差不大于 1/200，桩位偏差不大于 50mm。

搅拌桩与地下连续墙间 400mm 的空隙以及由于场地限制加固区产生的施工缝，均采用 ϕ1000@600 三重管高压旋喷桩加固，桩间搭接 400mm，桩身垂直度偏差不大于 1/200，桩位偏差不大于 50mm，旋喷桩桩长与搅拌桩施工深度相同（33.658m）。

端头加固横纵剖面如图 8-4 所示。

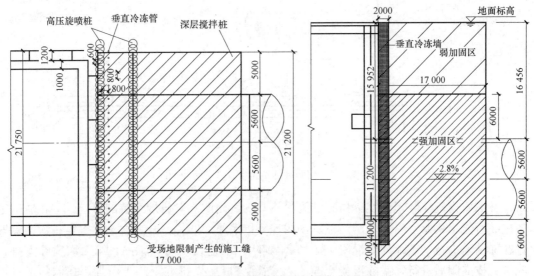

图 8-4 端头加固横纵剖面示意图（mm）

2）地基加固指标

三轴搅拌桩加固一区的水泥掺入量为 10%，加固二区的水泥掺入量为 25%，采用 42.5 级普通硅酸盐水泥。加固一区的强度不低于原状土的强度，加固二区土体加固强度指标：无侧限抗压强度（在无侧向压力情况下，抵抗轴向压力的极限强度）不小于 0.8MPa，渗透系数不大于 $1×10^{-7}$ cm/s，同时确保加固土体的均匀性、密封性和自立性。旋喷桩加固强度指标与搅拌桩相同。

2. 冷冻加固设计

鉴于大型泥水平衡盾构出洞对加固体强度及密封性要求很高，为确保盾构始发安全，在靠近洞门处增设两排垂直冷冻管对土体进行冻结加固。A 排距槽壁为 0.4m，B 排距 A 排为 0.8m，孔间距为 0.8m。A 排布置冷冻管 25 个，B 排布置冷冻管 24 个，总计 49 个。冻结管采用 $\phi127×5mm$、材料 20 号低碳钢无缝钢管；供液管采用 $\phi48×3.5mm$ 钢管。并通过人工制冷工艺形成一个冻土壁，将高压旋喷加固土体和地下连续墙胶结，以隔绝地下水。

冻结加固体尺寸：全深冻结深度为 26.5m（穿过洞口下沿 3m），冻结壁与地下连续墙胶结宽度 20m（超过洞门直径范围外 2.325m），冻结壁厚度取 1.6m，冷冻加固平面如图 8-5 所示。

冷冻加固指标：冻土墙设计厚度不小于 1.6m，冻土平均温度小于 $-10℃$，洞门内周边水平探孔温度小于 $-2℃$，盐水去回路温度差不大于 2℃。

（七）洞门破除施工

盾构始发洞门范围内主要有混凝土支撑、围檩（指支护桩上部设置的钢梁，主要起使模板保持组装的平面形状并将模板与提升架连接成一整体的作用）和地下连续墙影响盾构始发。洞门范围内的混凝土围檩、支撑与东端盾构井内混凝土支撑拆除施工同时进行，安排在中间风井主体结构回填之后，盾构机下井前完成。洞门范围内的地下连续墙凿除施工安排在盾构机组装调试期间进行。

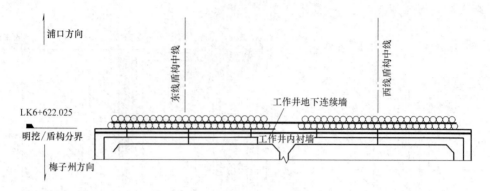

图 8-5 接收井冷冻加固法平面示意图

考虑盾构机组装现场实际情况，为尽量减少洞门凿除对盾构组装的影响，并在盾构组装完成时能尽快始发出洞，洞门范围内的连续墙墙厚 120cm，分三次凿除。第一次凿除安排在冻结前进行，破除外侧混凝土 10cm，剥除地下连续墙内层钢筋；第二次凿除安排在冻结完成交圈后进行，凿除混凝土 50cm。凿除完成后安排混凝渣土清理，在洞门上打探温孔检测温度是否完成冻结；第三次凿除安排在洞门前探测孔温度满足设计要求时，并原则上安排在盾构始发前一天完成混凝土凿除和清渣工作，凿除混凝土厚度 60cm。第三次凿除又可分两阶段进行，首先破除 50cm 混凝土并将混凝土渣清理干净，然后在两天之内完成地下连续墙剩余 10cm 混凝土并切割掉外侧钢筋和接缝的 H 型钢，并将密封环内凿除混凝土渣清理完，保证盾构始发前完成所有凿除及清理工作，且冻结掌子面裸露时间不超过两天。

凿除混凝土搭设钢管支架，支架采用 $\phi48$ 无缝钢管，间距 90cm×90cm，层高 90cm，纵向搭设三排。钢管之间使用扣件连接，支架外侧拉设密目防护网（用来防止人、物坠落或用来避免或减轻坠落物造成的伤害）。在始发基座前方与洞门密封环之间搭设清渣作业平台，凿除下来的混凝土渣使用吊斗由吊机吊运出基坑（始发井）。

（八）施工中可能遇到的风险及应对措施

南京长江隧道是当时世界上特大的盾构隧道之一，隧道穿越多种地层，施工区段工程地质条件复杂，软硬地层交互出现，水土压力高，在江河中冲槽和盾构进出洞处存在着浅埋等情况，施工方认真分析了这样复杂的情况及可能引发的风险，并制定了应对措施。

1. 地质勘察风险及应对措施

地质勘察：（1）由于隧道穿越多种地层，且受限于水深的影响，因此勘察的准确性低，亦即，地质勘察存在一定局限性；（2）勘察的局限性使未知地质地层信息增加，从而增大了盾构掘进的未知风险。

应对措施：（1）工程施工前，补充地质钻孔并采用双频回声测深仪，进一步查清地质条件和覆土厚度，为盾构掘进参数的选取及制定相应辅助措施提供参考；（2）在施工过程中，适时利用超前地质钻机探测掌子面前方地层，为准确确定盾构掘进参数和辅助措施提供依据。

2. 盾构进出洞风险及应对措施

盾构进出洞风险：（1）盾构进出洞端头地层处理可能不到位；（2）盾构在进出洞时工

作面可能突然产生涌水、涌砂；（3）平衡压力形成的滞后，可能产生大幅度地面沉陷，从而可能产生盾构被掩埋及工作井周边构筑物被损坏；（4）始发基座定位的不够准确、反力架刚度的不足，可能使盾构一进洞就产生偏离设计轴线的风险。

应对措施：（1）针对端头地质地层特点，对进出洞端头土体采用旋喷桩＋冻结方法进行加固；（2）地面竖向抽芯检查洞门旋喷加固区，若未达到加固效果，则要重新进行旋喷加固；（3）在洞门掌子面上每隔1m钻水平探测孔，抽芯取样判断洞门前加固区土体状况，如果有泥水涌出，应重新评估加固效果并进行地基处理；（4）盾构进出洞前，预先安装洞门圈预埋钢环，采用双层帘布橡胶板以及折叶式压板等进行密封止水；盾构到达时，在刀盘推出隧道后立即将洞门密封的折叶式压板用钢丝绳箍紧在盾壳上；（5）始发及到达前检查尾盾密封油脂的注入压力，确保始发过程及到达过程密封作用的安全可靠；（6）始发过程和到达过程注意防止盾构栽头，选用下部千斤顶推进、上部千斤顶跟随的施工操作模式；（7）盾构出洞时，注意在盾构切入掌子面时就建立起泥水平衡，防止出洞时掌子面发生大面积坍塌；（8）盾构要有可靠的轴线定位系统，如：陀螺仪定位系统、地面三角网系统和井下引进导线系统，即每隔一定距离设吊架对轴线跟进测量，发现偏差及时缓慢纠偏的措施，也可有效减小盾构施工可能产生的隧洞轴线偏差。

3. 开挖面失稳及应对措施

开挖面失稳：（1）掌子面前方遭遇流砂或发生管涌，盾构将发生磕头或突沉；（2）推进过程中出现超浅覆土将导致冒顶、江水回灌、泥水冒溢等事故；（3）承压水引起突然涌水回灌，盾构正面塌方。

应对措施：（1）合理进行泥水、切口水压管理，控制每循环掘削量；（2）选择合适的泥水指标和泥水压力；（3）由于隧道穿越地层较为复杂，应根据地层状况及时调整泥浆特性（密度、黏度、压力等），正确计算泥水压力并对泥水压力进行精细调节，适时补偿正面压力以控制泥水液面变化；（4）掘进粉细砂及砾砂地质地层时，要及时补充新鲜泥浆，以便在掌子面形成足够的泥膜，从而有效支护开挖面；对透水性小的黏性土可用原状土造浆，并使泥浆压力同开挖面土层泥水压力始终保持动态平衡；（5）超浅覆土段，一旦出现冒顶、冒浆随时开启气压平衡系统；（6）施工过程，注意控制推进速度和泥浆循环排渣量及新鲜泥浆补给量，始终使泥浆压力同开挖面土层泥水压力保持动态平衡。

4. 尾盾密封失效及应对措施

当尾盾密封装置配置不合理或受力后被磨损和撕拉损坏时，就会使密封失效，从而导致注浆浆液、地层中水（或江水）、砂涌等进入隧道，还可能进一步造成开挖面失稳、地表沉陷过大等事故的发生，若施工段位于江底则可能产生冒顶事故。

应对措施：（1）高水压、地层渗透系数较大情况下施工的盾构，其尾盾密封可靠性好，宜设4排密封刷——集钢弹簧、钢丝刷、不锈钢金属网于一体，尾刷密封压力应能达到1.2MPa，并有紧急止水装置；（2）采用自动或手动装置经常向密封刷加注油脂；（3）控制同步注浆压力，避免同步注浆浆液对钢丝刷造成损害；（4）管片应居中拼装，以防止盾构与管片之间产生的建筑空隙一边过大、一边过小，从而降低尾盾密封效果；（5）针对漏水、渗水、漏泥浆部位应集中压注尾盾油脂；（6）提前制定更换或维修尾盾密封的预案。

5. 江中浅埋段掘进及应对措施

盾构穿越江中浅埋段时，由于地层为高透水性的粉细砂层，且覆土浅、水土压力高，泥水压力平衡不易建立，掌子面不易稳定，可能产生冒顶或通透水流；亦即，造成江底坍陷、冒顶的风险极高。

应对措施：（1）提高泥浆质量，使掌子面形成较好的泥膜；掘进过程，确保开挖仓内泥水压力与切削面的水土压力始终能基本保持动态平衡，同时进泥管的压力和排泥管的压力也基本处于动态平衡；（2）配制高黏度、密度稍大的泥浆，合理降低压力进行掘进，并加强测量监测，尽量做到信息化，实现盾构掘进参数的实时调整；（3）减小刀盘转速，控制盾构姿态，避免姿态蛇形，减少对周围砂层的扰动；（4）在盾构掘进过程中，保持切口水压平稳，以保证地层稳定，避免冒浆情况的发生。

6. 江底段换刀及应对措施

由于在江底很难采取地层加固后开仓换刀，只能带压进仓作业，安全风险巨大。开仓换刀作业过程还可能发生塌方、中毒、窒息、物体打击等突发事故。江底换刀的复杂性，还可能对工期产生严重影响，从而影响整个工程的工期。

应对措施：（1）突发事故时要以紧急逃生、避免人员伤亡为原则；（2）制定带压换刀流程与作业指导书，并对相关作业人员进行交底；（3）制定各种突发状况的应急预案，相应材料、机具、人员落实到位。

7. 长江防洪大堤沉降及应对措施

盾构主要下穿江北和梅子洲长江防洪大堤，由于施工地质主要是淤泥质粉质黏土和粉细砂层，若施工过程中的泥浆参数、泥水压力、壁后注浆、盾构密封等控制不好，就有可能产生较大的地层不均匀沉降，从而威胁长江防洪大堤安全。

应对措施：（1）通过三维有限元模拟分析，预测盾构掘进对防洪大堤的影响，并用以指导施工监控及量测控制；（2）在盾构试掘进段，加强盾构掘进状况与掘进参数关系的收集与整理，并用以指导正常掘进施工；（3）加强盾构推进过程中切口水压、推进速度、推力及扭矩等主要技术参数的控制，防止波动过大；（4）加强盾构设备的保养与维修，避免盾构发生故障；（5）采用同步注浆，及时填充尾盾建筑空隙，严格同步注浆量、注浆压力和注浆质量的控制，减少施工过程土体变形；（6）根据地表的变形情况和监测结果及时通过管片预留注浆孔进行二次注浆；（7）制定监控量测方案，施工中加强对长江大堤及周围道路和管线的监测，及时进行信息反馈，据此调整和优化施工技术参数，做到信息化施工。

8. 隧道上浮及应对措施

盾构至江中段时，覆土较浅，水压较大，隧道整体上浮的可能性较大；在建立泥水压力正常掘进时，具有一定压力的泥水会从开挖面沿着盾壳窜至尾盾，甚至窜到已建成的隧道衬砌外周，从而使已建成的隧道处于泥水的包裹中而产生上浮；浆液参数和配比是否与地层相适应，也会是盾构隧道产生上浮的因素之一。

应对措施：（1）严格控制隧道轴线，使盾构沿着设计轴线正确推进，每环均匀纠偏，减少对土体的扰动；（2）提高同步注浆质量，确保注浆及时、均匀且充盈；要求浆液应具有较短的初凝时间，遇泥水后不产生劣化，并要求浆液具有一定的流动性，能及时且均匀地充满隧道与管片间的建筑间隙；（3）加强隧道纵向变形的监测，并根据监测结果控制注浆压力和注浆量，调整注浆部位，配制快凝浆液并提高其早期强度；（4）当发现隧道上浮量较大时应立即采取二次注浆对隧道外侧进行充填加固。

南京长江隧道工程自 2005 年 3 月奠基，9 月开工以来，严格秉持"稳字当头、安全第一、万无一失、确保成功"的方针，2009 年 5 月 20 日贯通左线隧道，2009 年 8 月 22 日贯通右线隧道，并于 2010 年 5 月 28 日实现了全线通车运营。

三、广州地铁三号线沥大隧道工程

（一）工程概况

沥大隧道是广州地铁三号线沥滘站～大石站区间段隧道，也是广州地铁三号线唯一采用泥水式盾构施工的标段，主要由一个明挖区段和两个盾构隧道区段组成（见图 8-6），亦即由沥厦（沥滘站～厦滘站）和厦大（厦滘站～大石站）两个站段构成，合同工期为25.5 月，总造价约 1.9 亿。主要附属工程包括 6 个联络通道、2 个废水泵房和 8 个洞门。本标段属于复合工法标段，集成了明挖、矿山和盾构三种主要隧道施工工法。

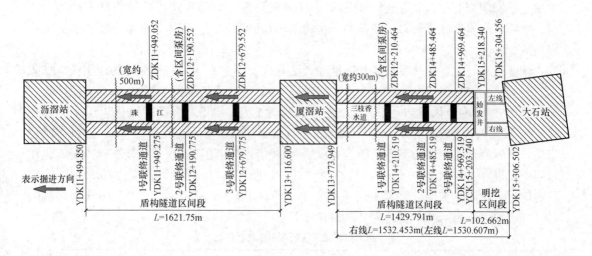

图 8-6 沥大（沥滘站～大石站）区间工程简图

沥厦盾构区段隧道长 1621.75m，厦大盾构区段隧道长 1429.791m。明挖区段位于番禺区大石镇，南接大石站，北接厦大盾构区段，明挖隧道右线 YDK15＋203.740～YDK15＋306.502，长 102.662m；明挖隧道左线 ZDK15＋218.340～ZDK15＋304.556，长 100.816m。

在沥厦区间，线间距为 13.0m，左右线各有两段转弯半径分别为 3000m、4000m，长度分别为 316.295m、264.933m（含缓和曲线）的平面曲线。在厦大区间，线间距从北往南由 13m 逐渐扩大到 14m，左右线也各有两段转弯半径都为 2000m，长度分别为 263.657m、442.381m（含缓和曲线）的平面曲线。曲线段长度占总长的 22.2%。本标段两次过江，在沥厦盾构区段处穿过南珠江，宽为 500m；在厦大盾构区段处穿过三枝香水道，宽为 300m。

纵断面上，该区间线路最大坡度为 29.043‰（下坡掘进）和 28.0‰（上坡掘进）。左右线各有 9 个竖曲线，其中 3 个凸曲线，6 个凹曲线，其中两个凸曲线的弯曲半径为 $R=4000m$，其余皆为 $R=8000m$。陆地覆土厚度为 7～25m，水下最小覆土厚度约 7.5m。

（二）地质条件

1. 工程地形地貌

　　沥大隧道沿线主要分布有大片果园、菜地、苗圃及河涌、村庄、厂房和码头。除南珠江和三枝香水道段为侵蚀河谷地貌、河床底标高为−4.5~0.42m外，其余均为河流堆积平原和海陆交互堆积平原地貌，地势起伏平缓，地面标高为4.6~9.9m。

　　沥大隧道区间位于华南准地台（准地台是活动性比较大的地台，它的基底硬化程度一般较低，盖层厚度较大，在地台的发展过程中有显著而广泛的褶皱和断裂运动以及规模较大的中酸性岩浆活动），桂湘赣粤褶皱束、广花凹陷、增城凸起、三水断陷盆地的复合部位，地处天河向斜南翼的次一级褶皱珠江向斜核部及其南翼，岩层倾角10°~25°，地层中节理较发育。在三枝香南岸（YCK14+163.5左右）有河村断层及其支断层。

　　2. 地层岩性

　　沥大隧道区间范围内，上覆第四系地层，下覆白奎系下统地层。其中第四系上部为人工填土、海陆交互相沉积淤泥、淤泥质土、淤泥质砂，中部为陆相冲洪积形成的砂、土层，底部为基岩残积土层；而白奎系下统地层由粉砂质泥岩、泥质粉砂岩、粉砂岩夹泥灰岩组成。

　　该隧道穿越地层地质复杂，均一性差，变化大。隧道左线和右线穿越的地层情况如表8-5所示，主要穿过地层有<3-2>冲洪积砂层、<5-1>可塑残积土层、<5-2>硬塑残积土层、<6>基岩全风化岩层、<7>基岩强风化岩层、<8>岩石中风化岩层，局部在<2-1>淤泥及淤泥质土层、<2-2>淤泥质砂层、<4-1>粉质黏土层、<9>岩石微风化岩层，其岩层性质主要为泥质粉砂岩、砂岩和砂质泥岩。隧道不仅穿越软弱砂土层，也在岩层中掘进，主要为强中风化岩层，局部为微风化岩层，岩石最大强度为30.3MPa；岩层内广泛存在风化夹层，见表8-6、表8-7和表8-8。其中，隧道沿线尚有部分民房桩基础（最大桩为φ800钻孔桩）伸入到盾构隧道中。

沥大隧道左右线穿越的地层情况　　　　　　　　　　　　　表 8-5

线路	地层代号	地层名称	地层比例（%）	长度（m）
左线	<2-1>	淤泥及淤泥质土层	1.27	38.642
	<2-2>	淤泥质砂层	0.42	12.881
	<3-2>	冲洪积砂层	6.88	210.061
	<4-1>	粉质黏土层	1.83	55.816
	<5-1>	可塑残积土层	5.14	156.911
	<5-2>	硬塑残积土层	5.29	161.447
	<6>	基岩全风化岩层	14.74	449.952
	<7>	基岩强风化岩层	37.48	1144.142
	<8>	岩石中风化岩层	25.69	784.483
	<9>	岩石微风化岩层	1.27	38.642
	小计		100.00	3052.932
右线	<2-1>	淤泥及淤泥质土层	2.58	78.719
	<2-2>	淤泥质砂层	0.04	1.297
	<3-2>	冲洪积砂层	4.86	148.159
	<4-1>	粉质黏土层	1.92	58.621
	<5-1>	可塑残积土层	6.77	206.543

续表

线路	地层代号	地层名称	地层比例（%）	长度
右线	＜5-2＞	硬塑残积土层	6.59	201.208
	＜6＞	基岩全风化岩层	11.91	363.474
	＜7＞	基岩强风化岩层	42.46	1295.688
	＜8＞	岩石中风化岩层	22.20	677.349
	＜9＞	岩石微风化岩层	0.67	20.446
	小计		100.00	3051.540

沥厦区间围岩类别 表8-6

时代	地层代号	岩土层名称	厚度（m）	备注
第四系（Q）	＜1＞	人工填土层	0.7～3.9	耕植土、杂填土
	＜2-1＞	淤泥或淤泥质土层	1.0～7.4	局部含粉细砂，软-流塑状
	＜2-2＞	淤泥质细砂层	0.6～9.5	易液化土层、松散、饱和
	＜3-2＞	冲洪积砂层	3～10.4	稍密，饱和，含泥质
	＜4-1＞	粉质黏土层	1.0～4.0	可塑，局部软塑
	＜4-2＞	淤泥质粉质黏土层	1.5～3.7	含较多粉细砂，软-流塑状
	＜5-1＞	可塑残积土层	2～5	可塑状粉质黏土
	＜5-2＞	硬塑残积土层	1～6	硬塑状粉质黏土
白垩系（K）	＜6＞	基岩全风化岩层	1～12	风化呈土状，硬塑-坚硬
	＜7＞	基岩强风化岩层	1～4.4	半岩半土状，岩芯碎或短柱状
	＜8＞	岩石中风化岩层	—	软岩，岩芯呈短柱状，节理发育

厦大围岩类别 表8-7

时代	地层代号	岩土层名称	厚度（m）	备注
第四系（Q）	＜1＞	人工填土层	0～4.5	素填土、杂填土
	＜2-1＞	淤泥或淤泥质土层	0.4～16.5	局部含粉细砂，软-流塑状
	＜2-2＞	淤泥质细砂层	1.4～9.3	易液化土层、松散、饱和
	＜3-2＞	冲洪积砂层	0.5～7.2	稍密，饱和，含泥质
	＜4-1＞	粉质黏土层	1.2～7.2	可塑，局部软塑，硬塑
	＜5-1＞	可塑残积土层	0.7～9.3	粉质黏土，粉土为主，可塑
	＜5-2＞	硬塑残积土层	0.7～21	粉质黏土，粉土为主，硬塑
白垩系（K）	＜6＞	基岩全风化岩层	0.9～10.3	风化呈土柱状，硬塑-坚硬
	＜7＞	基岩强风化岩层	0.7～25.7	半岩半土状，岩芯碎或短柱状
	＜8＞	岩石中风化岩层	1.4～6.9	软岩，岩芯呈短柱状，节理发育
	＜9＞	岩石微风化岩层	—	岩芯完整，呈柱状，节理发育，岩质较坚硬

地层物理力学指标 表8-8

岩土分层	岩土名称	天然密度	含水量	孔隙比	黏聚力	内摩擦角	承载力标准值	基床系数	渗透系数	天然单轴极限抗压强度	围岩类别
		ρ	ω	e	c	φ	f_k	K_v	K	f_c	
		g/cm³	%	—	kPa	°	kPa	MPa/m	m/d	MPa	
<2-1>	淤泥	1.57	78.8	2.2	4.7	4.45	55	5	0.0010	—	I
<2-2>	淤泥质土	1.9	35.9	1	2.78	15.4	80	10	3.55	—	I
<4-1>	粉质黏土	1.99	28	0.8	15.6	9.1	175	15	0.0005	—	I
<5-1>	可塑残积土	1.9	28.8	0.8	23.8	10.8	175	20	0.0011	—	I
<5-2>	硬塑残积土	1.9	27.6	0.8	24.5	10	240	29	0.0011	—	II
<6>	基岩全风化带	2	24.9	0.7	25.3	19.5	275	35	0.0021	—	II
<7>	基岩强风化带	2.2	—	—	200	22	380	120	0.33	1.22	III
<8>	中等风化粉砂质泥岩、泥灰岩	2.4	—	—	500	25	1000	500	0.331	7.01	III

3. 水文地质

沥厦区间穿越南珠江，隧道洞身围岩水文地质条件受珠江水位影响较大。而南珠江水位主要受来自西、北江的洪水和潮汐影响，历年最高潮位为7.53m，最高水位为7.47m，高潮时平均水位为5.78m。

厦大区间穿越三枝香水道以及东涌，隧道洞身围岩及明挖段基坑水文地质条件受其影响较大。三枝香水道宽约300m，东涌宽约20m，水位主要受北江洪水和潮汐的影响，历年最高潮位多出现在汛期，最高水位为7.52m，高潮时平均水位为5.85m。

4. 不良地质及特殊地质

沿线地形大致平坦，南珠江岸坡稳定，整个标段区间未见不良地质，发育特殊地质包括：软土、砂土液化（指饱水的疏松粉、细砂土在振动作用下突然破坏而呈现液态的现象，由于孔隙水压力上升，有效应力减小所导致的砂土从固态到液态的变化现象）、膨胀土等。

软土：主要为淤泥或淤泥质土，即岩土分层<2-1>层。在沥厦区间的一些区域广泛分布，特别在大山村和厦滘村地段隧道洞身和拱顶均分布有淤泥、淤泥质土，也是明挖段侧壁的主要地层。该土层天然含水量高、孔隙比及压缩性较大，不能自稳，易发生震陷。

砂土液化：主要为淤泥质砂<2-2>（液化等级为严重）、冲洪积砂层<3-2>（液化等级为中等-严重）等在沥厦区间连续分布，是隧道覆盖层的主要组成部分。在厦大区间主要以大面积透镜体的形式间断分布。特别在大山村和厦滘村地段隧道洞身和拱顶均分布冲洪积砂层。该土层呈饱和松散状，自稳性差、地震易液化。

膨胀土：主要为陆相冲洪积土层<4-1>、残积土层<5-1><5-2>、岩层全风化层<6>。该土层在本标段内分布广泛，土质为弱～强膨胀土。

（三）盾构选型及刀具选用

根据上述地质地层特点，隧道施工选用 2 台泥水平衡盾构。综合考虑地质特点、工期和工程造价，选用盾构的主要参数见表 8-9。

盾构主要参数情况   表 8-9

盾构外径	6260mm	最大扭矩	6327kN·m
尾盾内径	6060mm	刀盘转速	0.2～3.4rpm
盾构机身长度	8170mm	最大推进速度	6.7cm/min
盾构总推力	36 000kN	—	—

为避免在越江过程中出现不必要的故障和换刀，盾构过江前，在已掘进的 731 环处，利用岩层自稳性好的条件，对盾构进行全面、系统地检修，尤其对刀盘上的 29 把刀具全部进行检查，对磨损量大于 20mm 的刀具和破损的刀具全部更换。越江前刀具检查、磨损和更换情况如下：

1. 盾构采用软岩刀盘模式在强风化和其他土层中掘进 877m，在中风化岩层中掘进 30m 后，于 605 环处进行刀具检查，并将最外圈的 3 把先行刀更换为 13 英寸的双刃滚刀，经过对先行刀磨损情况的检查，最大磨损量仅为 6mm 且刀具完好。

2. 605 环处换刀后，在中风化岩层中掘进 79m，微风化岩层中掘进 60m，及穿越 50m 的破碎带后，于 731 环处进行刀具再次检查，发现 3 把滚刀有 2 把出现偏磨，证明滚刀未能充分发挥功效。先行刀最大磨损量为 20mm，共有 7 把先行刀破损。

3. 先行刀在微风化岩层掘进时，因岩层较硬（强度为 30MPa），先行刀自身难以对抗如此坚硬的岩层，导致破损；另外在破碎带中掘进，局部零碎块状岩石坚硬，挖掘面软硬不均，造成刀具破损。

4. 根据过江段盾构穿越的地层主要为 51m 中风化和 261m 全风化、强风化砂质泥岩，以及刀具破损情况，决定在越江段采用软岩刀盘模式掘进。

（四）总体施工方案

本工程盾构隧道左右线各采用一台泥水平衡盾构掘进，从大石北盾构井始发，掘进到厦滘站，在到达厦滘南明挖段后过站采用 8000kN 液压提升装置将盾构整体吊出地面，然后用 400kN 平板车运输通过厦滘站和厦滘北明挖段，再用 8000kN 液压提升装置将盾构整体吊入厦滘北始发井中进行第二次始发，一直掘进到沥滘站，最后在沥滘站南端拆卸吊出。

采用泥水平衡盾构掘进，需要面积较大的泥浆处理场地，根据业主提供的施工场地，将泥浆处理场分两次布设。在盾构到达三枝香水道北岸厦滘南吊出井之前，泥浆处理设备布置在大石北明挖段始发场地，盾构到达厦滘站后，将泥浆处理设备搬迁至厦滘北施工场地，泥浆通过泥浆处理设备进行二级处理，变成泥渣和浆水，泥渣大部分通过抽砂船和泥浆管直接输送到三枝香水道的泥浆船上运到固定排放点排放，少部分废浆在管道排放不及时，则采用泥浆车运输。

盾构隧道采用管片拼装式衬砌，管片环宽 1.5m，错缝拼装，管片接缝采用三元乙丙橡胶止水。管片由市建机施预制厂提供，模具采用上海隧道机械制造厂生产的模具，为保证有足够的生产能力，满足工程总体进度要求，购进 7 套模具投入生产，其中 5 套标准管片模具，左右转弯模具各 1 套。管片脱模前采用蒸汽养护，以提高管片质量，缩短模具周转周期，脱模后采用浸水池养护，7 天后喷淋养护，管片与围岩之间的环形空隙采用同步注浆模式充填水泥砂浆。

盾构隧道内水平运输采用 24kg/m 钢轨铺设单线、14kN 变频电机车牵引重载编组列车运输，垂直运输由 2 台 250kN 门式起重机完成。

整个盾构施工过程坚持监控测量跟踪，实施信息化施工，以确保施工质量和安全，也确保控制地层变形和地面环境的安全。

（五）资源配置

1. 劳动力安排

推进施工班组人员：每班施工中设总值班负责人 1 名，施工人员包括推进、泥水系统三个班两班轮转，另设机电维修一个班。执行每天 10-10-4 工作制，早班、夜班各一个，每天保证 4 小时的维修保养时间，保障盾构的正常运转，做到均衡施工。具体施工人员安排如表 8-10 所示。

具体施工人员安排　　　　　　　　　　　　　表 8-10

	序号	岗位	人数（人）	合计
单线盾构 推进施工人员	1	中央控制室	1	17 人
	2	井下负责人	1	
	3	盾构司机	1	
	4	管片拼装	2	
	5	机械维修	1	
	6	电机车司机	1	
	7	电气维修	1	
	8	行车司机	1	
	9	测量	1	
	10	井底、井口吊运	2	
	11	同步注浆	2	
	12	涂料制作	3	
泥水系统处理 施工人员	13	值班长	1	6 人
	14	检验员	1	
	15	修理工（保修员）	1	
	16	保洁员	1	
	17	普工（新浆配制）	2	
单线机电 维修人员	18	机修工	2	5 人
	19	电工	2	
	20	电焊工	1	
施工管理员		16 人		
总合计		16＋6×3＋(17＋5)×3×2＝166 人		

2. 机械设备配置

机械设备配置情况如表 8-11 所示。

机械设备配置情况　　　　　　　　　　　　表 8-11

设备名称		规格	数量	用途
盾构		φ6.26m 泥水平衡盾构	2 台	隧道施工
同步注浆系统		—	1 套	同步注浆
泥水处理系统	ZX-500 泥浆净化器	99kW	3 台	泥水处理
	ZX-250 泥浆净化器	48kW	4 台	
	旋流器	—	18 台	
	砂泵	45kW	2 台	
	3PNL-泥浆泵	22kW	4 台	
	清水泵	5.5kW	6 台	
	搅拌机	5kW	4 台	
泥水输送系统		进泥管 φ250mm、排泥管 φ200mm	1 套	泥水输送
电机车		14t	4 台	井下水平运输
电瓶		配电机车型号 GSK-9	8 箱	井下水平运输
充电机		4 慢 2 快（KCA01-100/300）	4 台	电瓶充电
平板车			4 辆	井下水平运输
门式起重机		250kN	2 台	地面与井下垂直运输
压浆泵		HP-013 或海纳式	2 台	管道补压浆用
电焊机			3 台	焊接
排污泵		8/6AH-WARMAN PUMP	2 台	隧道内排污
挖掘机		1m³	1 台	沉淀池挖土
加温器			2 套	防水涂料制作
抽流风机		2SZ-S-100B	2 台	隧道通风
风管		PVC 涤纶 φ1100mm	3200m	隧道通风

（六）端头地层加固方案

1. 大石站始发端头

该端头洞身土层主要为可塑性残积土层，隧道上覆层为大片<2-1>淤泥或淤泥质土层以及部分<2-2>淤泥质砂层，始发时土层不能自稳，需进行洞门加固施工。同时，因该始发井要进行盾构机的拼装，拟采用 2500kN 的吊机进行拼装，故吊机工作处的地层也须进行加固，这样在确定端头加固方案时，将两者结合起来。紧贴始发井的围护结构做一个口字形的搅拌柱止水帷幕，止水帷幕采用三排 φ550 搅拌桩，桩间搭接长度为 150m，有搅拌桩 414 条。止水帷幕范围为 6.1m×24.1m。另外考虑到加强地基承载力在口字中间（即止水搅拌桩中间），继续做 φ550 搅拌桩，搅拌桩间距采用 500mm×500mm，计有搅拌桩 301 条，总计搅拌桩数为 715 条，具体见图 8-7。根据目前搅拌桩抽检报告结果表明，搅拌桩的侧限抗压强度未达到设计要求，故需进行钢板桩补充加固，钢板桩采用桩长 12m 规格，由吊机配合 45kW 振动锤施打，钢板桩尽量施打至<5-2>或 7 地层，直至不能再往下施打为止，具体钢板桩加固范围见图 8-8。

2. 厦滘站到达端头

该端头洞身土层主要为可塑性残积土层，隧道上覆层为大片<2-1>淤泥或淤泥质土层、<2-2>淤泥质砂层以及左线上方存在小部分的<4-1>粉质黏土层，盾构到达时土层不能自稳，需要对洞门进行加固施工。施工时，紧贴着盾构到达井的围护结构（已完成的

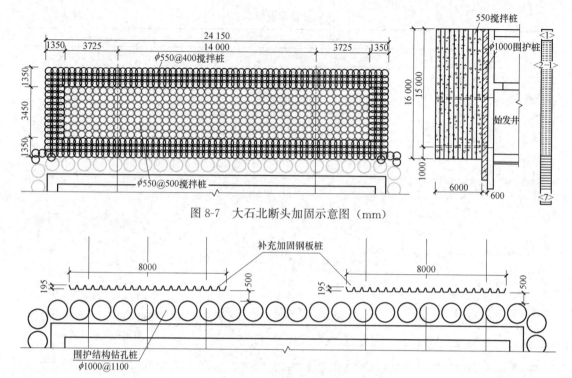

图 8-7　大石北断头加固示意图（mm）

图 8-8　端头钢板桩补充加固平面布置示意图（mm）

$\phi1000$ 钻孔桩以及单排 $\phi600$ 搅拌桩）做一个口字形搅拌桩止水帷幕，止水帷幕采用三排 $\phi550$ 搅拌桩，桩间搭接长度为 150m，有搅拌桩 378 条。止水帷幕范围为 4.15m× 23.55m。另考虑到加强地基承载力在口字中间（即止水搅拌桩中间），继续做 $\phi550$ 搅拌桩，搅拌桩间距采用 500mm×500mm，计有搅拌桩 126 条，总计搅拌桩数为 504 根。另外，由于已完成的 $\phi600$ 搅拌桩桩长较短，只有 8～10m，为保证新老搅拌桩之间的止水效果，在新老搅拌桩之间增加单管旋喷桩，桩径为 $\phi550$，共 60 根。搅拌桩设计桩长定为 13.1m，桩底注浆加固厚度为 8.6m（到达盾构开挖面下），旋喷桩桩长为 21.7m。

3. 厦滘站始发端头

该端头洞身土层主要为大片的＜3-2＞粗砂层，隧道上覆层为大片＜2-1＞淤泥或淤泥质土层，土体自稳定性差，盾构始发时不能自稳，需要进行端头加固施工，为了确保盾构于厦滘站重新始发时基坑的施工安全以及各地层相对稳定，防止端头地层发生坍塌或漏水涌水等意外情况，拟定在厦滘站始发端头分别进行钻孔桩＋搅拌桩地基加固和止水帷幕施工，如图 8-9 所示。

4. 沥滘站到达端头

沥滘站盾构到达端头位于珠江北岸，距河岸线仅有 130m。隧道洞身为＜5-2＞＜6＞ ＜7＞地层，覆土主要为＜1＞＜2-2＞＜3-2＞地层，属于软弱地层，厚约 16m，其中＜2-2＞地层厚 2～12m，＜3-2＞地层厚 1～6m，富含地下水，水力与珠江水直接联系。由于淤泥、砂层较厚，土体稳定性很差，且存在涌砂、坍塌等危险，也是采用钻孔桩＋搅拌桩地基加固和止水帷幕施工的主要原因，如图 8-10 所示。

（七）本标段的特点和难点

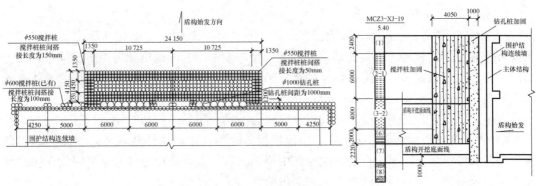

图 8-9　厦滘站始发端头加固示意图（mm）

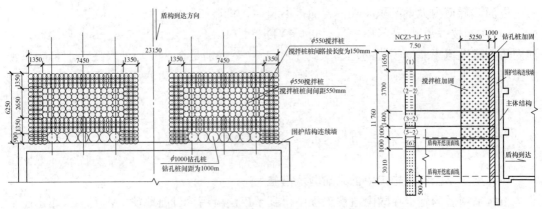

图 8-10　沥滘站到达端头加固示意图（mm）

本标段的特点和难点如下：工程隧道穿越地质条件复杂多变，软硬交错，从强度较高的微风化泥岩、断层破碎带，到稳定性差的淤泥、砂层均需要穿越，还需穿越江、站、村等特殊地段。工程主要特点和难点有：

1. 整个三号线共需三次穿越珠江，其中两次在本区间完成，先后穿越 312m 宽的三枝香水道以及 505m 宽的南珠江，越江施工难度大。

2. 区间隧道穿越地层条件复杂多变，具体包括<2-2>淤泥质砂层、<3-2>冲洪积砂层、<4-1>冲洪积上层、<4-2>淤泥质上层、<5-1>可塑或稍密状残积上层、<5-2>硬塑或中密状残积上层、<6>岩石全风化带、<7>岩石强风化带、<8>岩石中风化带和<9>岩石微风化带，从强度较高的微风化泥岩、砂质破碎带到稳定性差的淤泥、砂层，盾构需要穿越各种特性的岩层，施工技术难度大、要求高。

3. 隧道沿线上方分布有大量民房，大部分民房的基础为天然基础，存在先天倾斜的现象，再加上该区段隧道覆土层主要为<1>人工填土层、<2-1>淤泥或淤泥质土层和<3-2>冲洪积砂层等软弱土层，地层敏感度高，此外，部分民房的桩基础紧贴盾构隧道或伸入到隧道中，而现场又缺乏进行桩基础托换的条件，因此盾构通过厦滘村段时建筑物的保护难度非常大。

（八）安全越江的原则与越江风险分析

1. 安全越江原则

快速通过。

2. 越江风险分析

1）因隧道顶部覆土层薄，且为淤泥、淤泥质土，一旦泥水室的泥水压力不稳定，刀盘前方及其上部的软弱土层被扰动，将造成失稳，则河床上的杂物随坍塌的土体进入泥土室内，一方面堵塞泥水室，造成清洗困难，另一方面，河床上的杂物将随坍塌的土体进入泥土室内后，造成泥浆管路堵塞，杂物难以排出，盾构难以继续掘进。而且，在清洗泥水室过程中，不停进行正逆冲洗，引起泥水室压力波动，容易引起新的塌方。

2）盾构刀具严重磨损，必须在江中停机换刀。因江中段土体较软弱，尤其是隧道顶部为淤泥和淤泥质土，无法自稳，故在江中换刀难度极大，虽然可以考虑采用气压法进行换刀，但因覆土层薄，该方法也有一定的风险。

3）尾盾漏浆。如若尾盾漏浆严重，一方面导致切口水压下降，刀盘前方土体失稳；另一方面，隧道内大量淤积泥浆，若抽排不及时，将造成盾构被淹没。

4）在三枝香水道 YDK13+912.384～YDK14+012.471 处，即 790～860 环之间，为江底盾构隧道覆土厚度较浅的范围（约 100m 宽），特别是在 840 环处，隧道上部为淤泥质土层，该土层含有粉细砂，渗透性较强，且与河水有直接水力联系，是盾构过江最大的风险。

第三节 土压平衡盾构施工案例

一、土压平衡盾构施工中常见问题及措施

土压平衡盾构施工在国内地铁工程中得到了广泛应用，目前地铁工程大多采用土压平衡盾构施工。虽然土压平衡盾构施工技术已日臻成熟，但仍有很多问题尚需解决。

（一）盾构机身滚动问题

盾构机身滚动是由于刀盘切削开挖面土体产生的扭矩大于盾构机壳体与隧道洞壁之间的摩擦力矩而产生的。在两地层分界面掘进时，由于岩性差别太大且岩层稳定性较好，此时扭矩很大，而盾构机壳体与洞壁之间只有部分产生摩擦力，当摩擦力矩无法平衡刀盘切削土体产生的扭矩时将引起盾构机身的滚动，过大的滚动会影响管片的拼装，也会引起隧道轴线的偏斜。一般情况下，当滚动偏差超过 0.5 时，应及时采用以下方法进行纠正。

1. 掘进时，应对症下药，即采用加注泡沫或者膨润土的方式减小刀盘扭矩，从而达到有效消除盾构机产生旋转的外力的目的。

2. 为保证注浆量，应及时进行注浆，并灵活使用活性浆液等对策提高盾构周边摩擦力，以达到有效控制盾构旋转的目的。

3. 若盾构旋转出现偏差，则应用改变刀盘旋转方向的方式进行调整，为达到有效控制盾构机旋转角度的目的，应适当放慢推进速度，并使用刀盘正、反转予以控制。

（二）泥饼问题

盾构机穿越黏性土层时，由于刀盘面需维持较高的压力，而且温度一般也很高，这样黏性土在高温、高压作用下易压实固结产生泥饼，特别是在刀盘的中心部位，该处泥土无法被螺旋排土器排出，随着施工的继续进行，固结的泥土会越来越多，最终整个压力仓内的泥土固结成一体，如图 8-11 所示。当产生泥饼时，掘进速度急剧下降，刀盘扭矩也会上升，大大降低开挖效率，甚至无法掘进。施工中主要采取下列措施抑制泥饼产生或消除泥饼。

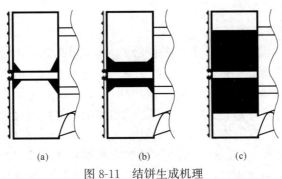

图 8-11　结饼生成机理

(a) 结饼初期；(b) 结饼中期；(c) 完全结饼

1. 在到达这种地层之前把刀盘上的部分滚刀换成刮刀。

2. 适量增加泡沫的注入量，减小渣土的黏附性，降低泥饼产生的概率。

3. 刀盘背面和土仓压力隔板上设搅拌棒，以加强搅拌强度和范围，并通过土仓隔板上搅拌棒的泡沫孔向土仓中注射泡沫，改善渣土和易性，增大渣土流动性。

4. 必要时螺旋输送机内也要加入泡沫，以增加渣土的流动性，利于渣土的排出。

5. 采用 2/3 土仓加气压模式掘进。

6. 一旦产生泥饼，可空转刀盘使泥饼在离心力的作用下脱落；在确保开挖面稳定的情况下也可采用人工进仓清除。

（三）螺旋输送机喷涌问题

盾构法施工时地质条件、水文情况、掘进参数是喷涌发生的决定因素，砂卵石等富水地层地下水的通路没有阻断，泡沫、膨润土等添加剂使用不当，渣土改良不理想，未能有效改变渣土渗透性，在水流量大或者水力梯度大的情况下，极易发生喷涌。在中风化或者微风化岩层中，若裂隙水发育，后方水路又未封闭，开挖仓内渣土由于流水的影响难以改良时，也经常发生喷涌现象。高压力的水体穿越开挖仓和螺旋输送机后，其压力水头没有递减到位，渗流夹带土颗粒在输送到螺旋输送机排渣门出口的一瞬间，渗流水便在突然压力降低的情况下带动正常输送的渣土喷涌而出。针对这种情况可采用下列措施：

1. 隧道下坡并处于硬岩含水地层中时，必须切断管片与围岩空隙汇集的地下水与开挖面的水力联系。管片处于硬岩含水层中长度越长，管片背后存储的水力和压力就越大，这就要求同步注浆效果必须达到完全封闭衬砌空隙并阻水，避免土仓与管片背后形成水力通道。

2. 严格控制进尺、出土量，保证盾构机连续均衡快速通过。

3. 在进入富水砂层地质之前，盾构机操作手提前采用气压平衡模式进行推进防止喷涌发生，但要防止发生漏气事件。

4. 向开挖仓内加入高浓度膨润土、泡沫或者硅酸钠等改良剂，改善开挖仓内渣土的特性，使渣土中的颗粒、泥浆成为一整体，使渣土具有良好的可塑性、止水性及流动性，便于螺旋输送机顺利出渣。

5. 盾构机停止掘进时，土仓内压力设定为外界水土压力，继续保持压力平衡；在螺旋机再次排土前，刀盘应把土仓内的水、土充分搅拌，使其有良好的密水性，避免喷涌。

6. 对于易发生喷涌的地层应当谨慎操作，力争快速掘进通过，避免在已发生喷涌的地段停机或者进行设备检修。

（四）管片上浮问题

盾构机在掘进的过程中，隧道管片发生错位，多数情况是因为管片上浮。管片上浮主要是受工程地质、水文地质、衬背注浆质量、盾构机姿态控制等因素的影响。当管片脱出尾盾受到浆液和地下水浮力的作用，由于盾构掘进过程中的蛇形运动、超挖以及理论间隙，管片与地层间存在一环形建筑空间。环形建筑空间一般采用衬背注浆工艺填充，但如果注浆量不足或者是注浆压力不足，导致衬背浆液不能密实地充填环形建筑空隙，尤其是隧道顶部分，从而为管片上浮提供了可能。如果盾构机在含水地层掘进时，即盾构机掘进形成的环形建筑空间在充满水，或者在充填环形建筑空隙浆液初凝时间很长的情况下，隧道管片则全部浸泡在盾构掘进形成的"圆形坑道"之中，当管片所受到的浮力大于管片本身的自重时，管片本身就有上浮的趋势。可采取下列措施加以控制：

1. 在浆液性能的选择上应该保证浆液的充填性、初凝时间与早期强度、限定范围防止流失（浆液的稠度）的有机结合，才能保证隧道管片与围岩共同作用形成一体化的构造物。

2. 衬背注浆的浆液配比应进行动态管理，依据不同地质、水文、隧道埋深等情况的变化而调整，以控制地表的沉降和保证管片的稳定。

（五）尾盾漏浆问题

造成尾盾漏浆主要有以下几个原因：（1）管片与尾盾不同心，使尾盾和管片间的间隙局部过大，超过密封装置的密封界限；（2）密封装置受偏心的管片过度挤压后，产生塑性变形，失去弹性，密封性能下降；（3）尾盾密封油脂压注不充分，尾盾钢刷内浸入了浆液并固结，尾盾刷的弹性丧失，密封性能下降；（4）盾构后退，造成尾盾刷与管片间发生与刷毛方向相反的运动，使刷毛反转，尾盾刷变形而密封性能下降；（5）尾盾密封油脂的质量不好，对尾盾钢丝刷起不到保护的作用，或因油脂中含有杂质堵塞泵，使油脂压注量达不到要求。可采取下列措施防止尾盾漏浆：

1. 严格控制盾构推进的纠偏量，尽量使管片四周的尾盾间隙均匀一致，减少管片对尾盾密封刷的挤压程度，控制好盾构机的姿态和管片选型，保持间隙均匀。

2. 在管片拼装前必须把盾壳内的杂物清理干净，防止对尾盾刷造成损坏。

3. 在挖掘前对尾盾密封系统进行全面检查与维护，及时、保量、均匀地压注尾盾油脂。

4. 进行管片壁后注浆时，控制盾构姿态，避免盾构产生后退现象。

5. 采用具有足够黏度、流动性、润滑性、密封性能的优质油脂。

（六）注浆管堵塞问题

注浆管堵塞的主要原因是水泥砂浆浆液从拌料到注浆过程的时间太长，以致浆液已达到凝固时间但却未至其固结处，从而沉淀附着在注浆管内壁，最终造成管路堵塞。解决注浆管堵塞问题的关键就是要缩短从拌料到注浆的时间。主要预防措施有以下几方面：

1. 浆液运输管路的铺设要避免管路弯曲造成浆液流速缓慢而沉淀。地面储料罐向井下浆液车下料要采用大口径输送管放浆，缩短放浆时间，同时将浆管口尽可能靠近浆液车底部，打开闸门即可依靠浆液自重放浆。

2. 紧凑安排工序，缩短浆液在隧道内的运输时间。在洞口和砂浆车位置设置电源插座，专供砂浆车搅拌电机用，保证砂浆车搅拌器正常连续工作，避免因施工停顿时间过长而引起浆液离析。

3. 砂浆车向盾构机储浆罐泵浆时，降低出浆管高度，同时开启搅拌机搅拌浆液。

4. 在不影响其他管路及运作空间的前提下，适当改善同步注浆管路，减少弯头、增大管径，避免浆液在管路中沉积、堵塞。

5. 保证盾构机及后配套设备的正常连续运行，坚决避免盾构机在推进过程中人为的停机造成同步注浆工序中断而浆液凝固堵塞。

（七）盾构掘进轴线偏移问题

由于地铁修建隧道都是在地面以下，而我国地理环境复杂多变，因而地铁隧道地层岩面的起伏变化也较大，例如有些地层断面会出现风化、周边岩面和洞体填充物的处理情况差异较大等恶劣现象。如果盾构机在这种恶劣的条件下工作，其刀盘就会受力不均、姿态控制难度增大、掘进速度不均，结果导致盾构机的机头向上弯曲、下垂、偏离轴线等情况，这极大地降低了盾构机的工作效率。

1. 盾构轴线偏移的原因

1）盾构超挖或欠挖，造成盾构在土体内的姿态不正，导致盾构轴线产生过量偏离；

2）盾构测量误差导致轴线偏差；

3）盾构纠偏不及时或纠偏不到位；

4）盾构处于不均匀土层中，即处于两种不同土层相交的地带时，两种土的压缩性、抗压强度、抗剪强度等指标不同；

5）盾构处于非常软弱的土层中，如果推进停止的间隙过长，当正面平衡压力损失时，会导致盾构下沉；

6）拼装管片时，拱底块部位盾壳内清理不干净，有杂质夹杂在相邻两环管片的接缝内，使管片的下部超前，轴线产生向上的趋势，影响盾构推进轴线的控制；

7）同步注浆量不够或浆液质量不好，泌水（混凝土在运输、振捣、泵送过程出现的粗骨料下沉、水分上浮现象）后引起隧道沉降，而影响推进轴线的控制；

8）浆液不固结使管片在大推力作用下引起变形。

2. 预防措施

1）正确设定平衡压力，使盾构的出土量与理论值接近，减少超挖与欠挖现象，控制好盾构的姿态；

2）盾构施工过程中经常校正、复测及复核测量基站；

3）发现盾构姿态出现偏差时应及时纠偏，使盾构正确地沿着隧道设计轴线前进；

4）盾构处于不均匀土层中时，适当控制推进速度，减少推进时的不均匀阻力；也可以采用向开挖面注入泡沫或膨润土的办法，改善土体使推进更加顺畅；

5）当盾构在极其软弱的土层中施工时，应掌握推进速度与进土量的关系，控制正面土体的流失；

6）拼装拱底块管片前应对盾壳底部的垃圾进行清理，防止杂质夹杂在管片间，影响隧道轴线；

7）在施工中按质保量做好注浆工作，保证浆液的搅拌质量和注入方量。

（八）地表沉降

当土仓内压力不足以与外界水土压力平衡时，盾构刀盘前方土层易坍塌，从而引起地表沉降。管片脱出尾盾后，管片与地层间存在环形建筑空间，在软岩地层中如果不及时进行同步注浆填充，拱顶围岩极有可能产生变形引起地表过量沉降。防止地表沉降采取的一般措施是：

1. 实时调整预定压力，以维持土仓内压力平衡；在掘进停止时也应保持土仓内压力与外界水土压力平衡；螺旋输送机再次排土前，刀盘应把土仓内的水、土充分搅拌，使土仓内土体有良好的密水性，避免喷涌破坏土压平衡。

2. 在盾构掘进过程中控制注浆量和注浆压力，实际注浆量应达到理论空隙量的150%～200%，必要时可进行二次注浆；尾盾注浆孔口的注浆压力应大于隧道埋深处的水土压力。

二、上海地铁 2 号线西延区间隧道工程

（一）工程概况

"虹桥临空园区站至北新泾站"区间隧道工程是上海地铁 2 号线西延伸工程的一个组成部分，起始于虹桥临空园区站东端头井，终止于北新泾西端头井，起止里程 k3＋735.511～k4＋849.356，全长 1113.845m。本区间隧道包括上行线和下行线，隧道外直径 6.2m，内直径 5.5m，环宽 1.2m；最大水平曲线半径 $R＝2000$mm，铅垂平面曲线最大坡度为 2.5‰，铅垂平面最小曲线半径 $R＝3000$mm。本工程的管片用量为 1858 环，上行线隧道衬砌 928 环，下行线隧道 930 环。

"虹桥临空园区站至北新泾站"区间隧道由中铁十九局集团有限公司承建，工程合同工期 12 个月。其总体安排为一台盾构从虹桥临空园区站东端头井沿上行线向北新泾站西端头井推进，然后调头，从北新泾区站西端头井沿下行线推进至虹桥临空园区站东端头结束。该项目 2004 年 10 月 12 日开始在虹桥临空园车站东端头进行盾构井下组装调试，2004 年 11 月 23 日盾构顺利进洞始发掘进，在北新泾西端头井调头后从 2005 年 3 月 25 日开始进行下行线施工，至 5 月 30 日全线完工，比合同工期提前 3 个月。上海地铁 2 号线路图见图 8-12。

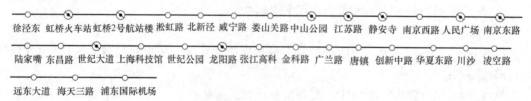

徐泾东 虹桥火车站 虹桥2号航站楼 淞虹路 北新泾 威宁路 娄山关路 中山公园 江苏路 静安寺 南京西路 人民广场 南京东路

陆家嘴 东昌路 世纪大道 上海科技馆 世纪公园 龙阳路 张江高科 金科路 广兰路 唐镇 创新中路 华夏东路 川沙 凌空路

远东大道 海天三路 浦东国际机场

图 8-12 上海地铁 2 号线路图

（二）地质条件

上海地铁 2 号线西延区间隧道覆土厚度为 6.6～14.9m。根据勘察资料，上海地铁 2 号线西延工程盾构穿越的主要地层及其物理力学性质见表 8-12。其中，灰色淤泥质黏土属滨海～浅海相沉积，流塑欠均匀，局部夹较多薄层粉砂，属层理紊乱、高压缩性土；灰色黏土属滨海、沼泽相沉积，流塑尚均匀，夹极薄层粉土，含极少量半腐殖物根茎及泥钙质结核，属高压缩性土。

主要地层及其物理力学性质　　　　　　　　表 8-12

土层序号	土层名称	含水量(%)	密度(g/cm³)	空隙比	液限(%)	塑限(%)	直剪	快剪	无侧限抗压强度(Pa)
③₁	淤泥质粉质黏土	41.5	17.6	1.13	38.3	21.2	—	—	36.8
④	淤泥质黏土	46.2	17.0	1.44	44.0	22.7	17.0	6.7	—
⑤₁₋₁	黏土	43.5	17.4	1.13	43.8	22.7	19.0	7.5	64.0

（三）施工盾构

经方案比选和反复论证，工程施工选用由日本小松设计和制造的直径为 6340mm 的土压平衡盾构，见图 8-13，其主要技术参数见表 8-13。

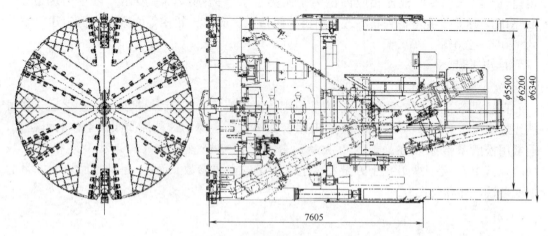

图 8-13　盾构主机结构图（mm）

盾构主要技术参数　　　　　　　　表 8-13

	外径(mm)	6340
	内径(尾盾)(mm)	6260
	总长(mm)	7605
盾构本体	尾盾密封装置	3 道钢丝刷
	总推力(kN)	37 730(1715kN×22)
	最大推进速度(cm/min)	6.0
	旋转驱动	电动机(55kW×8)
大刀盘	外径(mm)	6330
	额定转速(r/min)	0～1.5
	额定转矩(kN·m)	6000
	驱动形式	液压马达
举重臂	驱动速度(r/min)	0～1.2
	旋转角度(°)	±200

根据地表变形要求并结合地表变形量测量和工程质量、盾构设备状况，经过优化选定土压力、注浆数量及其压力、出土量等施工参数。

1. 土压力

土压力一般通过装置在密封土仓内的土压计检测，通常较为合适的土压力 P_0 的范围是：以相应的静止土压力为中心，以一定的幅度上下波动。

2. 注浆

根据施工地质，选用河砂＋粉煤灰＋膨润土等作为注浆材料；其配比应具备拌制后浆液不离析、压注后凝固收缩小、强度增长快（大于土体强度）及不透水性等特点；注浆后应具有防止土体松弛和下沉、地表沉降符合要求、保持隧道衬砌的早期稳定、提高衬砌接缝防水等性能。通过设置盾构上的注浆孔进行同步注浆，以不偏压为原则，从下往上对称压注。为保护尾盾密封刷，按要求给尾盾压注密封油脂，防止尾盾漏浆。注浆压力以能充填建筑空隙为原则，根据相应部位的土压力、水压力选择，一般出口处压力为 $0.1\sim0.3\mathrm{MPa}$，压浆量要考虑到其渗透、加压单侧挤入、脱水、超挖等因素，取值为建筑空隙的 $120\%\sim200\%$。

3. 出土量

1）土的可松性

自然状态下的土体经开挖后，内部组织结构被破坏，体积因松散而增大。之后土体虽然经过回填压实，却仍然无法恢复到其最初的体积，土体的这种性质叫作土体的可松性，通常用松散系数来表述。土的松散系数分为：最初松散系数（k_1）和最终松散系数（k_2），其中 k_1 是计算开挖土方量及运土工程量的主要参数，而 k_2 是计算回填土方量的主要参数，计算公式为：

$$k_1 = \frac{V_2}{V_1} \tag{8-1}$$

$$k_2 = \frac{V_3}{V_1} \tag{8-2}$$

式中 V_1——土在自然状态下的体积；

V_2——土挖出后松散状态下的体积；

V_3——土经回填压实后的体积。

2）理论出土量计算

假设土体的开挖量为 Q_w，则由土体的可松性求出土压平衡盾构理论最小出土量 $Q_{\min}$ 和理论最大出土量 $Q_{\max}$，分别如式（8-3）和式（8-4）所示。

$$Q_{\min} = k_1 Q_w = k_1 \frac{\pi D^2}{4} vt \tag{8-3}$$

$$Q_{\max} = k_2 Q_w = k_2 \frac{\pi D^2}{4} vt \tag{8-4}$$

式中 Q_w——开挖量；

D——盾构刀盘直径；

v——盾构推进速度；

t——掘进持续时间。

当盾构开挖下来的土体进入土仓后，其状态是介于 $Q_{\min}$ 的松散状态和 $Q_{\max}$ 回填压实状态之间的，设进入盾构土仓的开挖量为 Q，则 $Q_{min} < Q < Q_{max}$。在盾构实际施工过程中，合理的盾构出土量应控制在 Q_{min} 与 Q_{max} 之间，如果超过上述范围将导致开挖量与出土量的不平衡，从而产生开挖面失稳，严重时会导致地表沉降过大、地表塌陷等严重的工程事故。

（四）盾构始发

根据"虹桥临空园区站至北新泾站"区间隧道地质勘察资料，洞口土质为淤泥质黏土和淤泥质粉质黏土，含水量丰富、透水性强，极易产生涌水、开挖面不稳定等情况，因此，盾构始发采取旋喷桩和搅拌桩相结合的加固方案。虹桥临空园区站东端头井开挖时，在下行线北侧发现一条由北向西的暗河穿过土体加固区域。该暗河水量丰富，涌水达 $3000m^3/d$。该区域为原片石堆砌堤岸，同时在该区域有原探测未标明的穿越整个加固区的南北走向通电电力管线 4 道。根据水文地质勘察报告，地下水埋深 $0.5\sim0.7m$，为承压水，而管线的基础埋深约为 $5m$。在清除管线上部土体开挖时，开挖边坡会引起坍塌现象，因此采用旋喷桩进行加固。为防止出现工程安全事故，减少防护费用，保证盾构的安全出洞，确保安全完成本工程，下行线土体加固的长度增加到 $6m$，桩径 $1000mm$，共增加 89 根桩，与上行线成为一个整体，从而很好地保护了土体的稳定性。

1. 空载推进。盾构空载向前推进时，主要控制盾构的推进油缸行程、限制每一环的推进量，并检查盾构是否与始发台、始发洞发生干涉或是否有其他异常发生，确保盾构安全向前推进。

2. 始发盾构姿态控制。主要通过盾构推进油缸控制姿态。

3. 始发盾构推进参数控制。在保证盾构正常推进的情况下，适当降低总推力和刀盘扭矩，确保盾构安全始发。

（五）穿越建筑物和重大管线

该工程经过天山西路，在道路两侧管线密集且楼房林立，特别是在距北新泾车站 $60m$ 处有多栋住宅楼，其条形基础埋深仅为 $7\sim8m$。盾构从楼房正下方通过必须采取相应的技术措施，确保建筑物的安全。

1. 严格控制盾构正面切口土压力，使盾构切口处的地层有微小的隆起量（$1\sim3cm$），以平衡盾构穿过土层时的地层沉降土压力，土压力比正常施工时提高 $0.2MPa$。

2. 穿越构筑物时，推进速度不宜过快，尽量做到均衡施工。工地控制在 $4.5cm/h$。

3. 盾构姿态变化不可过大、过频，隧道轴线和折角变化不超过 0.4%。推进时不急纠、不猛纠，多注意观察管片与盾壳的间隙，采用稳坡法、缓坡法推进，以减少盾构施工对地层的影响。

4. 在保证每环同步注浆总量的同时，还须保证均匀合理地注浆，并保证浆液的配比稠度符合质量标准。在穿越房屋时适当提高注浆量。

5. 在构筑物区域合理布置相关测点，在盾构穿越前后，根据实际情况加密监测频率，必要时进行跟踪监测，并将监测结果及时反馈给相关施工人员，以便调整施工参数，做到信息化施工。

（六）盾构调头技术

利用 2 层钢板之间的滑动及卷扬机的拉动来实现盾构调头。

施工流程：北新泾站盾构井先铺 $7\sim8cm$ 的砂土，然后调头区铺满 $30mm$ 的钢板，在盾构井钢板上铺设滑动钢板（两层钢板间涂刷润滑油）→将接收托架焊接在滑动钢板上并固定滑动钢板→盾构破洞门上托架→解除底部钢板与滑动钢板间的连接→将盾构机拉至调头位置→将盾构转动180°→将盾构拉至下行线掘进面始发位置→将底部钢板和滑动钢板固定→安装后座基座，负环管片及基准环→盾构调试→始发。

（七）施工难点

1. 规划及建设过程中协调难度大

按照虹桥枢纽的总体规划，将引入2号线、10号线、规划17号线和规划20号线4条轨道交通线路。2号线西延伸工程的线位、站位、车站功能布局等都需要与各相关部门共同协调。在高速铁路、机场与高速磁浮线等边界条件基本确定的前提下，结合虹桥枢纽与其他轨道交通线的规划和工程方案，从工程可行性、实施难度、投资成本等方面进行了分析研究。项目研究表明，2号线西延伸工程在实施过程中的协调工作复杂、协调难度大。同时，该工程的2座车站（2号航站楼站、虹桥火车站）需结合虹桥枢纽统筹设计，同步施工；4座风井处于机场控制区范围内，规划设计与施工的协调统一至关重要。

2. 影响因素多，建设工期紧

虹桥枢纽工程作为2010年上海世博会交通配套重要项目，必须确保在世博会前投入使用。2号线于2008年3月底土建开工，计划于2010年上海世博会前通车试运营。根据节点计划要求，要满足虹桥枢纽总体工期要求，2号线西延伸工程从土建施工开始到通车试运营的整个工期约2年，建设任务繁重。由于施工期间虹桥枢纽地区交通不便、工作井施工限制要求高、枢纽内4个工作井盾构施工相互影响、施工作业密集等因素，尤其是为不影响机场新建的停机坪和滑行道，在虹桥机场内的盾构施工必须放缓掘进速度。这些因素使得建设工期十分紧张。

3. 既有线与延伸线的系统衔接工程复杂

西延伸工程作为既有2号线的延伸线，首先要解决延伸线系统的扩容和兼容问题，特别是供电、通信、信号、控制中心等系统的扩容和兼容问题，全线需统筹考虑；同时，又要在既有线不停运的情况下进行联调调试，时间紧、风险大，必须采取科学措施，制定详细周密可行的施工方案和应急预案，在保证工程进度和既有线运营安全的前提下，按时完成各专业的衔接及施工。

4. 穿越机场控制区风险突出

西延伸工程的淞虹路站—虹桥2号航站楼站的区间隧道位于虹桥枢纽内，盾构机要依次穿越建设中的虹桥机场滑行道、停机坪和已建成的西航站楼。盾构机从虹桥机场飞行区地下穿越是一个崭新而富有挑战性的难题，国内外类似工程较少且部分机场在机场运营条件下实施地下穿越工程发生过安全事故。因此，各机场对运营条件下实施地下穿越工程都非常慎重。由于机场飞行区的特殊性及其严格的安全控制要求，在进行盾构机穿越飞行区地下的工程施工时，一般不能中止机场跑道的正常运营，不能对现有设施造成较大的影响，所以施工技术难度相当大，风险控制要求高，风险控制难度巨大。

三、丹麦大海峡铁路隧道工程

丹麦大海峡铁路隧道是连接芬宁与西兰岛工程的主要组成部分，隧道为双孔单线，内径7.7m，隧道长8km，两隧道由29个横通道相连接，横通道内径为4.5m。1986年6

月，对隧道施工方案进行了招标投标，1988 年 11 月 2 日由 Monberg&Thorsen（丹麦）、Campenon Bernard（法国）、Dycker-hoff&Widmann（德国）、Kiewit Construc--tion（美国）和 SOGEA（法国）等公司组成的 MT 集团获得了用掘进法开挖隧道的合同（丹麦海峡隧道的设计者及技术顾问建议业主采用土压平衡技术掘进隧道），同时向 James Howden（英国）及 Wirth（德国）公司订购 4 台土压平衡式盾构机（EPB）。交货后，4 台盾构机即于 1991 年 3 月 2 日全部投入使用。两台从西兰岛的哈斯科夫端掘进，两台从斯普罗岛端掘进。

（一）工程概况

地质条件为混夹有漂砾的冰碛层，其下是极为破碎的泥灰岩层，隧道穿越的地质概况见图 8-14，隧道横断面见图 8-15。广泛的地质勘探表明冰期遗物的花岗岩漂砾粒径最大可达 3m，同时穿过泥灰岩层裂隙的涌水量高达 500L/min。这样的地下涌水可能处在所有覆盖层直至海面高度相应的压力之下。在海平面下 80m 最深处的盾构机开挖面可能要承受 0.8MPa 的压力。

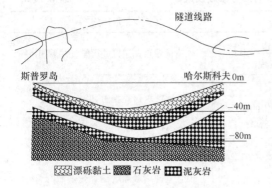

图 8-14　丹麦海峡隧道所处地质概况

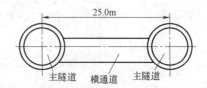

图 8-15　隧道横断面示意图

（二）施工盾构特点

每台盾构机装有两种操作系统，CAP（Conception d' Automates de Pilotage）系统和 Dywidag 系统，它们自动决定衬砌环的安装顺序并保持或调整隧道掘进的方向。一种由 CM-Mott Mac Donald 公司开发的蠕动软件程序（Wriggle Software Package）负责检查完成衬砌环及整个隧道中线的位置。当衬砌环离开尾盾后，即采用水泥、膨润土和水的混合物在 0.2MPa 的压力下灌注回填环形缝，待离工作面有 50 个衬砌环时再进行第二次灌注。

盾构机的出渣由一台长 20m、直径 1.2m 的两段螺旋输送机组成。前面一段螺旋输送机的长度为 12.5m，重量近 80t。一台逆转的轴向套箱、在两段螺旋输送机之间的一段挤压区和一系列切断门串联起来工作，使泥渣从开挖仓中挤出时的压力降低到大气压力。所有的密封，包括盾构掘进机尾部的钢丝刷密封都设计成能抵抗高达 1.2MPa 的压力，而且在掘进的前挡头板上装有气闸，以便让人在压气下进入开挖仓。

外径 8.5m 的刀盘，装有 188 把截齿刀具和 64 把盘形滚刀，这样就能既切削软土又能切坚硬的大漂砾。此外，刀盘的结构只能允许不超过 600mm 的碎渣通过。这么大的粒径的碎渣也能被前一段螺旋输送机的带状螺旋刮片运送，但是这种大碎渣在进入第二段螺旋输送机的桶装螺旋输送刮片之前就会通过一个石块收集器排出去。刀盘以 $0\sim2.5\mathrm{r/min}$ 的可变转速旋转，最大扭矩为 $1500\mathrm{kN\cdot m}$。

（三）隧道衬砌

隧道外径为 8.5m，采用宽 1.65m、厚 40cm 的预制混凝土衬砌管片衬砌。6 块管片和一块键管片组成的衬砌环的内径为 7.70m。预制混凝土管片的混凝土水灰比很低（为 0.35），使混凝土强度达到 70MPa，超过规范规定的强度（50MPa）。为了延缓腐蚀，所有钢筋至少覆盖 35mm 的混凝土，钢筋骨架则热粘上一层厚 $150\sim450\mu m$ 的环氧树脂涂层。在 1.6MPa 压力下对衬砌管片的橡胶密封垫进行检验，证明密封垫能保证衬砌的水密性。

（四）隧道施工中遇到的主要问题及采取的措施

丹麦大海峡隧道由于所处地质地层状况复杂，在施工过程中，出现了预先很难设想的地质或技术难题，但在施工人员的通力配合下都得到了顺利解决，见表 8-14。

丹麦大海峡隧道施工中出现的部分事故及采取措施　　　　表 8-14

时间	故障或事故	采取措施
1990.9	液压系统受到污染	所有的隧道掘进机进行检查并清理污物
	在 Selandia 掘进机的液压系统中发现杂质	
1991.5.7	发现螺旋输送机的轴承出现故障	4 台掘进机停止掘进，并对其前段输送机轴承做了更换
	Selandia 掘进机的前一段螺旋输送机的轴承出现故障	
1991.10.4	隧道被淹	有计划地用驳船装运黏土，倾卸到该掘进区上的海底堆集填堵而使涌水大大减小，而后采用水泵抽水，1991 年 11 月 17 日才将涌水抽完
	"Jutlandia"盾构机进入海湾 250m 处，覆盖层厚 10m，水深 6m，海水涌进隧道。涌水量几乎达到 $4\mathrm{m^3/s}$，涌水已与上面海水相通。3h 内涌水灌满了已掘进的 358m，在洞门处涌水还流进"Fionia"掘进机掘进的隧道中，淹没了其掘进工作面	
1992 年初	掘进速度极低	更换掘进机的滚刀和刀齿
	从哈斯科夫端掘进的两台掘进机速度极低，7h 才掘进一个行程 1.65m	在掘进区段上面建筑一个长 365m、宽 70m 的黏土半岛和通过注浆对掘进区段上方的地层进行加固。人员通过一个直径 2m、深 21m 的竖井进入到一个喷混凝土支护室中，在大气压下修理被过分磨损的刀盘并更换掘进刀具
1992.3	"Selandia"掘进机上的螺旋输送机卸料装置处的截断闸门堵死	后退到黏土半岛下方，并在黏土半岛上垂直进行地层冻结，而后在加固区段进行修理
1994.6.11	早班施工不久，哈斯科夫端的 Dania 掘进机着火燃烧。距离从斯普罗岛端迎面施工的 Fionia 掘进机之间仅有 58m。烧毁衬砌 10m，Fionia 掘进机停止施工	第一步在隧道洞门后的 250m 处设置两道隔墙，在 2～7 号横通道内设置防水隔墙，烧毁的衬砌用铸铁管片作内衬砌重新加以支护

为了降低围岩中的水压，必要时施工人员能在很小的气压（不高于 0.3MPa）下安全进入开挖仓，MT 集团通过变更合同于 1992 年接受了 Moses 降水方案。该方案的实施要点是：丹麦的联合钻探承包公司（United Drilling Contractors）（受 MT 集团委托）使用了 3 台升降平台的钻孔设备以 125m 的间距（图 8-16），在隧道轴线左右两边交替地钻凿 36 口 ϕ360mm 的降水井，一直钻到石灰岩，深度约 100m。为排除掘进机掘进的干扰，降水井离开隧道壁大约有 17m。这样将有一条宽约 70m 的降水走廊把宽 35m 的隧道走廊围在里边。每个降水井中的 Grindex 潜水泵抽

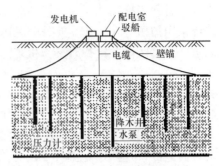

图 8-16 降水井系统示意图

水能力为 120m^3/h，潜水泵 6 台为一组，由 6 只锚在海峡上的驳船（没有动力装置，由拖轮带动的船，主要用于运输货物）供电。为此，在每只船上安装了一台 550kW 的柴油发电机，以 35mm 的电缆向每台潜水泵供电。

泥灰岩层中的钻孔内安设长 5m 的套管，这样可以防止压气从掘进的掘进机处沿着泥灰岩和漂砾黏土的分界面进入降水井逸出。在 9 个另增加的检查钻孔井中装上水压计对掘进机前面地层的水压连续进行量测，测得的数据由驳船用无线电传送到岸上的监测站，泵送出来的水直接排泄在海里。到 1993 年 5 月底，除了两口水井外，其余所有的水井均已建成，并将 6 只驳船中的 5 只停泊在海上进行作业。所有施工各方一致认为 Moses 方案的实施极有效果。每口水井的抽水量为 80～100m^3/h。抽水工作持续进行 8～10 周来降低地下水位，并保证隧道轴线高度上的水压要小于 0.3MPa。获得的经验表明，一旦掘进机已完全进入到泥灰岩层中进行掘进作业，Moses 方案是最为有效的。事实上可把预计的 0.45～0.5MPa 的压力降到 0.05～0.2MPa。在漂砾黏土中则从 0.35MPa 的压力降到了约 0.2MPa。

Moses 方案明显地加快了隧道的掘进作业。在成绩最好的一周中，有 19 个作业班工作（每班 8 小时）共掘进及衬砌 325m 隧道。考虑到现有技术、地层条件、泥渣输送系统及衬砌环安装方法，这个成绩是令人乐观的。

隧道最深区段的施工：在 1993 年 8 月中旬，斯普罗岛端的两台掘进机停机检修刀盘、更换已磨损刀盘，采用能抽送流体物质的 Putzmeister 泵接在螺旋输送机后，以便为穿越长 1.5km 的隧道最深区段作准备。这种泵的输送效率为 150m^3/h，且费用低，可保证掘进效率，但只能在有限的范围内使用。处于此段的几个横通道开挖采取灌注化学浆液加固、地层冻结或水平井点降水等措施进行支护，这些措施可从主隧道内单独实施或结合实施。

（五）其他

原来打算掘进机在两条隧道开挖处的黏性漂砾黏土中采用快速无压开放方法作业，到了隧道中央区段的裂隙泥灰岩时再变为封闭加压方式作业。但漂砾黏土中含有 35%～40% 的砂、35%～40% 的淤泥以及 10%～18% 的负岩黏土，所以漂砾黏土的稳定性比预计的要低。在掘进开挖时导致超挖及工作面坍塌，工作面自稳的时间非常短，而且将随着时间而逐步向上坍落。因此认为这很可能是破坏性的隧道淹没事故的主要原因。

另外，一旦遇到含水的冰川砂的扁豆体，含水砂会突然涌入开挖仓内。因此在漂砾黏土中为了有助于稳固地层，并避免岩土通过螺旋输送机回流到作业区内，故必须在漂砾黏土层中采用加压方式作业。此外，漂砾黏土还有很高的磨蚀性，这就要求每前进120m必须人进入刀盘区内去检查刀具，检查的次数多于预计次数，而且比英法海峡隧道的检查次数多10倍。不稳定的工作面及高的工作压力常常阻止人员进入开挖仓内检查或更换已磨损的刀具。掘进速度因而下降到7h才掘进1.65m（一个行程），这表明哈斯科夫端的两台掘进机发现了严重的磨损及刀具损坏。施工速度，1993年1月1日到5月底，5个月开挖和衬砌了3.5km以上的隧道（过去两年半困难时间里仅达到3.1km）。1993年3月以后4台掘进机每月都稳定掘进1km的隧道。到1993年8月29日四台掘进机的进展情况为：哈斯科夫端Dania掘进机掘进1823m，Selandia掘进机掘进1700m，斯普罗岛端Fionia掘进机掘进3072m，Jutlalnldia掘进机掘进3307m。整个工程费用估计在170~180亿丹麦克朗左右，其中隧道的总造价为49亿丹麦克朗（以1998年物价为准）。

第四节 简单复合地层盾构施工案例

一、广州地铁一号线黄沙站至公园前站隧道工程

（一）工程概况

广州地铁一号线黄沙站至公园前站隧道工程案例主要介绍两台泥水平衡盾构的施工情况。广州地铁一号线全长18.48km，设16个车站和1个车辆段。区间隧道采用了明挖法、矿山法、沉管法和盾构法四种施工工法，其中黄沙站至烈士陵园站六个区间采用了盾构法施工，该区段由两条单圆盾构隧道（内径5.4m，总长8992m）和六条联络通道组成，由日本青木公司中标承建。工程合同工期为1995年2月24日至1998年2月24日，共36个月，其中前期准备时间（如盾构制造等）为12个月，盾构掘进时间为20个月，隧道修补等收尾工作的时间为4个月。在这六个区间中，又根据具体的地质特点、地面状况及工期要求，选用了不同类型的盾构，其中黄沙站至公园前站四个区间采用了两台泥水平衡盾构平行掘进，其施工长度为5862m；烈士陵园站至公园前站采用了一台土压平衡盾构折返掘进，其施工长度为3130m，图8-17为盾构施工平面布置图。两台泥水平衡盾构均从黄沙始发井始发，1号盾构施工左线，比1号盾构晚始发两个月的2号盾构施工右线。两台盾构均穿过中间车站长寿路站、陈家祠站、西门口站，最后到达公园前站及吊出井并拆卸吊出。

隧道在平面上的最小转弯半径为300m，最大纵坡为32‰。隧道内径为5.4m，采用预制的钢筋混凝土管片作为衬砌。管片宽1.2m，厚0.3m，每环由3块标准块、2块连接块和1块封顶（楔形）块组成，管片采用错缝拼装，管片之间采用M24弯螺栓连接，管片间的防水采用遇水膨胀橡胶止水条，每块管片中心有一个装有止回阀的预留孔，既用于管片吊装，又用于衬背注浆。

（二）地质条件

隧道埋深为6~14m，穿越地层十分复杂，既有含水丰富的砂层和淤泥层，又有抗压强度达40MPa的微风化岩和黏性强、膨胀性高的黏土，更有一个掘进断面内上下左右地层性质相差悬殊的复合地层。工程所处地段为广州老城区，人口稠密，交通繁忙，房舍密

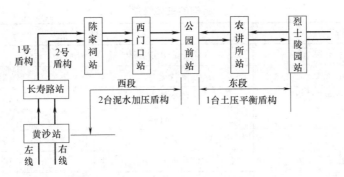

图 8-17 盾构施工平面布置图

集，且多为低层楼房及平房，年久失修，不少已成为危房。各个区间地质条件为：

黄沙站～长寿路站区间：区间第四系覆土层厚 12.9～21.4m，层底标高−6.1～−14.19m，主要为砂层。隧道主要通过饱和砂层，部分地段通过软土层，工程地质条件差。

长寿路站～陈家祠站区间：第四系覆盖土层厚 10.1～20.6m，层底标高−2.63～−13.18m，主要为砂层、软土层及残积层。隧道除部分地段通过残积层外，其余大多通过砂层及软土层，工程地质条件复杂。

陈家祠站～西门口站：第四系覆盖土层厚 3.0～33.0m，主要为残积粉质黏土、黏土，土质不均。基岩面起伏大，风化程度不均，易软化。隧道主要通过残积土层和基岩强风化带，部分地段通过中等风化带，地质构造较复杂。

西门口站～公园前站：第四系覆土厚 6.5～14.5m，隧道主要通过基岩强风化带，部分地段洞顶通过残积土层，工程地质条件一般。

（三）施工盾构选型

施工盾构选择泥水平衡盾构，主要考虑因素为：

1. 隧道经过地层特别是黄沙站至陈家祠站区间，土质大多为松散含水砂层和淤泥层，地面均是年久失修的砖木结构物，这种地层要求盾构具有良好的控制地面沉降能力，对地层变形的要求很高（沉降不超过 30mm，隆起不超过 10mm），而泥水平衡盾构在这方面比土压平衡盾构有优势。

2. 长寿路站至陈家祠站区间，盾构需直接切割穿越预先已托换的一百多根九层楼房桩基（部分为钢筋混凝土桩）。这种情况下需准备人工进入切削仓排除障碍物（如钢筋缠在刀盘上等）的应急方案，而泥水平衡盾构比土压平衡盾构更适于这种方案的实施。

3. 工程毗邻珠江，为泥水平衡盾构管道弃渣水运方案提供了条件，既解决了闹市区弃土运输的难题，又降低了弃土运费。

4. 陈家祠站至西门口站区间有一段长约 100m 的地段，其隧道全断面为中风化砂岩，单轴抗压强度高达 44MPa。为此，泥水平衡盾构的刀盘配置了 12 把盘形滚刀，以进行此类岩层地段的掘进。

经过比选，最终认为泥水式盾构能较好地适应上述情况，针对盾构还将穿越强度较高的微风化地层，在刀盘的刀具布置和扭矩设计上对此也给予了相应考虑。两台泥水式盾构由日本川崎株式会社制造，盾构的主要性能如表 8-15 所示。

	盾构的主要性能		表 8-15
项目		性　　能	
盾体	盾构外径/长度	6140mm/8150mm	—
	推进千斤顶	数量	22 个
		单个推力	1500kN
		最大行程	1750mm
	铰接千斤顶	数量	16 个
		推力	1500kN
		铰接角度	左右各 1.5° 上下各 0.5°
刀盘	开挖直径	6190mm	—
	正常/最大扭矩	247/370kN・m	—
	最大转速	0.95r/min(正反转)	—
	驱动液压马达		8 台
	电机		6×55kW
	刀具	滚刀	12 把(双刃)
		刮刀	132 把
		壳刀	138 把
		超挖刀	2 把(刮刀式、伸长 10cm)
拼装机	自由度		6 个
	转速		0.5/1.0r/min
	转角		左右各 200°
	最大吊重		34kN

（四）盾构泥水系统组成

盾构泥水系统组成见图 8-18。

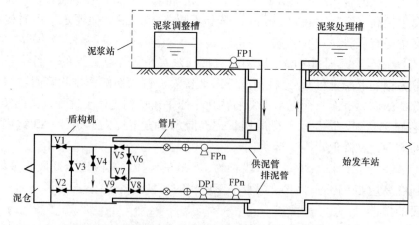

图 8-18　盾构泥水系统组成

1. 泥水站：主要作用是制备新鲜泥浆和对掘进中排出的泥浆进行处理。

2. 泥浆管：包括供泥管和排泥管，供泥管采用直径 250mm、壁厚 10mm 的钢管，排泥管采用直径 200mm、壁厚 10mm 的钢管，每段钢管皆为 6m，管与管之间用管箍连接，并配有密封圈。

3. 泥浆泵：包括供泥泵（FP1～FPn）和排泥泵（DP1～DPn），供泥泵一般每隔 400～500m 设一台，排泥泵每隔 200～300m 设一台。

4. 注浆系统：采用双液（砂浆：硅酸钠＝10：1）管片注浆，在地面设有砂浆站。砂浆和硅酸钠通过注浆管道送到盾构前，盾构前的注浆人员可以遥控砂浆站注浆泵。

5. 运输系统：每条隧道配有一台 120kN 电瓶车牵引 2 节拖车，负责运输管片、轨道等材料。

（五）施工流程

1. 泥浆制备

泥浆是泥水式盾构施工的重要介质，既利于维护开挖面稳定，又有助于切削土体。衡量泥浆性能的两个重要指标是黏度和密度，确定合适的黏度和密度需考虑以下因素：（1）能有效地稳定开挖面；（2）能以少量泥浆输送大量渣土；（3）供排泥管道的压力损失较小；（4）泥浆及渣土处理简便；（5）分离渣土时泥浆损失较小。

配制泥浆的主要添加剂有膨润土和 CMC（羧甲基纤维素钠），CMC 速效，但损耗较大，除紧急情况外，通常使用膨润土。表 8-16 是三种典型的配制比例。

泥浆的配制比例　　　　　　　　　　　　　　　　表 8-16

膨润土浓度（%）	CMC 浓度（%）	泥浆密度（g/cm³）	相对黏度（s）
5.0	0.1	1.012	23
6.2	0.1	1.031	30
7.5	0.1	1.036	39

应根据不同的地质情况，选用不同密度和黏度的泥浆。渗透性较大的砂砾层，应选用密度和黏度相对都较大的泥浆；而对于渗透性较小、黏性较大的土层，宜选用密度和黏度都相对较小的泥浆，甚至可使用清水（不加任何添加剂）。一般情况下，新鲜泥浆的密度范围为 $1.05\sim1.25\mathrm{g/cm^3}$，相对黏度（或漏斗黏度）为 25～30s。

2. 泥浆循环系统的检查

新鲜泥浆制备完成、隧道内一切掘进准备工作就绪后，应进行泥浆循环系统的检查。检查的顺序和内容如下：

1）依次打开 V9、V8、V3 和 V5 阀门，关闭其他阀门。

2）依次打开 FP1～FPn 供泥泵和 DP1～DPn 排泥泵，检查正洗内循环管路（FPn→V5→V3→V9→V8→DP1）是否畅通。

3）若内循环管路正常，则先打开 V6，再关闭 V3 和 V9，检查正洗外循环管路（FPn→V6→V8→DP1）是否畅通。

4）若泥浆正洗内外循环管路都正常，则先打开 V3 和 V7，再关闭 V5 和 V8，以检查逆洗循环管路（FPn→V6→V9→V3→V7→DP1）是否畅通。

上述三个循环管路检查完成，则恢复到正洗循环管路，再依次开启 V1、V2 后，关闭

V3。若泥仓内压力正常，则可开始掘进；若泥仓压力突然升高，则应立即打开 V3，利用逆循环管路进行逆洗（即在逆循环时关闭 V1、V2 后，打开 V3）。逆洗一段时间，当供泥浆和排泥浆的密度接近时，即可返回到内循环管路，重新打开 V1、V2，关闭 V3；若压力依然变化较大，则需重复上述逆洗，直至压力稳定为止。

3. 正常掘进

上述准备工作完成后，即可启动刀盘，待扭矩正常后，启动推进千斤顶，开始正常掘进。

掘进过程中应保持泥仓内的压力基本恒定。掘进过快会因排泥不及时而导致泥仓内压力上升，因此掘进过程中应保持一个合理的掘进速度。掘进中若发现泥仓压力过高且降不下来，就应降低掘进速度直至停止掘进，并进行泥仓清洗（包括正洗和逆洗）。若泥仓内的压力偏低，往往是因为供泥浆的密度和黏性过大，导致泵送压力不够，此时需更换泥浆。

在完成掘进一环长度后，即停止掘进，但应继续进行泥浆循环，待压力稳定且供、排泥浆的比重接近时再打开 V3，关闭 V1、V2。此时应根据实际情况，由泥浆工程师确定是否停止循环系统。

4. 泥仓压力保持

泥仓压力理论上应与刀盘前的水土压力平衡，才能保持开挖面及其上方地层的稳定，实际按刀盘前 $2D/3$（D 为刀盘直径）处的水土压力考虑。由于隧道的埋深普遍在 10m 左右，故掘进中泥仓压力一般控制在 $1.0 \sim 2.0 \text{kg/cm}^2$，实际值还应根据地面沉降要求及监测结果予以相应调整。泥仓压力控制，一般根据泥仓中压力表反馈的信息，起动可变泥浆泵，改变供泥泵和排泥浆转速进行连续调节，其最小调节幅度可达 $\pm 0.1 \text{kg/cm}^2$；由于调节时间滞后，当泥仓压力突然升高超过设定值时，盾构内送泥管上的自动卸压阀 V4 会开启。为避免在掘进过程中泥仓压力变化幅度大，从而导致地面沉降或隆起，也可以在泥仓上部通入可由调压装置设定压力的压缩空气。

掘进停止时，V1、V7 始终开启，供泥泵会根据压力变化随时启动，V4 则起卸压作用。当泥浆系统因维修不能使用时，可将供水管通过专门的调压阀接到泥仓中，同样能够达到保持泥仓压力的效果。

5. 泥浆处理

盾构掘进过程排出的泥浆被泵送到泥浆站后，经振动筛、旋流器和离心泵三级处理后，渣土将从泥浆中分离出来排走，清泥浆则回到调整槽被重复循环使用。经过方案比选采用水运方式运输弃渣，因此，工程泥浆站设在珠江边黄沙码头旁。

6. 泥浆更换

由于重复使用的泥浆不断掺入，从而使泥浆的密度和黏度不断加大，相应地经过泥仓排出的泥浆的密度也会越来越大，当排出泥浆的密度达到 $1.30 \sim 1.40 \text{g/cm}^3$ 时，会加大输泥管阻力，从而降低输泥效率。此时就需将密度超限的旧泥浆全部换成新鲜泥浆。

7. 材料运输

地面沿隧道方向平行布置两台高低不同的 100kN 门式起重机，担负管片、轨道等材料的垂直运输，每条隧道内由 120kN 的电瓶车和 2 节拖车担负材料的水平运输，轨道选用 24kg/m 轨，采用 200mm×200mm×10mm 工字钢轨枕，长度为 4m，间距 1.2m。始发时为方便材料下井，负环管片上半部采用钢结构框架。

（六）施工中遇到的问题及措施

由于地质环境条件复杂多变，两台泥水式盾构掘进过程中都遇到了难度不同的各种问题，经过多方共同努力，这些问题都得到了有效解决，可供借鉴的经验如下。

1. 华贵路房屋坍塌事故

当 2 号盾构从长寿路始发掘进至华贵路 122～138 号民房群下时，地面突然发生大沉降，虽然立即停止了掘进并进行处理，但四天时间内地面的最大沉降还是达到了 194mm，最终导致 130 号和 132 号民房的坍塌事故。事后经过分析主要原因如下：

客观原因：此处地质条件复杂，隧道断面上部三分之一为粗砂层，中下部为粉质黏土。粉质黏土易成块堵塞泥仓出土口和排泥管，造成泥仓压力波动较大，泥压传感器失灵并降低掘进速度，又间接扰动砂层使其超量进入泥仓，从而使地面沉陷房屋倒塌事故的发生。

主观原因：当异常情况发生时，操作人员应对不当，管理不善，未能及时发现问题并采取对策，以致延误了宝贵时间。如没及时处理堵管、频繁关停盾构、时常空转以及接管和修泵时切削面压力维持不理想等。

尽管事后通过采取洞内补充注浆和加强操作管理等措施顺利通过了该段地层，但该事故还是给承包商造成了巨大的经济和名誉损失。总结这次事故的经验教训，有以下几点值得重视：

1）当沉降超过规定的限值（+10/−30mm）后，应停止推进并找出异常原因，采取补救措施，切忌在原因未明之前仓促推进，以免情况恶化。

2）在上软下硬地层中进行盾构掘进，应特别注意因堵管造成泥水压力急剧变化而导致超挖，从而引发恶性事故。在这种典型地层，宜采用具有通过压缩空气调节泥水压力功能的盾构。

3）泥水式盾构刀盘中部易被土体黏结，影响安装在此处的泥压传感器的灵敏度，因此泥压传感器的布置应离开刀盘中心区。

4）中央控制室内的干砂量数据极其重要，直接反映是否超挖和欠挖，施工人员应密切注意该数据的变化，准确判断盾构的掘进状况。

2. 黏土堵塞泥仓

右线盾构自长寿路站始发掘进到 400～405 环时，发现千斤顶推力增加很大，而刀盘扭矩并不大，推进速度仅 0～5mm/min，曾经用清水对泥仓进行正洗和逆洗，但上述情况仍未改善。根据综合判断认为泥仓中部已被黏土塞满，需采用人工清除。

经过分析，造成泥仓被黏土堵塞的主要原因是：300～400 环主要是在黏性极强的黏土中掘进，有大块黏土进入泥仓且未被及时搅碎排走，导致大块黏土不断累积，塞满刀盘与泥仓壁之间的空间，而且在推进压力的压迫作用下，黏土被越压越实，更难用泥浆冲开。盾构停止掘进时，刀盘前上方为透水性很强的粗砂地层，为保持地层稳定，采用了压气施工。为防止压缩空气泄漏，预先从地面对该砂层进行了化学注浆加固处理。

此次压气作业持续一周时间，才将泥仓中的黏土清除干净，吸取这次教训，在随后的掘进中采取了诸如控制泥浆密度、及时换浆、延长泥仓清洗时间和经常检查堵塞情况等措施，有效杜绝了类似事故的再次发生。

3. 管片开裂

在泥水式盾构从黄沙站始发至长寿路站的掘进过程中，封顶（楔形）块两边的连接块大量开裂，其中不少还是贯穿裂缝（因为有水从裂缝中渗出）。经过分析造成的可能原因及采取相应措施后，管片开裂问题仍未能得到解决。最后进行了反复而仔细的勘察，发现千斤顶靴板的倾斜度太大，导致千斤顶顶力作用点与管片中心偏心，进而造成管片内侧拉裂。

解决的办法是对千斤顶加装销环，以减小靴板的倾斜角度，使千斤顶着力点与管片中心尽可能重合。采取此措施后，异常开裂现象基本没再发生，已开裂的管片经过裂缝修补亦恢复了正常。

4. 在残积硬黏土中掘进

地铁一号线黄沙站至公园前站隧道工程有好多区段均是残积硬塑黏土，这种硬黏土从刀盘开口成团状挤入切削仓，对泥水式盾构掘进很不利，其不利表现为：堵塞排泥管口甚至堵塞切削仓、黏住刀盘中心区甚至使泥压传感器数据失真、堵塞排泥管甚至毁坏排泥泵等。施工过程中，技术人员琢磨出了许多办法应对这些问题。

为防止堵塞排泥管入口，采取措施包括：使刀盘交替正反转；频繁变动排泥管入口处两个搅拌器的转动方向；适当使泥水进行逆循环；机器停推但刀盘不停转。为防止黏住刀盘中心区，采取措施包括：通过切削仓隔板中心的预留孔注射高压水；送泥管只送清水不送泥浆；切削仓中心增加搅拌臂；将原来设置于隔板中心处的泥压传感器移走。为防止堵塞排泥管，采取措施包括：在排泥泵 DP1 之前设置过滤箱，每次掘进结束时，采用旁通模式清洗排泥管道。

二、深圳地铁 11 号线区间隧道工程

深圳地铁 11 号线工程是国内首条设计运营时速为 120km 的地铁线路。线路起点位于深圳市福田中心区福田枢纽，终点位于莞深交界以南（深圳侧）碧头站，正线全长52.681km。其走向及站点见图 8-19。深圳地铁 11 号线车公庙站～红树湾站和南山站～前海湾站两个盾构隧道区间工程，其共同特点是均采用 $\phi7m$ 盾构机掘进。

图 8-19 深圳地铁 11 号线走向及站点图

（一）车公庙站～红树湾站区间（车红区间）

1. 工程简况

车红区间东起车公庙站、西至红树湾站，其中右线（YCK3＋428.130～YCK8＋876.046）长约5.477km，左线（ZCK3＋467.314～ZCK8＋876.136）长约5.449km。区间出车公庙站后沿深南大道行进，沿途穿越凤塘河雨水干渠、农园路地下通道、丰盛町地下商业街、一号线车竹区间、衣林南人行天桥、广深高速（福田立交）公路、竹子林过街通道及一号线竹侨区间后，线路偏转南下穿越一号线竹子林车辆段，然后沿白石路向西行进，下穿华侨城欢乐海岸人工湖后，继续向西南延伸至白石佣路，穿越同期实施的地铁9号线侨滨区间及侨城南站附属结构，与9号线深侨区间平行行进至红树湾站，在红树湾站与九号线平行同台换乘。

车红区间为盾构双向单线隧道，左、右分修，在竹子林车辆段西南角设一处中间风井（YCK6＋189.345～YCK6＋227.945），采用明挖法施工。在白石路与海园二路交叉处北侧绿化带中设区间盾构始发井兼轨排井（YCK6＋919.000～YCK6＋999.000），采用明挖法施工。

车红区间计划采用4台大断面复合式盾构机施工，2台盾构机从区间盾构井小里程端始发，到达车公庙站吊出，里程左线 ZCK6＋918.763～3＋417.018，右线 YCK6＋923.32～3＋418.572；2台盾构机从区间盾构井大里程端始发，到红树湾站吊出，里程左线 ZCK6＋979～8＋876.136，右线 YCK6＋999～8＋876.046。

2. 工程地质条件

盾构隧道穿越地层种类繁多，地层岩性复杂，主要为砾质黏性土、全、强风化花岗岩及片麻状混合花岗岩，以Ⅴ级、Ⅵ级围岩为主。局部洞顶位于砂层或砾砂层中，局部底板位于中、微风化花岗岩层中，部分区间存在高强度球状风化体和基岩凸起地层。根据统计数据，车红区间右线和左线隧道穿越的各地层长度占区间隧道总长度的百分比分别见图 8-20 和图 8-21。车红区间地层中，砾质黏性土的标贯值（标准贯入击数）N 约为20.9，属中密；全风化花岗岩的 N 值约为37.3，属密实；强风化花岗岩的 N 值平均约为57.3，属极密。在全、强花岗风化岩残积土层中普遍发育微风化层状风化球，天然抗压强度为 92.5～131.0MPa，平均值为 108MPa；另外，残积土颗粒成分具有"两头大，中间小"的特点，颗粒成分中，粗颗粒（大于 2.0mm）组分及小颗粒（小于 0.075mm）组分

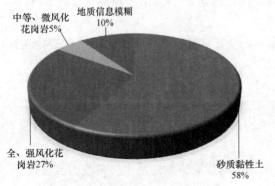

图 8-20　车红区间右线隧道穿越的
主要地层百分比图

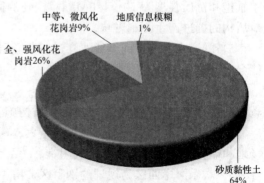

图 8-21　车红区间左线隧道穿越的
主要地层百分比图

的含量较多，而介于其中的颗粒成分则较少。这种独特的组分使其既具有砂土的特征，亦具有黏性土的特征。

区间沿线的不良地质条件主要包括：砂土液化、软土震陷、人工填土（石）、残积土和风化岩、断层破碎带、膨胀性土、残积土层以及花岗岩风化岩中的风化球、岩脉、有害气体等。

3. 水文地质条件

车红区间范围内地下水主要有第四系孔隙潜水、基岩裂隙水。

第四系孔隙潜水主要赋存于冲洪积砂层中。砂层主要被人工填土层及上层冲洪积黏土、粉质黏土层覆盖，局部地段被淤泥、淤泥质粉质黏土层覆盖，地下水略具承压性，最大承压水头（承压含水层顶界面到测压水位面的垂直距离叫作该点处承压水的承压水头）一般为地表。

该区间穿越河流、水塘主要分布于欢乐海岸人工湖，地下水与地表海水具有较强的水力联系。地下水对混凝土结构腐蚀性为弱～中等腐蚀性；在长期浸水环境下地下水对钢筋混凝土结构中钢筋的腐蚀性为弱腐蚀性。

考虑左右隧道分修时单侧进水，预估单个隧道涌水量为 $2576.6\mathrm{m}^3/\mathrm{d}$，单位长度涌水量为 $45.73\sim489.46\mathrm{m}^3/\mathrm{d} \cdot \mathrm{m}$。

4. 与工程地质条件相关的施工难点

1）软弱和不均匀地层。车红区间广泛分布的人工填土（石）层、冲洪积砂层、淤泥、花岗岩残积土等地层分布不均匀，强度变化复杂，盾构施工时易引起上部软弱土层产生较大沉降；另外，软硬相间的复合地层对盾构掘进会有较大的不利影响。

2）花岗岩球状风化体。根据详勘资料，车红区间地层内广泛发育有球状风化体，其单轴抗压强度均值为 108MPa，极值可达 170MPa。在隧道施工过程中可能也会遇到未发现的球状中、微风化体或硬夹层，球状风化孤石的存在会给盾构的掘进带来很大的麻烦。

3）微风化岩突起。勘探显示在里程 K5+083～K5+480、K7+470～K7+870 范围内有微风化岩层突起，详勘表明微风化岩层强度为 43.9～135MPa，均值达到 80MPa。微风化基岩突起对明挖基坑施工和盾构掘进都会带来较大困难。

4）区间隧道在欢乐海岸地区人工湖下方需要穿越微风化的粗粒花岗岩，详勘显示其单轴饱和抗压强度为 70～120MPa。较硬的微风化花岗岩地层会给盾构的选型增加困难，对盾构的掘进产生不利影响。

5）隧道在车红区间沿线要穿过四条断层，盾构在软弱破碎岩（土）层内掘进施工可能会遇到预想不到的困难。

6）地勘报告显示在里程 K5+078～K5+818 范围的钻探孔间距过大，地层可能存在较大变化，未知的不良地质可能会给盾构施工带来不利影响。

7）车红区间沿线地面交通车流量大、建筑物情况复杂、地下管线繁多，区间的施工场地和端头加固与车站施工协调困难。

8）欢乐海岸西区为规划的别墅区，房屋基础经与投资方沟通后由桩基改为复合地基，区间隧道下穿时容易造成较大沉降。

车红区间沿线的不良地质分布如图 8-22 所示。

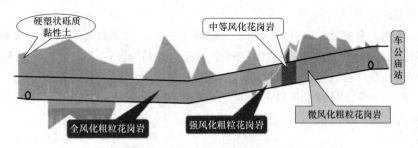

图 8-22　车红区间沿线的不良地质分布

（二）南山站～前海湾站区间（南前区间）

1. 工程简况

南前区间线路均为地下线路，其中左线（ZCK14＋682.685～ZCK18＋264.224）长 3603.057m；右线（YCK14＋683.104-YCK18＋264.224）长 3582.617m，全线隧道埋深 17.6～29.3m。区间线路出南山站沿桂庙路下穿西行，地下依次横穿向南村、商业村、南新路、前海路、月亮湾大道、平南铁路后进入前海湾填海区，下穿排洪渠、前海湾后进入前海湾站换乘枢纽。其中，约有 2.2km 的双线区间隧道下穿与同期实施的桂庙路下沉隧道（双向 8 车道）重叠，该处在左线和右线段上方留有拟建的 5 号线延长线，另外在 YCK17＋624～YCK18＋264.224 段与已建好的地铁 5 号线平行，距离约 10m。

南前区间设 6 条联络通道，两处废水泵房，并与地铁 10 号线有一联络线预留接口。区间 YCK17＋113.539 设有一座风井（与地铁 5 号线联络通道重合），兼做区间风井使用。区间隧道为盾构法施工，区间风井、联络线均采用明挖法施工。

2. 工程地质条件

1）地形和地貌

南前区间线路所经地段的原始地貌为海冲积平原及滨海滩涂地貌单元，其中 YCK14＋683.3～YCK16＋320（ZCK14＋682.685～ZCK16＋314）段地势平坦，地面高程 2.10～5.54m；YCK16＋320～YCK18＋264.224（ZCK16＋31～ZCK18＋264.224）段沿线地形呈低缓起伏状，地面高程 0.46～14.77m。

2）地层岩性

南前区间主要途经在建区或填海区，上覆素填土、填砂、填碎（块）石、填淤泥质土、杂填土、淤泥；含有机质砂、黏土、淤泥质黏土、淤泥质粉质黏土、中砂、粗砂、砾砂、硬塑砾（砂）质黏性土、全微风化粗粒花岗岩和全微风化片麻状混合花岗岩等。沿线场地地层种类繁多，地层条件复杂。

3）不良地质及特殊（岩）土

沿线的不良地质条件主要包括：普遍分布的素填土、局部分布的软土、饱和砂层、粗粒花岗岩和片麻状混合花岗岩残积土、全风化岩及强风化岩、花岗岩残积层和风化岩中的差异风化等。

4）地震影响

区间所处地域地震烈度（地震对地表及工程建筑物影响的强弱程度）为 7 度。场地内分布的第四系填砂、第四系海陆交互相沉积含有机质砂层在地震烈度 7 度时具有液化趋势。

3. 水文地质条件

南前区间地下水主要受海水和河水的侧向补给，并与两者具较密切水力联系。地下水位埋深 0.00~12.00m，水位高程-2.75~6.65m，主要为第四系松散地层孔隙潜水和基岩裂隙（构造）水，前者赋存于冲洪积砂土层中，略具承压性；后者赋存于强、中等风化带及断裂构造裂隙中，具有承压性。受地形地貌的控制，地下水径流总体上为由北东向南西方向往前海湾流动，垂直方向上主要为大气蒸发。地下隧道单位长度涌水量 1.3~188.0m³/d·m。

本区间排洪渠、前海湾地表水对混凝土结构具有微~中等腐蚀性；在长期浸水环境下地下水对钢筋混凝土结构中的钢筋具弱腐蚀性，在干湿交替环境下对钢筋混凝土结构中的钢筋具中等~强腐蚀性。

4. 与工程地质相关的施工难点

1）区间沿线普遍分布有素填土，局部为填碎石、填块石、杂填土。这些填土的成分复杂、软硬不均，明挖基坑时易造成局部坍塌和地表不均匀沉降。

2）线路场地不均匀分布的软土（主要为淤泥、淤泥质黏土、淤泥质粉质黏土）厚度不均，最厚达 13.70m。软土孔隙比大、压缩性高、抗剪强度低，具有触变性、流变性和不均匀性。在隧道开挖施工中易产生侧向滑动和地面沉降，导致隧道拱部、边墙的变形和失稳。

3）一些地段存在饱和的砂层（含有机质砂等），其结构松散、含水量大、透水性强，在隧道开挖施工中易发生涌水、涌砂、崩塌、管涌等现象。

4）饱和状态下的残积土（特别是砂质黏性土、粉质黏土）、全风化岩受施工扰动后，强度下降明显，渗透性增大，明挖段围护桩施工易发生桩底涌泥、涌砂等危害，同时也极易形成基坑侧壁失稳、底板隆起等危害，在隧道暗挖段易造成围岩失稳、坍塌。

5）根据钻探揭露情况，沿线局部地段残积土层、全风化~强风化层中不均匀分布有硬质夹层，这在采用盾构法开挖隧道时应予以注意。

6）沿线部分地段隧道基底岩土层软硬不均，容易给盾构机的定向推进带来困难。

7）区间隧道在下穿排洪（污）渠和前海湾填海残留水域时，若施工处理不当，造成洞顶坍塌，极易发生地表水倒灌入隧道，引发严重事故。

8）由于地下水位较高，区间隧道大部分位于地下水位以下，采用明挖法施工时应注意地下水对结构的浮托作用。

9）地表水和地下水对混凝土结构、钢筋混凝土结构中的钢筋具不同程度的腐蚀性，须采取相应的防腐措施。

10）前海湾片区详勘中发现前期勘察遗留钻孔，除可能存在未用水泥回灌封闭而与海域连通形成导水通道的钻孔外，尚有可能存在因钻探事故遗留在地层中而会对盾构推进形成障碍的钻具，因此隧道施工至该区段时应引起高度重视。

南前区间沿线的不良地质分布如图 8-23 所示。

（三）施工盾构

1. 复合式土压平衡盾构选型

盾构选型是盾构施工的一个关键步骤，一般按照适用性、可靠性、先进性、经济性相统一的原则进行。盾构选型需综合考虑业主需要、水文、地质等多种因素，及各因素之间

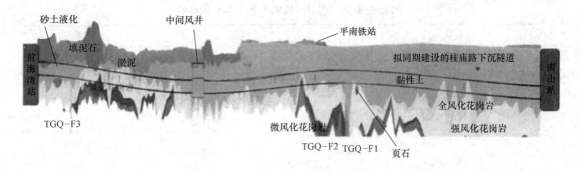

图 8-23　南前区间沿线的不良地质分布

的相互影响和相互制约。针对深圳地铁 11 号线车红区间和南前区间中复合地层的特殊地质情况和复杂地质环境，要考虑以下 4 个方面的要求：

1）复合地层软硬不均，要求盾构机应能在富水软弱地层到硬岩地层（岩石抗压强度大于 140MPa）中开挖隧道，要具有较大的适应范围。

2）在富水软地层中，要具备保持开挖面稳定的功能；在岩石地层中要有较强的破岩能力，能保证更换刀具的安全，并能快速更换刀具。

3）高黏性土层要求盾构机要具有防止在刀盘上形成泥饼的功能，必须配备功能完备的渣土改良系统。

4）断裂交错带要求盾构机有良好的密封性，并具有防喷涌（涌水、涌泥）能力，同时具备防卡盾及灵活的姿态调整、转向纠偏功能。

综合考虑深圳地铁 11 号线车红区间和南前区间的工程地质、水文地质、工期、环保、造价等各方面因素，着重考虑两个区间特殊的地质和环境条件对盾构机的要求，本工程最终采用了中铁隧道装备制造有限公司设计并制造的国内首批 6 台用于深圳地铁隧道开挖的 $\phi 7 \mathrm{m}$ 复合式土压平衡盾构机，见图 8-24。

图 8-24　$\phi 7 \mathrm{m}$ 复合式土压平衡盾构机

2. 复合式土压平衡盾构机参数配置

本工程的盾构主要技术参数见表 8-17。

φ7m 复合式土压平衡盾构机的主要技术参数 表 8-17

盾构项目	主要参数	单位
开挖直径	6986	mm
滚刀尺寸	单刃滚刀 17/中心刀 17	in(英寸)
盾体直径	6950/6940/6930	mm
刀盘转速	0~3.6(拐点转速 1.37)	r/min
最大推进速度	80	mm/min
最大推力	50 600	kN
主驱动功率	1120	kW
额定扭矩	7800	kN·m
装机功率	1981.19	kW
脱困扭矩	9700	kN·m
螺旋输送机	φ900mm/315kW/210kN·m	—
整机总长	86.5	m
主机总长	约 8.6(不含刀盘)	m
总重(主机＋后配套)	约 5500	kN
适用管片规格(外径×内径×宽度×分度)	φ6700/6000/1500/22.5°	mm
最大工作压力	0.3	MPa
最大设计压力	0.5	MPa
水平转弯半径	250	m
纵向爬坡能力	±50	‰

3. 盾构刀盘设计

刀盘设计根据施工需求，可配置滚刀或在滚刀刀箱上安装撕裂刀。若在滚刀刀箱上安装撕裂刀，辅以合理的渣土改良，可满足在黏土、砂层等软土地层的施工要求；若在刀盘上安装滚刀，可满足在风化岩地层的施工要求。刀盘采用辐条＋面板形式，开口率为34%。刀盘主要技术参数见表 8-18。

刀盘主要技术参数 表 8-18

项 目	技术参数
结构形式	复合式(辐条＋面板)
开口率(中心开口率)	33%(38%)
刀盘规格(直径×长度)	φ6986mm×1635mm
旋转方向	正/反
重量	约 700kN
主要结构件材质	Q345B
17 英寸中心滚刀(数量/高度)	6 把/175mm
17 英寸单刃滚刀(数量/高度)	38 把/175mm
边刮刀(数量/高度)	12 把/135mm
刮刀(数量/高度/宽度)	49 把/135mm/250mm

续表

项　　目	技术参数
泡沫口(个)	6
膨润土口(个)	2
主动搅拌棒(根)	4
磨损检测点(个)	5(刮刀检测1、2供油管)
复合钢板面积(外圈)	约11m²
复合钢板面积(面板)	约6m²

4. 管片

1) 隧道内径的确定

盾构圆形隧道限界 $\phi 5800mm$。根据地铁运营使用条件、盾构隧道的设计及施工经验,采用综合误差±100mm是可以满足要求的,故可采用 $\phi 6000mm$ 的衬砌环内径。

2) 厚度

经结构计算分析和已有的地铁建设的实际工程经验,采用350mm厚的管片。

3) 管片宽度

结合目前国内盾构隧道施工工艺水平以及本区间线路最小转弯半径 $R=600m$ 的情况,推荐采用1.5m管片宽度。

4) 管片分块

衬砌圆环的分块数与隧道直径大小、纵向螺栓个数及管片的制作、运输、吊装以及采用拼装方式有关。就中等直径隧道而言,分6~8块居多。在6~8分块相互比较中:6分块的接缝少、拼装快、更经济;6分块管片单块尺寸和重量适中,而且由于可采用小封顶块,使拼装方式从径向插入改为纵向插入,改善了结构受力。以目前深圳地铁盾构区间的施工水平,6分块在制作、运输及拼装过程已经很熟练。根据国内的施工实践,区间采用六分块:三个标准块A、两个邻接块B和C、一个封顶块K。

第五节　全断面岩石掘进机施工案例

一、辽宁大伙房TBM输水工程

(一) 工程概况

辽宁大伙房TBM输水工程是重大基础设施建设项目,是解决辽宁省中部抚顺、沈阳、辽阳、鞍山、营口、盘锦六城市以及南部大连水资源短缺问题的大型水资源配置工程,对辽宁省经济、社会的发展以及沿海经济带的开发和建设具有十分重要的意义。

整个工程共分为两期进行,一期工程主要是通过85.32km的长隧洞将浑江的水调入浑河上的大伙房水库,在总体布置上充分利用天然地形,布设施工辅助支洞16条,采用3台全断面岩石掘进机施工为主、钻爆法为辅的联合施工方案。其中,钻爆法完成25km,其余由3台TBM分成3个标段即TBM1、TBM2、TBM3分别施工完成(图8-25),每台TBM各完成20km左右,合计承担近60km。一期工程设计引水流量70m³/s,多年平均调水量为17.86亿m³,隧洞开挖直径8m,成洞直径7.16m。二期工程是将调入大伙房水库的水通过260.8km的隧洞和管道输送到辽宁中部抚顺、沈阳等6个城市。

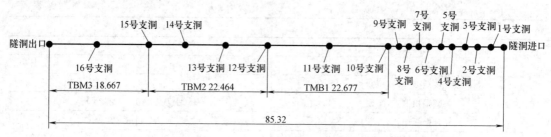

图 8-25 TBM1、TBM2、TBM3 各标段位置示意图（km）

（二）工程特点

辽宁大伙房 TBM 输水工程隧洞长 85.32km，开挖洞径 8m，属于大断面超长隧洞，也是目前世界上在建同等规模隧洞中最长的。该隧洞工程施工特点可概括为：

1. 大断面施工。对于大断面隧洞施工，TBM 刀盘转速受限于其上盘形滚刀的破岩速度，因此，掘进速度相对较慢。这就要求对于不同地层采用不同的掘进参数，尽可能提高掘进速度和掘进效率。

2. 长距离掘进。就单机掘进长度而言，尤其是大断面隧洞，国外一般都将连续掘进长度控制在 15km 以内。而在此工程中，每台 TBM 都要连续掘进 20km 左右。因此，要求掘进机应具有良好的性能、可靠的通风系统、供电系统、供排水系统等；还需要在施工段中间设置施工支洞，方便 TBM 中途检修。

3. 施工进度要求高。根据总工期，掘进机月平均速度应在 500 m 以上。这在同类直径掘进机施工记录中是很高的，因此，也对 TBM 施工的组织和管理提出了更高要求。

4. 冬期施工时间长。该工程地处东北地区，冬季时间长，气温低，TBM 施工必须考虑冬季保温措施，保证冬期施工的正常进行。

5. TBM 洞内组装和拆卸。TBM 既有比较笨重的钢结构件，还有精密的控制设备和仪器，复杂的电气、液压、风、水等各种管路。因此，在 TBM 组装和拆卸过程中，需要大型起重运输设备，各种专用工具以及技术熟练的设备安装人员协同作业，才能较顺利完成组装和调试工作。在此工程中，部件需要通过斜井运输，空间受到极大限制，这就需要周密的计划、优化的场地布置。

（三）TBM 选型考虑因素与选型

表 8-19 给出了 TBM 施工三个标段的工程地质与水文地质条件。

三个标段的工程地质与水文地质条件 表 8-19

项目	工程标段		
	TBM1	TBM2	TBM3
主要岩性	混合岩、正常斑岩、混合花岗岩、石英砂岩等石英含量 10%～30%	混合岩、凝灰岩，安山岩凝灰质砂岩等石英含量 10%～20%	凝灰质砂岩，混合岩、凝灰岩、砂岩夹砾岩等石英含量小于 10%
岩石级别	Ⅲb、Ⅳ、Ⅴ占 24%，其中Ⅳ占 3%，Ⅴ占 0.3%	Ⅲb、Ⅳ、Ⅴ占 39%，其中Ⅳ占 6.7%，Ⅴ占 0.6%	Ⅲb、Ⅳ、Ⅴ占 74.5%，其中Ⅳ占 11.3%，Ⅴ占 0.3%
岩石饱和单轴抗压强度（MPa）	25～119	30～88	30～88

项目	工程标段		
	TBM1	TBM2	TBM3
埋深(m)	52～500	130～420	150～560
地下水	渗水-滴水,局部涌水	多处渗水-滴水,局部涌水	渗水-滴水,微弱透水
断层数(条)	6	5	5
最大断层宽度(m)	10	15	15
断裂带总长度(m)	60	50	50

根据施工地质勘测结果，辽宁大伙房输水工程特长隧洞围岩主要以Ⅱ、Ⅲ类为主，相对较稳定，适合 TBM 作业。但沿施工地段上的一些不良地质及对不同类型 TBM 施工的影响应予重视，为 TBM 选型提供依据。

1. 软弱、破碎岩层

软弱、破碎岩层开挖面自稳时间短且黏合性较差，易发生围岩破碎、塌落。敞开式 TBM 在此类地层掘进时需要花费大量时间支护围岩，且软弱围岩又不能满足撑靴所需要的支撑力，因此敞开式 TBM 不适合在此类地层中掘进作业，而双护盾 TBM 可利用已安装的管片提供推力。同敞开式 TBM 相比，双护盾 TBM 作业人员处在盾壳和管片保护的封闭空间，无论是掘进还是管片安装，作业环境好，安全感高。因此，对于软弱、破碎岩层段，采用双护盾式 TBM 施工更合适。

2. 中、硬岩层

中、硬岩层围岩稳定性好，岩体具有较高的完整度。表 8-20 是不同类型 TBM 在该条件下的施工特点。因此，在该岩层中，采用敞开式 TBM 设备更合适。

不同类型 TBM 在中、硬岩岩层中掘进特点　　　　　　　表 8-20

敞开式 TBM	双护盾 TBM
①方便对已开挖隧洞段做地质描述和分类(级)，易于对围岩施作针对性支护，避免过度支护或欠支护； ②较完整的围岩为支撑系统提供了足够的支撑反力和 TBM 推进力，易于提高掘进速度； ③换步行程长	①在隧道(洞)衬砌管片的情况下，只能依靠岩渣辨识和掘进参数的变化，间接了解施工围岩状况，指导使用不同配筋率的管片，随意性比较大。 ②换步行程短、管片安装用时长、辅助工序复杂等

3. 涌水岩层

大伙房水库输水隧洞工程，地质勘探发现有明显大规模涌水现象。根据相关施工标准，采用 TBM 施工，开挖工作面只要有大于 $0.5\text{m}^3/\text{min}$ 的渗水量，就可能会产生比较大的问题。当地质勘察或超前地质预报探明前方可能会出现较大规模涌(渗)水时，解决此问题的最有效方法就是用最少的钻孔，对刀盘前方做全环封闭栓塞式的超前预灌浆处理。因此，在该岩层中，采用敞开式 TBM 具有一定优越性，见表 8-21。

不同类型 TBM 在涌水岩层中掘进特点　　　　　　　表 8-21

敞开式 TBM	双护盾 TBM
①顶、侧护盾短，便于施作全环封闭栓塞式的超前预灌浆处理； ②若工程需要，还可加长主梁，方便设置 1～2 台液压凿岩钻机以满足预灌浆钻孔	①护盾长，钻孔角度大，无效钻孔距离长，钻孔成本高； ②机器内部难以布置钻孔设备，无法做到全环封闭式超前预灌浆

4. 环境与占地影响

双护盾 TBM 施工，若隧洞全部采用预制混凝土衬砌管片，相较于敞开式 TBM 须占用大量堆料场、预制厂房、蒸养设备等，会加剧土壤侵蚀，增大水土流失面积。据相关资料估算，每台双护盾 TBM 完成一个施工标段需要消耗的混凝土管片大概为 $1.32 \times 10^4 \mathrm{m}^3$ 左右；每个施工标段洞口须设置的混凝土生产系统、钢筋加工系统、材料存储库、部分骨料临时堆放场等，占地面积大约在 $4000 \sim 4300 \mathrm{m}^2$。

5. 工程费用

通过设备造价、施工占地、围岩条件以及支护衬砌经济性等的综合比较，双护盾 TBM 改为敞开式 TBM、管片衬砌改为锚喷永久支护后，单从投资造价上分别对 3 台 TBM 施工段的投资指标进行分析，后者比前者综合造价可节约 4.6 亿元，占 TBM 施工段总造价的 19.21%。

6. 出渣方案

适合复杂山区特长隧洞出渣的方案有两个：有轨牵引机车方案和连续皮带机出渣方案。

1) 有轨机车出渣方案

循环进尺 1.8m，开挖面积 50.27m²，循环时间 100min，共需机车编组 6 组，行车速度 12km/h，每列车由 1 辆 29t 机车、11 节 15m³ 侧卸机车、1 节混凝土车及 1 节人员车组成。设置 43kg/m 双轨，需要工字钢 H25a 横梁以满足铺轨的需要。在主支洞交汇处设置转渣坑（尺寸 5m×27m×7m），由转载皮带与支洞出渣系统连接。

2) 连续皮带机出渣方案

由于设置了中间施工支洞，因此连续皮带机最大长度按 10km 考虑，宽度为 900mm，出渣效率为 800t/h。材料运输编组为 3 组，每列车由 1 辆 8t 机车、1 节混凝土车及 1 节人员车组成。设置 43kg/m 单轨。

由此可看出，连续皮带机出渣方案相对轨道机车出渣方案有以下优点：无需等待渣车，连续输送能力强，可以使 TBM 获得较高的利用率；减少施工人员数量和降低工人的劳动强度；对环境不产生污染，通风费用低；运输管理简单，施工安全性好；可以使 TBM 配套系统设计更轻、更短；出渣线与材料运输线分离，干扰小。

连续皮带机出渣效率远远高于有轨机车，缺点是初次设备投入大。通过反复比较，出渣方式采用连续皮带机出渣方案，设计使用了大功率、长距离、可延伸、可控启动的连续皮带机出渣技术，成功采用 10km 以上连续皮带机实现大容量高速度出渣，实现了与 TBM 施工的连续配套。

根据上述分析和比较，综合国内已有施工经验，考虑大伙房输水工程特长隧洞的实际地质条件，对特长隧洞所适用的 TBM 形式进行了深入细致的研究，决定该工程的施工采用敞开式 TBM、连续皮带机出渣方案。

（四）TBM 及其主要参数

隧洞施工采用以敞开式 TBM 为主、钻爆法为辅的联合施工方案，其中 TBM1 标段长 22.7966km 为顺坡掘进，施工过程中要进行 1 次设备转场，采用 1 台美国罗宾斯公司制造的 TBM（MB264-310）进行施工；TBM2 标段长 19.5392km，为逆坡掘进，施工过程中要进行 2 次设备转场，采用 1 台德国维尔特公司制造的 TBM（TB803E）进行施工（图

8-26）；TBM3 标段长 18.5942km 为逆坡掘进施工，施工过程中要进行 1 次设备转场，采用 1 台美国罗宾斯公司制造的 TBM（MB264-311）进行施工（图 8-27）。表 8-22 是 3 种机型 TBM 主要技术参数。

图 8-26　维尔特（Wirth）TB803E

图 8-27　罗宾斯（Robbins）MB264-311

3 种机型 TBM 主要技术参数　　　　　　　　　　　　　表 8-22

项目	单位	罗宾斯（Robbins）MB264-310、MB264-311	维尔特（Wirth）TB803E
刀盘直径	m	8.03	8.03
刀具直径	mm	483,19″	432,17″
刀具承载力	kN/把	311	250
刀具数量	把	51	60
正滚刀	把	39	50
边滚刀	把	4	3
中心滚刀	把	8	6
扩孔刀	把	—	1
刀盘驱动方式	—	变频电动机（VFD）	变频电动机（VFD）
刀盘驱动功率	kW	3000	3360
刀盘转速	rpm	0～6.32	0～7.1
刀盘恒扭矩	kN·m	6805（4.21rpm）	7670（3.55rpm）
刀盘高速扭矩	kN·m	4533（6.32rpm）	3830（7.10rpm）
刀盘脱困扭矩	kN·m	9667	12 650
额定推力	kN	17 105	14 750
最大推力	kN	19 000（345bar）	17 000（320bar）
主轴承类型	—	三轴式（轴向-径向-轴向）	三轴式（轴向-径向-轴向）
主轴承直径	mm	5200	1400
主轴承使用寿命	h	20 000	16 000
推进行程	mm	1870	1800
支撑力	kN	6000	—
液压系统动力装置	kW	150～200	180
液压系统工作压力	bar	345	320
电气系统原边电压	kV	20kV/50Hz	10kV/50Hz

项目	单位	罗宾斯(Robbins)MB264-310、 MB264-311	维尔特(Wirth)TB803E
电气系统副边电压	V	690,400,120	690,380,230
变压器容量	kV·A	5000	4000
主机输送带带宽	mm	1000	1000
主机输送带带速	m/s	0～2.03	0～2.5
最大输送能力	m^3/N	1104	1040
主机重量	t	约650	<780

（五）TBM掘进独头长距离施工通风方案

1. TBM施工最大通风长度确定

TBM施工最长通风长度：TBM3-1施工段为主洞，长8913m；TBM3-2施工段为主洞，长9777m；长度为643m的16号支洞；共计10 420m。

2. 工作面风量要求

根据《水工建筑物地下工程开挖施工技术规范》DL/T 5099—2011，以及美国罗宾斯公司提出，TBM后部风量要求为1200～1800m^3/min。TBM开挖直径为8.03m，开挖断面积为50.266m^2，最小风速按0.5m/s计算，结合TBM施工地区的气候条件，认为TBM后部新鲜空气供应量取为1500m^3/min（即25m^3/s）为宜，相当于洞内风速为0.5m/s，可以满足TBM施工段的通风和除尘要求。

3. 通风设备

选用大风量优质高效的轴流式隧洞风机，功率150kW。选用大直径（ϕ2.2m）通风软管，节距300m，摩擦阻力系数0.0024，每节漏风率0.13m^3/s。

4. 通风系统设计

TBM3-1段掘进完成后，主要通风机和通风软管要拆卸后重新组装，用于TBM3-2段施工。TBM3-2段掘进时，要在16号支洞增设固定皮带机转渣系统和通风系统，此时，TBM3-1段继续完成模筑混凝土衬砌和运料等工作，主洞内通风靠空气对流并辅之以适当的机械通风。

5. 施工通风方案及系统布置

由于洞径大、施工洞段距离长，TBM3-1段采用压入式通风方案。风机安装在洞外，距洞口30m（待TBM推进到洞内后再安装风机和风筒），送风到TBM后配套系统，给工作面供风，污风从主洞断面直接排出洞外。

6. 施工通风系统安装及运行管理

风机出口设30～50m钢风管与PVC柔性风管过渡，以避免风机启动时的冲击，损坏风管。成立专门通风作业班组。对严重破损的风管要及时更换，轻微破损的风管节要及时修补。当管内风速大于10m/s时，会对管路产生很大的瞬时张力，所以风机采用变频电机调速。风管安装质量直接影响系统的通风效果。

（六）施工问题及处理措施

1. 主要地质问题

1）围岩稳定性

隧洞穿越区域围岩基本为微风化～新鲜，整体强度较高，围岩总体稳定性较好，较适宜 TBM 作业。对 TBM 作业影响较大的主要是断层以及破碎带。在通过主洞线的 29 条断层中，5 条埋深小于 100m，11 条埋深为 100～200m，其余均超过 200m。由于多数断层埋深较大，且以压扭性的中、小型断层为主，对隧洞围岩稳定有很大影响。其中有 5 条大型压扭断层对围岩稳定影响相对较大。

TBM1 标段地质节理从不发育到比较发育，平均节理间距 3～9cm，最大节理间距为 20cm。该段内有 6 个断层，均为受挤压的扭曲断层，单个断层的宽度一般不超过 5m，最大宽度约 10m。TBM2 标段岩石强度变化大、节理相当发育，节理间距 3～8cm。TBM3 标段岩性和岩石硬度变化较大，节理也相当发育，平均间距 3～8cm，该段内共有 5 个断层，最大宽度约 15m，最小约 5m。

2）隧洞涌水

隧洞地下水位埋藏较浅，均在地下水位以下，岩层多数富水性较小。地下水以浅循环为主，对于一般裂隙岩体，在施工开挖过程中隧洞多为渗水或滴水状态，隧洞地下水的常年流量小于 $1m^3/min/km$。在低洼沟谷、断层通过，且有一定外水压力的局部地段，可能会有涌水问题。

3）石英砂岩的掘进效率及岩爆问题

上元古界青白口系永宁组石英砂岩中的石英含量平均在 67% 以上，尤其是灰白色中细粒石英砂岩致密坚硬，石英含量平均达 75%，韧性较大，推断在石英砂岩洞段，特别是在埋深超过 400m 的地段掘进时，由于岩体的完整性较好，基本无地下水活动，局部可能有轻微或中等岩爆问题，对掘进效率将产生较大影响。

2. 不良地质施工措施

1）超前地质预报

为保证 TBM 正常施工，弥补地质资料的不足，及时了解掌子面前方一定区域的地质条件，需要适时对不良地质体进行超前地质探测和超前地质预报，判断可能发生施工地质灾害的相对位置，具体方法见表 8-23。

超前地质预报方法　　　　　　　　　　　　　　　　　表 8-23

长距离超前地质预报	分为不良地质体的地面勘察预报和隧洞内长距离仪器探测。它是由两种或两种以上的勘察技术手段进行的综合预报。因 TSP 法预报距离较长（100～150m），精度相对较高（偏差在 1m 以内），故采用以 TSP 法为主、其他方法为辅的预报方法，本工程综合采用了 TSP、BEAM、CSAMT、HSP 等探测技术	
临近不良地质体的前兆判别预报	不良地质体在被揭露之前往往表现出一些明显或不明显的前兆标志，预示着隧洞即将临近不良地质体。预测短距离地质情况，可根据掌子面附近出露的围岩完整性情况，节理裂隙发育程度，皮带机上的渣料成分、粒径大小、形状，地下水的发育情况，掘进机参数的变化等进行综合判断	断层破碎带前兆标志：节理裂隙组数及密度剧增，岩石强度降低，出现碎块岩、碎裂岩，岩石风化相对强烈并常含有水锈，泥质含量增加，岩块颜色常呈黄色、红色、褐色等
		突水、突泥前兆标志：节理裂隙组数增加，渗水量增大并有一定水压，且常含有泥质物或浑浊

2）合理调整 TBM 掘进参数

不良地质地段 TBM 掘进参数的合理匹配，能够减少对围岩的扰动，减轻或防止围岩出现坍塌，保证顺利掘进。一般情况下，应控制好刀盘推力，开始推进速度应控制在额定推进速度的20％左右，待围岩变化趋于稳定后，推进速度可上调到45％左右。通常推进速度不能大于2.4m/h，控制贯入度指标在10mm/r以下。在围岩特别破碎情况下，掘进速度不能大于1m/h。在操作过程中，还应严格观察和控制驱动电机电流和扭矩变化范围，刀盘转速要适当降低，围岩特别破碎情况下，控制在4.6r/min以下。

3）断层破碎带处理措施

（1）较小断层破碎带处理

TBM掘进过程中，对较小断层处理，采用撑靴以上紧贴岩面挂8@150mm×150mm或8@100mm×100mm（岩石比较破碎时）钢筋网，打系统锚杆，锚杆间距0.8～1.0m，视情况架立I16钢拱架，间距0.6～1.2m，拱架与系统锚杆焊接牢固，将钢架锁定到洞壁上。在2榀拱架间，采用22mm纵向连接筋（纵向连接筋顶拱间距1m，边墙间距2m）。必要时，立即进行人工喷射混凝土，及时封闭塌腔及周围岩石。

（2）较大断层破碎带或V类围岩处理

根据超前地质预报，结合掘进过程中观察到的各种不良现象进行综合分析，确认处于较大断层破碎带或V类围岩地段时，采用超前处理、保守支护的原则。利用TBM配备的超前钻机在拱部120°范围内进行超前管棚，钢管直径75mm，长度L为15～20m，并进行注浆加固。随着TBM的掘进，人工清理局部危石，利用钢拱架安装器安装I16钢拱架，间距为0.6m；利用锚杆钻机在环向180°范围内布设系统锚杆25mm，$L=3.0$m，间距0.8m；挂钢筋网采用8@100mm×100mm；先在洞壁上喷1层C25混凝土，厚80～100mm，尽早封闭围岩。混凝土喷射机械手在隧洞环向320°范围内自下而上复喷C25混凝土至总厚度160mm。如果底部岩石也破碎，应及时封闭仰拱。

4）TBM施工中对地下水处理措施

TBM施工隧洞，对隧洞内渗漏水、地下涌水等主要宜采用以排为主，引排、封堵相结合的措施。处理突发涌水坚持的原则为：预测先行、预防为主、防微杜渐、确保安全。

（1）渗漏水处理

施工隧洞渗漏水情况及采取的应对措施见表8-24。

渗漏水及应对措施 表8-24

渗漏水情况	对应处理措施
不连续滴水	采用喷射混凝土直接封堵，为改善喷射效果，增加喷射时的速凝剂含量
沿岩面裂隙缓慢渗水	先用高压风吹掉岩面的滴水，立即喷射混凝土直接封堵
沿岩面裂隙呈线流或股流	在出水部位钻排水孔并插埋塑料软管，埋管的孔口采用水泥和硅酸钠封堵或用浸泡过的药卷锚固剂封堵或用棉花封堵等，并以排水孔为中心由四周向中间喷射混凝土封堵表面，将水引入隧洞底部。
渗水面积较大	布置一定数量的排水孔

（2）地下涌水处理

TBM在掘进过程中遇到与河流、沟谷相通的断层破碎带，或者通过长期、短期超前地质预报判断出掌子面前方可能临近富水带。此种情况下，应采用超前钻孔探明隧洞前方地下水及工程地质情况。根据探测钻孔出水量、水压，确定涌水点桩号位置，并依据探测孔出水量、水压的变化采取相应措施处理涌水。

对于涌水量较大，并且探测孔在放水过程中水压、水量不减，预计开挖后会造成围岩坍塌时，TBM应停止掘进。除进行必要的排水外，还应采取超前预注浆进行处理。超前注浆阻水主要作用是封堵裂隙，隔离水源，阻塞水点，减少洞内涌水量。阻水注浆前，应保证刀盘前有至少5m的不透水层作为止浆盘，灌注水泥浆液堵水防渗。

如果TBM已掘进至富水带，刀盘前方掌子面出现大股涌水并伴随塌腔，TBM应停止掘进，灌注水泥和硅酸钠双液浆阻水。灌浆方式采用分段下行式注浆，注浆孔钻进一段压一段。为防止浆液回流渗入掌子面与刀盘之间及减少浆液渗入量，应采用低压向孔内灌入具有速凝效果的水泥和硅酸钠双液浆加速凝固，使其在掌子面前方10m以外形成止浆塞。

二、引红济石调水工程

（一）工程概述

引红济石调水工程（图8-28）位于陕西省宝鸡市太白县，属陕西省内的跨流域调水工程，总投资7.14亿元，计划总工期66个月。该工程自秦岭南麓褒河上游红岩河取水，通过穿越秦岭19.76km的长隧洞自流调入秦岭北麓石头河上游桃川河，主体工程由低坝引水枢纽和输水隧洞两大部分组成。隧洞一般埋深150～300m，最大埋深450m，属深埋隧洞。掘进机法施工断面成洞直径3m，开挖直径3.9m，断面面积11.94m^2。钻爆法施工断面按圆拱直墙型断面设计，洞身最小开挖宽度为3.3m，高度3.55m，断面面积10.54m^2。因此，施工隧洞属小断面隧洞，这将给出渣、通风、洞内布置和施工组织管理等带来很大的困难。工程设计最大引水流量13.5m^3/s，年均调入石头河水量9240万m^3。所调水量经石头河水库调蓄使用，其中向渭河生态补水4696万m^3，用于灌区灌溉及补充滑河生态用水，并新增向咸阳、宝鸡、杨凌等城镇供水，有效缓解关中地区水资源供需矛盾，改善渭河流域水环境。引红济石调水工程属陕西省内的跨流域调水工程，也是陕西省内缓解关中西部缺水问题的关键性工程。

图8-28　引红济石调水工程供水示意图

（二）工程特点

引红济石工程主要建筑物为低坝引水枢纽和输水隧洞。低坝引水枢纽包括溢流坝、进水闸、冲沙闸和输水暗渠。除输水隧洞外，各建筑物结构相对简单，位置相对集中，基础条件明确，施工较为简单，整个工程布置主要围绕枢纽区与输水隧洞进出口进行。

1. 地质条件复杂

输水隧洞长达19.76km，洞线通过的地层岩性复杂，断层在洞线中部集中交汇，施工中可能存在可溶岩层的涌水、裂隙渗水、断层涌水、有害气体、轻微岩爆、软弱岩层和软弱夹层的不良围岩变形及塌方等问题。

2. 隧洞长、埋深大、断面小，施工布置困难

由于洞身断面小，洞身围岩稳定性相对较好，但是长距离通风问题成为制约施工进度的主要因素。为加快隧洞施工进度，同时解决长距离通风问题，沿洞线需开设支洞、竖井等工作面，造成隧洞施工点多、施工工区分散、施工供电线路长等特点。

3. 施工方案

钻爆法和 TBM 法是目前世界上隧洞开挖普遍应用的施工方法。隧洞施工选钻爆法还是 TBM 法，一般考虑因素有：

1）工程规模，如隧洞的形状、长度、直径、埋深、走向等；

2）地质情况，如岩石的类型及强度、地质的节理分布及发育程度、地下水的分布等；

3）作业场地，包括交通运输能力、水电来源、进出洞口场地；

4）施工进度，由总工期可推算得到平均月进尺要求或月进尺指标；

5）物力、人力、财力与融资方式，如制造维修能力、贷款与偿还（包括外汇）能力、施工队伍的技术管理水平以及传统的施工习惯等。

表 8-25 列出了钻爆法、TBM 法和钻爆法＋TBM 法三种方案的对比，综合对比分析，采用钻爆法＋TBM 法施工方案（图 8-29）。

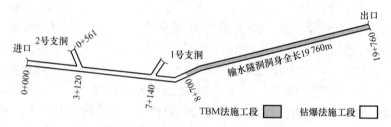

图 8-29 引红济石长隧洞布置示意图

施工方案综合比较　　　　　　　　　　　　　　　　　表 8-25

项目			钻爆法	TBM 法	钻爆法＋TBM 法
施工方案			隧洞全段钻爆施工 19 764m	TBM 施工段 19 614m；钻爆施工段 150m	TBM 施工段 11 069m；钻爆施工段 8695m
施工支洞和竖井布置			1 号斜支洞桩号 7＋140m；2 号斜支洞桩号 3＋120m；1 号竖井桩号 15＋504m；2 号竖井桩号 10＋000m	1 号斜支洞桩号 7＋140m；1 号竖井桩号 15＋504m	1 号斜支洞桩号 7＋140；2 号斜支洞桩号 3＋120；1 号竖井桩号 15＋504，作为通风投料井
施工顺序	开挖		进出口与斜井竖井同时施工，6 个工作面	出口 1 个工作面	进出口与斜井同时施工，4 个工作面
	衬砌		进出口与斜井竖井同时施工，6 个工作面	进口、斜井、竖井出口共 5 工作面	进口、斜井、竖井及出口，共 5 个工作面
综合进度指标（m/月）	主洞	开挖	133（竖井段为 85）	500	钻爆法施工段 134，掘进机施工段 500
		衬砌	142（竖井段为 131）	140（竖井段为 126）	143（竖井段为 133）
	斜井	开挖	134	134	134
		衬砌	134	134	134

续表

项目	钻爆法	TBM法	钻爆法＋TBM法
最大通风距离（km）	3.0	8.3	钻爆3，掘进7.0
工期（月）	84	78	66
工程上劳动人数（人）	503	466	408
工程总投资（万元）	66 646.68	73 098.65	70 391.94
与钻爆法＋TBM法投资差值（万元）	−3745.26	2706.71	0
安全性	较差，粉尘多	好	较好

（三）TBM选型考虑因素与选型

施工隧洞洞身主要穿越片麻岩、大理岩、片岩以及花岗岩等多种地层，岩石饱和抗压强度从54.7MPa到175MPa，存在部分不稳定的 V 类围岩及断层破碎带。因此，要求TBM应具有既能在较硬岩石地层中掘进，也能适应在部分软弱地层中掘进的功能。在施工 F21、F1 等断层破碎带洞段过程，可能出现高压水流和较大的突发涌水量，要求TBM应具有可靠的防坍、防涌等功能。为便于选型，表8-26给出了敞开式TBM和双护盾TBM适应性因素对比。

敞开式 TBM 和双护盾 TBM 性能对比情况表　　　　　　　　　　　表8-26

项目	敞开式 TBM	双护盾 TBM
适用岩石类别	硬岩	硬岩及软岩
对围岩要求	完整	完整、破碎均可
掘进性能	具有一定灵活性，可根据实际需要加固围岩，或对围岩进行二次支护；但在软弱围岩段施工较困难	一般情况下，施工不受围岩类别影响；掘进速度快，但灵活性稍差，不易进行二次加固，围岩变形大时易被卡住
掘进速度	根据地质情况调整掘进速度，直接与围岩加固的措施和数量相关，软岩掘进速度低	在大部围岩情况下，掘进速度几乎是独立的，一般不受地质条件影响
处理塌方	较容易	困难
支护	地质情况好时只需要进行锚网喷护，支护工作量小，速度快；地质情况差时需要超前加固，支护工作量大，速度慢	采用管片支护，支护速度快，管片要同时满足不同地质情况的支护要求，管片在掘进中安装，安装精度不易控制
操作环境	安全	安全性优于敞开式
衬砌方式	根据情况，可进行二次混凝土衬砌	采用管片支护，可以不用二次衬砌
管片预制厂	没有	必须
设备价格比	1.0	1.4～1.5
工程成本	低	高
工期（月）	66.5	60
估算投资（万元）	72 000	77 000

由表8-26可以看出，敞开式TBM和双护盾TBM均适用于该工程。但是，钻爆法开挖段施工的提前，造成TBM施工段的工期比较紧张，且在深入研究分析工程具体地质情况、施工条件，并参考国内外已施工类似工程经验（如云南掌鸠河输水工程采用的就是双

护盾 TBM，开挖直径 3.66m）、与多个国外 TBM 设计制造专业厂家的深入交流和反复论证，遵循性能可靠、经济适用、技术先进、安全环保的原则，确定采用双护盾 TBM 有利于缩短整个引红济石调水工程的工期。又从引红济石勘探试验洞分析，发现后半段围岩有可能变差，因此，选择双护盾 TBM，在技术上更具有可行性和可靠性。

（四）TBM 及其主要参数

通过上述对比分析，该工程采用美国罗宾斯公司生产的双护盾 TBM（图 8-30）。表 8-27 是该 TBM 主要技术参数。

图 8-30　引红济石双护盾 TBM

TBM 主要技术参数　　　　　　　表 8-27

项目	单位	参数
直径	m	3.655
盘形滚刀数	把	25
滚刀直径	英寸	17
单刀承载能力	kN	250
刀盘推力	kN	6250
刀盘最大推力	kN	8936
辅助推力	kN	10 570
紧急辅助推力	kN	15 680
刀盘驱动	kW	双速电机（5×260）
刀盘功率	kW	1300/650
刀盘转速	r/min	11.4/5.7
刀盘扭矩	kN·m	1089
脱困扭矩	kN·m	4118
管片长度	m	1.1
主推进缸行程	m	1.27
辅助推进缸行程	m	1.9
液压系统操作压力	bar	215
液压系统最大压力	bar	345
紧急辅助推进系统压力	bar	517

续表

项目	单位	参数
液压系统功率	kW	180
驱动电机	V/相/Hz	660/3/50
控制系统及照明	V/Hz	24,120/50
变电站	kV·A	$2 \times 1000 + 1 \times 600$
备用变电器一次电压	kV	10
备用变电器二次电压	V	660
输送带宽度	mm	560
皮带输送机输送能力	t/h	180
设备设计拐弯半径	m	500
机器总重量	t	220

（五）施工问题及处理措施

1. 断层破碎带

TBM 施工段穿越 F_{21}、F_1、F_{27}、F_{28}、F_{29}、F_{32} 等多条断层（图 8-31）。断层带岩体为极不稳定的 V 类围岩。在 TBM 施工过程中，遭遇到较大破碎带时，可能伴有塌方现象，有时还会压住机头，发生卡机事故，使得 TBM 掘进受阻。施工中宜采用的措施包括：

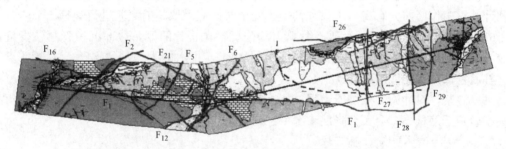

图 8-31 引水线路主要断裂构造分布图

1）通过现场地质调查，进一步查明断层的位置和规模。

2）在调查的基础上，采用地质素描、TSP203 物探和 TBM 超前地质预报仪、超前钻机相结合的手段确定断层的规模、断层充填物、涌水、隧洞轴线与断层走向、倾向的组合关系等情况。

3）充分利用双护盾 TBM 自身对断层的适应性，重点做好双护盾 TBM 掘进参数的控制，防止 TBM 低头或被卡住。

（1）双护盾 TBM 进入断层前，掘进模式应立即转换成单护盾掘进模式，通过对分区推进油缸的操作，防止 TBM 低头。

（2）通过刀盘偏心和扩挖刀扩挖预留变形量，有效防止被卡。

4）在施工过程中，如果出现出渣量增大，岩渣规格明显不均，大小悬殊，而且岩粉含量降低，TBM 推力降低，掘进速度加快，前后支撑反作用降低等现象时，应采取减少刀头喷水、降低刀盘转速及 TBM 推力，减少单位时间出渣量等措施。

5）管片拼装好后及时做好豆砾石充填和回填灌浆，并按要求做好固结灌浆。

6）围岩条件不好，塌方或不均匀沉降造成管片裂缝，要超前灌浆处理并使用重型管片。

7）对于造成刀盘被卡、超前预灌浆加固处理后，TBM 仍然不能施工的区域性断层，应启动应急预案，从侧面打绕洞进入刀盘前面，采取钻爆法处理，TBM 步进通过。

2. 富水地层 TBM 施工

根据收集的有关水文地质资料，大理岩段、断层破碎带及影响带为溶隙承压水富水区。在施工 F_{21}、F_1 等断层破碎带时，可能出现高压水流和较大的突发涌水量。

1）采用 TSP203、地质雷达、红外探水等物探手段结合超前地质钻探的综合预测预报，探明前方及隧洞周边可能的突水情况。

2）施工中，根据超前地质预报结果，采用超前探水孔验证的方法，判明涌水量、分布情况、变化规律；根据探水孔涌水量及水压力来决定 TBM 通过该段的施工方法，做到不出现突水和大的涌水。

3）对于隧洞涌水量较小的洞段，可采用单护盾掘进模式直接通过，管片拼装后及时通过管片预留灌浆孔进行回填灌浆和固结灌浆，同时实时施做排水孔。隧洞排水除利用隧洞顺坡外，同时开启 TBM 后配套上配备的排水泵通过排水管外排。

4）对于涌水量较大的洞段，利用 TBM 本身配备的钻机实施超前周边帷幕灌浆，然后 TBM 掘进通过。

5）对于承压水地段，预计排放不会影响围岩稳定的情况下，可采用超前钻孔排水。当预计开挖工作面前方有高承压水危及施工安全时，应采取超前灌浆进行处理。

6）在对富水地层回填的豆砾石骨料大部分沉积在管片两侧，顶部沉积骨料较少且存在较大空腔，或在富水地层灌注的水泥浆被水冲走，止水能力差的情况下，需要重复补灌。补灌宜选用多功能细石混凝土泵，实现灌、排、堵一次连续回填，回填的细石混凝土或高黏度砂浆，对冲刷的抵御能力强，能起到回填和止水作用。由于回填就是封堵过程，高黏度砂浆干缩量小，会大大降低渗水率。对富水层的止水效果良好。

3. 高地应力地层 TBM 施工

1）岩爆地层施工

（1）双护盾 TBM 施工形成的圆形廓面有效降低的应力集中度、护盾和刀盘对已开挖裸露围岩形成的及时支护和防护、管片的及时安装和壁后及时灌浆、TBM 的快速掘进等都有效减缓或降低了岩爆发生的可能性和强度。

（2）施工中做好超前地质预报。根据施工经验及超前钻孔和对岩体的力学计算分析，确定岩爆发生的强度等级。

（3）预测岩爆为微弱时，可直接在开挖裸露的围岩表面喷水，软化表层、释放应力，TBM 可直接掘进通过，但应及时做好管片的背后充填和回填灌浆，及时封闭围岩。

（4）预测岩爆为中等及以上时，应利用 TBM 配备的超前钻机钻注水孔，并向孔内注入高压水软化围岩，加快地应力释放，同时通过刀盘喷水系统向开挖面喷水，然后 TBM 掘进通过。

2）软岩塑性变形地层施工

（1）只要保持双护盾 TBM 快速均衡掘进，及时衬砌管片和回填灌浆，就可以有效防止围岩塑性变形的影响。

(2) 施工形成的临空面使地层应力重新分布，软弱围岩中的微观破裂和小裂隙引起的相对位移，使围岩发生塑性变形和开挖直径收敛，可能卡住盾体使之不能推进。此种情况下，可采用刀盘偏移技术加大洞顶与护盾顶部的间隙，同时减少扩挖量到最小。围岩塑性变形严重时，可利用刀盘提升技术，使顶部间隙加大，在围岩发生大收敛前掘进通过。

(3) TBM 进入软岩洞段前及在整个软岩洞段施工过程中，宜采取单护盾掘进模式，既便于掘进方向的控制，又可防止刀盘下沉。

(4) 若围岩变形比较严重，采取常规措施仍不能掘进时，可采取超前灌浆预加固前方地层，达到一定强度后再掘进通过。

4. TBM 卡机

施工过程，TBM 频繁在断层破碎带、涌泥、涌水等突发性地质灾害环境施工，因此，曾发生大小卡机事故 18 次。卡机发生的具体地质特点是：以Ⅳ类和Ⅴ类围岩为主，岩体总体上较破碎，节理裂隙和伴生断层发育，片理发育，地下水局部发育，岩层产状错乱，掌子面围岩软硬不均且变化频繁，稳定性较差，遇水易软化，围岩变形速率较快等。在这样地质掘进的 TBM，施工进度一直呈波浪式起伏，进度十分缓慢。

1) 典型卡机事件

(1) 2010 年 5 月 14 日，TBM 掘进至 K15+397 处发生卡机事故。通过 K15+397 工作面出渣孔观测，发现掌子面为薄至中等厚度的层状灰色角闪片麻岩，岩体以微风化为主，岩体较完整～较破碎，石质坚硬，节理裂隙较发育，层间结合一般，呈块状结构，裂隙水发育，自稳能力差。由于施工后，配套设置未有效跟进，在地下水作用下围岩变形加大，导致停机 7d。

(2) 5 月 22 日至 5 月 25 日，继续推进至 K15+391 处发生围岩坍塌卡机。发现，此处围岩破碎，呈薄片状碎裂结构，层间结合较差，夹有软夹层及黏土，掉块严重，有塌腔。

(3) 7 月 4 日，推进开挖至 K15+371 处，TBM 完全被卡住，断续停机时间长达 155d，截至 2011 年 3 月平均月进尺仅有 20m。

2) 卡机段地质情况与分析

卡机段位于太白盆地腹地（图 8-32），围岩基本属Ⅳ、Ⅴ类围岩。根据现场观测，卡机段围岩具体情况是：

(1) 卡机处左右两侧的岩层产状相差较大；

(2) 左右两侧岩层有明显的弯曲牵引褶皱出现；

(3) 有大量的断层泥出现，岩体处于强风化、局部微风化状态；

(4) 岩层面上有摩擦的镜面，且有铁锈出现并呈红色；

(5) 左右两侧岩体的硬度都较大，独有中部破碎且夹有软弱夹层和黏土，中部是被后期充填的，且充填物成岩条件差，具有明显的断层特征。

因此，卡机的主要原因是断层破碎带的交错发育引起岩体破碎、地下水汇集造成岩体软化失稳。

除受断层、构造裂隙和伴生断层发育影响外，该处岩性复杂、相变大、岩体不均匀，导致岩层产状错乱、软弱夹层发育、软硬岩相间、岩体破碎等，在地下水的作用下易发生拱顶坍方掉块是卡机的另一原因。开挖后围岩发生层间错动，受构造影响沿切割带导致的二次变形是造成卡机事故的第三个原因。掌子面处理不及时，产生的岩石裸露时间长，加上地下水的侵蚀冲刷导致围岩泥化掉块是造成卡机事故的第四个原因。软弱围岩段，TBM掘进方向控制难度较大，加之洞径小，作业空间狭小，清渣费工费时，致使TBM不能快速通过，也是造成卡机事故不能忽视的原因。

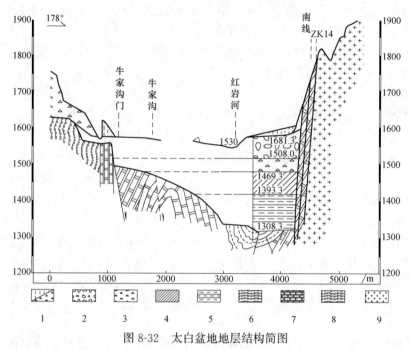

图 8-32　太白盆地地层结构简图

1—第四系风、坡积物；2—中更新统冰碛物；3—下更新统冰碛物；4—下更新统湖积物；5—第三系黏土岩；
6~8—中元古界秦岭上亚群片麻岩、中亚群大理岩、下亚群斜长片麻岩；9—燕山期花岗岩

3）卡机事件处理措施

通过综合分析现场地质原因，处理卡机事件的措施有：

（1）在遭遇断层破碎带时，保持、调整好TBM掘进姿态，低速掘进，辅之以人工清渣，超高压换步的方式通过。

（2）因围岩收敛变形挤压盾壳，造成换步困难时，加大辅助推进油缸压力，采用高压模式进行换步作业。

（3）在节理裂隙地下水发育地段掘进，采取超前化学固结灌浆施工工艺。

（4）在卡机处，人工开挖盾壳及周边围岩、拆除管片，使TBM整体后退。采用人工手持风搞进行全断面开挖，扩大开挖直径。开挖支护完成后，对现有的塌方空腔及在开挖过程中可能再次出现塌方导致支护背后出现的空腔进行豆砾石回填，随后充填水泥浆。

第六节　复杂复合地层复合盾构施工案例

复合式盾构或混合式盾构，简称复合盾构，是指具有多种施工模式或施工功能的盾构，一般用于复杂复合地层的施工。复合盾构的设计思想一般有两种：（1）在同一台盾构

机上同时布置多个施工模式和施工功能的部件，这些施工模式或施工功能可根据地质地层
状况进行切换或调整；（2）盾构机的功能部件采用模块化设计，在遇到不同地层时可进行
更换或调整。图 8-33 为一台具有泥水式、土压平衡式和 TBM 三种工作模式的复合盾构，也
可称为三模式盾构。工程上一般应用的是沿隧道轴线土、岩复合地层或断面土岩复合较复杂
地质地层施工的复合盾构，如土压平衡盾构与 TBM 双模式（简记为：土压平衡/TBM 双模
式，或土压/TBM 双模式）、泥水平衡盾构与 TBM 双模式（简记为：泥水平衡/TBM 双模
式，或泥水/TBM 双模式），甚至土压平衡盾构与泥水平衡盾构（简记为：土压平衡/泥水平
衡双模式，或土压/泥水双模式）双模式，也可称为双模式盾构或双模盾构。以土压平衡与
泥水平衡复合的双模式盾构为例，其关键部组件设计特点见表 8-28。

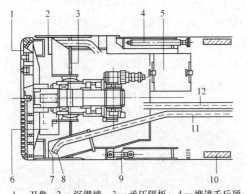

1—刀盘；2—沉潜墙；3—承压隔板；4—推进千斤顶；
5—人员通行气闸室；6—破碎机；7—拦石栅；8—吸料管；
9—绞接油缸；10—管片；11—出料管；12—供料管

(a)

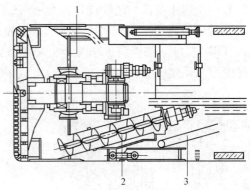

1—承压隔板；2—螺旋输料机；3—带式输送机

(b)

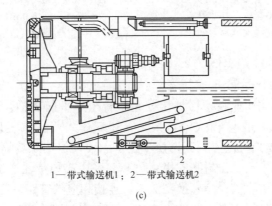

1—带式输送机1；2—带式输送机2

(c)

图 8-33 泥水式、土压平衡式和 TBM 三种工作模式的复合盾构
（a）泥水式工作模式；（b）土压平衡式工作模式；（c）TBM 工作模式

双模式盾构关键部件及其特点 表 8-28

双模式盾构关键部件	设计特点
切削刀盘	泥水加压式盾构和土压平衡式盾构的刀盘可设计为一体，也可分开设计，但更换时应在竖井或车站等相对较大的空间内进行

续表

双模式盾构关键部件	设计特点
开挖料输出系统	泥水加压式盾构机为泵、输料管系统,土压平衡式盾构机为螺旋输送器系统。双模式盾构机应配备这两套系统或在施工过程中能实现这两套系统间的更换
后配套系统	应配备泥浆管和皮带输料两套系统,还应有在特定模式下使用的泥浆泵、管道连接及其架设设备,土壤改良剂盛装容器和输送泵等

一、土压平衡/TBM 双模式

(一) 土压平衡/TBM 双模式结构

土压平衡/TBM 双模式是指,在以土质地层为主的施工,其就是 1 台土压平衡盾构机,见图 8-34;而在岩石质地层施工,则是 1 台 TBM,见图 8-35。土压平衡/TBM 双模式既具有土压平衡盾构的功能,又具有 TBM 的功能,并可根据施工地质条件和要求,进行功能的转换或切换。从理论上讲,该双模式盾构无论工作在土压平衡盾构功能,还是工作在 TBM 功能,都能满足既安全、又快速施工的要求。按照 TBM 模式施工,该双模式盾构既可以采用中心皮带机出渣,也可以采用中心螺旋输送机出渣两种工作形式。

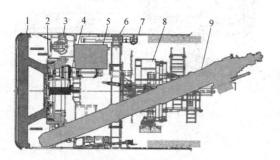 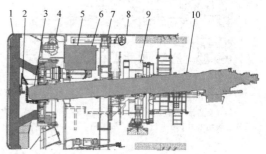

图 8-34　土压平衡模式示意图

1—刀盘;2—主驱动;3—稳定器;
4—回转接头;5—人仓;6—撑靴;7—盾体;
8—管片拼装机;9—螺旋输送机

图 8-35　TBM 模式示意图

1—刀盘;2—溜渣槽;3—接料斗;4—稳定器;
5—主驱动;6—人仓;7—撑靴;8—盾体;
9—管片拼装机;10—螺旋输送机

(二) 出渣模式转换和应用案例

1. 出渣方式转换和转换时间

土压平衡/TBM 双模式作业在土质地层就是一台土压平衡盾构,若进入下一阶段的岩石质地层施工,就需进行作业模式的切换。上述双模式盾构从土压平衡盾构转换为 TBM 模式,若采用中心皮带机出渣,其切换步骤是:(1) 退回螺旋输送机,关闭螺机前闸门;(2) 拆除中心回转接头、密封和支撑;(3) 安装中心螺旋输送机 (或皮带机)、中心封闭压力隔板和刀盘泡沫喷嘴;(4) 换刮渣板,连接相应的管路。若采用中心皮带机出渣,理论上两种模式切换时间需要大约 20~25d。若采用中心螺旋输送机出渣的模式,理论上两种模式转换时间约 10~15d。

2. 应用案例

深圳地铁十四号线布吉至石芽岭区间隧道长 3230m,主要穿越强风化、中风化、微风化角岩层。微风化角岩天然单轴抗压强度最大值为 165MPa,平均值为 103MPa。中风化角岩天然单轴抗压强度 25~60MPa。分类统计各区段工程地质参数、水文地质参数,可将隧道划分为 9 个区段,如图 8-36 所示。各区段地质条件参数统计如表 8-29 所示。

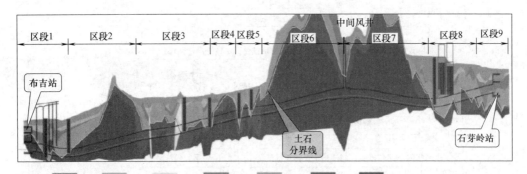

图 8-36　布吉区间地质纵断面图

各区段地层参数统计　　　　　　　　　　　　　　　　　表 8-29

区段	区段 1	区段 2	区段 3	区段 4	区段 5	区段 6	区段 7	区段 8	区段 9
地层参数	强风化	微风化	中风化	微风化	中风化	微风化	微风化	强风化	全风化
区段长度(m)	384	379.5	534	154.5	157.5	578	604	232.5	210
抗压强度(MPa)	—	110	13.5	90	13.5	120	120	—	—
渗透系数 (m·s^{-1})	1.74×10^{-5}	4.63×10^{-6}	2.32×10^{-5}	4.630×10^{-6}	2.32×10^{-5}	4.63×10^{-6}	4.63×10^{-6}	1.74×10^{-5}	5.79×10^{-6}

　　根据深圳地铁十四号线布吉至石芽岭区间隧道穿越地质地层特点，施工设备选用两台中心螺旋输送机式双模盾构，开挖直径为 ϕ6990mm，最大推力 5060t，整机长 105m，主机总长（含刀盘）9.5m，总重（主机＋后配套）约 650t。刀盘额定转速 2.26rpm，最大转速 5.4rpm，额定扭矩 5920kN·m，脱困扭矩 7100kN·m，最大设计压力 5bar，装机功率 2407.8kW。在待施工区间隧道中间设风井 1 座，并兼作始发井和接收井。区间两台双模盾构从中间风井始发，往布吉车站方向掘进，掘进长度 2170m，在布吉站接收。出渣方式采用矿车编组运输、门式起重机起吊。

　　鉴于深圳地铁十四号线布吉站到石芽岭站区间隧道全线岩层的风化程度不一，单轴抗压强度差异达 60MPa 以上，因此，确定该区间隧道区段 1、区段 3、区段 5、区段 8、区段 9 均采用土压平衡模式施工；区段 2、区段 4、区段 6、区段 7 均采用 TBM 模式施工。因此，盾构以 TBM 模式从中间风井始发掘进区段 6，进入区段 5 应采用土压平衡模式。一般情况下，盾构掘进到距离两段交界面 10～15m 长度时停机并进行 TBM 模式到土压平衡模式的转换。而当盾构从土压平衡模式转换到 TBM 模式时，盾构模式转换前一般距离两段交界面的长度设置为 20～25m。因此，可将 10～15m、20～25m 分别称为盾构的 TBM 模式到土压平衡模式和土压平衡模式转换到 TBM 模式的转换安全距离。

　　考虑到两种模式转换是相互可逆的过程且 TBM 模式转换土压平衡模式流程相对较复杂，因此，这里只介绍 TBM 模式转换为土压平衡模式的工况，其转换流程及主要内容如图 8-37 所示。

　　在土仓内将溜渣结构与刀盘主结构分离，溜渣结构分解至可移出土仓的状态即可（通常情况下，将溜渣结构与刀盘主结构焊缝刨除即可），同时拆除连接在主驱动上的溜渣槽及螺旋机接料斗；安装盾体被动搅拌棒，将前盾溜渣板割除，将螺旋机由中部转换至底

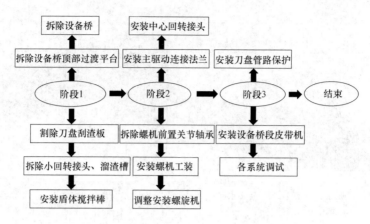

图 8-37 TBM 模式转换为土压平衡模式流程示意图

部，安装土压平衡模式所需的相关零部件，进行系统调试。

该隧道施工中间风井至布吉站掘进情况如表 8-30 所示。

中间风井至布吉站掘进情况 表 8-30

左右线盾构	模式	天数(d)	累计掘进环数(环)	平均日掘进环数(环)
左线 738 号盾构	TBM 模式	100	302	3.02
右线 739 盾构		84	347	4.13
左线 738 号盾构	土压平衡模式转换	14	—	—
右线 739 盾构		12	—	—
左线 738 号盾构	土压平衡模式	179	826	4.61
右线 739 盾构		166	750	4.52

统计分析显示，在 TBM 模式下平均日进度 3～4.2 环，在土压平衡模式下平均日进度 4.5 环左右。

（三）双模式盾构使用中遇到的问题

1. 刀盘设计

双模式盾构的设计，其刀盘设计主要以土压平衡盾构的刀盘、刀具布置方式为主，当变换为 TBM 模式时，只在土压平衡刀盘的基础上进行稍微改造，见图 8-38。这样的刀盘存在的问题是：刀间距和刀盘开口固定，尤其是在 TBM 模式下，当岩石抗压强度超过 100MPa 时，会导致贯入度较低，同时由于刀盘转速的增加，引起正面切刀磕碰岩脊而掉落，边缘滚刀磨损加快，检查和换刀频率增加，影响了掘进进度。

2. 刀盘转速

目前设计的双模式盾构转速范围均比较宽，如中铁 738、739 号盾构，刀盘最高转速可达 5.4rpm。为防止盾体滚动，在前

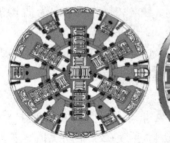

图 8-38 刀盘（TBM 模式）正面和背部示意图

盾上设置两个稳定器。在实际使用过程中，如果转速过大，易引起刀盘震动过大，带来刀具的异常损坏增加。因此，在 TBM 模式下，刀盘转速一般要控制在 2.5～3.0r/min 范围内。

3. 超前注浆管路设置

由于在盾构的前盾上部设置了两个稳定器，其结构位置限制了同步注浆管路的布置，导致上部只能布置 3 根超前注浆管，需要进行超前注浆加固时，不能达到加固效果。

4. 施工组织

由于在 TBM 施工模式下，采用了和常规盾构施工编组相同的组织和管理模式，导致 TBM 施工模式的效率不能充分发挥，致使其日进度和盾构基本相当。

（四）对策与探讨

从设计方面考虑，TBM 模式主要针对硬岩地层，刀盘设计要具有良好可掘性，因此必须具有足够的刚度和合适的刀间距。在不改变刀盘主体结构情况下，可以采用预留刀孔的方法，必要时安装滚刀，改变刀间距。对于刀盘开口较大可设置可变开口结构，需要时改变刀盘中部开口，取消刀盘正面切刀，真正起到硬岩刀盘的作用。同时主驱动采用双速电机，在土压平衡模式下采用低速、大扭矩挡位，在 TBM 模式下采用高速模式，充分发挥设备效率。

在施工组织方面，采用垂直皮带机出渣，达到出渣与进度基本匹配，提升作业效率，这种出渣方式在以色列地铁项目已得到成功验证。

二、泥水/TBM 双模式

泥水盾构一般应用在穿越具有较高水压的软土地层隧洞（道）的施工。这类盾构能较好平衡开挖面的水土压力，有利于控制地表沉降，一般用于城市和过江隧道工程。TBM 适用于围岩具有一定自稳性、开挖面没有水压的岩石质地层隧道，如山岭隧道等。但是当隧洞中出现长距离硬岩与强透水性软土复合地层时，单一的泥水盾构或 TBM 都不再适用。因此，泥水/TBM 双模式应运而生。泥水/TBM 双模式集成了泥水盾构和 TBM 的功能和特点，可以在泥水和 TBM 两种模式下相互转换。泥水模式下，采用泥浆管道出渣用于高水压裂隙地层；TBM 模式下，采用皮带输送机出渣，用于无水或少水岩石地层。

（一）瑞士联邦某铁路隧道工程

1. 工程概况

瑞士联邦某铁路隧道工程项目穿越地质基本情况是：隧道两端洞口区段主要由富含地下水的松散沉积物构成，中央段通过的则是稳定的岩层。

隧道施工规划是从东入口的一个 471m 长的凹槽处开始掘进，首先经过的地质地层是含水黏土层和冰碛层，长度达 0.7km。隧洞在到达 1.8km 长的砂石和页岩层中部区域之前，将通过 1km 长的浅埋基岩（最深为 10m）到达冰碛和砂的槽形地带，深埋于冰碛沉积物之下。通过中心基岩段后，将遇到 1.1km 长的位于水位以上砂卵石，可能还包括砾石。在到达 275m 长的西入口凹槽之前，还将经过 0.9km 长的含水冰碛层，该层也有砾石。在掘进过程中，特别是在东段，水压将达到 0.4MPa，包括两端开口凹槽在内，隧洞的总长达 6.294km，最陡坡度 0.5％，隧洞最大埋深 120m。地质条件概况见图 8-39。

2. 施工方案与设备选型

早期招标时曾有建议，先降低含水层水位，然后用两台敞开式 TBM 从东、西两个入

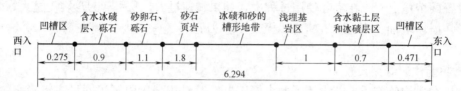

图 8-39　隧道穿越地质条件概况（km）

口同时掘进。然而，要降低水位投资很大，而且十分困难。由于冰碛层的高磨耗，使用土压平衡盾构会造成严重磨损；还由于土层和砂砾颗粒尺寸的高渗水性，在一开始就排除了土压平衡盾构施工方法。因此，中标方案根据隧洞穿越两种完全不同的地层情况，建议整条隧洞用一台泥水/TBM 双模式施工，该复合盾构可在洞内实现泥水系统转换成带式运输系统，实现泥水循环到皮带机出渣的模式转换，见图 8-40。在松散沉积土、浅埋深的岩石及混合地层中，采用泥水式盾构开挖，用泥水压力平衡水和土的压力，支撑开挖面；而在岩石区段，则采用 TBM 掘进。隧洞从东边开始掘进，该复合盾构开始以泥水模式运行，到中心岩石区段时转换成 TBM，中心岩石区段掘进完成后，再转换回到泥水模式。该复合盾构是根据 Wayss&Freytag 理论设计的，由德国 Herrenknecht 公司制造。

3. 施工设备特点

该复合盾构直径 11.6m，刀盘为六臂敞开星形结构，装有 46 把在松散土层中掘进的切削齿，以及用于破碎石块和穿过磨砾层掘进用的 65 把盘形滚刀，为处理大石块，在刀盘中心区还配有岩石破碎机。对超过破碎机破碎能力的更大石块，依靠人工方法清除。因此，盾构内配有压缩空气仓和人员通行用气闸室。在泥水模式时，由压缩空气降低开挖室内的泥水液位，工作人员可通过气闸室进入开挖室排石或维修。在尾盾和后配套台车上安装的主要设备有管片衬砌设备、灌浆用的砂浆槽及灌浆泵，用于泥水系统的膨润土泥浆分离设备，包括液体容器、泵、分离装置和膨润土储存室，及用于 TBM 掘进系统的尘土抽排设备等。

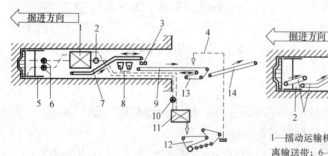

1—分离装置；2—二次泵；3—摇动运输机；4—输送机；5—护盾；6—灌浆泵；7—带式输送机；8—皮带贮存；9—长距离输送带；10—供料泵；11—沉淀箱；12—带式滤压；13—皮带延伸站；14—至土料弃置场输送带

(a)

1—摇动运输机；2—护盾；3—输送带；4—皮带贮存；5—长距离输送带；6—延伸站；7—至土料弃置场输送带；8—皮带拉紧

(b)

图 8-40　泥水/TBM 双模式示意
（a）泥水模式；（b）TBM 模式

4. 施工效果

该复合盾构的实际掘进速度从 2cm/min 至 5cm/min，最高达每天 30m，每星期平均达 80m。从一种工作模式转换到另一种工作模式,只需一个工作日就可以完成。

施工实践证明选择的机型完全正确。如用其他系统,没有地下水位的下降,在高水压下穿过疏松土层进行隧道的掘进,必须使用压缩空气。

(二)瑞典哈兰扎森双管隧道

1. 工程概况

瑞典哈兰扎森双管隧道因穿越哈兰扎森山而得名。哈兰扎森山脊成地垒状,地质条件复杂,分布有断层。该隧道用以提升哥德堡和玛尔摩之间铁路运输能力,沿瑞典西海岸且是世界上最具挑战的隧道工程之一。该隧道总长 8.7km,开挖面不仅存在非常坚硬、极其粗糙的岩石,其间还夹杂着软质和混合地质,岩性以片麻岩和闪岩为主,节理较发育,水压高达 1MPa。

2. 施工方案和设备选型

1975 年该工程立项,1992 年开始建设,计划 1995 年投入使用。工程最初采用敞开式TBM 掘进,但由于敞开式 TBM 无法适应含有大量碎石和饱和水的岩石地层,仅掘进18m,便因选型不当,改用钻爆法继续施工。后又因技术障碍、可能造成的工程延期和超支等问题,在完成了隧道两端共计 3km 长的隧道施工后,被迫暂停。1996 年重新进行第二次建设,隧道施工方法仍为钻爆法,并在隧道区间增设旁通巷道,以求开辟更多的钻爆工作面。由于隧道突水依然严重,施工单位采用大量的含有过量丙烯酰胺凝剂的防水密封材料进行堵漏。密封材料渗透到地层后,当地出现井水干枯和土壤污染现象,引起公众强烈抗议,造成恶劣社会影响,1997 年,工程再度被迫暂停,并开始进行污染治理。

直到 2005 年工程第三度重启,施工设备改为一台海瑞克公司生产的、开挖直径为10.6m 的泥水/TBM 双模式盾构,如图 8-41 所示。该双模式盾构可以在封闭式泥水盾构模式和敞开式硬岩 TBM 模式下进行操作。同时作为技术验证的一部分,该盾构机的密封系统被设计成能承受高达 1.3MPa 的地下水压。配置额外的注浆系统和突水应急泵送系统,确保水流受到控制。

图 8-41 哈兰扎森双管隧道泥水/TBM 双模式盾构

3. 施工设备特点

该复合盾构刀盘功率为 4kW,扭矩为 20.370kN·m,掘进长度为 10 925m,具有泥水模式和 TBM 模式两种工作模式。

1)泥水模式

当盾构处于泥水模式时(图 8-42),刀盘后部不必要的构件全部拆除,如溜渣槽、背板等，以利于渣土快速进入泥水仓；刀盘中心的集渣环也被拆除，中心的皮带输送机和除尘风筒也被抽出除尘系统并停止工作。尔后，封闭主驱动中心，打开隔板下部开口的闸门。渣土与膨润土混合后的泥浆便可以进入到后部的调压仓，被碎石机破碎后的碎石可以穿过格栅进入排浆管被泵送出隧道；进泥管把膨润土注入泥水仓、调压仓，对刀盘、泥水仓、碎石机和格栅进行冲刷，防止堵塞；调压仓充满压缩空气，通过气压调节单元系统自动调节泥水仓的压力与开挖面的压力平衡；管片拼装机和喂（给）片机配合，在每一个掘进行程完成后拼装管片；人仓用于带压进仓换刀等作业；同步注浆系统及时填充围岩和管片之间的环形间隙。

2）TBM 模式

在 TBM 模式下（图 8-43），需将位于刀盘后部的溜渣槽和背板等安装就位，使渣土可以进入集渣环；主驱动中心的隔板拆除，将刀盘中心的集渣环安装就位，刀盘中心的主机皮带输送机安装就位并伸出以使能可靠接载从集渣环进来的渣土，安装除尘风筒；关闭隔板下部开口的闸门，其后面的碎石机、格栅、排泥管、排泥泵等暂停工作；拆除主机内部的泥浆管路，尽可能多地恢复 TBM 施工作业所需要的空间；调压仓充满压缩空气，通过气压调节单元自动调节泥水仓的压力以平衡开挖面压力；管片拼装机和喂片机配合，在每一个掘进行程完成后拼装管片；采用豆砾石回填和注浆系统及时填充围岩和管片之间的环形间隙。

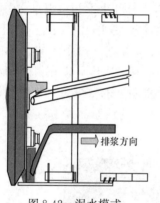

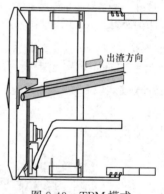

图 8-42　泥水模式　　　　　　　　　　　　图 8-43　TBM 模式

4. 施工效果

经过 5480m 的掘进作业，第一条隧道于 2010 年 8 月实现贯通。通过对机器进行大量的维修改造后，第二条隧道于 2013 年 9 月 4 日贯通。该复合盾构经过 8 年的掘进施工发现，其中 50% 的时间用于处理涌水问题；在地下水量少的地层，平均日进尺 11.5m；在富水地层平均日进尺仅 3.7m。该复合盾构的掘进工效约为 33%，但掘进速度仍达钻爆法的 5 倍。

三、土压/泥水双模式

（一）土压/泥水双模式的适应性

穿越城市居民区、周边环境复杂及重要建筑物等对地表沉降要求较为严格的隧道（洞），且地层渗透系数不小于 $10^{-4}\mathrm{m \cdot s^{-1}}$、粉粒和黏粒含量不大于 40%、水压不小于 0.3MPa 的地质，一般宜选用泥水平衡盾构施工。而穿越以全断面泥岩为主、地层细粒含量高地层的隧道，且地层渗透系数不大于 $10^{-7}\,\text{m}\cdot\text{s}^{-1}$、粉粒和黏粒含量不小于 40%、水压不大于 0.3MPa 的地质地层，以选用土压平衡盾构施工。因为，细粒含量高的泥岩与水混合后黏性增加，将导致泥水分离困难。对这样的地质，若采用泥水盾构施工，容易在刀盘上形成"泥饼"，从而加剧刀具的磨损并降低掘进速率。因此，采用土压平衡盾构机掘进更合适。表 8-31 给出了土压平衡盾构与泥水平衡盾构的适应性。其中，在不考虑其他因素的条件下，当地层渗透系数为 $10^{-7}\sim10^{-4}\,\text{m}\cdot\text{s}^{-1}$ 时，采用土压平衡盾构或泥水平衡盾构均可。

土压平衡盾构与泥水平衡盾构地层适应性　　　　　　表 8-31

盾构类型	地层渗透系数($\text{m}\cdot\text{s}^{-1}$)	地层颗粒级配	水压(MPa)
土压平衡盾构	$\leqslant10^{-7}$	粉粒和黏粒含量≥40%	≤0.3
土压/泥水双模式	$10^{-7}\sim10^{-4}$	—	—
泥水平衡盾构	$\geqslant10^{-4}$	粉粒和黏粒含量≤40%	≥0.3

（二）土压/泥水双模式切换

土压/泥水双模式盾构机施工过程中的模式切换，一般情况下，不需要拆除或增加任何部件就可以实现。土压模式切换到泥水模式的流程如图 8-44 所示。泥水模式切换到土压模式的流程如图 8-45 所示。在土压平衡盾构机和泥水平衡盾构机的模式转换过程中，控制的核心是保持开挖面的压力稳定，转换的本质是"浆-渣"的转换和"渣-浆"的转换。

（三）土压/泥水双模式的应用

1. 南宁市地铁 5 号线

南宁市地铁 5 号线一期工程那洪站至金桥客运站区间线路长 20.38km，共建设地下车站 17 座。其中，旱塘站至新阳路站，两站之间的距离为 2.1km，并下穿邕江。此外，盾构区间还下穿居民楼、市场、小学等重要建筑。根据地质及盾构机适用性分析，盾构机始发至穿江前的 200m（1～460 环）、邕江北段的前部区间（845～986 环）、邕江北段的后部区间（1031～1399 环）多为粉细砂、圆砾、粉土等地质，故采用泥水模式掘进；邕江江底（481～844 环）、邕江北段中间区间复杂地层（987～1030 环）多为全断面泥岩，而采用土压模式掘进。

2. 杭州地铁 7 号线

市民中心站至奥体站区间全长 2.3km，盾构机在 990 环左右进入全断面圆砾层。此类地层竖向和水平渗透系数约为 $8\times10^{-2}\,\text{m}\cdot\text{s}^{-1}$，大于 $10^{-7}\,\text{m}\cdot\text{s}^{-1}$，且具有较多的大直径圆砾石，不适合采用土压模式掘进；930 环左右的地层，开挖面 2/3 为含砂粉质黏土，1/3 为圆砾，盾构机采用泥水模式；在 1500 环左右的地层为粉质黏土、含砂粉质黏土、圆砾，开挖面 1/2 为黏性土，1/2 为圆砾，从泥水模式切换至土压模式。

3. 广州轨道交通 9 号线

广州轨道交通 9 号线花都汽车城至广州北站区间线路全长 1.68km，溶土洞十分常见，土层地质情况非常复杂，很长一段距离存在上软下硬的复合地层。为了预控风险，确保安全，最终决定该区间采用土压/泥水双模式施工。根据地层条件和施工需要，期间共顺利进行了 32 次模式切换，真正实现了安全、快速的连续切换，提高了施工效率，保证了施工质量。

通过上述应用实例统计并与以往相似地质条件和相同距离下单一模式的盾构机施工相比，证明土压/泥水双模式比单一模式下的土压平衡盾构机或泥水平衡盾构机的施工效率和施工质量高，地面沉降控制更好。

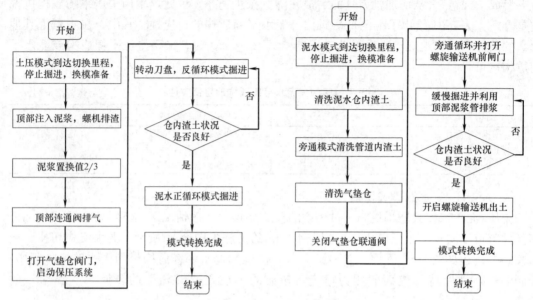

图 8-44　土压模式转泥水模式流程图　　　　图 8-45　泥水模式转土压模式流程图

表 8-32 给出了国内外采用双模式盾构施工的部分工程案例概况。

国内外双模式盾构部分案例概况　　　　　　　　　　　表 8-32

序号	制造商	编号	始发年	盾构形式	工程名称	地质概述	开挖直径(mm)	隧道长度(m)	平均(m/月)
1	海瑞克	S-246	2005	泥水/TBM	双管隧道：瑞典 Hallandsås	片麻岩、闪岩、灰绿岩带	10 530	10 925	110
2	海瑞克	—	2013	泥水/土压	吉隆坡新巴生谷捷运系统	软土、非均质地层、吉隆坡喀斯特石灰岩，肯尼山地质构造	6620	11 400	395
3	海瑞克	—	2014	土压/TBM	斯图加特—乌尔姆铁路	软土，下侏罗地层(泥灰岩、黏土岩和灰岩层)、上侏罗地层、中侏罗地层、黏土；非均质地层，里阿斯和瑞替阶、鲕粒状泥灰岩，含泥灰和黏土的砂岩，未淋滤的石膏质泥岩地层	10 820	—	—
4	铁建重工	DZ773	2020	土压/TBM	福州滨海快线	卵石、残积黏性土、全风化花岗岩、强风化花岗岩(砂土状)、全风化凝灰岩、强风化凝灰岩、中风化凝灰岩、微风化凝灰岩	8640	1488	198
5	中铁装备	CREC823	2020	泥水/土压	汕头关埠引水隧道	粗砂、砂砾、粉质黏土、强风化碳质灰岩、强风化石灰岩	5510	3621	255

序号	制造商	编号	始发年	盾构形式	工程名称	地质概述	开挖直径(mm)	隧道长度(m)	平均(m/月)
6	铁建重工	DLA72G2	2021	泥水/土压	四川宜宾向家坝北总干渠穿岷江猫儿沱隧洞	粉砂岩、粉砂质泥岩、泥质粉砂岩	9140	1350	—
7	中交天和	19265	2022	泥水/土压	广州市轨道交通十二号线官洲站—仑头站右线	粉质黏土、强风化淤泥质粉砂岩、中风化泥质粉砂岩、中粗砂、粉细砂、全风化粗砂岩、强风化粗砂岩、中风化粗砂岩	6700	1459	161.5
8	海瑞克	—	—	泥水/土压	香港沙田中环线	细、中细与中度九龙花岗岩/全风化花岗岩;砂质至黏土质冲积层以及不同厚度的海相沉积物;填土区	7450	2300	432

第七节　轴线复合地层施工案例

英吉利海峡大隧道工程,包括陆地隧道和海底隧道两部分,其中,英国侧近陆段属泥灰岩,均质且致密,地质情况好。海底段从海岸向深海岩层逐渐褶曲,隧道斜交穿过两个褶皱顶部破裂而产生的次级断层,内含大量水和断层泥。过了海底下最低点,隧道沿泥灰岩地层逐渐上升,部分地段进入白垩层,地质情况稍好。因此,英国端隧道施工采用的均为全断面岩石掘进机。而在法国侧,隧道穿越地层地质起伏较大,在灰白垩和泥灰岩中交替穿行,并有多条断层与隧道斜交。灰白垩岩层中有贯穿性深度风化现象,并存在着充满泥沙和水的裂隙和张性节理,最大宽度达半米,且断层水和海水相通,因此,法国段地质条件比英国端差,特别是法国近陆段为泥质地层,并含有泥沙和水。因此,法国端的海底隧道施工选用的是全断面岩石掘进机,而近陆段隧道施工选用的是土压/TBM双模式盾构。该工程地质条件跨度大,具有非典型性的轴线复合地层特点,表现为英国端及法国端海底隧道采用TBM施工,而法国端近陆段隧道采用土压/TBM双模式盾构施工。这反映了隧道掘进机"量体裁衣"设计的特点。

关于修建英吉利海峡大隧道工程,也称英法海底大隧道或英法海峡隧道工程,英法两国相继讨论了100多年。这项举世瞩目的工程,进行了大量的前期研究和论证工作。直到1985年10月31日,从几十个方案中,综合出五个投标方案;1986年1月20日英法两国政府正式宣布共同修建这条隧道,1987年获得英国和法国两国国会的正式批准。筹备了一个多世纪、举世闻名的大工程,终于1987年秋天在英、法两国同时破土并正式开始修建,成为当时世界上的一条大新闻。英吉利海峡大隧道示意如图8-46所示。

一、工程概况

英吉利海峡隧道的主体工程由三条隧道组成,见图8-47。图8-47所示为英吉利海峡隧道横剖面图,其中两条为高速列车和较慢货运列车的铁路隧道,又称运行隧道,内径7.6m,间距30m;中间一条是辅助隧道,又称服务隧道,洞径4.8m,施工期间用作岩层

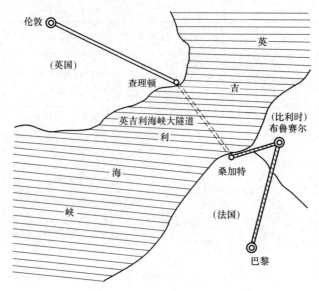

图 8-46 英吉利海峡大隧道示意图

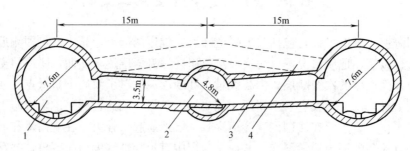

图 8-47 英吉利海峡隧道横剖面图

1—运行隧道；2—辅助隧道；3—横通道；4—减压风道

的超前探测（前进方向及垂直方向）以及必要的侧向灌浆，运行期间用于交通工具的维修与安全保障、防火、排水、电力供应、控制、通信、安装辅助设施、通风（其顶部每隔250m就有一条连通两条运行隧道的小型风道）及发生事故时的人员疏散等。三条隧道各长 50km，其中海底段长 37.5km。整个隧道挖方量达 $7 \times 10^6 m^3$，使用混凝土量达 22×10^5 t，隧道埋深距海水面 30～115m，洞顶上覆岩层厚 20～50m；从纵剖面上看，隧道为双坡道式，最大坡度 1.1%。整条隧道自英国多佛尔的莎士比亚悬崖进入海底，向东南方向穿过海峡，至法国海滨小镇桑加特抵岸。隧道英国端的出口位于苏格洛夫山，距海边8.152km，因其陆地段西端明挖隧道长 0.5km，穿过卡斯尔（castle）山的隧道长 0.5km（用新奥法施工），故从莎士比亚悬崖工地到英国终端洞口的陆地段长度为 9km。法国端出口距海边约 3.265km。

除上述三条隧道外，海峡隧道每隔 375m 还设有一条联络通道，洞径 3.3m，总长度达 2.8km，安装有电气设备和水泵站，用于运行隧道和服务隧道的联通，并可以作为撤离隧道和空气循环通道。此外，还设置有四个渡线洞室，以便使往来列车能够从一条运行隧道转入到另一条运行隧道。其中英国侧的海底渡线洞室采用新奥法施工，按先两个侧壁导洞、继而顶拱的步骤进行开挖，施工中使用各种量测仪器达 200 余套，经常观测围岩动态及其相关参数，因此开挖非常顺利。洞室断面尺寸为 160m×21.2m×15.4m（长×宽×高），断面面积达 256m²。海峡隧道由于施工运距特别长，出渣运输任务非常艰巨。

二、投资预算

1986 年 2 月 12 日，时任英国首相的撒切尔夫人和时任法国总统的密特朗在英国东南部的坎特伯雷大教堂参加了英法两国海峡隧道条约的签字仪式，从而正式确认了两国政府对于建造海峡隧道工程的承诺。

1987 年 9 月英吉利海峡隧道工程正式开工，1991 年 6 月 29 日，穿越英吉利海峡、连接英法两国、总长约 50km 的英吉利海峡隧道贯通。工程资金全部利用私人资本，两国政府均不提供公共建设资金。这条大隧道是由英法合营的"欧洲隧道公司"承建的，由英法两国各负担 40% 的投资，其余 20% 向全世界集资。英吉利海峡隧道的项目结构见图 8-48，资金来源见表 8-33。

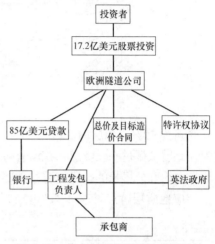

图 8-48　英吉利海峡隧道的项目结构

英吉利海峡隧道的项目资金来源　　　　　表 8-33

来源	金额（亿美元）	备注
A. 股票投资		
银行和承包商	0.8	股东发起人
私营团体	3.7	第一部分（1986 年末）
公众投资	8.0	第二部分（1987 年末）
公众投资	2.75	第三部分（1988 年末）
公众投资	2.75	第四部分（1989 年末）
B. 贷款		
商业银行	68	主要贷款
商业银行	17	备用贷款
总计	103	

三、地质条件

英国多佛尔与法国桑加特之间的地层是均匀连续的厚层白垩纪泥灰岩，含大量黏土，无坚硬结核状燧石（俗称火石，是比较常见的硅质岩石），基本不透水。隧道开挖层为青色白垩纪泥灰岩，含水量 9%，抗压强度 2～50MPa，易于掘进机高速掘进。其上覆岩层为灰色和白色白垩纪泥灰岩，其下为凝灰岩和黏土层。有数条断裂带并经过富含水地带和不稳定土体。就地质条件而言，隧道法国端的情况劣于英国端。

这条隧道的地质剖面自海床以下地质地层依次为白垩、灰白垩、白垩泥灰岩、泥灰质黏土及下绿砂岩，隧道线路是选在第二层（图 8-49）。这是一层平均厚度大约为 25m 的白垩纪泥灰岩层，既松软又不透水。这一层地质组成包括重黏土层，上面覆盖下白垩纪层和中白垩纪层。重黏土层是不稳定的，超固结深灰色黏土，下层白垩纪不均匀且含有黏土，Ca-

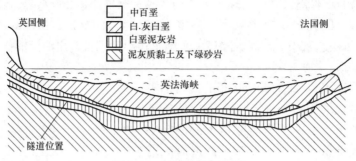

图 8-49 隧道地质剖面图

CO_3 含量为 52%；中层白垩含 $CaCO_3$ 为 95%，因此，在中层白垩泥灰岩中开挖隧道。多年前曾在此层试掘过一段隧道，在没有衬砌的情况下至今没有渗漏进水。不过在靠近法国海岸一侧有大约五公里长的一段隧道在破碎的白垩纪岩层中穿过，可能会带来一些麻烦。

相应地质层特点见表 8-34。

地质层特点   表 8-34

岩质	特　性
白垩泥灰岩	厚度约 30m，均质，含黏土约 25%，饱和重度约 $23kN/m^3$，抗压强度 6～9MPa，变形模量 800～1600MPa，蠕变系数 1.5，渗透系数 1×10^{-7}～2×10^{-7}m/s
白、灰白垩	岩性较硬，破碎严重，裂隙发育，渗水量大，开挖时需特殊支护
泥灰质黏土及下绿砂岩	软弱，基本不渗水，具有膨胀性，不利掘进开挖

四、施工隧道掘进机

英吉利海峡隧道所处地质条件，决定了其不仅是"举世闻名"的大工程，更是一项"复合"工程，亦即，工程不仅采用了 2 台盾构，还采用了 9 台全断面岩石掘进机进行施工，最高月掘进距离达 1400m。根据施工需要，隧道工程分为 12 个区段，分别记为 T1、T2、…、T12，其中 6 个在英国端（T7～T12），从莎士比亚悬崖开始挖掘；6 个在法国端（T1～T6），从桑加特开始挖掘，见图 8-50。所用 11 台全断面隧道掘进机技术参数见表 8-35。由于英国端的地质条件较好，宜于全断面掘进，所以采用了六台全断面岩石掘

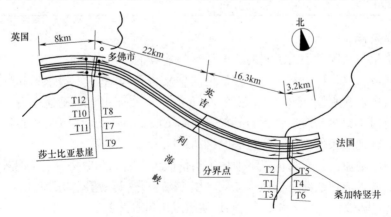

图 8-50 英吉利海峡隧道用掘进机平面布置图

进机，分别施工隧道 T7～T12。在法国端，海床下隧道 T1～T3，分别由三台全断面岩石掘进机施工。而法国近陆段隧道穿越的是含泥砂和水的泥质地层，因此，T4～T6 隧道由两台盾构施工，其中 T5 和 T6 采用同一台盾构施工。

（一）法国端施工掘进机

根据法国端海床下地质条件，隧道 T1、T2 和 T3 分别采用三台护盾式全断面岩石掘进机施工。而近陆段隧道 T4、T5 和 T6 采用两台土压/TBM 双模式盾构施工，其中，隧道 T5 和 T6 共用一台盾构施工。

1. 护盾式全断面岩石掘进机

用于隧道 T1、T2 和 T3 施工的即是护盾式 TBM，这三台掘进机的主要结构和工作方式基本一致，其在结构上的最大特点是：①在硬岩或含水量小的地层中能快速掘进；②在软弱围岩或含水量大的地层中，能像土压平衡盾构那样快速掘进。因此，在护盾式 TBM 上既反映了硬岩掘进机的性能，又体现出了软岩掘进机的特征。

1）反映硬岩掘进机性能的主要部件

（1）可伸出式刀盘。刀盘能从前护盾中伸出，通过一定刀间距安装在刀盘六根辐条上的盘形滚刀破岩；

（2）刀盘周边装有格栅板，避免坍塌的石块掉入刀盘内；

（3）大承载力的刀盘轴承，能承受大推力和大扭矩，以实现快速掘进；

（4）备有一套硬岩掘进时的弧形支撑，以承受在硬岩段掘进时刀盘的反作用力。

2）体现软岩掘进机特征的部件

（1）一套带承压密封隔板的护盾；

（2）前后护盾间有铰接点，以利于调向，且铰接处的密封可以承受 10bar 的水压力；

（3）备有一套强大的护盾支撑（附加支撑），用于软岩或含水砂地层，以便机器处于封闭状态时的掘进，该支撑可提供机器的破岩推进力、克服护盾摩擦阻力和机器头部 10bar 的水压力；

（4）一套带离合器的大扭矩双向驱动装置，能在硬岩和软岩条件下高速掘进；

（5）尾盾采用四排充有润滑脂的钢丝刷密封，用以封闭尾盾和衬砌管片间的空隙，防止压力水的侵入；

（6）有一台螺旋输送机，可将刀盘空腔内的泥输送到尾盾，该装置可以随时封闭；

（7）一套双活塞卸料装置，可将螺旋输送机内的有压泥渣转变成常压下的渣料，装入斗车并送往洞口。

2. 盾构

T4、T5 和 T6 隧道穿越法国端近陆段地层，该地层属高黏性白垩层，含水量高达 20%。因此，掘进机设计为土压平衡式盾构。但是地层中的白垩层含有硬度较高的燧石，所以这两台掘进机与一般的盾构又有区别。其结构的特点为：

1）一般情况下用割刀，遇到燧石岩层时改用盘形滚刀；

2）刀盘装有辐条式格板，出渣铲斗为鼓形，两者在刀盘转动时能相对运动，以避免铲斗堵塞；同时铲斗、刀盘腹腔内均贴有合成树脂板，以减小黏附力；

3）出渣系统采用两台总长 15m 的阿基米德螺旋输送机，另外加了一套槽形旋转装置，既保证防水密封又能连续出渣；

英吉利海峡隧道工程所用掘进机技术参数

表 8-35

位置	编号	名称	掘进长度 (m)	岩层	抗压强度 (MPa)	机型	制造商	施工时间	最高月进尺 (m)	最高月进尺 时间	护盾 外径 (m)	护盾 长度 (m)	护盾 总推力 (t)	护盾 扭矩 (m·t)	刀盘 转速 (rpm)	刀盘 功率 (kW)	盘形滚刀 数量 (把)	盘形滚刀 直径 (cm)	割刀 (把)	螺杆输送机 内径 (mm)	螺杆输送机 扭矩 (m·t)	螺杆输送机 转速 (rpm)	主机重量 (t)
法国端	T1	海底辅助隧道	15618	白垩层泥灰岩		1810~235	罗宾斯	87.2~90.12.1	1032	90.5	5.77	11.00	4000	172/344	2.5/5.0	880	32	33.02	75	1000	8	0~20	400
	T2	海底北主隧道	19393		7~35	291~241 291~242 双护盾	罗宾斯 川崎	88.11~91.5.22	1071	90.11	8.72	18.75	11500	650/1300	1.5/3.0	2160	49	38.10	232	1400	30/14	18/16	1100
	T3	海底南主隧道	20132					89.1~91.6.28	1015	90.11													
	T4	近陆辅助隧道	3251			土压平衡式泥浆盾构	三菱	88.6~89.4.27	837	89.3	5.61	10.56	4000	407	0.9/1.8	750				750	4.5	0~20	350
	T5	近陆北主隧道	3265	黏性白垩岩	5~16.6			89.1~90	632	90.4	8.62	12.61	9000	664/1304	1.0/2.0	1440				1200	30	0~15	660
	T6	近陆南主隧道	3277						751	89.11													

续表

掘进机参数

位置	编号	名称	掘进长度 (m)	岩层	抗压强度 (MPa)	机型	制造商	施工时间	最高月进尺 (m)	时间	护盾外径 (m)	护盾长度 (m)	总推力 (t)	扭矩 (m·t)	刀盘转速 (rpm)	刀盘功率 (kW)	盘形滚刀数量 (把)	盘形滚刀直径 (cm)	割刀 (把)	刮板运输机宽度 (mm)	刮板运输机功率 (kW)	刮板运输机速度 (m/sec)	主机重量 (t)
	T7	海底辅助隧道	22298				詹姆斯豪顿	87.12~90.12.1	987	89.4	5.38	13.52	2080	213/124	3.0/4.5	760			74	800	45	2	850
	T10	进陆辅助隧道	8152				詹姆斯豪顿	88.10~89.11	923	89.4	5.76												
英国端	T8	海底北主隧道	18532	白垩层泥灰岩	7~35	271~243/271~244 双护盾	罗宾斯马克海姆	89.5~91.5.22	1434	90.11	8.36	14.11	7833	215	3.4/1.7	1320	57	33.02	196	1000	30/55	2.5/3	880
	T9	海底南主隧道	17793					89.5~91.6.28	1719	91.1													
	T11	近陆南主隧道	8157			套筒式双护盾	詹姆斯豪顿	89.12~90.11	1222	90.6	8.72	14.03	8120	349/526	1.9/2.9	1140			236	1200	255	2	850
	T12	近陆北主隧道	8140					89.6~90.6	1043	90.3													

备注：T5 和 T6 隧道使用的是同一台盾构，先从桑加加特竖井出口掘进 T5 隧道，然后调头掘进 T6 隧道。

4）尾盾周边顺放灌浆导管，机器掘进的同时，在其尾部外连续灌注砂浆；

5）盾构的密封可以承受5bar水压力，主要设置在刀盘、尾盾和螺旋输送器上；刀盘上主要设置了唇形橡胶密封圈，尾盾采用与注浆管配套的润滑脂钢丝刷密封。

（二）英国端掘进机

根据英国端施工隧道的地质特点，采用六台全断面岩石掘进机施工。其中，施工隧道T7、T10、T11和T12的四台掘进机由英国詹姆斯·豪顿公司生产，属一种类型；另外两条隧道T8、T9施工用掘进机由美国罗宾斯公司和英国马克海姆公司联合生产。这六台掘进机的外形结构基本相似，均属双护盾全断面岩石掘进机，但内部结构、零件布置和工作方式则有所不同。

1. 詹姆斯·豪顿掘进机

该机前护盾长5.5m，与后护盾伸缩连接，重850t。主机主要组成：刀盘、护盾、主、辅千斤顶、前护盾支撑靴和后护盾大型支撑板、纠偏装置、刮板运输机和插销式机械手（用于安装衬砌管片）。护盾后拖挂长150m的后配套系统，包括出渣运输、通风、供电、注浆设备以及动力装置等，重约650t。刀盘是一圆锥形（大锥角）钢结构件，表面对称布置了八根辐条，共有236把齿形割刀。刀盘固定在大轴承上，由六台160kW的电动机通过减速箱驱动。掘进机工作时，由6台行程为1.6m的主千斤顶推进，同时前护盾一起跟进，其反作用力由装在后护盾上的两块长6m、宽2.5m的水平支撑平衡。支撑靴由四个千斤顶直接撑在左右洞壁上。推进千斤顶收缩时，利用前护盾上的支撑靴，顶在洞顶和底部将后护盾及后配套系统拖曳向前。掘进机的调向由前护盾上的九只支撑靴来实施。掘进机上还装有两台纠偏液压缸。出渣系统采用刮板运输机，如遇到突发涌水，刮板运输机可在几秒钟内自动缩回，同时封闭刀盘的集料仓，防止水侵入。预制混凝土衬砌管片的安装采用两台插销式机械手完成。它们安装在三角形梁架上，可以前后移动，也可以在转盘上旋转，将衬砌管片安装到位。

由于近陆段隧道没有大量涌水的危险，掘进机的密封比较简单，仅在前后护盾伸缩处安装了钢丝刷密封。

2. 罗宾斯-马克海姆掘进机

为了确保掘进机能安全快速掘进，所有的液压设备、电动机、水泵和过滤器都配置了双套。全机护盾总长15m，为便于调向，前护盾较短为1.6m，伸缩段为2.5m。前护盾是依靠跨在伸缩段内的10对"V"形布置的主推进千斤顶相连接，这种独特的布置方式有利于机器的调向和前后护盾间巨大推力和扭矩的传递。

护盾内主要由导向壳体、大轴承、刀盘、主电动机、后支撑板、辅助千斤顶、刮板运输机和4台安装衬砌管片的机械手等组成。5m直径大轴承的不动圈与导向壳体连接，动圈与刀盘连接；导向壳体与前护盾用螺钉连接，其端部面板上安置12台110kW的主电动机通过离合器和减速箱驱动刀盘旋转。

刀盘为平面刀盘，对称布置八根辐条，共安装57把直径330mm的盘形滚刀、196把割刀。滚刀座为埋入（内置）式结构。为了保证在破碎地质条件下刀具检修和更换的安全，刀具更换可以在刀盘后面进行。

后支撑板和后护盾相连，它由三组宽2m、长4m的支撑板和四个垂直内倾的千斤顶组成，与类似的水平侧向支撑相比，不仅支撑更稳定，而且可以在护盾中间留出更大的空间安装其他设备。后护盾内还安装有 16 台辅助千斤顶，一旦机器换步，可协助主千斤顶将后护盾顶向前方。掘进机后护盾后面是长 200m 的后配套设备，重约 1350t。出渣系统采用三段皮带输送机，其长度分别为 44.2m、92.5m 和 37m，输送机将岩渣卸入由 11 辆 $14m^3$ 的侧卸式斗车组成的列车内，然后运出洞外。

该机设有一套紧急密封系统，一旦海水突然涌入，系统立即工作。密封按承受 12bar 水压力设计，主要设在三个部位：①头部的刮板运输机处，先将它从切割仓中缩回，然后关闭 $3.1m^2$ 的仓门；②中间伸缩段前端装有唇形橡胶密封，后缘是金属刷密封；③机器尾部由九个重型活动门将尾盾和最后铺设的管片之间的环形空隙封闭。

掘进机控制系统内安装一套电子诊断系统，可以对所有设备进行连续探测监视，发现故障及时给予检修，提高了掘进机的使用效率。

五、施工难点和特点

海峡隧道获得成功的基本条件是，保证穿梭列车和客货列车的绝对安全性和可靠性。在进行隧道和列车设计时，应优先考虑旅客和工作人员的安全。

海底隧道的规划设计把施工和运行安全放在极重要的地位。之所以不采用一条大跨度双线铁路共用隧道，是为了减小海底施工的风险和提高运行、维护的可靠性。在两条单线铁路隧道之间是后勤服务洞，每间距 375m 设置直径为 3.3m 的横向通道与两个主隧道连接，连接处有防火撤离门。后勤服务洞的主要功能是在隧道全长范围内提供正常维护和紧急撤离的通道。在接到命令后，它可在 90 分钟内将全部人员从隧道和列车中撤到地面。它还是向主洞提供新鲜空气的通道，并保持其气压始终高于主洞，使主洞中的烟气在任何情况下都不能侵入后勤服务洞。后勤服务洞在施工期间是领先掘进的，这为主洞的掘进提供了详尽的地质资料，对保证安全施工有重要意义。此外，隧道的运输、供电、照明、供水、冷却、排水、通风、通信、防火等系统都充分考虑了紧急备用的要求。

长隧道掘进时的通风往往是施工中的一个难题。欧洲隧道对空气循环的途径和风机的布置都做了详细的规划和研究。不仅设置通风管，而且也利用隧道本身作为通风通道，使开挖面的风量达到 $13.5m^3/s$，符合社会保障与安全组织和地下工程协会规定的通风标准。

欧洲隧道在建设过程中，终端车站施工尽量避免因开挖附近的土地而影响当地环境。铁路经过村庄的地段都做了遮挡视线和隔声的屏障，以保护居民生活。车站以及周围进行了绿化，种上草皮。施工期间有专人对环境进行监测，并由公共关系部门和环保部门共同处理环境问题的投诉，如道路泥泞、尘土、噪声等。

举世瞩目的英法海峡隧道修建成功，得益于精确的设计和先进的施工方法。在隧道修建过程中，采用了大量新技术，诸如工程管理、掘进机施工、洞室开挖、预制混凝土管片衬砌、长距离出渣运输、通风及安全等，可为我国正在或计划修建的地下工程提供借鉴与启示。

思 考 题

8-1 简述软土地质、软岩地质、硬岩地质及复合地质的特征。针对这几种地质，该如何选择盾构？

8-2 分别针对软土地质、软岩地质、硬岩地质及复合地质，简单列举两个施工案例。

8-3 简要阐述盾构在施工过程中遇到的常见的施工难点。

8-4 盾构施工时应注意什么？可能导致施工延迟或失败的因素有哪些？

参 考 文 献

[1] Zell, S 熊火跃. 丹麦大海峡铁路隧道 [J]. 隧道译丛, 1992 (11): 17-21.

[2] 白廷辉. 上海地铁二号线盾构隧道施工若干技术难题及对策 [C]. //地铁专业论文集. 北京: 中国土木工程学会, 1998: 1-12.

[3] 蔡辉. 土压平衡盾构在砂层中掘进的渣土改良技术 [J]. 隧道建设, 2015, 35 (09): 928-934.

[4] 蔡骏, 陈馈. 盾构螺旋输送机隧道内拆卸与维修 [J]. 建筑机械化, 2009, 30 (05): 72-74.

[5] 曹建辉. 泥水盾构施工中泥水输送设备的配套 [J]. 建筑机械化, 2012, 33 (03): 88-89+99.

[6] 曹旭妍. 土压平衡式盾构机施工常见问题研究 [J]. 机电技术, 2015, 38 (04): 28-29, 32.

[7] 曹征科. 盾构机环流系统专用控制系统设计 [D]. 武汉: 武汉科技大学, 2008.

[8] 车传琪, 张薇, 李大路, 谢虎辉, 刘雨昊. 小型盾构始发场地的规划建设 [J]. 石油天然气学报, 2018, 40 (03): 109-115.

[9] 陈国彬. 土压平衡盾构机刀盘结构介绍与刀具应用浅析 [J]. 中国水运 (学术版), 2007, 7 (06): 61-62.

[10] 陈浩. 泥水平衡盾构施工中的尾盾密封保护技术探讨 [J]. 中国高新技术企业, 2015, (31): 118-119.

[11] 陈建. 盾构掘进排土量管理技术 [J]. 隧道建设, 2005, 25 (B06): 69-71.

[12] 陈健, 黄永亮. 超大直径泥水盾构施工难点与关键技术总结 [J]. 地下空间与工程学报, 2015, 11 (S2): 637-644+660.

[13] 陈馈, 冯欢欢. 深圳地铁 11 号线大直径盾构适应性设计 [J]. 现代隧道技术, 2015, 52 (02): 166-173.

[14] 陈馈, 杨延栋. 高黎贡山隧道高适应性 TBM 设计探讨 [J]. 隧道建设, 2016, 36 (12): 1523-1530.

[15] 陈馈, 杨延栋. 中国盾构制造新技术与发展趋势 [J]. 隧道建设, 2017, 37 (03): 276-284.

[16] 陈茂坤, 钟志全. 保障尾盾密封有效性的技术措施 [J]. 建筑机械化, 2012, 33 (06): 79-81.

[17] 陈纬. 盾构管片拼装机结构及功能简介 [J]. 机械工程与自动化, 2012 (01): 92-94.

[18] 陈友建, 张杰, 林群义. 上海地铁二号线西延伸区间隧道施工技术 [J]. 建筑机械, 2006 (03S): 97-99.

[19] 程浤, 冯兴仁. 区间隧道盾构施工准备七大要点 [J]. 中国建材科技, 2014 (05): 126-129+138.

[20] 崔国华, 王国强, 何恩光, 高伟贤. 盾构掘进机主要技术参数的计算分析 [J]. 矿山机械, 2006, 34 (12): 11-144.

[21] 崔原. 青海引大济湟调水总干渠工程引水隧洞 TBM [J]. 建筑机械, 2006, 26 (02S): 44-47.

[22] 邓应祥. 英法海峡隧道的安全措施 [J]. 世界隧道, 1996 (02): 71-78.

[23] 董安然. 高黎贡山隧道 TBM 施工围岩分级及安全施工技术 [D]. 石家庄: 石家庄铁道大学, 2019.

[24] 杜闯东, 周路军, 朵生君, 等. 川藏铁路隧道 TBM 适应性选型分析及不良地质对策与思考 [J]. 隧道建设 (中英文), 2021, 41 (06): 897-912.

[25] 杜立杰. 中国 TBM 施工技术进展、挑战及对策 [J]. 隧道建设, 2017, 37 (09): 1063-1075.

[26] 杜士斌. 开敞式 TBM 在大伙房输水隧洞工程中的应用 [J]. 水利水电技术, 2010, 41 (01): 48-53.

[27] 段文水. 隧道工程泥水输送系统泥泵的选型应用 [J]. 流体机械, 2009, 37 (12): 49-51.

[28] 段兴旺. 盾构隧道始发技术 [C]. //2013 中国盾构工程技术学术研讨会论文集. 2013: 147-153.

[29] 樊存华, 靳世鹤. 南京长江隧道盾构施工技术难点分析 [J]. 铁道建筑技术, 2006 (04): 37-39.

[30] 范伟. 盾构隧道始发技术 [J]. 科技情报开发与经济, 2006 (02): 295-297.

[31] 冯强, 薛玉庭. 盾构过程中的常见问题及其控制方法 [J]. 科技风, 2008 (17): 1.

[32] 高建平. 浅谈盾构隧道施工准备工作 [J]. 科学之友, 2011 (01): 72-73.

[33] 高勤生, 崔团锋. 陕西引红济石引水隧洞工程 TBM 施工方案及选型研究 [C]. //中国水利水电勘测设计协会. 调水工程应用技术研究与实践. 北京: 中国水利水电出版社, 2009: 454-457.

[34] 高勤生. 引红济石隧洞施工技术研究与应用 [D]. 咸阳: 西北农林科技大学, 2008.

[35] 耿志君. 全断面岩石掘进机的应用和发展 [J]. 凿岩机械气动工具, 2006 (04): 14-18.

[36] 龚文忠, 年晓红. 基于永磁同步电机的全断面隧道掘进机刀盘驱动系统的研究 [J]. 科技与创新, 2016, (12): 14-15.

[37] 谷婷, 卢松, 李苍松. 引红济石调水工程双护盾 TBM 施工段卡机脱困地质分析 [C]. //中国地质学会工程地

质专业委员会，中国地质调查局，青海省国土厅. 2011年全国工程地质学术年会论文集. 北京：科学出版社，2011：437-441.

[38]　管会生. 土压平衡盾构机关键参数与力学行为的计算模型研究［D］. 成都：西南交通大学，2008.

[39]　管羽. 浅析几种特殊盾构隧道施工中的新工法［J］. 工程建设与设计，2017（04）：168-169＋194.

[40]　郭建章. 盾构机液压系统原位检测技术研究［D］. 石家庄：石家庄铁道大学，2015.

[41]　郭信君. 南京长江隧道盾构机选型探讨［J］. 现代交通技术，2008，（04）：46-50.

[42]　韩伟锋，陈馈，周建军，等. 滚刀常压换刀技术研究［J］. 隧道建设，2015，35（12）：1351-1355.

[43]　何其平. 土压平衡盾构刀盘结构探讨［J］. 工程机械，2003，34（11）：10-16.

[44]　何文锋. 提早满足盾构始发条件的几个关键施工部署［J］. 广州建筑，2016，44（05）：43-48.

[45]　何小林，王涛. 盾构法隧道施工引起的地面沉降机理与控制［J］. 科技资讯，2012（17）：71-72.

[46]　何於琏. 土压平衡盾构机掘进控制系统工作原理［J］. 矿山机械，2006，34（02）：22-24.

[47]　何芸. 油缸出现爬行现象的原因分析［J］. 甘肃科技，2004，20（09）：102.

[48]　洪开荣，冯欢欢高黎贡山隧道TBM法施工重难点及关键技术分析［J］. 现代隧道技术，2018，55（04）：1-8.

[49]　侯磊. 富水砂卵石地层土压平衡盾构带压换刀技术研究［D］. 成都：西南交通大学，2009.

[50]　胡精美. 大伙房水库输水隧洞工程施工方法应用探析［J］. 吉林水利，2015（10）：60-62.

[51]　胡政才，王彬. 丹麦大海峡隧道掘进机施工的近期情况［J］. 现代隧道技术，1995（01）：25-30，46

[52]　黄健，黄永康. 盾构法施工经济效益的影响因素及对策［J］. 建筑机械化，2009，30（01）：72-73＋77.

[53]　黄景鹏. 广州地铁一号线工程中的泥水盾构［C］. //现代隧道技术（增刊）第39卷增刊. 成都：中铁西南科学研究院，2002：413-417.

[54]　黄永康. 论加快设备投资回收率的途径和对策［J］. 铁道工程学报，2007，（S1）：444-446＋450.

[55]　姬优惠，王卓君. 英法海峡隧道建设的经验与教训［J］. 基建优化，1995（03）：13

[56]　贾航，杜闯东，王文杰. 富水软弱地层浅埋大直径泥水盾构施工技术［J］. 隧道建设，2009，（03）：347-351＋366.

[57]　江四厚，王汉功，潘伟，等. 齿轮泵的振动信号分析与特征提取［J］. 液压与气动，2006，（02）：3-6.

[58]　申军波.《城市轨道交通工程盾构法施工指南》技术研究［C］. //2018年度江苏省城市轨道交通建设学术年会论文集. 2018：59-64.

[59]　姜兵，杨强. 大伙房输水工程TBM选型研究［J］. 科技风，2011（21）：139-140.

[60]　蒋奇，付云升. 盾构选型与发展趋势［J］. 水利规划与设计，2013，（03）：71-75＋78.

[61]　靳世鹤. 南京长江隧道盾构机选型分析［J］. 建筑机械，2007，（19）：74-75＋88.

[62]　琚红波. 煤矿掘进机液压传动故障分析［J］. 科技传播，2013，（09）：86＋92.

[63]　琚时轩. 土压平衡盾构和泥水平衡盾构的特点及适应性分析［J］. 工程机械，2007，38（12）：20-22.

[64]　鞠义成，袁立斌，杨钊，等. 南京纬三路过江通道超大直径泥水盾构始发关键技术研究［J］. 隧道建设，2015，35（01）：72-78.

[65]　康宝生，陈馈，李荣智. 南京地铁盾构始发与到达施工技术［J］. 建筑机械化，2004，25（02）：25-29.

[66]　孔玉清. 泥水盾构环流系统及排泥管携渣能力分析与应用［J］. 现代隧道技术，2018，（03）：205-213.

[67]　蓝敏俐，郑明辉，林雄瑞. 液压盾构机管片拼装装置设计［J］. 现代商贸工业，2015，（07）：185-187.

[68]　李昌忠. 对地铁盾构施工成本控制的探讨［J］. 建筑工程技术与设计，2018，（11）：1358.

[69]　李锋德，罗兆军. 科技之光照耀"生命线"工程［N］. 中国水利报，2008-04-22（00D）.

[70]　李锋德，罗兆军. 生命线，起航［N］. 中国水利报，2009-04-24（A01）.

[71]　李福川. 盾构技术在城市地铁施工中的应用［J］. 交通世界（上旬刊），2018，（02）：270-271.

[72]　李怀业. 区间隧道盾构法施工技术经济分析［J］. 城市建设理论研究（电子版），2013，（05）.

[73]　李建斌. 浅谈盾构刀盘的设计与应用［J］. 建筑机械化，2006，（03）：31-35.

[74]　李建设，陈慧超，李政. 深圳地铁11号线车公庙站——红树湾站区间盾构隧道小净距上穿既有线区间隧道施工关键技术［J］. 隧道建设，2014，34（04）：374-379.

[75]　李健敏. 浅谈盾构机刀具的种类及其配置方式［J］. 中国新技术新产品，2015（17）：60.

[76]　李京贵. 英法海峡隧道工程案例［J］. 中国投资与建设，1995（02）：27-29.

[77]　李葵. 煤矿提升机减速器的常见故障及技术探究 [J]. 机械研究与应用, 2015, 28 (06): 161-162+167.

[78]　李荣军, 彭长青. 液压系统油温过高的原因和排除方法 [J]. 农机使用与维修, 2008 (05): 38.

[79]　李申山, 许鸣珠, 马立明, 等. 盾构机电气系统总体设计分析 [J]. 筑路机械与施工机械化, 2009, 26 (12): 77-79.

[80]　李诗诗. 城轨大直径盾构机组装新技术研究 [D]. 广州: 华南理工大学, 2014.

[81]　李素琴. TBM 设备组成及功能介绍 [J]. 科技情报开发与经济, 2007, 17 (13): 257-259.

[82]　李文富, 伊长友, 狄鑫卓. 大伙房水库输水工程 TBM 施工管理方法 [J]. 华北水利水电学院学报, 2011, 32 (04): 61-64.

[83]　李霞. 浅谈盾构隧道的构造与作用 [J]. 科学之友, 2010 (17): 72-73.

[84]　李岩, 祖妍. 盾构管片拼装机原理及结构分析 [J]. 现代制造技术与装备, 2017 (06): 41+43.

[85]　李艳. 液压机液压系统振动与噪声的分析研究 [J]. 机床与液压, 2003, (01): 231-232.

[86]　李艳斌. 盾构机液压系统的故障诊断与维护方法分析 [J]. 建材与装饰, 2017, (28): 201-202.

[87]　李燕辉. 英法海峡隧道工程施工 [J]. 四川水利, 1995, 16 (02): 52-54.

[88]　李杨. TBM 刀盘设计综述 [J]. 建筑机械, 2013 (11): 74-77.

[89]　李云山, 刘放. 盾构机发展趋势分析 [J]. 一重技术, 2018, (01): 35-38+23.

[90]　李正. 深圳复合地层 Φ7m 盾构掘进参数与地层相关性研究 [D]. 北京: 北京交通大学, 2016.

[91]　李忠文. 抽油机减速箱常见故障及治理对策研究 [J]. 中国化工贸易, 2017, 9 (31): 192.

[92]　连京. 地铁隧道盾构施工掘进技术要点 [J]. 建筑工程技术与设计, 2016, (12): 436.

[93]　梁小伟. 炼油厂污泥处理脱水离心机的工作原理与维护 [J]. 中国新技术新产品, 2015, (19): 161.

[94]　刘波, 黄俐, 金光玲. 地铁盾构施工负环管片安全拆除条件及实例研究 [J]. 中国安全生产科学技术, 2012, 8 (03): 70-75.

[95]　刘伯岩. 盾构半环始发施工技术 [J]. 西部探矿工程, 2007, 19 (11): 144-147.

[96]　刘东亮, 康峰. EPB 和 TBM 双模盾构选型探讨 [J]. 建筑机械化, 2021, 42 (08): 26-28

[97]　刘慧杰. 溢流阀的故障分析和解决方法 [J]. 液压气动与密封, 2001 (06): 41-44.

[98]　刘杰, 吕正农. 齿轮泵故障分析和解决方法 [J]. 机械制造与自动化, 2008 (04): 78-79.

[99]　刘进志, 刘锋, 李申山. 盾构的机械系统概述 [J]. 筑路机械与施工机械化, 2009, 26 (08): 16-20.

[100]　刘磊, 魏立峰, 蒲松, 等. 富水卵石土地层泥水平衡盾构接收技术分析 [J]. 铁道建筑技术, 2021 (07): 121-125.

[101]　刘龙岩. 电力隧道分体始发盾构机械配套组装 [J]. 中国高新技术企业, 2016 (08): 115-116.

[102]　刘士军. 浅析水力旋流器工作原理及影响旋流器工作的因素 [J]. 科技风, 2013, (02): 32.

[103]　刘术臣. TBM 技术发展方向及其国内外应用前景 [J]. 铁道建筑技术, 2010 (S1): 1-3+7.

[104]　刘新科, 楼岱. 盾构掘进中软土地层地表沉降与出土量关系研究 [J]. 上海建设科技, 2017, (03): 9-13.

[105]　柳林超. 盾构隧道施工灾害 (安全) 评估和灾害应急处治系统研究 [D]. 重庆: 重庆交通大学, 2010.

[106]　隆威, 尹俊涛. TBM 掘进技术的发展 [J]. 凿岩机械气动工具, 2006 (01): 43-48.

[107]　卢智强. 秦岭隧道开敞式 TBM 施工的初期支护 [J]. 世界隧道, 2000 (02): 51-54.

[108]　鲁志军. 土压平衡式盾构机泡沫系统及其故障排除 [J]. 建筑机械, 2003, (04): 58-60.

[109]　陆豪杰. 盾构主轴承再制造技术应用 [J]. 建筑机械化, 2017, 38 (03): 58-62.

[110]　罗星臣. 国内外隧道盾构机技术发展趋势与应用 [J]. 科技创新与应用, 2016 (12): 65-66.

[111]　吕传田, 刘东亮. 盾构机的组装和拆卸技术 [J]. 建筑机械化, 2005, 26 (06): 46-48+52.

[112]　吕传田, 刘东亮. 泥水盾构维修保养经验 [J]. 建筑机械, 2005, 25 (07): 103-105.

[113]　吕健. 浅析盾构机的合理清洁保养 [J]. 工程机械与维修, 2017, 0 (12): 95-96.

[114]　毛拥政, 张民仙, 宋永军. 引红济石工程长隧洞 TBM 选型探讨 [J]. 水利与建筑工程学报, 2009, 7 (01): 65-67.

[115]　茅承觉. 全断面岩石掘进机 (TBM) 在大伙房水库输水隧洞工程中的应用 [J]. 建设机械技术与管理, 2006, 19 (12): 58-61.

[116]　蒙先君. 复合式土压平衡盾构机刀盘常见故障 (损坏) 原因分析及解决措施 [J]. 隧道建设, 2004, 24

（02）：61-66+73.

[117] 牟映洁，郭京波. 盾构机集中油脂润滑系统 [J]. 隧道建设，2011，31（S1）：401-404.

[118] 牟映洁，胡广权，柳艳清. 盾构机工业水循环系统设计 [J]. 隧道建设，2012，32（06）：907-910.

[119] 宁锐，郭朝，黄明利. 深圳轨道交通 11 号线车公庙站—红树湾站区间复合地层 φ7m 盾构刀盘的适应性分析 [J]. 隧道建设，2015，35（S2）：176-180.

[120] 宁士亮. 富水砂层盾构渣土改良技术 [J]. 铁道建筑技术，2014，（03）：86-90.

[121] 裴洪涛，魏鹏勃. 浅谈地铁盾构隧道始发准备工作 [J]. 黑龙江科技信息，2016（02）：107-107.

[122] 彭道富. 西康铁路秦岭特长隧道Ⅰ线出口段 TBM 施工 [J]. 现代隧道技术，2001，38（06）：33-37.

[123] 彭涌涛. 盾构施工引起地面沉降的原因分析及控制措施研究 [J]. 公路，2013，58（11）：110-113.

[124] 彭余. 盾构机刀盘驱动液压马达故障诊断研究 [D]. 广州：广东工业大学，2017.

[125] 钱晓刚. 盾构掘进设备中的管片拼装机机构设计方法 [D]. 上海：上海交通大学，2008.

[126] 秦正刚，殷耀章. 英法海峡隧道使用的全断面掘进机 [J]. 隧道及地下工程，1993（5）：13-18.

[127] 冉贤厚，周定勇. 10.8m 掘进机在天生桥二级水电站引水隧洞岩溶段施工中的应用 [J]. 水利水电技术，1990（04）：35-39.

[128] 任道真. 泥水加压平衡盾构工法（YJGF 02—98）[J]. 施工技术，2001（02）：48-49+34.

[129] 任维. 浅谈地铁隧道盾构机的吊装与调试技术 [J]. 现代制造技术与装备，2012，48（02）：65-66+68..

[130] 沙明元. 南京长江隧道盾构选型 [C]. //上海隧道工程股份有限公司. 大直径隧道与城市轨道交通工程技术——2005 上海国际隧道工程研讨会文集. 上海：同济大学出版社，2005：52-59.

[131] 邵亮. 上海地区大直径泥水平衡盾构施工泥水处理系统配置及应用 [J]. 地下工程与隧道，2010（03）：43-46+61.

[132] 邵启昌. 中心城区泥水盾构隧道泥水系统技术研究 [D]. 石家庄：石家庄铁道大学，2016.

[133] 邵涛. 用于盾构姿态测量的激光标靶关键技术 [D]. 武汉：华中科技大学，2012.

[134] 沈晓艳. 磨煤减速机齿轮常见故障分析与预防 [J]. 黑龙江科技信息，2014，（18）：103.

[135] 施瑾伟，王学军. 盾构法施工在过江隧道中的风险及应对措施 [J]. 重庆交通大学学报（自然科学版），2013，32（01）：23-26.

[136] 石良滨. 地铁施工用盾构机选型及施工组织 [J]. 科学之友，2011（20）：98+100.

[137] 石文广，李伟. 杭州地铁 1 号线区间盾构进出洞端头地层加固施工技术 [C]. //中国土木工程学会. 地下工程建设与环境和谐发展——第四届中国国际隧道工程研讨会文集. 上海：同济大学出版社，2009：520-526.

[138] 石跃进，郝青林. 施工企业降低项目成本的途径 [J]. 山西建筑，2002，（07）：145-146.

[139] 宋法亮，赵海雷. 高黎贡山隧道复杂地质条件下敞开式 TBM 施工关键技术研究 [J]. 隧道建设，2017，37（A01）：128-133.

[140] 宋杰. 盾构主轴承齿轮油泄露故障诊断与处理 [J]. 建筑机械化，2016，37（03）：70-72.

[141] 宋振熊. 国外盾构技术进展 [J]. 地铁与轻轨，1992，（03）：22-24+21.

[142] 苏鹏程，张玉新，张瑞临，等. EPB 盾构掘进机关键参数设计计算与软件实现 [J]. 工程机械，2010，41（11）：42-47+101-102.

[143] 孙儒亮. 地铁施工盾构物资设备管理研究 [J]. 建筑技术开发，2016，43（08）：48+53.

[144] 孙玉波. 浅谈水力旋流器的工作原理和影响参数 [C]. //《矿业快报》杂志社，全国冶金矿山信息网，国家金属矿山固体废物处理与处置技术研究中心，国家冶金矿山装备行业生产力促进中心. 第二届旋流分离理论与应用研讨会暨旋流器选择与应用学习班论文集. 马鞍山：《矿业快报》杂志社，2006：20-23.

[145] 唐健. 盾构机电气控制系统设计概要 [J]. 隧道建设，2002，22（01）：33-35.

[146] 陶靖，辛淑敏，黄科林，等. 膨润土的性质及应用 [J]. 大众科技，2012，14（3）：102-105.

[147] 陶婷婷. 辽宁大伙房 TBM 项目成本控制案例研究 [D]. 大连：大连理工大学，2009.

[148] 肖瑞传. 盾构到达施工技术 [J]. 西部探矿工程，2006，18（4）：157-158.

[149] 万治昌，沙明元，周雁领. 盘形滚刀的使用与研究（1）——TB880E 型掘进机在秦岭隧道施工中的应用 [J]. 现代隧道技术，2002，39（05）：1-11.

[150] 汪海，钟小春. 泥水盾构泥水分离系统除渣效率对泥浆的影响 [J]. 隧道建设，2013，33（11）：928-932.

[151] 汪茂祥. 盾构法施工场地布置方法 [J]. 工程机械与维修, 2008, (10): 108-110.

[152] 王宝佳. 盾构机主轴承润滑系统故障处理 [J]. 工程机械与维修, 2012 (07): 135-135.

[153] 王晨光. TBM 隧道掘进机推进系统的研究 [D]. 西安: 西安理工大学, 2010.

[154] 王付利. 富水砂层中泥水盾构始发技术 [J]. 西部探矿工程, 2014, 26 (1): 186-190.

[155] 王付利. 泥水盾构在富水砂层中带压进仓技术 [J]. 建筑机械化, 2013, 34 (12): 57-59+66.

[156] 王国富, 王建, 路林海, 等. 盾构始发施工风险分析及控制技术研究 [J]. 施工技术, 2016 (45), 19: 91-95.

[157] 王国义. 土压平衡盾构土压平衡理论分析与计算 [J]. 中国高新技术企业, 2017 (06): 85-87.

[158] 王昊宇. 复合地层超大直径泥水气压平衡盾构施工第四代常压换刀技术应用研究 [J]. 隧道建设, 2017, 37 (A01): 143-148.

[159] 王家骥. 国外岩石隧道掘进机纵横谈 第一部分——原型机设计 [J]. 电站施工机械, 1980, (2): 1-13.

[160] 王建刚, 韦丹, 续长明, 等. 螺旋输送机防喷涌设计介绍及喷涌故障应对措施 [J]. 科技与企业, 2014, (01): 282-282.

[161] 王建文. 山西杜儿坪煤矿掘进机常见故障类型及处理对策 [J]. 现代矿业, 2018, 34 (6): 179-181.

[162] 王俊涛. 单体车站 3 台盾构机施工场地布置 [J]. 上海建设科技, 2015, (01): 42-44.

[163] 王蕾, 相春根. 卧式螺旋离心机在祥符水厂的运行探讨 [J]. 给水排水, 2012, 38 (05): 91-93.

[164] 王明胜. 复杂地层中盾构法隧道渣土改良技术 [J]. 地下空间与工程学报, 2007, 3 (Z2): 1445-1447+1463.

[165] 王瑞福. 盾构的维修保养与配件管理 [J]. 铁道建筑技术, 2017, (06): 120-123.

[166] 王胜勇. 盾构机刀盘驱动研究 [J]. 城市道桥与防洪, 2007, (12): 95-96.

[167] 王守强. 盾构施工技术及其应用 [J]. 水利水电科技进展, 1997, 17 (03): 5-11.

[168] 王淑新. TBM 掘进技术的发展与展望 [J]. 中国工程咨询, 2003, (09): 46-48.

[169] 王亚锋. 高黎贡山隧道 TBM 不良地质条件下卡机脱困施工关键技术 [J]. 隧道建设 (中英文), 2021, 41 (03): 441-448.

[170] 王亚丽. 盾构施工的供配电系统 [J]. 科技资讯, 2010, 8 (5): 60-61.

[171] 王云飞. IHI 盾构机刀盘的维修技术 [J]. 市政技术, 2011, 29 (03): 128-129+133.

[172] 王在仁. 敞开式全断面隧道掘进机开挖软弱破碎围岩隧道的施工方法 [J]. 铁道建筑技术, 2004, (06): 25-29.

[173] 王占生, 王梦恕. TBM 在不良地质地段的安全通过技术 [J]. 中国安全科学学报, 2002, 12 (04): 55-59.

[174] 王正庭. 土压平衡盾构机渣土输送系统综述 [J]. 机电工程技术, 2016, 45 (07): 150-155.

[175] 温法庆, 张立泉, 郭军刚. 浅析盾构施工管理及人才培养 [C]. //中国城市科学研究会轨道交通学组. 智慧城市与轨道交通 2016. 北京: 中国城市出版社, 2016: 369-373.

[176] 温法庆, 赵红专, 张立泉, 等. 盾构密封的结构原理与维护 [C]. //中国城市科学研究会数字城市专业委员会. 《智慧城市与轨道交通》2015 年中国城市科学研究会数字城市专业委员会轨道交通学组年会论文集. 北京: 中国城市出版社, 2015: 228-231.

[177] 文飞. 煤矿掘进机液压传动常见故障分析 [J]. 技术与市场, 2013, 20 (08): 93-94.

[178] 翁雪松. 盾构机组装调试技术 [J]. 科技与生活, 2011, (1): 159-160.

[179] 吴家赵. 地铁盾构隧道施工中的常见问题及防治 [J]. 城市建筑, 2014 (09): 347-347.

[180] 吴木怀, 周文军. 盾构法隧道始发施工关键技术 [J]. 中国港湾建设, 2016, 36 (09): 53-57.

[181] 吴伟, 卢彤. 下穿钱塘江大直径盾构隧道设计要点分析 [J]. 低温建筑技术, 2021, 43 (07): 127-130.

[182] 吴忠善, 杨钊, 杨擎. 超大直径泥水盾构带压进仓换刀技术研究与应用 [J]. 隧道建设, 2014, 34 (07): 673-678.

[183] 武力, 关天民, 王广欣, 等. 面向掘进性能的盾构刀盘系统设计方法研究 [J]. 机械设计, 2017, 34 (09): 72-78.

[184] 武艳霞. 盾构机反力架结构的设计及应用 [J]. 筑路机械与施工机械化, 2009, 26 (02): 64-66.

[185] 肖瑞传. 盾构到达施工技术 [J]. 西部探矿工程, 2006, 18 (04): 157-158.

[186] 邢慧堂, 葛照国. 南京长江隧道泥水盾构穿越江中超浅覆土段施工技术 [C]. //广东铁道学会, 世界轨道交通发展研究会. 第十五届粤、京、港、沪铁道学会学术年会第八届世界轨道交通发展研究会年会论文集.

2011：166-173.

[187] 邢慧堂. 超大型泥水盾构水中接收施工技术 [J]. 铁道建筑, 2010, (08)：62-65.

[188] 熊晨君, 蔡骏. 盾构机主减速箱损坏原因分析及预防措施 [J]. 机械工程师, 2013 (03)：132-134.

[189] 徐浩. 盾构施工过程常见问题解析 [J]. 建设科技, 2017, 0 (19)：163-164.

[190] 许光明. 浅谈盾构施工后配套设备选型 [C]. //中国土木工程学会隧道及地下工程分会隧道掘进机（盾构, TBM）委员会, 中铁隧道集团有限公司南京指挥部. 第二届隧道掘进机（盾构、TBM）专业委员会第一次学术研讨会暨中铁隧道集团城市盾构项目管理、施工技术、设备维保交流会论文集. 2011：201-209.

[191] 许同乐, 马金英, 刘同义. 齿轮泵故障分析及解决方法 [J]. 机械, 2000, 27 (03)：41-43.

[192] 薛备芳. φ10.8米全断面硬岩掘进机 [J]. 水利电力施工机械, 1984, (03)：57-63＋56.

[193] 严金秀, 王建宇, 范文田. 全断面隧道掘进机（TBM）技术发展及应用现状 [J]. 世界隧道, 1998 (04)：1-5.

[194] 燕星. 土压平衡盾构机的组装 [J]. 现代城市轨道交通, 2011 (S1)：95-97.

[195] 杨纪彦. 超大直径泥水盾构到达施工技术 [J]. 隧道建设, 2009, 29 (05)：548-551＋557.

[196] 杨乃刚. 地铁盾构的后续台车 [J]. 建筑机械, 2007, 27 (02S)：82-84.

[197] 杨书江, 孙谋. 秦岭隧道Ⅰ线进口段 TBM 施工组织管理 [J]. 世界隧道, 2000 (04)：23-26.

[198] 叶忠. 盾构管片拼装机原理及故障诊断与预防 [J]. 隧道建设, 2010, 30 (04)：486-491.

[199] 易朋. 盾构机主驱动常见故障分析 [J]. 科技与企业, 2013 (06)：273-273.

[200] 尹利军, 栾洪海. 机械液压部件内漏故障的分析与防护 [J]. 地质装备, 2007 (04)：20-21.

[201] 由伟, 刘冰洋. 土压平衡盾构机刀盘故障原因分析 [J]. 黑龙江科技信息, 2013 (10)：30.

[202] 俞凯. 浅谈盾构机的发展史及其在我国的发展状况 [J]. 科协论坛（下半月）, 2007 (06)：38.

[203] 俞培德, 赵云辉. 盾构注浆系统的选择与优缺点分析 [J]. 建筑机械化, 2015, 36 (01)：76-78.

[204] 袁吉. 基于终值的工程机械折旧方法探讨 [J]. 价值工程, 2016, 35 (09)：57-58.

[205] 袁正涛, 郝振国, 任洁. 浅析"土压＋泥水"双模式盾构机原理及应用 [J]. 现代制造技术与装备, 2022, 58 (8)：163-165.

[206] 岳小丽, 刘柳林. 隧道盾构法施工的成本分析和降低措施 [J]. 工业建筑, 2009, 39 (S1)：755-758.

[207] 张春华. 盾构工程施工工艺与造价管理措施 [J]. 技术与市场, 2016, 23 (05)：256-257＋260.

[208] 张德实, 李元江, 王宝静. 抽油机用减速箱故障分析及处理 [J]. 内蒙古石油化工, 2013, (17)：42-43.

[209] 张谷鹏. TBM 施工技术及其工程应用分析 [J]. 河南水利与南水北调, 2015, (10)：18-19.

[210] 张佳兴. 盾构机施工故障案例解析 [J]. 工程机械与维修, 2015, (06)：111-115.

[211] 张佳兴. 长株潭城际铁路开滨区间盾构施工技术（五）盾构机组装、调试及试掘进 [J]. 工程机械与维修, 2015 (05)：113-116.

[212] 张镜剑. 长隧道中隧道掘进机的应用 [J]. 华北水利水电学院学报, 2001, 22 (03)：40-49.

[213] 张军伟, 梅志荣, 高菊茹, 等. 大伙房输水工程特长隧洞 TBM 选型及施工关键技术研究 [J]. 现代隧道技术, 2010, 47 (05)：1-10.

[214] 张可诚, 曾金富, 张杰, 解培为. 秦岭隧道掘进机通过岩爆地段的对策 [J]. 世界隧道, 2000 (04)：34-38.

[215] 张民庆, 贾大鹏. 高黎贡山隧道工程建设与技术创新 [J]. 中国铁路, 2020 (12)：97-110.

[216] 张民仙, 许晓会. 引红济石工程总体布局方案选择及关键技术问题 [C]. //中国水利水电勘测设计协会. 调水工程应用技术研究与实践. 北京：中国水利水电出版社, 2009：88-93.

[217] 张木. 盾构法隧道的尾盾防水密封与尾盾密封油脂 [J]. 科技风, 2016 (21)：90-90.

[218] 张伟. 地铁盾构法施工问题及解决方案 [J]. 科技视界, 2014 (20)：130-130179.

[219] 张晓莉. 盾构法隧道管片拼装施工技术 [J]. 山西水利科技, 2011 (03)：66-67.

[220] 张新. 盾构渣土改良系统原理及常见故障分析 [J]. 石家庄铁路职业技术学院学报, 2014, (01)：44-48.

[221] 张训堂. 皮带输送机皮带的跑偏分析与调整方法 [C]. //2012 年鲁冀晋琼粤川辽七省金属（冶金）学会第十九届矿山学术交流会论文集. 济南：鲁中矿业有限公司选矿厂, 2012：736-738.

[222] 张杰, 杨全, 张可诚, 曾金富. 秦岭隧道掘进机通过坍方地段的对策 [J]. 世界隧道, 1999 (3)：14-18.

[223] 张志鹏, 李松松. 盾构主轴承润滑与密封系统改进设计及研究 [J]. 工程机械, 2013, 44 (03)：26-32＋

93-94.

[224] 张智博. 南京长江隧道大型泥水盾构施工风险分析及对策 [J]. 探矿工程（岩土钻掘工程），2011，38（06）：65-69.

[225] 张忠狮. 液压系统振动与噪声的研究 [J]. 内蒙古农业大学学报（自然科学版），2008，29（01）：130-133.

[226] 张宗喜，辛振省. 复杂地层泥水盾构开仓换刀施工技术研究 [J]. 铁道工程学报，2013，30（03）：62-65＋96.

[227] 章慧健，仇文革，胡辉，等. 富水砂卵石地层土压平衡盾构带压换刀技术 [J]. 施工技术，2010，39（01）：55-58.

[228] 赵峻，戴海蛟. 隧道盾构机进出洞施工技术 [J]. 城市道桥与防洪，2007（09）：62-67.

[229] 赵立财. 盾构法隧道施工经济分析 [J]. 市政技术，2016，34（04）：199-202.

[230] 赵小娜，李文富，李文逸，等. 不良地质段的 TBM 施工技术在大伙房输水隧洞施工中的应用 [J]. 水利水电工程设计，2008，27（04）：1-2＋6.

[231] 赵阳，洪啸. TBM 刀盘驱动系统发展及关键技术 [J]. 液压与气动，2014，（12）：64-67＋71.

[232] 郑敏杰，郑敏杰. 大直径泥水平衡盾构机设备适应性选型及应用 [J]. 交通世界，2021（11）：155-156.

[233] 郑启浦. 英法海底大隧道（又称英吉利海峡大隧道）工程设计及施工情况简介 [J]. 铁道工程学报，1989（01）：76-78.

[234] 钟磊，高进. 国内盾构机研究现状与展望 [J]. 现代制造技术与装备，2018，54（09）：189-190.

[235] 钟长平，鞠世建. 广州地铁泥水盾构施工 [J]. 地铁与轻轨，2000，（02）：19-21，29.

[236] 钟长平，竺维彬，王俊彬，谢文达. 双模盾构机/TBM 的原理与应用 [J]. 隧道与地下工程灾害防治，2022，4（3）：47-66.

[237] 周纪磊. 全断面岩石掘进机刀盘结构设计与分析研究 [D]. 北京：华北电力大学，2011.

[238] 周磊. 复合地层中盾构掘进的姿态控制 [J]. 区域治理，2017，0（09）：124-124126.

[239] 周文波，吴惠明. 我国软土盾构法隧道施工技术综述 [C]. //上海市土木工程学会，上海隧道工程股份有限公司. 地下工程施工与风险防范技术——2007 第三届上海国际隧道工程研讨会文集. 上海：同济大学出版社，2007：145-153.

[240] 周小磊，贺飞，张瑜峰. 主梁式 TBM 推进系统基于 AMESim 的仿真分析 [J]. 装备制造技术，2015，（01）：31-34.

[241] 朱玉峰. 简述大伙房水库输水工程 MB264-311 型 TBM 主机结构 [J]. 水利建设与管理，2009，29（05）：68-71.

[242] 庄欠伟，龚国芳，杨华勇. 盾构机推进系统分析 [J]. 液压与气动，2004，（04）：11-13.

[243] 卓越，高广义. 大瑞铁路高黎贡山隧道施工挑战与对策 [J]. 隧道建设（中英文），2019，39（05）810-819.

[244] 邹翀. 盾构隧道同步注浆技术 [J]. 施工技术，2002（09）：7-9.

[245] 左庆林. 盾构机关键设备状态监测与故障诊断研究 [D]. 石家庄：石家庄铁道大学，2014.